绿色经济

联合国视野中的理论、方法与案例

Green Economy

Theory, methods and cases from the United Nations' perspective

盛馥来　诸大建　主编

中国财政经济出版社

图书在版编目（CIP）数据

绿色经济：联合国视野中的理论、方法与案例/盛馥来，诸大建主编．—北京：中国财政经济出版社，2015.5
ISBN 978-7-5095-6083-9

Ⅰ.①绿… Ⅱ.①盛…②诸… Ⅲ.①绿色经济-研究 Ⅳ.①F062.2

中国版本图书馆CIP数据核字（2015）第052875号

责任编辑：徐　洁　　　　封面设计：智点创意

中国财政经济出版社 出版
URL：http：//ckfz.cfeph.cn
E-mail：ckfz@cfeph.cn

社址：北京市海淀区阜成路甲28号　邮政编码：100142
营销中心电话：010-88190406　北京财经书店电话：010-64033436、84041336
北京联兴盛业印刷股份有限公司印刷　各地新华书店经销
787×960毫米　16开　23.5印张　394 000字
2015年5月第1版　2015年5月北京第1次印刷
印数：1—3 000　定价：68.00元
ISBN 978-7-5095-6083-9/F·4900
（图书出现印装问题，本社负责调换）
质量投诉电话：010-88190744
打击盗版举报热线：010-88190492，QQ：634579818

序言 PREFACE

2012 年联合国可持续发展大会（即“里约+20”）呼吁联合国系统向有兴趣的国家就绿色经济政策的制定提供方法论方面的支持。这本绿色经济教科书的编写是对这一呼吁的响应。

本书的灵感来自于联合国环境规划署于 2011 年发表的报告“迈向绿色经济——实现可持续发展和消除贫困的各种途径”。它对绿色经济的概念作了更确切的阐述，提出了一个理论基础，并且聚焦宏观经济政策和部门政策在向绿色经济过渡中的推动作用。这本教材也是环境署同学术界之间加强联系的一个方面，旨在培养新一代的学生，使他们熟悉绿色经济的概念、领域、方法和实际措施。

这本教材是一座桥梁，连接国际上演变而来的绿色经济倡议和中国读者比较熟悉的概念，如低碳经济、循环经济以及生态文明。它表明了，绿色经济作为实现可持续发展的一种方式，可以补充和加强而不是妨碍国家层面的相关工作。

在中国，我们已经看到政府把绿色发展放在了国家发展战略的核心位置。“十二五”（2011~2015）规划首次专篇论述绿色发展，着重建设一个节能的、环境友好的社会。

这本教材是联合国环境规划署与同济大学合作的成果，由我们两家合办的环境与可持续发展学院组织编写。我们希望它有助于中国的政策制定者、企业家和研究生们将环境制约转化成科技创新和现有经济结构升级换代的机遇，从而创造绿色体面的工作机会，公平地分享经济增长的成果，同时改善所有人的环境生活质量。

联合国副秘书长
联合国环境规划署执行主任

同济大学
校长

序言 PREFACE

In response to the call of the 2012 United Nations Conference on Sustainable Development (Rio +20), The Green Economy Textbook was developed for the United Nations system to provide interested countries with methodologies for developing green economy policies.

This textbook was inspired by the 2011 UNEP publication *Towards a Green Economy: Pathways to Sustainable Development and Poverty Eradication*, and sharpens the concept of green economy, proposing a theoretical basis for the concept, and focusing on the roles of macroeconomic and sectoral policy instruments in driving the transition towards a green economy. The textbook is also part of UNEP's enhanced engagement with the academic community fostering a new generation of graduates familiar with green economy concepts, domains, methodologies, as well as practical solutions.

The textbook serves as a bridge between the internationally evolved green economy initiative and concepts that are more familiar to a Chinese audience: low-carbon economy, circular economy, and ecological civilization. It indicates that as an approach to sustainable development, green economy could complement and strengthen rather than hamper related national efforts.

In China, we are already seeing the government place green development at the centre of its national development strategy. The 12th Five -Year Plan (2011 ~2015) devotes an entire chapter to green development for the first time, focusing on building an energy -saving and environmentally friendly society.

This textbook - a collaboration between UNEP and Tongji University through the Institute of Environment for Sustainable Development - is intended to assist policy makers, entrepreneurs and graduate students in China to turn environmental constraints into opportunities for technological innovation, upgrading the existing economic structure, creating green and decent job opportunities, and sharing the benefits of economic growth equitably while improving the environmental quality of life for everyone.

UN Under -Secretary -General
UNEP Executive Director

President of Tongji University

前言
FOREWORD

这本教科书源于2008年联合国环境规划署（以下简称“环境署”）发起的绿色经济倡议。在当时全球金融和经济危机的形势下，该倡议强调的是动员财政资金来投资于可再生能源、绿色建筑和交通、可持续农业、和水资源保护等领域，以此拉动需求，创造就业，实现经济复苏。这一观点在主要国家包括中国在内得到了某种程度的体现。危机的峰头过后，环境署开始着力于在全球层面论证全社会的投资向绿色经济活动转移的必要性。其具有里程碑意义的报告“迈向绿色经济——实现可持续发展和消除贫困的各种途径”于2011年11月由联合国副秘书长兼环境署执行主任阿齐姆·施泰纳在北京向全世界发布。2012年6月，在联合国可持续发展大会（即“里约+20峰会”）上，施泰纳同同济大学副校长伍江和新华社总经理室副总经理程小玲共同主持发布了这份报告的中文版。

环境署的报告属于政策研究性质，它对于“里约+20峰会”通过有关绿色经济的议题可以说起到了相当关键的作用。但要在全社会包括政府、企业、社会组织和教育部门普及绿色经济的知识，引导相关的绿色发展规划、绿色研发和绿色教学活动，同济大学的领导认为有必要研究编写一本教材，来系统地介绍绿色经济的概念、理论、政策和实践。在环境署——同济大学环境与可持续发展学院副院长李风亭教授的推动下，这一想法首先得到了上海市科学技术委员会的支持。在此基础上，2013年11月，在内罗毕展开的“2013年全球南南发展博览会”期间，原同济大学校务委员会主任周祖翼同环境署施泰纳执行主任正式商定由环境署和同济大学共同组织海内外有研究的学者来编写一本绿色经济教科书，分中文版和英文版。您正在翻阅的中文版是为中国读者量身定做的。英文版将另稿出版，面向国际读者。

这本教材分三大部分。第一部分讲概念、背景和理论，包括绿色经济与可持续发展的关系，以及同中国一些相关概念如低碳经济、循环经济和生态文明之间的关系。第二部分讲绿色经济的主要领域，包括资源生产率、自然资本、环境生活质量、环保产业、绿色就业。第三部分讲政策的制定实施，包括指标体系、绿色金融、政策措施和机构设置，其中还包括一个来自崇明的案例来显示绿色经济在中国的地方层面是如何得到落实的。

需要说明的是，虽然绿色经济这个说法早已有之，但我们现在赋予它的内涵是化环境制约为发展契机并强调了 2008 年金融危机以来的新探索，与以前环保治理为主的传统绿色经济概念有重要差异。相应地，我们对于绿色经济的研究还处于初级阶段。有鉴于此，加上研究编写任务在短期内完成，这本教科书在架构和内容上存在不足之处在所难免。我们希望通过这本教材的广泛使用，以及绿色经济在各国实践的深入，逐步完善相关的知识积累，能够进一步听取意见进行修订，建立起更有创新性和系统性的宏观绿色经济知识体系。我们期待着您的反馈。

联合国环境规划署经济贸易处

联合国环境规划署—同济大学环境与可持续发展学院

2015 年 1 月

鸣　谢

参加这本教书撰写的作者有（按姓氏笔划）：叶强生、孙轶颋、李风亭、李红祥、曲铮铮、吴琼、张永亮、张静、周新、郭江汶、郭茹、郝春旭、俞海、施涵、唐小丽、诸大建、盛馥来、董战峰、程茜、蔡梦奇、璩爱玉。

下列专家参加了教科书的评审工作（按姓氏笔划）：王毅、刘一萌、许文、成帅华、李宝娟、李新星、陈劭峰、沈茂英、张庆杰、张雪华、黄茂兴、梁国勇。编写者们感谢这些专家为相关章节提出意见，但对各自章节的内容和可能出现的问题和错误负责。

这本教科书的出版，离不开上海市科学技术委员会领导和工作人员的支持。他们是主任寿子琪，原副主任陆晓春，社会发展处原处长刘勤，副处长俞清，以及王薇。同济大学的领导、老师和学生对教材的组织和编写提供了支持。他们是原同济大学党委书记兼校务委员会主任周祖翼和副校长兼环境与可持续发展学院院长伍江，以及诸大建、李风亭、郭茹、张静、孙洁、孙一鸣、朱莹静、尚丽。中国财政经济出版社的徐洁和她的团队对本书的编辑和出版提供了大力支持。

联合国副秘书长和联合国环境规划署执行主任施泰纳对本书的编写十分重视，委派环境署的高级绿色经济专家盛馥来作为特别顾问参与这项工作。此外，环境署的环境教育专家麦海石·普拉迪汉也在教材的前期准备方面提供了宝贵意见，环境署的咨询专家曲铮铮在教材的整个编写过程中做了大量的协调工作。

目录

CONTENTS

1

第一部分

背景理论篇

第 1 章
绿色经济概念兴起的国际背景

盛馥来[①]

本章有三节，主要从联合国的角度讲述绿色经济的概念近年来在世界上风起云涌的由来，目的是让读者了解相关的国际背景。其中 1.1 节提出为本教材量身定做的绿色经济定义和理论框架，然后回顾与绿色经济密不可分的可持续发展的概念、进展和挑战；1.2 节介绍联合国视野中的绿色经济倡议、概念、研究特点和其他组织相关的研究结论；1.3 节讲述国际上开展绿色经济活动的主要趋势，以及绿色经济如何支持从 2016 年起将要在全球实施的可持续发展目标。

1.1　绿色经济和可持续发展

1.1.1　绿色经济：定义和理论框架

关于绿色经济的定义，众说纷纭，莫衷一是。就本教材而言，我们为绿色经济提出两种定义供讨论。

首先，作为一种经济形态，绿色经济指的是以绿色产品和服务为主的经济。相应地，绿色经济的决定性指标是一个经济体一半以上的产品和服务得到权威的环保认证。这一定义在逻辑上同农业经济、工业经济和服务型经济的定义是一脉相承的。

---

① 盛馥来：联合国环境规划署高级经济师，主持了“迈向绿色经济”和“为平衡、包容的绿色经济而努力”等联合国报告的编写。在环境署之前，曾在财政部、世界银行和世界自然基金会等组织任职。1985 年获上海财经学院经济学硕士学位。

其次，作为一种经济手段，绿色经济指的是针对关键的环境制约因素（如碳制约），通过调整总需求（即总投资、总消费和政府开支），创建并积累新一代资本：清洁的、低碳的、能够提高资源能源使用效率的人造资本（简称“清洁资本”，包括相关的技术资本），对人类生活和生存至关重要的自然资本，受到良好教育、掌握现代化清洁技术的、健康的人力资本，以及有利于和谐包容和公平的社会资本（如社会保障体系）。绿色经济作为手段，归根到底是要变环境制约为推动社会、经济、环境三方面可持续发展的契机。

关于绿色经济的概念问题，本章第二节还会有详尽的论述。此外，本教材第 3 章也会谈到绿色经济同中国读者比较熟悉的生态文明、低碳经济和循环经济等概念之间的关系以及绿色经济对中国的意义。

关于绿色经济的理论，大家尚在摸索之中。根据目前已经开展的相关工作，我们粗略地给本教材所搭建的绿色经济理论框架有三个支柱。第一个支柱是所谓的“地球边界”理论，即由斯德哥尔摩适应力中心的觉汉·洛克斯特罗姆和澳大利亚国立大学的威尔·斯代芬所领导的一群地球系统和环境科学家在 2009 年提出的、在九个领域给人类划出的“安全操作空间”（见第 2 章图 2－2）（Stockholm Resilience Center，2009）。我们把它所蕴含的自然生态经济系统的边界拿过来，在狭义的经济系统乃至社会经济系统外面（见第 2 章图 2－1）加上这么个边界，来表示一方面经济必须在环境（以及社会经济系统）的制约下运行，另一方面环境制约可以促进创新，进而推动经济。绿色经济理论的第二个支柱是宏观经济学中体现所谓“供给面”的“扩大了的柯布－道格拉斯生产函数”，即国内生产总值（GDP）来自于人造资本、自然资本、人力资本和技术资本（后者如知识产权，但为了从简起见，本教材把这类资本归在人造资本下）的组合作用（Millennium Institute）。社会资本也极为重要，但因不易量化，在本教材中不予展开。第三个支柱是宏观经济中体现所谓“需求面”的模型，即在总供给一定的情况下如何通过调整总需求中的投资、消费和政府开支来实现理想的 GDP、就业和价格水平。把这三者捏在一起，绿色经济理论要探讨的是：如何针对地球边界的制约，通过总供给和总需求（包括其结构、导向和数量）的改变来创建并积累新一代资本，变制约为契机，拉动新型的经济增长、就业和社会发展。关于绿色经济的理论问题，第 2 章中会有系统介绍，在此不再赘述。

1.1.2　可持续发展的概念

谈绿色经济为什么要先谈可持续发展？一是因为绿色经济是以可持续发展所遇到的问题为导向的（这些问题我们会在1.1.3中讨论）；二是因为2012年6月在巴西里约热内卢召开的联合国可持续发展大会（简称“里约+20”）确定了“绿色经济是实现可持续发展的一个重要工具”（UN，2012）。会议的成果文件要求联合国系统对那些对绿色经济感兴趣的国家提供各方面的支持（见专栏1.1）。

目前大家比较公认的可持续发展定义见于1987年世界环境与发展委员会（又称“勃兰特委员会”）发布的“我们共同的未来”报告中：可持续发展应“既满足当代人的需要，又不损害后代人满足他们自身需要的能力”（Brundtland Commission，1987）。可持续发展的另一个在环保界比较有影响的定义见于1991年世界自然基金会、国际自然保护联盟和联合国环境规划署（简称“环境署”）共同发布的“关爱地球：一项可持续生活的战略”报告：可持续发展就是“在起支撑作用的生态系统的承载能力范围内改善人类生活的质量”（WWF，IUCN and UNEP，1991）。

专栏1.1　里约+20在绿色经济方面对联合国系统的要求

为推行可持续发展政策，包括可持续发展和消除贫穷背景下的绿色经济政策，我们必须使筹资、技术和能力建设同国家需求相衔接。有鉴于此，我们请联合国系统同相关捐助方以及国际组织合作，在以下方面进行协调并应请求提供信息：

(a) 为有关国家匹配最适合提供所需援助的伙伴；

(b) 在各个层面实行可持续发展和消除贫穷背景下的绿色经济政策的全套办法和（或）最佳做法；

(c) 可持续发展和消除贫穷背景下的绿色经济政策模式或良好实例；

(d) 可持续发展和消除贫穷背景下的绿色经济政策的评价方法；

(e) 相关的、有助益的现有平台或正在出现的平台。

资料来源：UN（2012）。

1992年，联合国环境与发展大会（简称“地球峰会”）在里约召开，在国际政策层面确立了可持续发展的重要地位。会议通过的“21世纪议程”主张“应将可持续发展列为国际社会议程中的优先项目”，并呼吁各国“共同努力，建立促进可持续发展的全球伙伴关系”。在社会经济领域，“21世纪议程”讨论了如何加速发展中国家可持续发展的国际合作和有关的国内政策，内容涉及消除贫穷、改变消费形态、人口动态与可持续发展能力、保护和增进人类健康、促进人类住区的可持续发展以及将环境与发展问题纳入决策过程等内容。在环境领域涉及的内容包括保护大气层、统筹规划以及管理陆地资源的方法、制止砍伐森林和保护生物多样性等多个方面（UN，1992）。

1.1.3 可持续发展的进展和挑战

第一次里约地球峰会之后二十多年过去了。在此期间国际上推动可持续发展的努力不曾间断，主要的活动包括千年发展目标、千年生态系统评估、若干多边环境协议以及联合国发展规划署和环境署联合推动的“贫穷—环境倡议”等[①]。2002年，在为纪念地球峰会10周年在南非首都约翰内斯堡召开的可持续发展问题世界首脑会议上，各国政府重申了对可持续发展的承诺，要“担负起一项共同的责任，即在地方、国家、区域和全球各层面促进和加强经济发展、社会发展和环境保护这几个相互依存、相互增强的可持续发展支柱”（UN，2002）。

但是，世界在实现可持续发展的过程中所遇到的挑战依然严峻。在环境方面，世界面临着多重危机，包括气候变化、生态系统退化、资源浪费以及化学品和垃圾的处理等方面。这些问题存在于一系列部门中（见专栏1.2）。此外，这些全球环境挑战还伴随着社会发展和就业方面的挑战（见专栏1.3）。

专栏1.2 环境挑战

建筑部门每年消耗全球自然资源的三分之一，包括全球能源终端使用的三分之一和淡水使用的十二分之一。此外，垃圾中的三分之一来自于建筑和拆建活动（UNEP SBCI，2010）。城市吸纳了世界人口的一半并且提供了75%的产值，但同时也消耗了全球60%～80%的能源并排放了75%的二氧

① 相关内容见：http：//www.un.org/zh/milleniumgoals/，http：//www.millenniumassessment.org/zh/index.html，和 http：//www.unpei.org/。

化碳（OECD，2009）。毁林方面的情况虽有改善，但每年仍有1 300万公顷的林地消失（FAO，2010）。交通部门消耗了世界上液体化石燃料的一半以上，并在和能源有关的二氧化碳排放方面占了近四分之一，它还占了发展中国家城市空气污染源的80%（IEA，2008）。

专栏1.3 社会发展和就业的挑战

过去几十年，世界经济有了长足的发展，在消除贫困方面也确实取得重要进展。但世界上还有15.7亿人面临多重性质的贫困（FAO，2013），约8.42亿人营养不良（FAO，2013）。到2050年，要解决预计有近9亿人的吃饭问题，需要生产额外的粮食，而且要用同目前相比更少的水和杀虫剂（杀虫剂每年导致300万~500万起中毒事故）（WHO，2004）。除了粮食安全问题外，尚有13亿人缺电（IEA，2013），26亿人还在使用传统的生物质燃料来满足家庭能源需求（UNDP and WHO，2009），8.3亿人没有妥善的住宅（UN-HABITAT，2011）。在居住条件差的人们中间，每年死于由燃烧生物质燃料和煤所产生的室内空气污染的人数为200万人，其中44%死于相关的小儿肺炎，其余的为慢性肺部疾病和癌症，这其中60%为女性（UNDP and WHO，2009）。另外，每年全球产生的固体废物达112亿吨，超过全球现有处理设施的运作能力。这些废物还“贡献”了5%的温室气体，受害最严重的是每天接触不同污染源的妇女和儿童（UNEP，2011）。

在就业方面，国际劳工组织报告显示2012年全球失业人口达到19 700万人，该数字将在2013年增长510万人。在今后10年，仅为了吸收新加入的劳动大军全球就需要提供44 000万个工作岗位。此外，2008年，在全部就业人口中处于极端贫困的劳动者比例仍高达22.2%，这意味着63 300万工人和他们的家庭每天靠不到1.25美元过日子。如果放宽标准，以每天2美元来算，那么所有劳动者中有39.7%是属于这类“工作着的穷人”，相当于11 083万人（ILO，2013）。

为什么可持续发展讲了这么多年，它的进展依然差强人意？一个首要问题是，虽然大家在口头上都认同可持续发展是社会、经济和环境三位一体的，但在实践中往往把它与环保等同起来。在这种情况下，许多发展中国家认为可持续发展的进展令人失望是由于：(1) 缺少资金；(2) 缺少技术；(3) 缺少能力。国际上每次讨论和可持续发展相关的议题时，这些确实存在的问题几乎无例外地被摆在了桌面上。

隐含在这些问题背后的还有政治上的原因。发展中国家认为，解决全球环境问题，要遵循“共同但有区别的责任”原则，即发达国家对全球环境问题负有主要责任。按人均算，这些国家的二氧化碳排放和资源消耗远远超过发展中国家。而发展中国家要消除贫困，仍需经济发展的空间。因此，在解决环境问题方面，发达国家应向发展中国家提供资金、技术和能力建设等领域的支持。而发达国家则认为，发展中国家中的一些新兴经济体不同于低收入国家；它们虽然人均二氧化碳排放和资源消耗仍然较低，但绝对量在不断攀升，因此这些经济体应该对全球环境问题的解决担负起相应的责任。

除了这些国际政治的因素之外，还有另外一些问题也阻碍了可持续发展。

第一，虽然在国际场合，许多国家对可持续发展作出承诺，但是一回到国内现实，发展还是硬道理，而环保被看做是在经济发展和消除贫困道路上的一条岔道、一种负担。发达国家的要务是解决主要源于经济结构的高失业率。近年来这些国家的经济低迷使失业问题雪上加霜。尽管经济增长并不意味着就业的自动增加，然而提高增长仍被看做是解决失业问题的必由之路。新兴经济体面临的挑战是如何在资源环境恶化和社会公平退步的情况下继续保持经济增长，它们的基本思路是通过经济增长来缓解日益严峻的环境和社会问题。我们耳熟能详的一句话“环境问题根本上是一个发展问题”最能体现这种思路。而在大多数发展中国家，特别是低收入国家，减贫乃是重中之重，而增长是减贫虽不充分但十分必要的条件。发达国家“先发展后治理”的老套路在发展中国家仍有一定市场。社会经济环境各自为政的结果是在多数国家经济发展的呼声最高，社会发展次之，而环境滞后。这也是与环保在官僚体系中往往是最薄弱的一个部门是分不开的。

第二，从推动可持续发展的相关机构这方面来说，它们以往的研究和宣传往往偏重环境和经济以及环境和社会之间的负面关系。就环境和经济而言，讲得比较多的是资源对经济增长的制约和经济活动对环境所造成的不利影响或所谓的“负外部性”。如“绿色 GDP”核算就是属于在环境和经济关系方面做“减法”的。在环境和社会方面，讲得比较多的是贫困问题对环境造成压力而环境破坏又反过来加重贫困问题。这种说法本身没错，但久而久之易使决策者产生麻木感。有些组织和专家也曾试图从正面去讲环境和经济的关系，比如二十世纪九十年代在自然保护组织中比较流行的"保护和发展综合项目"(Sheng，1993)，但这些项目往往在乡村一级开展，规模有限。另外，对生态系统的经济价值的匡算，不仅一些自然保护组织如世界自然基金会一直在推动(如"自然资本项目"①)，世界银行也在做("财富核算和生态服务的估价"②)。但是这些活动算出来的生态系统价值往往让人觉得有些抽象，再加上贴现的作用而显得微不足道，因而较难得到主要决策部门的重视。针对这些问题，有专家提出将生态资源的经济价值同穷人相关的 GDP（而非整个的 GDP）相比较，以彰显其重要性。其政策效果如何，有待拭目（TEEB，2008）。

第三，在解决环境问题时，许多国家采取的政策往往是被动的、负面的，如下达节能减排指标或征收环境税费等。这些政策本身无可厚非，如运用适当，是可以在一定程度上缓解环境问题的。比如韩国政府在 2009 年提出要在 2020 年之前把温室气体的排放减少 30%。为实现这一目标，政府要求那些年排放超过 20 公吨二氧化碳或年耗能超过 90 焦耳的从事发电、制造业、建筑、废弃物管理以及交通行业的企业每年提交排放和能耗数据（Bloomberg，2013）。在此基础上政府将与这些企业协商确定下一年度的减排指标，超标者按每吨 88 美元受罚。根据韩国环境部于 2012 年对 434 家企业的评估，有 392 家达标（Nature，2013）。但总体来说，这类指令性的政策往往难以激起经济部门决策者的兴趣，对影响环境和社会大局的宏观经济政策产生的作用毕竟还是有限的。

第四，可持续发展的理论缺乏创新。过去二十多年，这方面颇具影响的是所谓的"强可持续性"和"弱可持续性"理论。这两者都应用了"自然资本"的概念（第 5 章中对自然资本会有详细论述）。前者通常代表了环保学者的主张，要求自然资本的总量不得减少，而后者则往往代表了经济学者的意见(1987 年诺贝尔经济学奖得主罗伯特·索罗被认为是弱可持续性理论的奠基者)，只要求资本总量（包括人造资本、自然资本和人力资本）不得减少，言下之意是自然资本的减少可以从其他资本的增加中得到弥补。实际上这是两条比较极端的路线。一方面，在现实生活中，不可能保持自然资本一成不变。如许多低收入国家拥有丰富的矿产资源（即自然资本），但严重缺乏人力资本以及像公路、住房和发电厂这样的人造资本。这些国家用自然资本换取其他资本，不仅必要，也是理所应当的。但另一方面，自然资本是个大概念，其中有

---

① 见 http：//www. naturalcapitalproject. org/。

② 见 https：//www. wavespartnership. org/en。

关键和非关键，可再生和不可再生以及可替代和不可替代之分。如可耕地变成水泥地后，再变回去就难了。可惜强弱可持续性理论在区分不同类型的自然资本并为之划出各自边界或是底线方面没有太大的作为。此外，这一理论关注更多的是保存资本存量，没有探索如何积极地创造并积累新型资本，如清洁资本，通过提高资源和能源的使用效率来带动经济增长（见关于资源生产率的第4章）。而这一点恰是绿色经济的新意所在（见专栏1.4）。

专栏1.4　绿色经济的理论创新

绿色经济的理论框架在本章开头部分已有介绍，在第2章里更有详细阐述。它在强弱可持续性理论基础上向前迈了一步，其中分几个小步：

1. 绿色经济的起点是关注自然资本中那些对人类生活和生存具有关键意义的组成部分，也就是国际上所谓的“星球边界”（包括诸如碳制约、空气和水污染、水资源、废弃物等问题）。

2. 绿色经济提出了“创造新一代资本”的概念（即不是单纯地保证资本存量不变），包括清洁低碳的人造资本或简称清洁资本（含相关的技术），关键的自然资本，受过良好教育、健康的、怀有现代化绿色技能的人力资本，以及重要的虽然难以量化的社会资本。

3. 绿色经济提出了主要通过调整总需求（包括总投资、总消费和政府开支）的结构来激励上述新一代资本的创建和积累，特别是低碳清洁技术的跨越式发展，以此化“星球边界”为新的发展空间，带动产业结构的调整和新型的经济增长，兼顾社会的公平和包容。

这样一种正面的、宏观的、具有可操作性的理念，对决策者来说应该具有一定的吸引力。而且，如果能证明这种总需求的转变完全符合各国本身的经济利益，那么有关环境问题的国际政治瓶颈也有可能因此而得到突破。

资料来源：作者的分析。

1.2　绿色经济：联合国的视野

1.2.1　绿色经济和绿色新政

以上述可持续发展所面临的问题为导向，联合国副秘书长兼环境署执行主任施泰纳于 2008 年 10 月在伦敦召开了新闻发布会，宣布了一项绿色经济倡议（UNEP, 2008）。[①] 经过环境署内外多方讨论，这份倡议一年后才得以确定。最初的打算是要撰写一份具有世界性影响力的报告，通过数量分析来证明对环保进行大规模投资不仅对自然环境有利，也会促进经济的增长和就业的增加（同年 9 月，环境署和国际劳工组织、国际工会联盟以及国际雇主组织共同发表了"绿色就业"的报告，作为"绿色经济"倡议的序曲，详情见第 8 章）（ILO, 2008）。到了 2008 年的夏天，国际金融危机总爆发。环境署决定把原定的颇费时日的研究计划先放一放，利用金融危机所提供的"政策窗口"，在短期内先推出"全球绿色新政"的概念。所以，在伦敦宣布的倡议，"全球绿色新政"出现在大标题里，而"绿色经济"则被放在了小标题里。这也就是为什么在那段时间人们常常不加区分地混用绿色经济和绿色新政的概念。

绿色新政的概念显然受到七十多年前罗斯福新政的启发。在大萧条的背景下，时任美国总统罗斯福出台了一系列以政府为主导的覆盖面颇大的计划来提供就业和社会保障，也包括改革税收政策和商业规范，以刺激经济。这些计划让数百万人回到工作岗位的同时也使当时美国的基础设施实现了现代化，史称"罗斯福新政"。

而"绿色新政"的概念则始见于 2008 年金融危机的初期。2008 年 7 月，英国的新经济基金会首次使用这一概念，发表了以"绿色新政：解决信贷危机、气候变化和高油价三大困境的政策组合"为题目的报告。该报告对英国政府提出了两套改革措施：（1）对本国和国际金融体系包括税收体系进行重大的结构性变革；（2）对节能和可再生能源的发电进行持续投资（New Economics Foundation, 2008）。

在全球层面，联合国秘书长潘基文在 2008 年 12 月的波茨坦联合国气候变化大会上也用到了绿色新政的概念。他说"世界需要的是一项绿色新政，一项

---

① 本章作者是在 2007 年的 11 月起草这份倡议的。

富国和穷国都能接受的绿色新政，其本质是要将我们针对经济危机和气候危机的策略融合在一起，要求发达国家树立较高的气候政策目标，同时在技术和资金方面支持发展中国家以在全球范围内实现减排”（UN News Center, 2008）。

就在潘基文号召全球绿色新政的同时，环境署聘请了美国怀俄明大学的爱德华·巴比埃教授撰写一份题为“全球绿色新政”的报告。该报告于2009年年初发行（UNEP, 2009a）。在这份报告的基础上，环境署于2009年3月出版了一份政策简报，为全球绿色新政确立了三大目标：恢复经济、减少贫困以及减少碳排放和生态系统的退化（UNEP, 2009a）。环境署的全球绿色新政的概念，重点在于鼓励各国政府（主要是20国集团）运用绿色财政刺激计划，辅之以国内外的配套政策，包括对较不发达国家提供支持。环境署呼吁在两年内把全球生产总值的百分之一用来建设绿色基础设施以支持绿色经济的增长。环境署当时提出的绿色投资的优先领域包括：节能建筑、可持续的交通、可再生能源、可持续农业以及水资源管理等。环境署认为这些投资可望迅速产生环境和经济效益。在国内政策层面，全球绿色新政关注的是如何建立适当的激励机制。在国际层面，环境署的政策简报强调了贸易政策、全球碳市场、开发援助、技术转移以及政策的连贯性等方面在全球迈向绿色经济过程中的作用（UNEP, 2009b）。

需要指出的是，绿色经济倡议并不专属于环境署。2009年6月25日，在环境署的带领下，超过二十个联合国组织（包括和联合国挂钩的专门机构如世界银行和世界贸易组织）发表了一项联合国系统各机构间的共同声明，题为“绿色经济：针对多重危机的一次转型”。声明呼吁世界朝着低碳的资源节约型的绿色经济过渡（UNDP, 2009）。

全球绿色新政的倡议得到了一些国家的响应。2009年新年伊始，韩国出台了它自己的绿色新政，根据汇丰银行的统计，在其价值380亿美元的财政刺激方案中拿出了80%投资于自然环境的改善。其他多半属于20国集团的国家尽管没有用“绿色新政”这么个说法，但也在各自的财政刺激计划中拿出了一部分资金投放到和环保相关的部门。截至2009年年底，在全球3 100万亿美元的财政刺激计划中，有15%，相当于4 450亿美元，被分配到了可以被粗略地划定为绿色的部门，如可再生能源、绿色公交和建筑、水资源管理等。中国在2009～2010年的财政刺激计划达到5 861亿美元，其中的绿色成分估计达2 008亿美元，居全球之首（主要国家绿色财政刺激计划的规模见图1－1）。当然，关于这些资金的使用效果如何，目前还没有系统的研究。

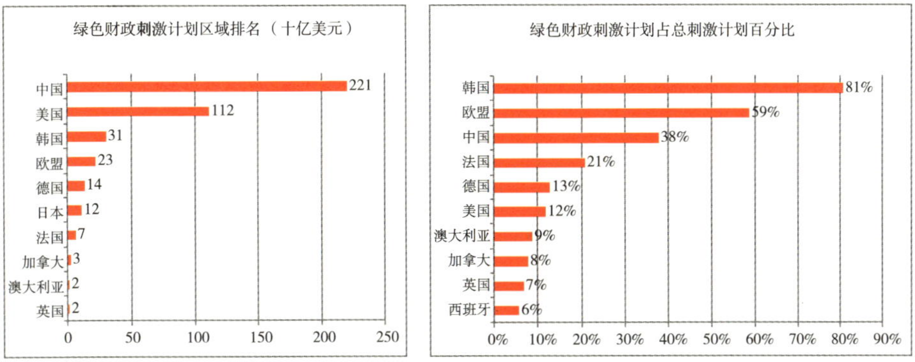

图 1－1　绿色财政刺激计划排名（10 亿美元）

资料来源：汇丰银行（2009）。

2009 年年底，继全球绿色新政的倡议推出并得到一定反响后，环境署回到了原来关于撰写绿色经济报告的计划上。在 2010 年到 2011 年间，环境署动员了全球数百名专家学者来参与相关的研究。该报告于 2011 年 11 月在北京发表（UNEP，2011）。环境署执行主任施泰纳到北京召开发布会。这份报告一方面在主要的经济部门彰显带有全球性的环境问题，如二氧化碳排放的增加、各种污染的增加、废弃物的增加以及土壤的退化和水资源的短缺等问题。另一方面，报告提出了一系列的行动倡议，包括加大对绿色经济活动的投资，改革化石能源补贴政策，运用行政手段和市场机制控制资源浪费和环境污染，大力培训绿色技能等。报告经过建模测算后得出的一个结论是：如果从 2010 年到 2050 年每年把当年全球生产总值的 1% ~2% 投资于绿色经济活动（即“绿色情景”），那么，和把同样的一笔资金投资于所谓的“常规情景”相比，仅对经济增长和就业的影响而言，短期内两者不相上下，在中长期内绿色情景则超过常规情景。如果加上伴随绿色情景而产生的环境和社会效益，绿色情景的竞争力是不言而喻的。

这份“绿色经济报告”中所提到的每年用全球生产总值的 1% 或 2% 投资于绿色经济活动是研究过程中的一个假设，参考了其他国际组织的有关估计，主要目的是预测做这样的绿色投资同常规投资情景相比会对全球的经济、社会和环境带来什么影响。报告并没有要求各国按这个比例进行绿色投资。各国的国情不同，投多少，投到什么部门，都要根据各国国情来定。不过，受到这份报告的影响，一些国家有意要以各自 GDP 的 2% 作为绿色投资数额的目标。如上一届韩国政府决定在其 5 年（2009～2013）计划中，每年拿出韩国 GDP 的 2% 用于绿色投资。其他国家如蒙古国和莫桑比克，也在制订有关绿色经济发展计划中使用了这么一个比例（Mozambique，2013）。从全世界来讲，平均每年的固定资产投资是全球生产总值的 20% 左右（World Bank，2014），拿出这其中的十分之一，应该是完全可以做得到的。主要的阻力来自于既得利益者。比如，在再生能源方面加大投资的话，对现有的化石能源行业就会有利益上的损害，它们会竭尽全力来阻碍这些绿色投资。

环境署提出“绿色新政”和“绿色经济”，其愿望是各国政府能够真正重视环境问题，而最能体现重视程度的或许就是政府乃至整个社会在环保方面的投入。但由于环保往往被看做是一种负担，是一桩赔本的买卖，许多国家的政府重经济、轻环保，使得在全球范围内环保问题有增无减，愈演愈烈。环境署通过研究证明，环保和经济是完全可以有机地结合起来的，环保完全可以成为经济发展的新动力。2008 年后环境署和其他机构特别是联合国亚洲太平洋经济社会委员会、经济合作与发展组织（简称“经合发组织”）和全球绿色增长组织在这方面的工作让“绿色经济”登上了国际政策的大舞台，成为 2012 年“里约＋20”会议的两个议题之一并获得大会认同，这使许多国家的政府和其他利益相关者对环保事业开始刮目相看。

1.2.2 绿色经济的概念问题

一般认为，在英文资料中，“绿色经济”的表述最早见于 1989 年出版的“绿色经济蓝图”（简称“蓝图”）。它是由已故的著名经济学家大卫·皮尔斯和他当时在伦敦环境经济中心任职的同事阿尼尔·马康迪亚和爱德华·巴比埃（后者也是环境署 2009 年绿色新政报告的作者）共同为英国政府所撰写的一份报告（Pearce，1989）。“蓝图”虽然在封面的题目里有“绿色经济”的字样，但全书从头到尾并没有给出绿色经济的定义。它只是指出了环境和经济之间的相互依赖是理解可持续发展这一概念的关键所在。该报告把它们之间的依赖关系总结为“经济影响环境”和“环境影响经济”（Pearce，1989：4）。根据该报告的观点，环境质量和经济增长的正向关系在劳动力的健康状况以及绿色部门的就业方面得到体现。同时，该报告也承认经济增长和环境质量之间是存在此消彼长的关系的，关键是人们取舍时要充分认识到环境可能受到影响的那部分价值（Pearce，1989：21）。报告的结论之一是：“问题不在于我们要增长还是不要增长，而是如何增长（Pearce，1989：22）。”报告隐约示意，将环境融入到资本的投资当中去或许可以解决增长和环境之间的矛盾。

两年后，另一位著名英国学者迈克尔·贾考伯发表了“绿色经济：环境、可持续发展和未来的政治”一书。他用了一个更广的框架来分析环境和经济的关系。他的分析极力避免用“绿色”来代表“环境”。他用首写字母大写的“绿色”来表示一种意识形态，“把重点放在了人类同自然界之间的关系上，寻求一种具有非物质的、非（人类）中心论的、合作价值观的社会”（Jacob，1991）。他用这一分析框架来弥补环境经济学中新古典主义的缺陷（后者强调用“正统”的估价和价格手段来处理环境问题）。此外，他对环境政策对公平和贫困所带来的影响也有所思考。

在中文资料中，本章作者所收集到的以绿色经济命名的论著有不少。如张春霞的“绿色经济发展研究”一书提到了张叶在“绿色经济问题初探”一文中的绿色经济定义：“在生产、流通、分配、消费过程中不损害环境和人的健康并且是能盈利的经济活动（张叶，2002 转引自张春霞 2002）。”书中还提到廖福霖在“生态文明建设的理论和实践”一书中对绿色经济的定义：“那些有利于资源经济节约和环境保护的经济，它是和绿色技术和绿色管理相联系的经济（廖福霖，2001 转引自张春霞，2002）。”张春霞本人给的定义是：绿色经济是“一种以节约自然资源和改善生态环境为必要内容的经济发展模式。它是以经济的可持续发展为出发点，以资源、环境、经济、社会的协调发展为目标，力求兼得经济效益、生态效益和社会效益，实现三个效益统一的经济发展模式（张春霞，2002）。”严行方的“绿色经济”一书对绿色经济的定义是“以市场为导向，以传统产业经济为基础，以经济与环境的和谐为目标的、发展起来的一种新的经济形式（严行方，2008）。”

在这些定义中，本章作者认为值得商榷的是严行方给的定义的前半部分。说绿色经济以市场经济为导向可能会误导，因为绿色经济所要解决的各种可持续发展问题，其根源往往正是在于市场的失灵。发展绿色经济需要政府伸出“看得见的手”，来收拾市场经济那只“看不见的手”在众多可持续发展领域所造成的残局。当然，这么说并不是要否定诸如价格和竞争等市场手段在绿色经济中的积极作用，但这不能等同于以市场经济为导向。此外，说绿色经济以传统产业经济为基础，也似欠妥，因为这不仅没能清楚地表达传统产业经济绿色化的必要性，也没有充分认识到新兴的环保产业与日俱增的重要性。

不过，环境署在 2008 年提出绿色经济倡议时并未十分关注绿色经济的定义问题。环境署执行主任施泰纳最早为该倡议定的题目并非“绿色经济”，而是“宏观经济与环境”。后来，考虑到宣传的效果（“宏观经济与环境”太过学术），才将该倡议更名为“绿色经济”。随着这项倡议的影响不断扩大，国际上关于绿色经济定义的提问接踵而来。为了应对这些问题，环境署给出了关于绿色经济的官方定义：“绿色经济是一种改善人类福祉和社会公平同时显著降低环境风险和生态稀缺性的经济（UNEP, 2011）。”但这一宽泛的类似于可持续发展的定义并未使绿色经济的定义问题尘埃落定。

从上述不同专家对绿色经济概念的探讨来看，绿色经济一般被理解为是一种同自然环境相匹配的经济体系，是环境友好的，生态的，并且对许多人来说，还（应）是公平的。在许多绿色经济支持者眼里，这些特征应该是加诸在任何一个经济体之上的必要条件。绿色经济的这一常规的概念可被称为“经济的绿色化”。第一次里约地球峰会制定了一些标准来满足这些条件，如可再生资源的使用不应超出其再生能力，创造可再生的替代品来弥补非可再生资源的消失，把污染控制在自然界的吸纳功能之内，以及保持生态系统的稳定和弹性等。在实现社会公正方面的条件有：（1）不损害后代人满足其需要的能力；（2）穷国、穷人以及土著居民享有发展权，而富国和富人则有义务改变其过份的消费水平；（3）在取得资源和机会方面，妇女应享受到同等待遇；（4）确保体面的工作条件。此外，要确保社会公正和公平，善治和民主也被认为是不可或缺的（WWF, 1992）。

但是，常被忽略但恰恰是绿色经济概念中较新的成分是：通过在宏观层面加大对绿色产品和服务的总投资、总消费和政府支出来驱动经济的增长和就业机会的创造。从这个意义上来看，上述许多绿色条件不应被视为对经济的消极的制约因素。相反，它们应被看做是创造新的经济机遇的动力。在这个意义上，绿色经济关乎扩展和重塑而非缩小经济发展和消除贫困的空间。在本章的开头部分介绍的绿色经济的两个定义，即由此而来。综合绿色经济的常规概念和新概念，中国发展和改革委员会环境资源司何炳光巡视员对“绿色经济”曾作过精辟的解释。他说，“绿色经济”就是经济的绿色化、绿色的产业化。所谓经济的绿色化，就是经济活动要符合环境标准。所谓绿色的产业化，是指要把环保活动转化成经济活动（国家发改委，2012）。在这方面，最能体现绿色经济活动的是在中国方兴未艾的环保产业（见第 7 章）。

绿色经济的新概念补充并扩大了大家较为熟悉的绿色经济的一般概念。通过诸如环境价格和标准等手段使经济服从环境的要求不仅仅只是为了惩罚破坏环境的行为，更重要的是这些手段可用来刺激绿色产品和服务的生产、贸易和消费。由此产生的收入和就业可望进一步提高人们的积极性，使他们的经济活动主动服从环境的要求。这一新概念的独到之处是它认识到只有通过加强对新一代资本的投资，经济才有可能从结构上发生根本性的变革，从而推动可持续发展。

随着对绿色经济概念的讨论在联合国内外的展开，人们也开始越来越关注绿色经济和社会问题之间的关系。在这方面，“绿色经济”可以有两种解读。第一种解读是绿色经济主要是使环保和经济结合起来，而贫困和公平问题可以间接地得到解决。比如在广大农村推广清洁炉灶，是可以改善农村贫困人口特别是妇女的健康状况的。再比如解决农村饮用水和卫生条件，也有助于改善公平问题。这方面的问题，在关于环境生活质量的第 6 章里有更多的讨论。第二种解读是“绿色”不仅仅只包含环保，还应直接涵盖消除贫困和实现社会公平。联合国系统在 2011 年 11 月发表的一份题为“为平衡的、具有包容性的绿色经济而努力”的报告中指出，“绿色经济”要使公共政策和投资向四大方面倾斜：清洁技术、生态环境、教育卫生和社会保障，其中的社会保障就是关系到社会公平的一个重要环节（UN EMG, 2011）。总的来说，联合国系统强调的这四个方面实际上完全对应了本章提出的四种新一代的资本。

此外，在国际上讨论绿色经济概念过程中还有一个经常冒出的问题，即绿色经济和“绿色增长”这两个概念之间的区别。我们认为，这两个概念就像一对孪生姐妹，都姓“绿色”，只是名字各有不同而已。在本教材中，我们对这两个概念就不加以区别了。

在国际上，较早提出“绿色增长”概念的是联合国亚洲及太平洋经济社会委员会。2005 年，该委员会在韩国政府支持下在亚太地区推动绿色增长，把它作为实现可持续发展的区域性战略。该委员会对绿色增长的定义是那种“强调环境方面可持续的经济进步的增长，用以促进低碳的、具有社会包容性的发展（ESCAP）。”这里有三点需要注意的，一是“增长”不等同于经济的进步，二是“绿色”代表环境方面的可持续性”；三是低碳和社会包容是绿色增长的目标。从本质上讲，这一定义和前面讨论的绿色经济的一般概念相似，即经济增长要服从环境和社会的标准。

国际上推动绿色增长的另一个重要机构是以发达国家为主要成员国的经合发组织。2009 年 6 月 25 日，34 个成员国的部长们签署了一份“绿色增长宣言”，宣布他们将“加强努力，在应付当前和未来的危机对策中包括实行绿色增长战略，认识到绿色和增长是可以并行不悖的（OECD, 2011）。”在部长们的授权下，经合发组织起草了一份绿色增长战略，于2011年5月发布。在这份战略中，该组织对绿色增长下的定义包含了绿色经济的一般概念和新概念：“绿色增长指的是促进经济增长和发展，同时确保自然资产继续提供我们的福祉所依赖的资源和环境服务。为此，有必要催化投资和创新，因为这些将支撑持续增长并带来新的经济机会（OECD，2011）。”

韩国前总统李明博是绿色增长概念的重要推手，他本人对绿色增长的定义既包含了绿色经济的一般概念，也包含了新的概念：“绿色增长指的是可持续的增长，可有助于减少温室气体排放和环境污染。它也是一种新的国家发展模式，可以通过绿色技术和清洁能源创造新的增长引擎和就业”（Lee Myung - bak，2008）。这一定义的前半部分讲的是要使增长在环境方面可持续，后半部分则强调绿色技术和清洁能源在经济增长方面的重要性。

在概念方面，还要再讲一下绿色经济与可持续发展的关系。在环境署提出绿色经济倡议后不久，由于其绿色经济的官方定义和可持续发展的基本概念极为相似，有不少人问两者究竟有何区别。这个问题在2012年的“里约+20”上基本上得到了解决。会议的成果文件对绿色经济定位是“可以实现可持续发展的一个重要工具”。根据这个定位，可持续发展乃是人类发展的具有终极意义的远大目标，而绿色经济主要不应被看成是某种经济状态或是某个终点，而更应把它看成是一种方法，一个过程，一个重要途径。况且，各国有各自的国情，可持续发展的目标不尽相同，绿色经济的设计也会因地而异。没有人能提出适用于所有国家的绿色经济具体目标和建议。不过，从全球的角度来说，联合国系统认为在绿色经济概念下推动可持续发展的一个重要手段是使公共和民营资本配合消费模式的改变，投向清洁资本、自然资本，人力资本和社会资本。为了促进绿色投资，还需要一系列政策的支持。总的来说，政府可以运用规章制度、价格机制以及宣传教育等手段来促使全社会的投资朝着环保、扶贫和社会公平方面倾斜。

在概念方面，还要说明的是，有些机构和专家对绿色经济这么一个提法是持保留甚至反对意见的。这一情况在2012年6月的“里约+20”会议之前和会议期间尤为突出。比如ETC集团在2011年11月发表了一份题为“谁将掌控绿色经济”的文章（ETC Group，2011）。该组织认为绿色经济就是把我们对于化石燃料的依赖转向对于生物质的依赖，而掌握高科技的大公司在这方面处于优势，会变得更加强势，造成所谓大规模的“自然商品化”。该组织担心，对生物质的追逐将破坏生物多样性并使得业已处于社会边缘的、高度依赖生物质为生的人们背井离乡。即使在联合国系统内，也有个别专家批评绿色经济给人以太多“错误的期待”，因为这一途径根本“不足以对付气候变化的复杂性”（Ulrich Hoffmann，2011）。这两种意见，反映了对于绿色经济这一概念的误解。我们在介绍绿色经济定义时讲到，作为一种经济形态，绿色经济指的是以绿色产品和服务为主的经济。作为一种经济手段，它指的是针对关键的环境制约因素，通过调整总投资、总消费和政府开支，创建并积累清洁资本、自然资本、人力资本和社会资本，化环境制约为可持续发展契机。这里不存在鼓励大公司追逐生物质的问题，也从来没有人断言绿色经济就是完全解决气候问题的不二法门。

在国家层面，发展中国家曾普遍担心发达国家会利用绿色经济这样一个概念来提高其进口产品的环保要求，打着绿色的旗号实施贸易保护主义。它们也担心发达国家会以绿色经济为由在开发援助中更多地附加环保方面的条件，压缩它们的发展空间。大会的成果文件明确反对贸易保护主义，并把绿色经济作为各国可以选取的一种工具，这在一定程度上消除了这些顾虑。另外一类意见主要来自于拉美的一些左翼国家和一些民间团体。他们的意见类似于 ETC 集团的，即反对把自然当作一种资本，并认为绿色经济是资本主义扩张的新阶段（Campaign no to the green economy，2012）。最后，以肯尼亚为代表的非洲国家在里约 +20 会议上一锤定音，说非洲大陆没有能赶上工业革命和信息技术革命的班车，这回世界上搞绿色经济革命，说啥也不能错过了，因为绿色经济对非洲而言意味着在运用清洁技术方面实现跨越式发展（笔者在里约 +20 会场上亲耳聆听了这番慷慨激昂的发言）。绿色经济这一概念因此得以在里约 +20 这么一个国际政策舞台上幸存下来。

1.2.3　国际组织对于绿色经济的研究

环境署在 2008 年发起的绿色经济倡议的一个重要策略是抓住上述绿色经济新概念中所蕴含的机遇。在研究方面，它要完成两项任务。第一，要在宏观经济层面对绿色投资的优越性予以论证（当时由于理论上的局限，环境署关注的只是总需求中的投资特别是公共投资这部分，对消费这块的作用未给予应有的考虑），即要证明绿色投资对就业和增长的贡献胜过常规投资；第二，针对如何吸引绿色投资提供建言。研究的目标是要鼓励并帮助决策者支持更多的绿色投资。

在里约 +20 峰会前后的几年里，至少在联合国范围内，一般公认的、有影响的绿色经济研究是环境署在2011年11月发表的绿色经济报告（UNEP，2011）。本章作者听负责里约+20会议的前联合国副秘书长沙祖康曾多次提到，环境署的这份报告在里约+20会议前后被许许多多国家所引用。和以往的类似研究相比，该报告在以下几个方面略有新意：（1）它强调了环境和经济之间的正面关系；（2）它证明了绿色投资和常规投资相比对于宏观经济的更为积极的作用；（3）它提出了用绿色投资作为融合环境和经济目标的一个主要工具；（4）它不单纯地讲政策，而是把政策同如何创造条件来支持绿色投资结合起来。下面就这几个方面展开来讲。

第一，环境署的绿色经济报告关注环境和经济之间的正面关系。它试图证明对于环保的投资将会有助于实现政府的基本经济目标，即收入增长、就业增长以及贫困的消除。与此相反，在以往对于环境和经济问题的研究中，关注的往往是经济增长如何破坏环境，而环境的恶化又如何反过来制约经济的增长，并没有显著地论及环境和经济之间的正面关系。即使涉及两者的正面关系，如前述“蓝图”报告中谈到的劳动力的健康和绿色行业的就业会得益于对环保的投资，政策方面的讨论重点仍放在运用环境估价、核算和价格手段来解决增长所带来的负外部性问题。环境署的绿色经济研究并非要否定环境和经济之间的负面关系；这种关系容易被觉察被理解。环境署强调正面关系是要对长期以来人们对环境和经济之间的关系令人压抑的描述做一次矫枉过正，提出一个振奋人心的前景，把绿色投资作为实现环境经济合为一体的一个重要手段。

第二，环境署的绿色经济报告用的是一个宏观经济的分析框架来探讨环境和经济之间的关系，而以往大多数环境经济研究是从微观的视野来看待两者之间的关系的，注重的是市场失灵（外部性）和政策失灵（不良补贴方面的问题）。以往的政策建议通常包括环境估价以及通过全成本定价和改革不良补贴实现外部性的内在化。一些研究也涉及所谓的制度失灵，主要讨论产权问题和政府的政策实施能力问题。在同环境相关的宏观经济层面，过去二十多年来研究人员关注的主要是国民账户体系的改革，因为这一体系在GDP的计算中未包括自然资本的变化（Bartelmus，1994）。此外，过去在宏观层面另一项重要的工作是评估宏观经济政策对环境的影响以及污染和环境退化对宏观经济的影响。

不过，值得我们注意的是，1995年在国际货币基金主办的一个研讨会上，大卫·皮尔斯和科克·哈密尔顿已经洞察到：对环保的投资，即使用常规来衡量的国民生产总值做标准，也通常会有较高的回报率和效益，而这类投资在宏观经济分析中往往被忽略了。他们同时还主张，所谓的“真实储蓄”（现改称

“调整后的净储蓄”，即“一个经济体在考虑了人力资本投资、自然资源损耗以及污染造成的损害之后的净储蓄率”[①]，说白了就是净资本形成）是分析自然资源和环境的改变对宏观经济影响的“最为相关的方法”，因为这一指标在核算总资本形成净值时包括了自然资本。关于自然资本和相关的投资问题，第 5 章还有详细的介绍，这里就不展开了。

环境署认为，改革国民账户体系是理所应当的，但这是联合国统计署已经开展了的工作。环境署无意重复二十年来人们就宏观经济和环境问题所做过的研究。环境署想要做的是重新点燃皮尔斯和哈密尔顿十五年前播撒的星星之火，即投资于环境的改善如何可以在宏观经济层面产生较高的回报率和效益。

第三，环境署的报告把宏观意义上的投资作为主要手段来建立环境与经济之间的正面关系。世界正面临着众多的政策挑战，其中大部分可归咎于投资不足或投资的方向错误，如太多资金流向化石能源的生产和消费，太少资金流向可再生能源。要解决这些问题，大多需要投资。如应对气候变化问题需要在减缓和适应方面投资。要解决生物多样性丧失和生态系统退化问题，需要投资于森林、湿地和海洋保护，而这些尤其对穷人而言都是特别重要的自然资产。此外，解决贫穷问题需要投资于教育、卫生或人力资本。面对经济衰退和高失业率，则需要投资于公共工程和职业培训计划等。事实上，投资可以是一个强大的连接器把看似不同的政策问题捏在一起。

环境投资的概念并不新鲜。如 1991 年，世界资源研究所的杰内特·阿勃拉莫维茨出版了“投资于生物多样性：美国在发展中国家的研究和保护工作”（Abramovitz, 1991）。不过，在这份报告中的投资概念是广泛的，指的是美国的一些机构对发展中国家生物多样性有关活动的支出。而讲真正意义上的绿色投资——将资金配置到绿色生产部门的是大卫·皮尔斯。他在 2005 年发表的一份报告“为了扶贫而投资环境财富”中，从经济学的角度论述了为什么要投资于那些对穷人特别重要的环境资产（UNDP et al. , 2005）。在中国，系统探讨绿色投资问题的，从本章作者掌握的有限的公开出版的以绿色投资命名的材料来看，主要是孟耀。他在总结了中外学者有关绿色投资的研究成果后，对绿色投资作了更宽的定义，在绿色投资的概念中加入了社会责任和社会和谐的内容：“在可持续发展和社会和谐思想指导下，以保护资源与环境为核心，以承

① 见 World Bank, http://data. worldbank. org/node/2076。

担社会责任，促进人与自然和谐，兼顾经济、环境、社会三重盈余为基本要求，从而实现社会经济可持续发展及社会和谐的投资活动（孟耀，2008）。”

环境署的报告运用了同大卫·皮尔斯以及孟耀相类似的方法。同皮尔斯的概念不同的是绿色投资不仅限于减贫的目标，而且投资的回报也不是在个别项目的水平上来计算的。环境署报告的一个核心部分是假设我们用全球生产总值的1%或2%投资于可再生能源、节能和资源节约技术、公共交通、废物回收利用、节约用水和有机农业生产等，通过建模来预测这种绿色投资在全球层面的影响。这些投资可望产生广泛的经济、社会和环境效益，而这些效益并不总是表现在狭义的项目层面的回报率上。正是由于关注了这种具有生产效益的环保投资及其在整个宏观经济系统内的广泛影响，才使我们对促进环境与经济之间的正面关系有了新的理解。

第四，环境署报告的另一特点是把政策的讨论同它们如何促进绿色投资结合起来。把经济和环境融合起来的政策研究多如牛毛，所涉及的政策一般可分为三类：（1）规章制度和行政法规；（2）经济和所谓“基于市场”的手段；（3）信息工具或道义说服。这些政策措施的目的是改变企业和个人的行为，包括投资决策。但是这些方面的讨论很少关注如何运用政策来引导更多的资金投资于绿色经济。环境署认为，单纯地讨论政策而不把政策同资金流向结合起来，很难产生效果。而同资金流向有比较直接关联的政策主要是公共投资政策、产业政策、财政政策、贸易政策、外资政策、金融政策等宏观层面的经济类政策。第11章将专门介绍这些政策。第10章则介绍绿色融资方面的一些具体做法。

除了环境署，近几年来研究绿色经济的其他主要机构有经合发组织、世界银行和“绿色增长最佳实践”网络。下面对它们的主要研究的结论作简要介绍。

经合发组织：在众多国际组织中做绿色增长研究最多的要算这一家了。在其发表的大量和绿色增长相关的文献中，我们首先要介绍的是它于2011年发表的开山之作“迈向绿色增长”（OECD，2011）。这份报告勾勒出绿色增长的七大来源：资源市场率的提高、创新、新市场、投资者的信心、稳定的宏观经济环境特别是财税制度的改善、资源瓶颈的破除以及对于自然系统严重失衡的纠正。

在绿色增长的政策框架方面，它强调：（1）好的经济政策，特别是那些促进资源有效利用的政策，是任何绿色增长战略的核心；（2）把自然资本作为生产要素，减轻对环境的压力，避免跨越环境边界；（3）科技创新，通过可再生资本替代自然资本，使增长同自然资本的消耗脱钩；（4）运用一系列指标来衡量增长的质量和构成，及其对人们的财富和福祉的影响；（5）现在就采取行动可以避免未来巨大的经济损失；（6）经济决策要有长远观点，因为今日决策下的增长模式和技术变革相互依托，很大程度上决定了今后的主导技术和体制、环境影响和经济发展的机遇；（7）绿色增长政策要同扶贫目标相结合，包括提供高效的基础设施，解决由于环境退化而产生的健康问题，引进技术提高资源生产效率，维护自然资本以减少穷人所面对的环境风险和生计安全问题（OECD, 2011）。报告还阐述了绿色增长战略的基本要素，劳动力市场的转型问题，绿色增长政策对于社会公平的影响，国际合作等，有关内容在本教材的其他章节里会有涉及，在此不予赘述。

经合发组织的另一份比较有影响的报告是“从引进绿色增长政策的尝试中我们学到了什么”（OECD, 2013），发表于2013年3月。这里介绍它在总结了一些国家开展绿色增长的初步经验后得出的主要结论：（1）绿色增长政策有望在长期增加福祉，但在短期内由于转型方面的代价会阻碍它们的实施；（2）在推动绿色增长方面，难度较大的是政策协调以及指标的运用来监测政策的落实；（3）在绿色增长战略中价格手段得到普遍运用，因伴有规章和补贴等手段，在政治上更容易被接受；（4）需要有相关指标来对自然资源适当估价，以便对这些资源进行可持续管理；（5）科技创新是绿色增长的关键，而要技术转移在这方面发挥作用，则要求贸易和金融的自由流动；（6）各国正在花费越来越多的精力投资于对气候变化有适应力的基础设施并支持气候适应政策，但仍需动员额外的公共和民间资金；（7）如何克服抵触情绪，以有效方式补偿绿色增长中的“输家”，仍是一项挑战（OECD, 2013）。

世界银行：来自世界银行的主要研究报告是2012年5月里约+20会议的前夕发表的“包容的绿色增长：通往可持续发展的路径”。主要结论是：（1）目前的增长模式不仅不可持续，也是没有效率的，因此应该纠正市场失灵，将外部性内在化，分配产权，改进政府运作，还要懂得政治经济学和社会心理学；（2）增长的绿色化在投入方面并非高不可攀，在技术方面也非不可企及，穷国可以通过改善环境管理取得经济效益；（3）在绿色增长方面如果过于雄心勃勃，那么至少在中期内增长会放慢，但如果迟迟无所作为，那么最终将付出高昂的代价；（4）忽视自然资本就如同忽视人力资本和人造资本一样，是坏的管理方式，坏的经济学，是不利于增长的（World Bank, 2012）。

世界银行和气候工作基金会在2014年6月发布的一份报告“气候智慧型发展：建设繁荣，终结贫穷并和气候变化作斗争的叠加效益”，虽然关注的是气候问题，但对绿色经济也不无意义。这份报告运用新的模型手段来计算美国、中国、欧盟、印度、墨西哥和巴西在交通、工业、建筑行业如果采取严格的减排政策，将会带来什么样的全方位效益。报告的主要结论是：“经济发展同气候保护的双重目标可以是相辅相成的”；“减少气候污染物，可以促进经济增长，创造就业，提高农作物收成，增强能源安全，改善百姓健康，并拯救上万条生命”；“这些效益通常能在短时间里并且在采取行动的国家本地产生”（World Bank and Climate Works Foundation，2014）。据了解，由哥伦比亚、埃塞俄比亚、印度尼西亚、挪威、韩国、瑞典和英国发起，由墨西哥前任总统菲力浦·卡尔代荣主持的“经济与气候全球委员会”的旗舰项目“新气候经济”也开展了类似的实证研究，研究报告于2014年9月发布，提出了既能实现高质量经济增长又能解决气候问题的两全之策（The Global Commission on the Economy and Climate，2014）。

“绿色增长最佳实践”网络：这是一个全球性的在绿色增长领域中从事研究和实践的专业人员网络，主要分析绿色增长方面的早期经验。该网络于2014年3月发布了一份名为《绿色增长最佳实践：主要发现》的综合报告。在研究了60个和绿色增长有关的政府规划的基础上，发现了9个方面的成功要素：（1）部署精心设计的规划和协调程序；（2）建立清晰的愿景、目标和基线；（3）就绿色增长的效益进行高质量的分析和实事求是的宣传；（4）对政策方案予以优先排序并针对业已确定的目标提出具有可信度的路径；（5）设计各种政策搭配来面对多重目标，并且来应对市场失灵的实际情况和来自既得利益方面的挑战；（6）设计公共融资手段来调动民间资金投向绿色增长部门；（7）发掘公私合作的潜力；（8）推动中央和地方政府之间的良性互动；（9）建立并维护强有力的绿色增长监测与评估体系（GGBP，2014）。

1.3 全球绿色经济的主要趋势

1.3.1 可持续发展的多重路径

里约+20之后半年多，2013年2月，环境署在肯尼亚内罗毕召开第二十七届理事会暨全球部长级环境论坛。会上通过了一份由中国政府提出的关于“在可持续发展和消除贫困背景下的绿色经济”的决议，其核心内容是认可并鼓励各国开展和绿色经济相关但不一定用绿色经济来命名的倡议和活动，如生态文明、自然资本核算、生态服务补偿、低碳经济、资源效率以及同地球母亲和谐相处的良好生活等。决议要求环境署收集这类不同的倡议、实践和经验，也包括绿色经济本身的活动，在各国之间进行传播。决议也要求各国根据里约+20 的成果文件来实施绿色经济（IISD，2013）。随后，中国政府对环境署提供了资金支持，使环境署得以收集并宣传决议中所提到的一些国家的有关倡议。这方面的工作初步涵盖的内容有中国的生态文明、泰国的“知足经济”、玻利维亚的“良好生活”以及南非的绿色经济等。专栏 1.5 提供收集到的基本情况。

专栏 1.5　条条大路通向可持续发展

玻利维亚的“良好生活”：良好生活的理念来自于世界各地土著人民的传统生活方式，为的是使地球母亲得以长期生存下去，不招致社会、物质和精神的贫困。这一理念对以人类为中心的文明提出挑战，即视自然为神圣，而人类则应作为生命系统的一分子同自然互动。这一理念有三个组成部分：（1）伦理价值，个人据此保存一种具有以下特征的生活和思维方式：总体的、人性的、以团结为导向的、以社区为基础的、并关注消除所有形式的贫困的；（2）人类同地球母亲之间的均衡、平衡，意味着良好地同自己相处，同社区其他人相处，以及同地球母亲相处；（3）从政治上来说，“良好生活”是除了资本主义和现代化之外的另一种模式。

中国的“生态文明”：生态文明是一种新的发展战略，要求人和经济、社会和自然相互之间得到和谐，实现可持续发展。这一战略是对多少年来的自然资源不可持续的采掘和不受控制的经济增长所作出的反应。进入 21 世纪，中国不断地在推动建设生态文明。中国的前国家主席胡锦涛说：“建设生态文明，实质上就是要建设以资源环境承载力为基础、以自然规律为准则、以可持续发展为目标的资源节约型、环境友好型社会。”2012 年，生态文明和经济、社会、政治、文化和社会进步一起被写进中国的发展计划中。

南非的“绿色经济”：在南非，绿色经济的概念同该国的重大社会经济问题联系在一起，如贫困、不平等和失业。南非政府的立场是用绿色经济来应对全球金融危机，将关键的社会经济压力以及全球和本地的环境问题一同放到经济发展的战略中来考虑。绿色经济活动的重点放在了动员本地的知识和技术力量来实施绿色经济。南非的绿色经济概念植根于政府于2010年5月举办的国家绿色经济峰会，定义是：可持续发展的一个途径，从根本上解决经济增长、社会保障和自然生态系统之间的相互依存问题。

泰国的“知足经济”：泰国国王普密蓬陛下早在1974年就预见到了有必要改变不可持续的做法。在国王的远见卓识下，诞生了知足经济的哲学，强调把中庸之道作为家庭、社区和国家各阶层压倒一切的行为准则。这一哲学被认为是在泰国实现消除贫困和可持续发展的不二法门。在1997年的亚洲金融危机中，这一理念显得尤为重要。在那段期间，泰国不得不制定一些难度较大的政策来重整经济。今天，这一理念已被普遍运用于许多泰国政府的项目中。自2002年起，泰国的国家经济社会发展计划把知足经济放在了国家发展和管理的核心地位。

资料来源：UNEP（2013）。

1.3.2 国际上支持绿色经济的主要倡议

绿色经济行动伙伴关系

为响应里约+20的号召，环境署和国际劳工组织、联合国工业发展组织以及联合国培训和研究学院于2013年2月环境署的理事会上宣布建立“绿色经济行动伙伴关系”，共同为有意发展绿色经济的国家提供技术和能力方面的支持。在2014年6月的联合国环境大会上，联合国发展规划署也加入了这一项目。目前该项目率先在蒙古国和秘鲁开展有关绿色经济的规划工作。从规划角度来说，环境署建议在国家层面由具体的可持续发展目标来驱动，然后分析达标所需要的投资规模、部门和地域，也包括分析投资转向的问题，最后考察有哪些政策可以带动绿色投资或加强绿色投资的效果。具体来说，联合国从事绿色经济工作的主要机构建议，国家层面的绿色经济分析分四个部分：（1）初步研究和目标制定；（2）投资分析；（3）配套政策的鉴定；（4）投资和政策影响评估。第12章中会详细介绍这个还有其他的规划方式。当然，除了帮助开展绿色经济政策分析和规划外，这一联合国机构间的项目还提供能力建设、政策实施、包括寻求绿色投资资金等方面的支持。

全球绿色增长组织①

2010 年 6 月 16 日，在韩国总统李明博的倡议和支持下成立了全球绿色增长机构，目的是建立一个国际平台以促进实证研究和政策创新，彰显机遇，推动国家和行业努力实现经济和环境的协调发展。通过它在发展中国家政策、行业和研究层面的活动，该组织寻求成为发达国家和发展中国家、公共和民营部门以及实干家和学者之间的桥梁。总的目标是要用该组织的知识、网络和经验为发展中国家提供最佳的技术援助和支持，帮助它们促进和实施各自的绿色增长战略。

全球绿色增长组织最初是作为非营利性的基金会而诞生的。2012 年 6 月在里约 +20 峰会期间该组织和其成员国签署了作为国际组织的成立协议，并于当年 10 月正式成为了一个政府间组织。2012 年 10 月 23 日，该组织在其总部所在地首尔举行了理事会开幕大会。截至 2014 年 4 月，该组织已有二十二个成员国：澳大利亚、柬埔寨、哥斯达黎加、丹麦、埃塞俄比亚、圭亚那、印度尼西亚、基里巴斯、墨西哥、蒙古国、挪威、巴布亚新几内亚、巴拉圭、韩国、卢旺达、菲律宾、卡塔尔、阿拉伯联合酋长国、英国、越南、斐济和约旦。全球绿色增长组织在国家层面的项目活动遍及巴西、柬埔寨、中国、埃塞俄比亚、印度、印尼、哈萨克斯坦、秘鲁、蒙古国、摩洛哥、菲律宾、卢旺达、南非、泰国、阿拉伯联合酋长国和越南。

绿色增长知识平台②

绿色增长知识平台是一个由超过三十个国际组织、研究机构与智库构成的全球网络，目标是识别绿色增长中的主要理论与实践方面的知识缺口，并通过促进合作与协调研究来填补这些缺口，同时鼓励广泛的合作和世界级的研究，为实干家和决策者提供绿色经济转型所必要的政策指导以及良好的实践经验、分析工具和数据。该平台由世界银行发起，带动经合发组织、全球绿色增长组织和环境署作为创始成员参加，于 2012 年在墨西哥城的开幕大会上成立。2014 年 1 月，该平台得到瑞士政府的支持，在日内瓦环境署内设秘书处。

绿色增长知识平台建立后不久就吸收了众多不同领域的“知识伙伴”，它们包括在地方、国家、地区和国际层面所开展的绿色增长和绿色经济活动中十分活跃地处于领先地位的组织。2013 ~ 2014 年期间的研究课题包括：贸易与

---

① 编译自 GGKP 官网 http://gggi.org/about-gggi/background/organizational-overview/。

② 编译自 GGGI 官网 http://gggi.org/about-gggi/background/organizational-overview/。

竞争力、指标体系、技术与创新以及财政手段等。每一个课题都配有一个研究委员会，详情见专栏 1.6。

专栏 1.6 绿色增长知识平台下的研究委员会

贸易与竞争力：贸易与竞争力研究委员会探讨绿色增长政策对贸易模式与贸易额、国家与企业竞争力、就业等问题的影响，重点研究环境措施对发展中国家产业竞争力的影响。

度量与指标：绿色增长度量与指标研究委员会的工作是评估并收集现有国家层面绿色增长度量方式的覆盖面及方法论，然后识别其中主要的缺陷与有关数据收集、方法论设计及指标开发方面的新契机。

技术与创新：技术与创新研究委员会探讨技术与行为改变之间的关系、培育绿色创造力与企业家精神的方法、发展中国家绿色技术传播与适应的屏障，以及促进绿色创新与科技传播的政策工具。

财政改革：财政政策研究委员会探讨在绿色财政政策改革方面所面临的挑战与机遇，并为相关的财政工具的有效设计与实施提供政策建议。绿色财政政策改革将是全球绿色增长组织在 2015 年 1 月举行的第 3 届年度会议上的中心议题。

全球绿色增长论坛①

这是 2011 年由丹麦政府协同韩国和墨西哥政府推出的年度峰会，它的使命是“探讨并展示如何更好地协调处于领先地位的企业、投资者、关键的公共部门和专家们来有效地驱动市场渗透，发挥长期的包容性绿色增长的潜力”。2012 年，在国家层面，中国、肯尼亚和卡塔尔加入了这一倡议。其他的成员有经合发组织、国家能源机构、联合国全球契约、国际金融公司、全球绿色增长组织、泛美开发银行、世界资源研究所、现代汽车、麦肯锡咨询公司、三星、西门子等，不一而足。

这一论坛的特色是通过公私部门之间的伙伴关系，共同找出办法并推动这些办法的实施，从而在跨国界和跨部门的层面来改变所谓的游戏规则。具体来

① 编译自 GGGF 官网 http：//3gf. dk/en/about - 3gf/。

讲，该论坛为参与者提供：(1) 同政治经济领导人和大牌专家直接的、但是非正式的接触机会，以便寻求绿色商业和政策方面的机会；(2) 同新兴的以及现有的伙伴关系开展合作的机会，以便在产业、部门和市场的绿色转型方面达到一定的规模和速度；(3) 在发展并推动公私合作方面的先进知识以及从同行那里得到的启发；(4) 在关于绿色转型如何促进新的经济增长和就业方面更清晰的认识。

1.3.3　绿色经济与可持续发展目标

在本章开头的时候，我们用了一定的篇幅讲可持续发展。在本章结束的时候，我们还是要接上那个话题。这里有两个原因。一是开头讲的，里约 +20 给绿色经济的定位是“实现可持续发展的一个主要工具”；二是里约 +20 还有个极重要的产出，那就是各国政府考虑到千年发展目标在 2015 年到期，需要有一套新的目标来引导 2015 年之后的全球发展，同意启动关于可持续发展目标的谈判，并在 2015 年完成谈判，于 2016 年开始实施。

专栏 1.7　可持续发展目标

1. 在所有地方终结贫穷；
2. 终结饥饿，改善营养，促进可持续农业；
3. 让所有人得到健康生活；
4. 为所有人提供高质量的教育和终身学习的机会；
5. 实现性别平等，在所有地方强化妇女和女童的地位；
6. 确保所有人都获得水和卫生设施以及它们的可持续利用；
7. 确保所有人都获得可持续的能源；
8. 促进不断的、包容的和可持续的经济增长，充分的、有生产效率的就业和面向所有人的体面工作；
9. 促进可持续的基础设施和工业化，并扶植创新；
10. 在各国内部和各国之间减少不平等；
11. 使城市和人居具有包容性、安全性和可持续性；
12. 促进可持续消费和生产方式；
13. 应对气候变化及其影响；
14. 保护海洋和海洋资源，促进可持续利用；

15. 保护陆地生态系统，促进其可持续利用，阻止荒漠化，土地退化和生物多样性的消失；

16. 实现社会的和平与包容，让所有人能诉诸公正，并使公共机构富有效率和能力；

17. 加强用于实施可持续发展的手段和全球伙伴关系。

资料来源：可持续发展知识平台①。

虽然谈判尚需时日，可持续发展目标的雏形已略见端倪。根据截稿时掌握的材料，共有17个总体目标被放在了谈判桌上（见专栏1.7）。每个总体目标下面有若干更为具体的目标，如在第一个总体目标“在所有地方终结贫穷”下，具体目标有“到2030年，将生活在极度贫穷中的人口数量（目前按低收入国家每日收入不到1.25美元的人口来算）减少到零”，以及“到2030年，将各国各年龄段生活在贫困线以下的人口比例减半”等。一旦在全球层面达成共识，各国还将针对自己的国情来制定各自的优先领域目标。

那么绿色经济同可持续发展目标之间是个什么关系呢？作者认为，既然里约+20给绿色经济的定位是实现可持续发展的一种工具，那么绿色经济就应该以适合各国国情的可持续发展目标为导向，通过调整总需求这么一个独特的切入点，来促进社会、经济和环境三方面的良性互动，尤其是要化环境制约为可持续发展的新机遇。具体来说，今后一个国家如果要开展绿色经济方面的工作，可以把适合它的可持续发展目标作为起点，然后考察运用哪些政策来调整总投资、总消费和政府开支，来最有效、最公平、最环保地实现这些目标。在此过程中，应该优先考虑选取的是那些可以在实现可持续发展目标方面一举多得的政策（第9章中将专门讨论绿色经济指标体系方面的问题）。

举例来说，如果一个低收入国家的优先目标主要包括减贫和减少饥饿，那么或许应该重视对森林、水资源、土壤保护和农业科技方面的投资（这些投资本身可以创造就业和收入），而不应单纯依靠毁林来扩大耕地面积。前者除了有助于实现减贫和减少饥饿外，还可有利于其他的目标如生物多样性的保护。

---

① 译自 Sustainable Development Knowledge Platform，见 http：//sustainabledevelopment. un. org/focussdgs. html。

思考题

1. 请用非文字的方式表述本章提出的绿色经济概念。
2. 在绿色经济转型过程中，政府和市场应各自扮演什么角色?
3. 如何动员人民群众积极支持并参与全社会的绿色经济转型?

参考文献

1. Abramovitz, J. N. (1991). Investing in biological diversity: U. S. Research and Conservation efforts in developing countries. World resource Institute, Washington DC, USA.

2. Asia – Pacific Economic Cooperation, APEC (2000). Towards Knowledge Based Economies in APEC (Asia – Pacific Economic Cooperation). APEC Secretariat, Singapore.

3. Bartelmus, P. (1994). Environment, growth and development. Routledge, London, UK.

4. Brundtland Commission (1978), Our Common Future, p. 43, Oxford University Press, Oxford, UK.

5. Campaign No to the Green Economy (2012). The Green economy: a new stage of capitalist expansion. (http://rio20.net/en/documentos/the – green – economy – a – new – stage – of – capitalist – expansion/)

6. The Economics of Ecosystems and Biodiversity, TEEB (2008). An Interim Report. European Communities. (http://www.teebweb.org/media/2008/05/TEEB – Interim – Report_English.pdf)

7. ETC Group (2011). "Who will control the green economy?" (http://www.etcgroup.org/sites/www.etcgroup.org/files/publication/pdf_file/ETC_wwctge_4web_Dec2011.pdf)

8. Food and Agriculture Organisation, FAO (2010). Global Forest Resource Assessment 2010 – Key Findings. (http://www.fao.org/docrep/013/i1757e/i1757e.pdf)

9. FAO (2013). The State of Food Security in the World 2013. (http://www.fao.org/docrep/018/i3434e/i3434e00.htm)

10. Green Growth Best Practice, GGBP (2014). Green Growth Best Practice:

Synthesis of Key Findings.（http：//ggbp. org/wp – content/uploads/2014/02/GG-BP – Synthesis – of – Key – Findings. pdf）

11. GlobalGreen Growth Institute，GGGI.（http：//www. greengrowthknowl-edge. org/about – us）

12. Global Commission on the Economy and Climate.（http：//newclima-teeconomy. net/content/global – commission）

13. HSBC（2009）. A Climate for Recovery：The Colour of Stimulus Goes Green.（http：//www. globaldashboard. org/wp – content/uploads/2009/HSBC_Green_New_Deal. pdf）

14. International Energy Agency，IEA（2008）. Energy Technology Perspec-tives：Scenarios and Strategies up to 2050. Paris，France：IEA.

15. IEA（2013）. World Energy Outlook.（http：//www. iea. org/Textbase/npsum/WEO2013SUM. pdf）

16. International Institute for Sustainable Development，IISD（2013），*Summary of the 27th Session of the UNEP Governing Council/Global Ministerial Environment Forum*. Earth Negotiations Bulletin.（http：//www. iisd. ca/vol16/enb16110e. html）

17. ILO（2013）. Global Employment Trends.（http：//www. ilo. org/wcm-sp5/groups/public/ – – – dgreports/ – – – dcomm/ – – – publ/documents/publi-cation/wcms_202326. pdf）

18. Jacobs，M.（1991）. The Green Economy. Pluto Press，London，UK.

19. Lee Myung – bak（2008）. A great people with new dreams，（http：//www. korea. net/Government/Briefing – Room/Presidential – Speeches/view? arti-cleId = 91000）

20. MBAlib. 国民收入核算 .（http：//wiki. mbalib. com/wiki/国民收入核算）

21. Millennium Institute. T21 – Integrated Development Model.（http：//www. millennium – institute. org/resources/elibrary/papers/T21Overview. pdf）

22. Nature（2009）. "A safe operating space for humanity"，461，September 2009.（http：//www. nature. com/nature/journal/v461/n7263/fig_tab/461472a_F1. html）

23. New Economics Foundation（2008）. A Green New Deal：Joined – up poli-cies to solve the triple crunch of the credit crisis，climate change and high oil prices.

(http: //www. neweconomics. org/sites/neweconomics. org/files/A _ Green _ New_Deal_1. pdf)

24. Organisation for Economic Co - operation and Development, OECD (2009). Competitive Cities and Climate Change. (http: //www. oecd. org/dataoecd/30/36/44232251. pdf)

25. OECD (2011). Towards green growth: A summary for policy makers. (http: //www. oecd. org/greengrowth/48012345. pdf)

26. OECD (2013). What Have We Learned from Attempts to Introduce Green - Growth Policies? (http: //www. oecd - ilibrary. org/docserver/download/5k486rchlnxx. pdf? expires = 1403707475&id = id&accname = guest&checksum = D151A1BC4D537924C59F34DF8AEB8083)

27. Pearce, D. et al. (1989). Blueprint for a Green Economy. Earthscan Publications Ltd. London, UK.

28. República de Moçambque (2013), Plano de Acção para a Economia Verde, 2013 - 2014.

29. Sheng, F. (1993). Integrating economic development with conservation. WWF International, Gland, Switzerland.

30. Stockholm Resilience Institute (2009, The Nine Planetary Boundaries, 17 September 2009. (http: //www. stockholmresilience. org/21/research/research - programmes/planetary - boundaries/planetary - boundaries/about - the - research/the - nine - planetary - boundaries. html)

31. Sustainable Development Knowledge Platform. (http: //sustainabledevelopment. un. org/focussdgs. html)

32. Ulrich Hoffmann (2011), "Some Reflections on Climate Change, Green Growth Illusions and Development Space, UNCTAD, Geneva. (http: //unctad. org/en/PublicationsLibrary/osgdp2011d5_en. pdf)

33. The United Nations, UN (1992). Agenda 21. (http: //sustainabledevelopment. un. org/content/documents/Agenda21. pdf)

34. The United Nations Environnent Management Group, UN EMG (2011). (http: //www. unemg. org/index. php/2013 - 04 - 23 - 12 - 48 - 02/2013 - 04 - 23 - 13 - 05 - 53)

35. The United Nations Economic and Social Commission for Asia and the Pacif-

ic, UN - ESCAP (n. d.). About Green Growth. (http://www. greengrowth. org/? q = static - page/sat - 10012011 - 1104/about - green - growth)

36. UN News Centre (2008), Secretary - General calls for 'Green New Deal' at UN climate change talks. Available at: http://www. un. org/apps/news/story. asp? NewsID = 29264#. U3HUI_m1a - 0

37. United Nations Development Programme, UNDP (2013). Human Development Report 2013. (http://hdr. undp. org/sites/default/files/reports/14/hdr2013_en_ complete. pdf)

38. UNDP (2009), Green Economy: A Transformation to Address Multiple Crises. (http://cq - publish. dev. undp. org/content/undp/en/home/presscenter/articles/2009/06/25/green - economy - a - transformation - to - address - multiple - crises/)

39. UNDP, UNEP, International Institute for Environment (IIED), International Union for the Conservation of Nature (IUCN), and World Resources Institute (WRI) (2005). Investing in environmental wealth for poverty reduction. (http://www. unpei. org/sites/default/files/publications/InvestingEnvironmentalWealthPovertyReduction. pdf)

40. UNDP and World Health Organisation, WHO (2009). The Energy Access Situation in Developing Countries - A review focusing on least developed countries and SSA. (http://www. undpcc. org/undpcc/files/docs/publications/Energy_Access_ Situation_in_DCs - Final%20Report. pdf)

41. UNEP (2009a). A Global Green New Deal, UNEP. (http://www. unep. ch/etb/publications/Green% 20Economy/UNEP% 20Policy% 20Brief% 20Eng. pdf)

42. UNEP (2009b). Global Green New Deal - An Update for the G20 Pittsburgh Summit. (http://www. unep. ch/etb/publications/Green%20Economy/G%2020% 20policy%20brief%20FINAL. pdf)

43. UNEP (2011). Towards A Green Economy: Pathways To Sustainable Development And Poverty Eradication. (http://www. unep. org/greeneconomy/Portals/88/documents/ger/ger_final_dec_2011/Green% 20EconomyReport_Final_Dec2011. pdf)

44. UNEP (2013). South - South cooperation: Sharing national pathways to-

wards inclusive green economies. (http://www.unep.org/greeneconomy/portals/88/repository/UNEP - SSC - China.pdf)

45. UNEP (2014). Green Economy: A guidance manual for green economy policy assessment. (http://www.unep.org/greeneconomy/Portals/88/documents/GEI% 20Highlights/UNEP% 20Assessment% 20GE% 20Policymaking _ for% 20web.pdf)

46. UNEP Sustainable Buildings and Climate Initiative, SBCI (2010). Draft Briefing on the Sustainable Building Index. Paris, France.

47. UN - HABITAT (2011). Slum Upgrading Facility Pilot Programme - End Of Programme Evaluation. (http://www.unhabitat.org/pmss/listItemDetails.aspx?publicationID = 3311)

48. World Bank (2012). Inclusive Green Growth - The Pathway to Sustainable Development. (http://siteresources.worldbank.org/EXTSDNET/Resources/Inclusive_Green_Growth_May_2012.pdf)

49. World Bank (2014), World Development Indicators: Structure of demand. Available at: http://wdi.worldbank.org/table/4.8

50. World Bank. (http://data.worldbank.org/node/2076)

51. World Health Organisation, WHO (2004). The impact of Pesticides on Health. (http://www.who.int/mental _ health/prevention/suicide/en/PesticidesHealth2.pdf)

52. World Wide Fund for Nature WWF International, WWF (1992). Sustainable Use of Natural Resources: Concepts, Issues, and Criteria (A WWF International Position Paper). Gland, Switzerland.

53. WWF, IUCN and UNEP (1991). Caring for the Earth. Gland, Switzerland.

54. 国家发改委：绿色经济指标体系国际研讨会在京举行，2012年。(http://www.ndrc.gov.cn/fzgggz/hjbh/hjzhdt/201205/t20120528_481977.html)

55. 环境署：联合国环境规划署启动“绿色经济计划”以求振作全球市场，2008年。(http://www.unep.org/Documents.Multilingual/Default.asp?DocumentID = 548&ArticleID = 5957&l = zh)

56. 环境署：全球绿色新政——政策简报，2009年。(http://www.unep.org/chinese/documents/GGND_policy_brief_Chinese.pdf)

57. 联合国：约翰内斯堡可持续发展声明——从人类的发源地走向未来，2002 年。（http：//www. un. org/zh/events/sustainableenergyforall/pdf/johannes-burg_ decl. pdf）

58. 联合国：里约 +20 可持续发展大会会议成果——我们希望的未来，2012 年。（https：//rio20. un. org/sites/rio20. un. org/files/a - conf. 216 - l - 1_chinese. pdf）

59. 廖福霖：《生态文明建设理论与实践》，中国林业出版社 2001 年版。

60. 孟耀：《绿色投资问题研究》，东北财经大学出版社 2008 年版。

61. 严行方：《绿色经济》第 4 页，中华工商联合出版社 2008 年版。

62. 张春霞：《绿色经济发展研究》，中国林业出版社 2002 年版。

63. 张叶：“绿色经济问题初探”，《生态经济》2002 年第 3 期，云南教育出版社 2002 年版。

第 2 章
绿色经济的理论探索和政策分析

周　新[①]

第 1 章介绍了近年来绿色经济这一概念兴起的国际背景，讲到环境署的绿色经济倡议强调通过推动绿色投资来实现收入增长、就业增加，以及扶贫等经济和社会目标，利用财政、贸易等政策建立经济、社会、环境协调发展的正面关系。这里讲到的收入、就业、投资，以及财贸政策都是宏观经济学的研究范畴。本章以宏观经济学的基本理论为出发点，探索绿色经济理论与政策分析的框架。其中 2.1 节介绍宏观经济学的基本内容，包括研究对象和目的、历史演变，以及主要流派；2.2 节探讨绿色经济的理论框架，包括地球边界和环境阻力作为经济增长的制约兼机遇，以及自然资本、技术创新和投资改革的突出作用；2.3 节讨论绿色经济的政策分析。

2.1　宏观经济学的基本内容

2.1.1　研究对象和目的

西方经济学主要包含宏观经济学和微观经济学。前者研究国民经济的总量、均衡、稳定、运行、增长和调控。它以整体的国民经济活动为考察对象，高屋建瓴，描绘国民经济的全貌，包括社会的总供给、总需求、总产量、总消费、总储蓄等变量及相互关系。宏观经济学研究的目的主要是促进经济增长、

---

① 周新：就职于日本全球环境战略研究所，作为上席研究员和绿色经济研究组组长领导并从事绿色投资、绿色就业和低碳发展等相关政策的定量评价。2014 年领导开发了日本低碳能源系统模拟工具（Japan 2050 Low Carbon Navigator）。曾在中国环境科学研究院和环保部环境与经济政策研究中心任职。2007 年获名古屋大学博士学位。

创造就业和稳定物价。后者的研究对象是个体，如个别企业、个别家庭、个别生产资料所有者和个别消费者，研究目的主要是确定人们如何运用有限的资源来满足多方面的需要。

2.1.2 历史演变

“宏观经济学”一词，最早是挪威经济学家弗瑞希于1933年提出来的。然而把国民经济作为整体来考察它的运行和规律，则可以追溯到17世纪中期的英国古典经济学家和法国重农学派（梁小民，出版日期不详）。威廉·配第1662年出版的《税赋论》被认为是西方经济学中第一部宏观经济著作，其中涉及国民财富的增长、货币、财政等问题。而重农学派代表魁奈于1758年发表的《经济表》，则分析了社会总资本的再生产和流通过程，开创了宏观经济分析的先河。亚当·斯密1776年在《国富论》中明确了国民财富的概念，这与现代宏观经济学中国民生产总值的概念已经非常相近了。

现代宏观经济学是建立在凯恩斯主义基础之上的，主要关注的是国民收入，通过分析就业水平、国民生产总值（GNP）、国际收支、价格水平（通货膨胀）等因素的变化趋势及相互影响对国民收入进行预测。此外，现代宏观经济学还关注经济增长、如何决定消费和投资水平，以及如何通过货币政策、财政政策和对外经济贸易政策来进行宏观调控。现代宏观经济学的研究就是围绕着国民生产总值（或收入）的决定、失业问题、通货膨胀问题、经济周期和经济增长问题，以及国际收支等问题开展的。

2.1.3 主要流派

不同学派对宏观经济学的主要问题持不同的观点，发展了各自的理论。古典经济学家认为价格、工资和利率是自由的，通过价格的自发调节作用，市场总能出清。法国经济学家萨伊对凯恩斯主义之前的宏观经济思想影响很大。他在《政治经济学概论》一书中提出了“供给创造需求”的萨伊定理，提出了所谓的“充分就业均衡”，即否认生产过剩的危机和失业会长期存在。古典经济学家主张放任自由，反对国家直接干预经济。他们强调国家这只“看得见的手”应该为市场这只“看不见的手”服务。

新古典经济学是在19世纪70年代“边际效用”理论出现后，20世纪30年代“凯恩斯革命”之前产生的经济学派。与古典经济学相比，虽然二者都以自由放任为重心，但古典经济学偏重于宏观分析，而新古典经济学则偏重于微观分析（梁小民，出版日期不详）。具体来说，古典经济学主要研究经济增长，即生产问题，而新古典经济学主要研究消费、需求、效用和分配等问题。新古典经济学采用了所谓的“边际分析法”和“均衡分析法”，这是古典经济学所没有的。新古典宏观经济学模型的主要观点是：市场是完全竞争的；生产要素与产品价格具有完全伸缩性，即当供给大于需求时，价格迅速下降，反之，当供给小于需求时，价格迅速上升；充分就业均衡是经济的正常状态；供给创造需求；总产量由就业量决定，而就业量由劳动力市场的供求关系决定；储蓄与投资由利率决定；价格由货币量决定。

凯恩斯是现代宏观经济学之父。他的 1936 年《通论》的发表为现代宏观经济学体系的建立奠定了理论基础（梁小民，出版日期不详）。第一，他突破了传统的充分就业均衡的理论，承认非自愿失业的存在，因而把以资源利用为中心的问题研究提到了议事日程上。第二，他把国民收入的决定作为宏观经济学的中心问题，以此展开对各个总量及相互关系的研究。第三，他用总供给和总需求的均衡来分析国民收入的决定。第四，他建立了以总需求分析为中心的宏观经济学体系，把总需求分为消费需求和投资需求，并建立了相应的消费函数理论和投资函数理论。第五，他用总量分析的方法，把货币与生产联系起来，建立起一种生产货币理论。第六，他明确提出国家直接干预经济的必要性，指出宏观经济政策的目标是充分就业，政策导向是以财政政策和货币政策为中心的需求管理。读者从第 1 章和本章后面的论述中会体会到，绿色经济的理论在一定程度上受到凯恩斯主义的影响。

相对于凯恩斯主义的货币主义学派，主要是建立在米尔顿·弗里德曼的理论基础之上。货币主义认为政府的职能在于通过控制货币的供给量来控制通胀，强调货币量在经济中的最重要地位。他们也认为市场出清是常态，主张自由放任，否定凯恩斯关于政府能够管理需求的主张，认为这么做会破坏社会稳定，导致通胀。

从绿色经济的视角来看，不论是什么流派，宏观经济学的一个致命问题是没有认识到自然环境对经济增长的制约，通俗地说是没有看到“地球边界”。资源的稀缺性是微观经济学的出发点，但在宏观经济学里，这一稀缺性似乎并不存在。以这样的宏观经济学为基础来制定政策，其跨越地球边界之风险，是可想而知的。在过去的一二十年中，国际货币基金组织、世界银行、世界贸易组织和经济合作与发展组织等主流宏观经济机构逐渐认识到了自然环境的变化特别是气候变化对宏观经济的表现确实具有实质性的影响，开始研究相关问题。但是宏观经济学作为一门学科，尚未能系统地涵盖环境问题。

2.2 绿色经济的理论探讨

2.2.1 理论支柱之一：地球边界和环境阻力

人类社会的发展是一个不断改变自然的过程。在这一过程中，狭义的经济系统不是孤立的、封闭的，它同社会经济系统和自然生态经济系统不断地进行交换，是社会经济系统和自然生态经济系统的子系统。如图2－1所示，狭义的经济系统包括两大经济主体，家庭和企业。国民经济就是这两个部门之间连续不断地循环流转进行社会再生产的过程。一方面，家庭向企业提供生产要素（土地、劳动力和资本），形成供给，同时从企业购买产品和服务，形成需求。另一方面，企业向居民提供产品和服务，形成供给，同时向家庭购买生产要素，形成需求。更完整的经济系统还可以包括从企业主体分化出来的相对独立的银行部门，作为家庭储蓄和企业投资的中介。同时，还可以引入另一个利益主体——政府。政府通过强制的、无偿的税收制度，将一部分国民收入征为国有，形成政府收入。另一方面，政府花费财政收入，购买商品和劳务，形成政府支出。

由图2－1可见，社会再生产过程不是封闭的。首先，它同社会经济系统相互产生影响。经济增长影响人口的预期寿命、就业状况、识字率和受教育情况、卫生保健条件、社会公平性、人与人之间的关系等社会发展要素。同时一些社会问题，如犯罪、人口老龄化等也反过来对经济增长产生影响。其次，经济系统的开放性还表现在它同自然生态系统不停地发生物质和能量的交换和转化。为了实现产品的供给，经济系统从自然环境中获取必需的物质，如矿产资源、水、生物量和化石能源，通过生产和加工转化成可供消费的产品。但伴随这一过程产生的是大量的有毒有害工业废弃物以及向大气和水环境排放的污染物。物质产品经消费后废弃，作为生活垃圾，或堆放，或填埋，或焚烧，最终以废物和污染物的形式留在环境中。

在人类不断繁衍发展的过程中，化石能源和其他矿物资源就像一把“双刃剑”，对人类社会物质文明的正向发展和地球环境的负向发展起着双重和反向的推动作用（崔晋生和陈爱红，2005）。如果化石能源和矿产资源相对于经

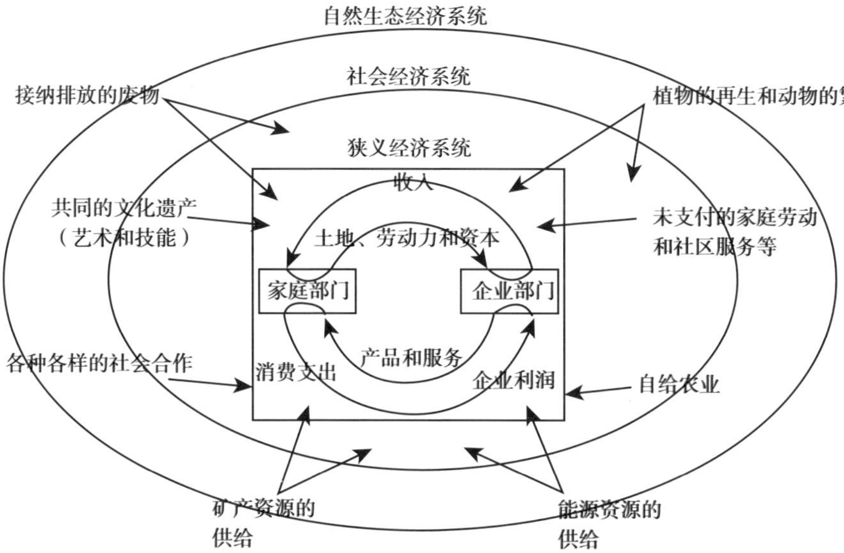

图 2－1　扩展的经济系统范畴

资料来源：作者译自 Hutchinson et al.（2002）。

济系统索取的量和速度来说足够大，不至于构成稀缺效应，则可以把它们看成是无限大。或者水、大气、土壤等生态环境能容纳废物和污染物的能力无限大，我们也大可不必杞人忧天地担心伴随全球大规模的物质生产和消费所带来的对地球生态环境的破坏和影响。然而，我们听到的是比比皆是的坏消息：全球自然生态系统恶化、许多物种濒临灭绝、生物多样性锐减、全球变暖、土地荒漠化、局部地区水资源危机，以及区域性的酸沉降和大气污染。

正如洛克斯特朗姆等近 30 位著名科学家联名在全球著名的《自然》杂志上发表的“人类活动的安全范围”（Rockström 等，2009）一文中指出的，地球是有边界的（见图 2－2）。他们的研究表明，在描述地球环境承载力的 9 项关键指标中（从最上方中心开始顺时针依次为全球气候变化、海洋酸化、臭氧层消耗、氮循环、磷循环、全球淡水使用、土地利用的变化、生物多样性的丧失、大气气溶胶负荷量，以及化学污染物），有 3 项指标，即全球气候变化、人类对自然界氮循环的干扰，以及生物多样性的丧失，已经超出了地球的边界。文章进一步说明在进入全新纪时期的初期[①]，由自然因素引起的环境变化，包括温度、淡水量、生化反应等，以及地球的固有生态调节功能，尚能保证地球的生态环境系统得到良好的维持，从而支持人类社会经济的持续发展至少几十万年。然而现在，由于人们大量使用化石燃料（煤、石油、天然气等）以及采用机械化的农业生产等，人类活动已经破坏了地球的生态环境系统，使之不能维持全新纪时期的初期状态。这　变化可能是不可逆转的，并有可能引起全球环境的剧变，对人类的生存和发展产生不利的影响。

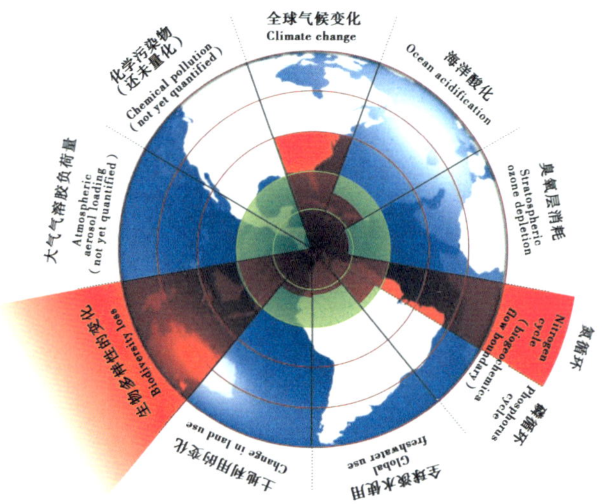

图 2－2　地球边界

资料来源：Rockström et al.（2009）。

注：中心的绿色内圈代表着地球环境系统的安全范围；红色的楔形代表每一项生态环境指标目前的状况。

和“地球边界”相关的一个概念是“环境阻力”，这是诺德海斯在梅多斯等的著书中（Meadows et al.，1992）提出的。他将环境阻力描述为自然资源极大丰富和没有污染条件下的真实国民收入，同资源稀缺并且有污染条件下的真实国民收入之间的差。环境阻力可以被分为两部分（Hepburn and Bowen，

① 从距今 11 700 年前开始。

2012）。第一个阻力是因为自然资源有限，从而限制无止境的物质生产。诺德海斯（Meadows et al.，1992）通过对一些资源有数量限制和没有数量限制的情况进行比较，估计了在 1980～2050 年之间稀缺资源对经济增长的阻力。他提出对经济增长产生阻力最大的是有限的化石能源供给，但他的估算表明阻力并不大，每年对世界经济的影响仅为 -0.155%，到 2050 年对世界产出的累积影响约为 -10.3%。

第二个阻力是污染对经济增长造成的负面影响，这一点越来越受到人们的重视（Hepburn and Bowen，2012）。诺德海斯估计区域性的污染（如大气环境污染和水环境污染）每年对世界经济的影响约为 -0.044%，2050 年对世界产出总量的累积影响约为 -3%。对 CO_2（二氧化碳）等温室气体排放引起的全球气候变暖（即温室效应），从而造成对全球收入的影响，他用产出的市场价值变化来进行衡量。假设 2050 年大气中 CO_2 浓度增加 1 倍，他估算温室效应的经济损失约为世界收入的 0～2%。另一方面他又估算了防止温室效应发生、实施政策措施的成本约为全球收入的 1%～5%，高于温室效应的经济损失。诺德海斯在 1992 年得出的结论是“一个高效运行的经济系统不必担心会同资源枯竭或是环境系统崩溃触礁而沉没”。

诺德海斯的估计，特别是关于温室气体和全球变暖的估计，距今已有 20 年之久。关于环境阻力的估计近期有升级的趋势（Hepburn and Bowen，2012）。如尼古拉斯·斯特恩报告（Stern，2007）中指出气候变化将在全球范围内危及人类赖以生存的基本物质条件——饮用水、食品生产、健康以及生态环境。他估算狭义的气候变化影响约占全球每年 GDP 的 5%，从今直至永远。然而如果考虑广义的影响，则经济损失可高达每年全球 GDP 的 20%。另一方面，如果采取行动防止气候变化，付出的代价仅为全球每年 GDP 的 1%，远远低于气候变化所导致的经济损失。这就颠覆了诺德海斯 1992 年的结论。

世界银行曾根据环境破坏和资源衰竭等情况，对各国的净储蓄率进行下调。它指出，如果广义地来看，环境和资源因素对国家的净储蓄可能造成很大影响（世界银行，2006）。单单考虑能源资源衰竭，就可能使国民总收入下降 3.3 个百分点，而大气颗粒物污染可能使国民总收入下降 0.7 个百分点（世界银行，2011）。

虽然这些指标的评价方法和结果还需进一步的推敲和验证，特别是在国际政治中“地球边界”的概念和说法也还没有被许多国家所接受，但既存的大量事实和众多的类似研究都向我们敲响了警钟：人类物质文明的发展对自然生态系统造成的负面影响是不容忽视的，这些影响将制约社会经济的持续增长。那么，我们的经济发展究竟出了什么问题，应当如何扭转这一局面，使人类社会和地球环境实现和谐统一、协同发展呢？

根据联合国环境规划署的官方定义，“绿色经济是一种改善人类福祉和社会公平，同时显著降低环境风险和生态稀缺性的经济”（UNEP，2011）。此外，本书第1章还提出绿色经济作为一种手段，指的是针对环境制约因素，通过调整总需求，创建并积累新一代资本。由此展开，绿色经济既强调具有社会包容性的经济发展，又推崇对环境和生态的保护。宏观经济学和传统的经济增长模式忽略了“地球边界”的问题，而绿色经济就是在地球有边界的前提下，一方面要求经济增长与资源消耗和生态环境破坏“脱钩”，另一方面要求以“地球边界”为契机，通过投资于自然资本和技术创新，实现新型的经济增长和就业。

2.2.2 理论支柱之二：新一代资本

社会总供给是国家在一年内国民经济各部门提供的物质产品和服务的总和，其数量的不断增加体现了经济规模的扩大，即经济增长。传统的经济增长理论，如索罗（Solow，1956），提出了人力资本（如有知识、有技能的劳动力）、人造资本和技术是影响增长的三大要素。在社会供给函数中，经济总产量随生产要素（即劳动力和人造资本）投入的量和质的增加而增加，技术水平的进步对经济总产量既起着扩张和倍乘的作用，也起着改变要素之间相互关系的作用。一方面，人造资本如厂房、机器等由于使用会随时间推移而消磨耗损；另一方面，投资可以增加生产要素的数量或质量，如投资研发可以促进技术进步从而提高生产率，投资教育可以提高劳动力素质从而提高劳动生产率，投资新建厂房、添置新机器等可以弥补原有人造资本的消耗，并可由于采用更先进的技术而提高生产率，等等。因此，如果社会总投资大于社会总资本（包括人造资本和人力资本）的消磨耗损，即社会净投资大于零，则社会总资本存量增加，促进经济增长。反之，社会总资本存量衰减，导致经济萎缩。要使社会总资本存量不断增加，既要开源，增加流入量（投资），也要节流，减少流出量（折旧消耗）。

新一代资本包括自然资本、清洁的人造资本（由技术创新来代表）、健康的掌握新技术的劳动力，还可以包括社会/体制资本。新型劳动力方面的讨论，见第8章“绿色就业”。社会/体制资本主要涉及收入分配、社会保障，以及所谓“良治”和腐败等问题，也包括这些问题同绿色经济的关系。但是这方面的研究还比较欠缺，在本书中我们暂不展开。在这一小节，我们主要讨论新一代资本中的自然资本和技术创新这两个部分。

1. 自然资本

在上述社会供给函数中遗漏了一项重要的生产要素，即自然资本，包括自然资源、环境质量和生态服务功能等（Nordhaus，1974；Solow，1974；Smulders，1999；Brock and Taylor，2005）。同传统的增长理论不同，在绿色经济或者绿色增长理论中我们将自然资本作为新一代资本的重要组成部分纳入社会总供给函数，使之成为与人造资本和人力资本并驾齐驱的第三大生产要素。这是因为，“绿色增长意味着促进经济增长和发展的同时确保自然资产能持续地提供人类生存发展所需的资源和生态服务”（OECD，2011）。

自然资本对经济增长的重要作用，可以从三个方面展开来讨论。

第一，自然资本，特别是自然资源，如化石能源、矿产资源和森林，作为生产资料的一部分投入社会再生产过程中。它们同人造资本和人力资本一样，是社会再生产不可或缺的生产要素，其质和量的增加会直接促进总产量的提高，促进经济增长。

第二，自然资本的一个重要特点是它能提供环境质量和生态服务，这些是维系和增强人造资本和劳动生产力水平的保障，从而间接地促进社会总供给水平的提升。如健康的土壤和充足的水资源能确保农业生产力；良好的空气和水环境质量能保证人体健康，确保劳动生产力；有效的土地利用管理可以防止一些自然灾害的发生，从而避免对人身的伤害和对物质资产的损害，保护和维系资本的存量不受到削弱（Hallegatte et al.，2011）；二氧化硫和酸雨的治理可以减少对农业生产力的不利影响，避免对建筑物、机器等固定资产的损害，确保物质资产的生产力，同时减少对人体健康的危害，保障劳动生产力。因此，保护良好的环境质量和生态功能是实现最大可能生产力的充分条件之一。反之，人类生产消费活动导致的对环境和生态系统的破坏将损害社会生产力水平，使生产可能边界[①]收缩（见图 2－3）。图 2－3 中的物质产品主要体现人造资本的作用，而知识产品主要体现人力资本的作用。

第三，如图 2－2“地球边界”揭示的，自然资本另外一个重要性质就是

---

① 生产可能边界代表了社会潜在总供给，即在技术水平一定、生产要素存量一定的情况下，社会可能提供的商品和服务的最大量，或是社会的最大供给能力。

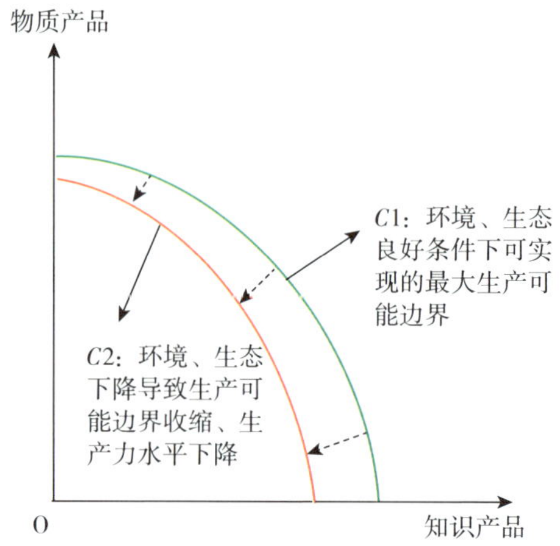

图 2－3　环境、生态系统与实现最大生产可能性的关系

有限性，体现在不可再生资源（如化石能源和矿产资源）的数量有限，环境的自然净化能力有限，以及生态系统的自然调节功能有限。另外，一些环境指标的临界值，反映了生态和环境破坏一旦超出了临界值范围，则可能出现不可挽回的后果，还可能引起全球环境的剧变，对社会生产力和经济系统产生不可估量的严重威胁。即当自然资本的破坏接近临界值时，社会的总供给能力可能趋于零（Hallegatte et al.，2011）。这一性质警示我们不要违背自然法则，要通过技术进步、制度改良、合理安排投资将社会再生产和经济持续增长控制在环境的临界值范围内，同时尽可能积极地拓展临界值的范围。

为什么有必要拓展环境的临界值范围呢？由质量守恒定律可知，在一定的系统范围内，不论发生任何变化或过程，物质的质量保持不变，即物质不灭。由热力学第二定律，即熵定律又可知，物质和能量虽然守恒，但其表现形态却只能是不可逆地沿着一个方向转换，即从有序到无序，从有用功到无用功，从可利用到不可利用（崔晋生和陈爱红，2005）。根据物质不灭定律，化石能源和其他的自然资源以有价值的形态通过物质生产进入人类的社会经济系统，或是转化为商品和服务供消费，或是通过投资转化为人造资本，或是在生产和使用过程中以二氧化碳、大气和水污染物以及固体废物的形式等排放到自然环境中。然而无论是商品还是人造资本，通过消费和消耗终将变成污染和废物。虽然一部分可以通过再生利用返回到社会生产和消费环节中，但是再生利用是有限的，最终还是变成污染或废物排放到环境中。由熵定律可知物质的社会再生产过程将可利用的、有价值的能量和自然资源通过一系列的转换，不可逆地变成不可利用的、无价值的污染和废物。这一过程无疑使自然资本不断消耗和质量退化，其存量的减少将影响社会生产力水平，给经济增长带来负面影响。因此，同投资人造资本一样，投资于自然资本将不单纯是一种生产性成本，它还产生收益，即使现有生产力得到保护和提升，因此属于生产性投资。本书第5章将专门讲自然资本投资，这里不再赘述。

在讨论自然资本这样一个话题时，有一个绕不过去的问题就是不同形态的资本相互之间的替代性。这个问题之所以产生，是有观点认为一些自然资本的减少可以由其他自然资本（如人造资本或人力资本）的增加来弥补。这种观点会影响我们看待"地球边界"和"环境阻力"的态度。关于资本替代问题在第5章里也会有所涉及。下面我们主要从理论角度加以补充。

社会供给函数实际上描述的是在既定的生产技术条件下，各种可行的生产要素组合同可能达到的最大产量之间的技术关系。通常生产同等产量产品的生产配方并不是唯一的，如一些电子产品的生产线既可以采用机械化生产也可以用人工生产，小麦的生产既可以采用1单位人工和5单位土地的粗放型生产方式，也可以采用3单位人工和2单位土地的精耕细作的生产方式。这是因为生产要素之间，如人造资本和人力资本之间存在一定的替代关系。这种替代关系通常用替代弹性来描述，它衡量的是一种生产要素替代其他生产要素的难易程度（Hicks，1932）。通常，在一定技术条件下，要素的替代弹性如果趋于无穷大，则表示要素之间可完全替代；要素的替代弹性如果趋于0，则表示要素之间完全不可替代。

如果人造资本、人力资本或是技术进步可以完全替代自然资本，那么由于人类的生产消费活动造成的自然资本衰减，就可以通过增加人造资本和人力资本，或通过技术进步来弥补，从而解决由于自然资本被破坏而导致的对社会生产力的约束甚至是毁灭性的破坏。然而问题是，从技术可行性讲，人造资本对自然资本的替代弹性究竟是大还是小呢。另外，社会供给函数中只描述了要素之间的技术可行关系，并没有体现生产成本，包括要素之间相互替代的成本。因此，另一个问题就是不同形态的资本之间互相替代的成本如何？如果替代成本高则意味着对国民收入和社会福利带来负面影响。

现存的关于其他生产要素替代自然资本的实证研究并不多，但是人们普遍认为人造资本和人力资本对自然资本的替代是有限的（Hallegatte 等，2011）。例如，虽然技术进步和提高劳动生产力水平可以使粮食增产，从而减少单位产量的土地和水的投入量，然而土壤和水是粮食生产不可或缺的要素，在一定程度上不可替代。如在前面的关于自然资本对经济增长的三重作用中讲到的，自然资本所提供的一定质和量的环境质量和生态服务是维持和提高社会生产力水平的基本保障，加之环境临界值的存在，这些都说明其他资本替代自然资本的能力是有限的，意味着替代弹性较小，或是超出一定限度后，则变成完全不可替代。这也进一步说明了在一定的技术条件下实现相同的社会总供给，通过投资环境和生态系统保护，增加自然资本，特别是那些面临稀缺的关键的自然资本时，相对于投资人造资本，可以释放更多的人造资本或人力资本。这一点不但有技术方面的意义，也有经济上的意义。

此外，用人造资本或其他资本替代自然资本不是无价的，而是有成本的。图 2－4 显示的是人造资本和自然资本作为两个生产要素投入的等产量曲线。曲线上的任何一点表明一定量的人造资本同相应量的自然资本进行组合，可以实现相等的产量。当人造资本替代自然资本的替代弹性较小时，则等产量曲线凸向原点 *O* 的曲率较大[①]。在自然资本较丰富的 *N*1 点，替代单位自然资本所需的人造资本量较少，体现为切线 *L*1 的倾斜度较小。而当自然资本处于较为稀缺的 *N*2 点时，替代单位自然资本所需的人造资本量则大幅度增加，体现为切线 *L*2 的倾斜度很大。因此，当单位人造资本的投资成本不变时，在自然资本稀缺时，用人造资本替代自然资本要付出多倍的高额代价。这也说明一些自然资本，虽然可用其他资本替代，但是由于替代弹性很小（如图中曲线 *C*1），或是该自然资本存在环境临界值（如图中曲线 *C*2），其替代成本会很高，从总体上产生负面的经济影响。一个具体的例子就是走先污染后治理的道路，其经济代价通常是惨重的（见专栏 2.1 的日本案例）。

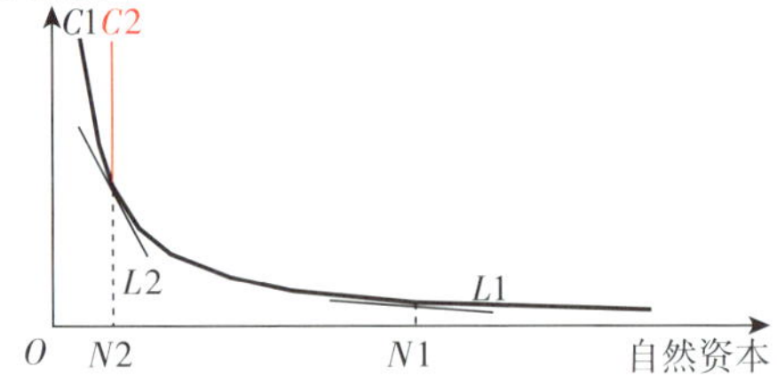

图 2－4　人造资本和自然资本的替代性

① 如果两个生产要素完全不可替代时，等产量曲线是一条呈 90°的折线。

专栏 2.1　污染的代价

日本全球环境经济研究会于 1991 年编写了一份报告，题为《日本的污染经验》，从经济角度分析了三重县四日市二氧化硫大气污染造成的哮喘病、熊本县水俣湾有机汞中毒造成的水俣病，以及富山县神通川流域镉污染造成的痛痛病。报告将每年的污染防治费用支出同污染损害的治理成本和赔偿费用进行了比较。其中四日市，保持良好大气环境的污染防治费用约为 150 亿日元/年，而污染发生后的损害成本约为 210 亿日元/年。在水俣病案例中，污染防治费用约为 1.23 亿日元/年，而污染发生后的损害成本约为 126 亿日元/年。在神通川流域痛痛病的案例中，污染防治费用约为 6.2 亿日元/年，而污染发生后的损害成本约为 25 亿日元/年。

报告得出的结论是为了避免污染造成的人体健康损害，在污染产生的初期，对污染防治和生态环境保护进行充分的投资，从经济成本角度看是明智的选择。报告进一步提出，如不采取适当的污染防治措施而只顾及短期的经济利益，将必然危及长远、持久的经济增长。

资料来源：日本环境部官方网站（http：//www.env.go.jp/en/coop/experience.html）。

这里我们以石油，一种不可再生的资源为例，进一步探讨不同资本间的替代问题，以及对经济持续增长的影响。石油同人造资本投入和人力资本投入并列，是不可或缺的投入要素。石油作为要素的使用有以下几个特点：①石油是不可再生资源，其存量有限；②石油随着不断开采，开采难度会越来越大，开采成本越来越高；石油随着使用，其存量减少，稀缺性提高，石油的相对价格上升，使用成本会逐渐提高；③伴随着石油的燃烧使用会产生二氧化碳等温室气体，导致全球气候变暖，对社会福利产生负的外部性；④作为能源的石油可以由太阳能等可再生能源替代，但在一定期间内可能无法完全替代。

在此，我们引用 Withagen 和 Smulders（2012）在题为《绿色增长：从增长理论中得出的教训》一文中的分析来展开说明。为简化起见，这里先只考虑特点①。在拉姆齐增长模型的框架下，假设人力资本的投入恒定，技术条件恒定，总供给用于消费和投资。因为石油的储量有限，石油作为生产要素的使用量最终会变为零。根据 DHSS（Dasgupta－Heal－Solow－Stiglitz）模型（Dasgupta and Heal，1974；Solow，1974；Stiglitz，1974），由于石油投入减少并最终至零，会对总供给带来损失。如要保持正的消费水平，这个损失就需要靠无限地增加人造资本的投入来弥补。然而问题是在多大程度上人造资本可以替代石油。

Withagen 和 Smulders 的分析（2012）提到有两种可能。一是由供给函数决定了这种替代的有限性。如图 2－5 所示，对于生产函数 *Y*，生产可能曲线不能超越虚线 *E*（*Y*）。这意味着无论人造资本和人力资本何等充分，总供给仍将受到石油资源有限性的制约。因此，总供给不可能持久保持为正，由此导致不能持续地维持恒定的正的消费水平，即经济增长不可持续。另一种可能是人造资本可以充分替代石油。如果用柯布－道格拉斯生产函数表示，则人造资本、石油和劳动力生产要素的生产替代弹性可用$\alpha(0<\alpha<1)$、$\beta(0<\beta<1)$和$\gamma(0<\gamma<1)$来表示。那么要保持正的恒定的消费水平，一个必要条件就是生产函数中人造资本的生产替代弹性要大于石油的生产替代弹性，即$\alpha>\beta$。然而这个条件并不充分。因为随着大量资本投入代替石油，资本存量增加，而资本的折旧也增加，久而久之社会因缺乏资本投资不能维持恒定的生产水平，以至于影响消费。因此，在有限的不可再生资源（如石油）的制约下，使经济增长保持恒定的充分且必要的条件是$\alpha>\beta$，且资本没有折旧。但是在现实中，资本没有折旧几乎是没有的。因此，以上的两种可能都说明了完全建立在不可再生资源基础上的经济增长是不可持续的。

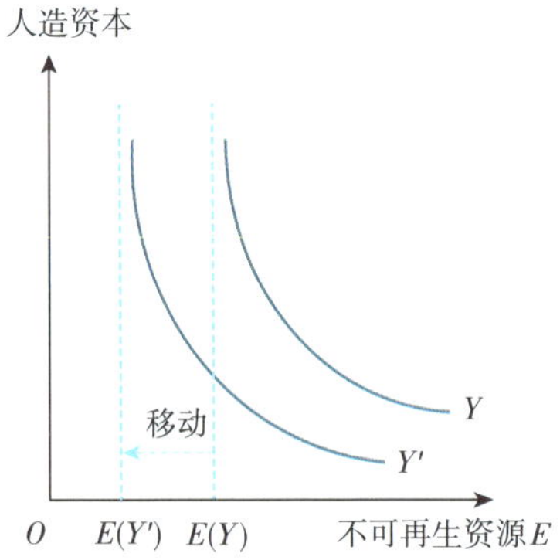

图 2－5　人造资本与不可再生资源的有限替代性

资料来源：笔者根据 Dasgupta 和 Heal（1979）略作修改。

除了用人造资本替代，还有就是用可再生的自然资本，如太阳能、风能等作为石油的替代能源（上述特点④），解决上述讨论过的建立在不可再生资源基础上的经济增长是不可持续的问题，同时解决由于石油燃烧产生 CO_2 等温室气体，给社会福利带来负的外部性的问题（上述特点③）。从经济角度看，由于石油的使用而产生的社会外部性将以负的形式同消费量一起列入效用函数，其作用是降低社会福利。如果假设可再生能源从技术上可以完全替代石油，那么经济增长处于什么状态将受到人造资本存量、石油储量、可再生能源与石油相互替代的动态关系，以及大气中累积的 CO_2 总量等因素的综合影响。

根据 Withagen 和 Smulders（2012），能源的使用有三种可行性：①只使用石油；②只使用可再生能源；③两者同时使用。首先，如前面讨论过的，如果只使用石油，由于其资源的有限性以及随着使用的增加产生越来越多的社会外部不经济性，经济系统的运行发展不可能持续。因此可再生能源的使用是经济持续增长的源泉。其次，对只使用可再生能源作为动力的经济，可以称为无碳经济。由于可再生能源的生产在目前的技术条件下，具有较高的成本，如果可再生能源的边际成本大于其边际产出，则人们不会去选择使用可再生能源。然而石油的边际成本也是动态的，它由三部分组成：现有储量条件下的开采成本；随着不断开采，开采难度提高带来的额外成本；由于排放 CO_2 带来的全球气候变暖的环境外部性成本。因此，人们何时选择使用石油、又何时转向使用可再生能源，是一个动态的变化，与可再生能源使用的边际成本及石油使用的边际成本的相对大小有关。

2. 技术进步与创新

技术是人类开发自然和保护自然的方式和方法。在绿色经济的理论框架中，我们把清洁技术作为新一代资本的另一个重要组成部分。尽管技术本身不是一个独立的、实体性的要素，但是技术同其他资本的结合可以创造出新一代资本，如清洁技术和人力资本结合，形成绿色就业；清洁技术和人造资本结合，成为清洁的人造资本或清洁资本等。技术对于经济增长的作用，从新古典经济学的增长模型中可窥见一斑。比如，根据索罗增长模型（Solow Growth Model）和拉姆齐－卡斯－库普曼（Ramsey－Cass－Loopmans）增长模型（Romer，1990），单靠资本积累不可能实现持续的经济增长。因为人造资本的收益率是随资本存量的增加呈递减的，而人造资本的折旧损耗随资本存量的增加呈线性递增，二者的综合效应是使资本存量的增量趋于零。但是，如果加入作为外生变量[①]的技术进步，则有望实现持续增长。

然而多数的新古典经济理论模型并没有考虑自然和生态环境对经济增长的多重影响。如果将它们加以考虑，那么有限的自然资本，如数量有限的不可再生资源（化石能源[②]、非金属矿产资源等）、再生能力有限的可再生资源（如森林、渔业资源等），以及有限的生态服务功能（大气、水、土壤的自然净化能力等），是如何影响经济增长的？这些问题在前面关于自然资本的讨论中已经有所解答。下面讨论技术进步和创新是如何在自然资本有限的条件下促进经济持续增长的。

在这一节的开始已经提到，随着人造资本存量不断的积累，资本收益率将递减，增长减缓。根据拉姆齐增长模型，当资本的净收益等于资本贴现率时，增长停滞。因此，即便不考虑自然资本对人造资本持续增长的制约性，纯粹依靠人造资本的积累，社会总产出还是会处于踯躅不前的状态。要打破这种停步不前的状态，促使经济持续增长，主要可以通过两种外力来实现（Withagen and Sumulders，2012）。其一是投资率[③]随时间不断增加，使增长保持较高水平。然而投资率不可能无限地增加，因此这种增长方式是不能持续的。其二就是通过技术进步和创新，提高要素生产力，从而提高资本收益率。根据Withagen 和 Sumulders 的分析（2012），当资本存量的增长快于技术进步时，资本收益率递减的效应将发挥主导作用，因此经济增长速度下降，资本存量的增长也放缓。当资本存量的增长趋于零时，资本收益率不再继续下降。此时，通过技术进步提高资本的边际产出，能使资本收益率增加，抵消由于资本存量增加而导致的资本收益率下降，从而使经济发展走上平衡增长的轨道。此时，技术进步对资本收益率的增强作用处于主导地位，决定了经济增长的速度和持续性。由此可见，人造资本积累在短期可以促使经济高速发展，但要使经济长期可持续增长，技术进步将是主要的源泉和动力。

然而，如前面讲到的，自然资本是经济发展必不可少的生产要素，是人造资本积累和维系的保障，又不可被人造资本完全替代。自然资本的有限性就必然会制约以人造资本积累为导向的经济增长。如何扭转这一命运呢？钥匙就在

---

① 外生变量不是由模型而决定的变量，而是既定给出的变量。

② 化石能源包括煤炭、石油、天然气等，是通过埋葬的动植物尸体的无氧消化等过程自然形成的。

③ 这里的投资率是指投资占总产出的比例。

于根本改变经济发展方式，从资源高投入、高污染和高增长的短期发展模式转向资源低投入、低污染和经济适度增长的可持续发展模式，实现经济增长同资源使用以及生态环境破坏的“双脱钩”（诸大建，2013）。如果我们的决策者和企业家不从长远利益出发，深刻认识这个问题，而使我们的社会经济发展锁定在短期的不可持续发展的轨道上，等到资源枯竭和生态环境退化明显地危及经济发展的时候才意识到问题的严重性而采取行动开始转型，走先污染后治理的道路，那时的经济代价则是非常昂贵的（见专栏2.1）。从经济角度看这将不是最优的选择。从自然规律角度看，有些破坏超出了地球边界，是不可逆的，难以恢复的。

但是，光有这样的认识还不够。有什么手段能使我们摆脱自然资本的有限性所带来的制约呢？关键是依靠制度变革和技术进步。鉴于篇幅，这里我们仅讨论技术进步的作用。一般来说，技术进步对经济增长的推动是通过提高要素投入的综合生产力水平来实现的。进一步看，这里主要包含三种技术进步的方式：（1）提高要素投入的综合产出率，即生产率；（2）改变投入要素即人造资本、人力资本和自然资本之间的相互关系，解放由于自然资本的有限性所造成的对经济持续增长的制约，释放生产力；（3）通过开发新产品，优化产出结构，实现更高的产出价值。这三方面都同自然资本的保护有密切关系。

首先，提高综合生产率可以减少要素的投入，包括人造资本、自然资本和人力资本。一方面，如果生产力的提高直接减少自然资本的投入，包括自然资源作为生产资料的有形投入和环境质量及生态服务功能作为社会生产保障条件的无形使用，则技术进步将直接有助于解放自然资本的有限性对经济发展带来的制约：即自然资源的有限性对持续扩大再生产的投入制约和生态环境破坏对经济增长的阻力制约。另一方面，如果生产力的提高直接带来人造资本投入的减少，那么，由于人造资本的生产和使用同有限的自然资源的使用量，以及对自然生态环境的干扰和破坏，存在正相关关系，人造资本投入的减少会间接带来自然资本的保护。从这两方面的意义上讲，通过提高综合生产率，如节能降耗等清洁技术，可以促进对自然资本的保护。

但是，要实现最终的经济增长的“双脱钩”，光靠提高综合生产率是不够的，还要改变生产结构。这包括生产同类产品各种要素的投入结构，如使用石油还是使用可再生能源以及改变产品结构，如建造高耗能的建筑还是绿色环保建筑。比如，仅仅减少单位能耗只能暂时减少大气中二氧化碳的累积量，但从长远看不能从根本上遏制和扭转气候变化的严重影响。另外，如果综合生产率的提高是通过人造资本替代人力资本，造成大量失业，或者是在破坏自然资本的基础上实现的，如依靠高污染、高能耗的棕色技术进步，那么相关的技术进步将不利于经济持续增长。这从另一个角度印证了前面讲到的一个观点，即单靠人造资本的积累并不能实现持久的经济增长。

其次，技术进步可以改变投入要素之间的可替代性以及生产配方，通过改变生产的要素结构，释放由于要素限制造成的对生产力的捆绑。自然资本和人造资本对经济发展至关重要，且两者互补，缺一不可。自然资本有限，对社会生产的持续增长产生生产要素的投入制约和生态环境破坏的阻力制约。通过技术进步，可以改善人造资本和自然资本之间的生产替代性，使图2－4中人造资本和自然资本的等产量曲线曲率变小，甚至呈下斜的一条直线，实现某些自然资本的完全替代。或是如图2－5，使不可再生资源的制约边界由E（Y）移动到E（Y'），从而放松资源制约对生产的限制。另外，技术进步可以改变生产配方，如用可再生能源代替化石能源，从而根本实现经济增长同不可再生资源的脱钩，释放由于不可再生资源的有限性所造成的对社会生产的投入制约，以及根据热力学第二定律，减少由于使用不可再生资源所造成的生态环境破坏的阻力制约。如果社会投资是沿着这样的技术方向进行的，久而久之，社会生产和总资本存量的积累将建立在可再生资源基础上，经济将不再继续干扰和破坏其赖以持续发展的自然生态环境，可以摆脱自然资本有限性的制约，走上人造资本和自然资本存量和谐稳定的平衡增长轨道。

最后，通过技术进步和创新可以开发新产品，优化产出结构，实现更高的产出价值。技术进步对经济增长的这个作用不言而喻。信息产业的出现，使产品的投入成本降低，而附加值增加，就是典型的技术进步的例子。考虑到“双脱钩”问题是经济持续增长的充分条件，新产品的开发应转向人造资本投入少、同不可再生资源和能源脱钩、对生态环境干扰小的方向发展。如何实现呢？Hepburn和Bowen（2012）提出了实现“双脱钩”的远景，这就是由物质经济的发展模式转向知识经济的发展模式，通过知识产品的生产，如好的点子、艺术、文学、音乐、生态旅游，以及精神和文化产品等，进行知识和社会财富的积累。在这一转变中，人力资本起着至关重要的作用。这一转变，需要消费意识、行为的变化，从而影响改变消费偏好，改变消费函数中物质产品和知识产品给人们带来的福利效用的大小，并逐渐改变消费结构，使之减少对人造资本的依赖，更多地建立在人力资本和自然资本的基础上。

2.2.3　理论支柱之三：投资的改革

在宏观经济学中，投资被认为是增加资本总量的唯一途径。如前所述，当社会的总投资大于重置投资（为弥补资本消耗所作的投资）时，净投资大于零，则可以增加资本存量，带动经济增长。如图 2－6 所示，虽然社会总消费和总投资都由国民收入转化而来，但是前者相对来说比较稳定，而后者其变化是剧烈的，是影响宏观经济运行稳定的一个最重要因素①（朱延福等，1994）。

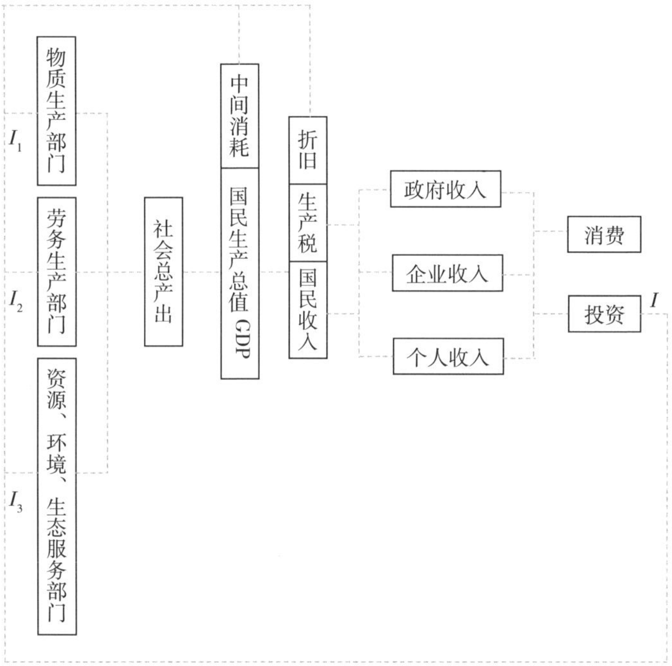

图 2－6　社会总供给的形成和分解

资料来源：笔者根据朱延福等（1994）的资料改编，增加了资源、环境和生态服务部门。

---

① 消费需求在经济波动中的稳定性表现为，它的波动总是小于投资需求的波动和 GDP 的波动，而且往往滞后于投资需求波动。由于 GDP 的波动主要是消费需求与投资需求波动的综合结果即两者的叠加，所以消费需求的相对稳定性是经济周期性波动的重要制约因素。消费需求相对平缓，能在很大程度上削弱投资需求波动给国民经济带来的动荡，缓解国民经济的大起大落。（源于网络信息：http：//www.shipsupply.org.cn/hk/hk－0803/0803－12.htm）

从图2－6中循环的过程可以看出，国民收入与投资具有互为前提、互为因果的关系。投资是国民收入的一部分，而国民收入又是过去投资所形成的生产能力的产物。同时，投资对经济增长的作用具有二重性。从短期看，投资要占用大量的人造资本、人力资本、自然资本，并对环境和生态服务功能产生一定干扰，但却不能立即增加社会供给，是左右社会总需求的一个重要因素。从长期看，投资后的项目可以源源不断地提供商品、劳务和生态服务等，从而增加社会总供给。

投资不仅可以改变资本总量（数量），还可以有效地调整资本结构（质量）。资本存量的增加和资本结构的优化必然促进经济增长。

投资可以改变资本存量是显而易见的。例如，投资厂房、机器以及生产所需的库存原料和半成品等，可以维持或增加人造资本的生产力；投资医疗保健卫生、文化娱乐和教育，可以维持或增强人力资本的量和质；投资污染防治、自然生态保护和建设等，可以维持或增加自然资本的量和质等。

保持每一要素一定的资本存量，或保持要素存量之间一定的比例关系至关重要。片面投资单一要素的增量，如人造资本存量的增加（厂房、设备、生产线等），而没有相应的人力资本和自然资本构成投入组合，或没有一定的环境质量和生态服务作为发挥最大生产力的保障条件，其结果是多余的厂房、设备、生产线的闲置浪费，不能实现预期的社会生产力，不能带来社会总供给水平的提高。因此，投资的作用是既可保证净投资（总投资－总折旧）大于零，使资本存量（图2－6中的 I）得到实质性的增加，又可调整各要素存量之间（I_1，I_2和 I_3）的比例关系，使之达到资本的最优生产结构，驱动绿色经济增长。绿色经济概念中强调具有社会包容性并显著降低环境风险和生态稀缺性的经济增长方式，就涵盖了这个道理。

那么如何决定应投资人造资本、人力资本还是自然资本，使生产结构达到最优，发挥最大的社会生产力，实现最大的投资利润呢？如果用柯布－道格拉斯生产函数表示，A 代表技术水平；K、L、N 代表三种生产要素；α、β、γ表示三种要素的投入对产量变化所做出的贡献，是要素的技术评价指标，则：

$$Y = AK^{\alpha}L^{\beta}N^{\gamma} \quad (\alpha + \beta + \gamma = 1) \qquad (1)$$

在一定技术水平条件下，资本利润获得最大化的条件是：

$$\alpha : \beta : \gamma = (r_k \times K) : (w \times L) : (r_n \times N) \qquad (2)$$

其中 r_k、w、r_n 分别代表单位人造资本的租金成本、单位劳动工资和单位自然资本的租金成本。上式表示人造资本、人力资本和自然资本投入对产量的贡献率之比——$\alpha:\beta:\gamma$，应该等于人造资本的总租金成本（$r_k \times K$）、劳动总成本（$w \times L$）及自然资本的总租金成本（$r_n \times N$）之比，即要素的技术评价与经济评价相符时，三种要素的组合为最优组合，这时会产生最大的资本利润，再多投资或少投资任何一种要素都会使利润减少。

这里资本的相对定价，即 r_k、w、r_n，以及资本之间的技术替代性（替代弹性的大小），对要素的组合方式和资本的利润会产生一定影响。例如，当人的基本物质需要得到充分满足后，会增强对精神文化资产的需求和良好环境的追求。随着这种消费偏好的转变，人力资本（精神文化资产的主要源泉）和自然资本对人造资本的替代性增强，其价值得到提升，由此可产生新的最优要素组合关系，即 $\alpha':\beta':\gamma'$，这时 $\alpha'<\alpha$，而 $\beta'<\beta$、$\gamma'<\gamma$。在要素之间新的关系下，人造资本在社会总供给中的贡献率减少，而人力资本和自然资本的贡献增强。在各种要素投资成本相对不变的情况下，这将产生对人力资本和自然资本投资需求的加大。久而久之，随着投资方向从人造资本向人力资本和自然资本的转移，总资本存量中人力资本和自然资本的比重将加大，而人造资本的比重减轻。在这种新的资本存量结构上进行社会再生产会减轻对自然、生态环境的干扰和破坏，使绿色增长得以实现。

然而，如果自然资本 r_n 的定价过低（$r_n<r_n^*$，r_n 为现行资本定价，r_n^* 为资本的真实价值），甚至免费使用（$r_n=0$），即便有一定的社会需求 N，却不能产生应有的投资需求（$r_nN<r_n^*N$）。或是人造资本的租金成本 r_k 中没有体现环境污染和生态破坏的外部性成本，使 r_k 过高（$r_k>r_k^*$，r_k 为现行资本定价，r_k^* 为资本的真实价值），则会产生对人造资本过大的投资需求 r_kK 大于应有的投资需求。这正是现实社会存在的普遍现象，即自然资本定价和环境外部性问题，它的解决需要政策的干预和纠正。

另外，投资还可以改变资本的生产结构，包括产业结构（部门、行业、产品）和地区结构，即生产什么、用什么方式生产、在什么地方生产等（朱延福等，1994）。通过投资，可以使资本的生产结构绿色化和清洁化，主要表现在两个方面：一是通过对折旧费用使用方向的改变，如通过机器设备更新换代，由采用高物耗、高能耗和高污染排放的生产技术转向使用清洁生产技术（如生产能效提高）；二是通过控制新增投资的使用方向，如由生产传统产品转向生产绿色环保产品（例如由生产内燃机动力的汽车转向生产混合动力汽车和电动汽车），或由使用化石燃料转向使用无二氧化碳排放的风能、太阳能和水力发电等。这种连续不断的绿色投资活动，必然全面推动社会产业结构的绿色化和清洁化，实现绿色经济增长。按照传统的发展规律，一国经济的工业化过程总是从轻纺工业起步，随后进入重工业化阶段，最后进入电子等高技术产业领先的时代。这一过程离不开重置投资和新增投资。因此要实现经济产业结构的绿色化，则要有效利用投资使绿色环保产业和清洁生产技术在经济结构中占主导地位。

2.3 绿色经济的政策分析

上面一节讲了自然资本、技术进步和投资的改革是实现绿色经济增长最主要的途径和动力源泉。在正确了解保护自然资本同经济的持久发展之间的关系后，我们认识到发展绿色经济的重要性和紧迫性。然而在现行的经济体制和政策安排下，自然资本的重建，技术进步和投资的改革是否能及时有效地促进绿色经济转型呢？在没有形成足够的社会共识以及由于外部性所导致的市场扭曲和失灵依然存在的情况下，绿色经济转型不可能自然实现，而是需要实施绿色经济制度和政策，进行干预。

本书在以下各章中，会谈到如何提高资源生产率，投资于自然资本、改善环境生活质量，推动环保产业的发展、促进绿色就业、发展绿色金融以及制定绿色经济政策和实施相关的制度安排。这里对具体政策的讨论就不多着笔墨，而是从宏观经济的角度简要阐明如何分析绿色经济政策所产生的影响。

绿色经济政策的实施既产生环境效益，又有一定的经济成本。Hallegatte 等（2011）用 P_E 表示政策对社会总供给的影响，如式（3）。

$$Y=\varphi(P_E)\,f\left[A(P_E),\ K(P_E),\ L(P_E),\ N(P_E)\right] \tag{3}$$

他们指出绿色经济政策的主要成本包括：

（1）降低生产率 A，生产者被迫使用更昂贵和生产率低的技术（如使用可再生能源要比使用煤更贵）；

（2）使建立在污染技术上的人造资本 K，如火力发电厂，提前退役，体现在经济成本上就是人为减少资本存量或增加资本折旧。除了这些直接成本之外，对这些资本更新换代所需的投资将影响当代人的消费，进而影响福利水平。这些影响至少在短期内存在。

（3）提高一些产品和服务的价格，以至于改变和其他产品和服务的相对价格。这样做将会使需求结构发生变化，导致生产结构不能有效反映需求的变化，使一些现有生产能力过剩，而另外一些生产能力不足。这一影响可以表现为生产效率低下，用 Φ 表示。

然而上述对绿色经济政策成本代价的评价与经济产出 Y 的定义有关。如果通过实施绿色经济政策，使环境对生产力的阻力降低，同时保护人力资本，以此带来生产力的释放和生产率提高的协同效益，就有可能抵消上述成本（1）中的负面影响（见专栏2.2）。又如果 Y 和 A 中作为自然资本包括生态服务，则政策的总体影响可以是正面的，即绿色经济政策可能实现经济—环境双赢。

专栏2.2

《新气候经济报告》（The Global Commissionon the Economy and Climate, 2014）中用图2-7分析了低碳行动的协同效益。例如通过减少燃煤，可以减少区域性的大气污染和对人体健康的危害；通过防止森林滥伐和森林退化来减少二氧化碳排放（REDD+）的政策可以加强土地管理，改善森林和土壤退化的状况，从而帮助农村的发展；通过使用可再生能源可以避免由于过分依赖化石能源而产生的能源价格攀升。

图2-7表明许多低碳政策即便不考虑协同效益（蓝色部分），也能产生正的经济影响。如果考虑上述多方面的协同效益（红色部分），则正的经济影响更为明显。另外一些政策，如防止森林滥伐、陆上风力发电等，如果考虑协同效益，则可能从负面的经济影响变为正的经济影响。而节能的协同效益是其单纯效益的3倍。

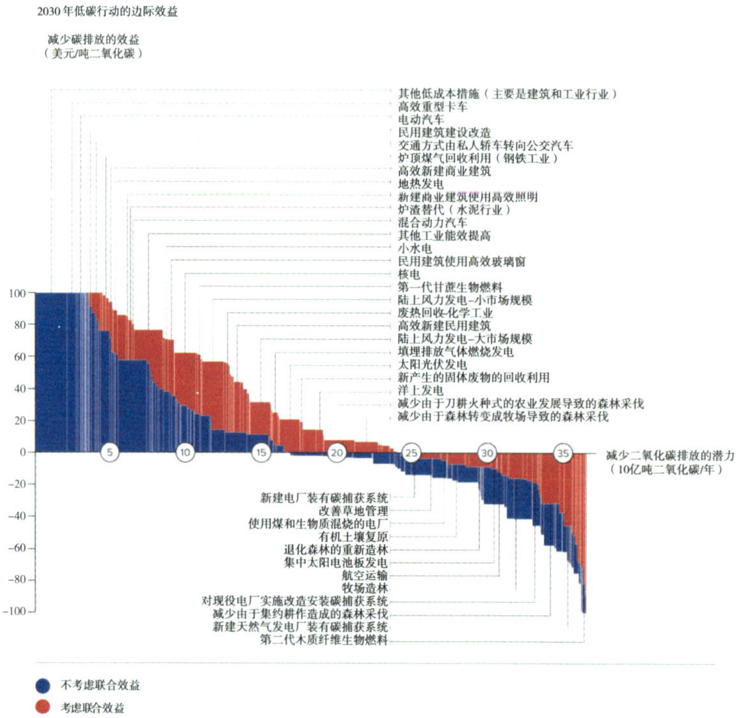

图 2－7

资料来源：The Global Commission on the Economy and Climate（2014）。坐标轴的表示和图例经笔者翻译。

同时，Hallegatte 等（2011）还指出绿色经济政策对传统度量经济增长的指标如 GDP 的增强作用，体现在以下三方面（如图 2－8）：

（1）可以增加人造资本 K、人力资本 L 和自然资本 N 的有效投入量，提高单位投入的产出。如图 2－8 中的效果（i）。

（2）通过纠正市场失灵，减少对环境的干扰破坏，节约自然资源的使用，有效缓解自然资本对生产力的制约，释放被束缚的生产力，提高产出。如图 2－8中的效果（ii）。

（3）通过技术进步和创新，使生产可能边界向外扩张，增强产出。如图 2－8中的效果（iii）。

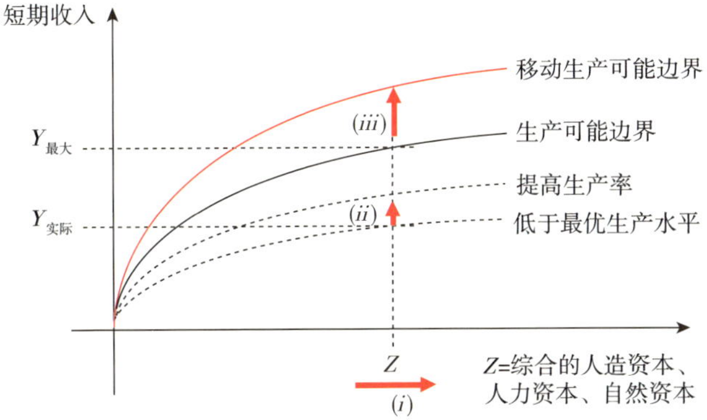

图 2－8　绿色经济政策对 GDP 的促进作用

资料来源：Hallegatte et al.，2011。

思考题

1. 绿色经济和现行的经济发展模式有什么本质区别？
2. 自然资本包括哪些？它对经济增长有什么作用？
3. 如何使投资向资源有效利用、低碳、低污染、可持续的绿色增长模式转变？

参考文献

1. Brock，W. A.，Taylor，M. S.（2005），Economic Growth and the Environment：A Review of Theory and Empirics，Aghion，P.，Durlauf，S. N. Handbook of Economic Growth，1A，Elsevier Inc.，Amsterdam.

2. Dasgupta，P. S.，Heal，G. M.（1979），Economic Theory and Exhaustible Resources，Cambridge：Cambridge University Press.

3. Hallegatte，S.，Heal，G.，Fay，M.，Treguer，D.（2011），From Growth to Green Growth：A Framework，Policy Research Working Paper 5872，World Bank Group.

4. Hepburn，C.，Bowen，A.（2012），Prosperity with growth：Economic growth，climate change and environmental limits. Center for Climate Change Economics and Policy Working Paper 109. Grantham Research Institute on Climate Change and the Environment Working Paper 93.

5. Hicks, J. R. (1932), The Theory of Wages, Lodon: Macmillan Publishers Limited.

6. Hutchinson, F., Mellor, M., Olsen, W. (2002). The Politics of Money: Towards Sustainability and Economic Democracy. London: Pluto Press.

7. Meadows, D., Randers, J. (1992). Beyond the limits: Global collapse or a sustainable future. London: Earthscan Ltd.

8. Nordhaus, W. (1974). Resources as a Constraint on Growth. American Economic Review, 64, 22 - 26.

9. OECD (2011). Towards Green Growth. http://www.oecd.org/greengrowth/48224539.pdf.

10. Rockström, J., Steffen, W., Noone, K., Persson, A., Chapin, F. S., Lambin, E. F., Lenton, T. M., Scheffer, M., Folke, C., Schellnhuber, H. J., Nykvist, B., de Wit, C. A., Hughes, T., van der Leeuw, S., Rodhe, H., Sörlin1, S., Snyder, P. K., Costanza1, R., Svedin1, U., Falkenmark, M., Karlberg, L., Corell, R. W., Fabry, W. J., Hansen, J., Walker1, B., Liverman, D., Richardson, K., Crutzen, P., Foley, J. A. (2009). Nature, 461, 472 - 475。

11. Romer, P. (1990). Endogenous Technological Change. Journal of Political Economy, 98, s71 - s102.

12. Smulders, S. (1999). Endogenous Growth Theory and the Environment. Ven den Berg, J. C. J. M. Handbook of Environmental and Resource Economics. Cheltenham, U. K. Edward Elgar Publishing Ltd.

13. Solow, R. M. (1956). A contribution to the theory of economic growth. Quarterly Journal of Economics, 70, 65 - 94.

14. Solow, R. M. (1974). The Economics of Resources or the Resources of Economics. American Economic Review, 64, 1 - 14.

15. Stern, N. (2007). The Economics of Climate Change: The Stern Review. Cambridge: Cambridge University Press.

16. Stiglitz, J. (1974). Growth with exhaustible natural resource: Efficient and optimal growth paths. Review of Economic Studies, Symposium on the Economics of Exhaustible Resources, 1 - 31.

17. The Global Commissionon the Economy And Climate (2014). Better

Growth, Better Climate: The New Climate Economy Report. http: //newclimateeconomy. report/.

18. United Nations Environment Programme (UNEP) (2011). Towards a Green Economy: Pathways to Sustainable Development and Poverty Eradication. www. unep. org/greeneconomy.

19. Withagen, C., Smulders, S. (2012). Green Growth: Lessons from Growth Theory. Policy Research Working Paper 6230. World Bank Group.

20. 崔晋生、陈红爱:"'熵'世界观与可持续发展理念",《理论探索》,2005 年第 4 期,第 14—16 页。

21. 梁小民:《高级宏观经济学教程》,北京大学出版社。

22. 日本环境部: Japan's Environmental Pollution Experience,网络信息: http: //www. env. go. jp/en/coop/experience. html,2014 年 8 月 3 日查询。

23. 世界银行: Where is the wealth of nations? Measuring capital for the 21st century,2006 年。

24. 世界银行: The little green data book,2011 年。

25. 诸大建:"超越增长:可持续发展经济学如何不同于新古典经济学",《学术月刊》,2013 年第 10 期。

26. 朱延福、蔡玲、胡雪萍:《宏观经济学》,中国统计出版社 1994 年版。

第3章
生态文明下的中国绿色经济

诸大建[1]

本章讨论绿色经济在中国的产生发展，让读者了解生态文明背景下的中国绿色经济概念，以及建立在绿色经济基础上的低碳经济和循环经济概念。其中3.1节讲生态文明与绿色经济的关系，讨论中国生态文明的绿色经济意义、战略选择、行动领域和政策支持；3.2节讲生态文明下的中国低碳经济，讨论低碳经济的概念以及中国低碳经济的战略选择、行动领域和政策举措；3.3节讲生态文明下的中国循环经济，介绍中国循环经济的发展现状以及主要的循环经济领域和政策。对于生态文明与绿色经济的关系，国内文献鲜有论述，本章希望对此进行学理上和政策上的研讨和探索。

3.1 生态文明下的中国绿色经济

中共中央十八大报告《坚定不移沿着中国特色社会主义道路前进，为全面建成小康社会而奋斗》中有关生态文明建设的论述以及十八届三中全会《中共中央关于全面深化改革若干重大问题的决定》中有关生态文明制度的论述，为研究和讨论生态文明下的中国绿色经济提供了框架性的内容。如第1章所述，联合国当前倡导的绿色经济，从缘起看是针对2008年的金融危机进行绿色投资，从战略看是要针对多年来经济与环境关系上消极被动的看法与做法，强调投资自然资本和绿化其他资本对于促进经济社会发展的积极意义。中

---

① 诸大建：管理学博士，同济大学特聘教授，经济与管理学院教授、博士生导师，同济大学可持续发展与新型城镇化智库主任，同济大学学术委员会副主任。2005年为美国哈佛大学和芝加哥大学高级研究学者，1994－1995年为澳大利亚墨尔本大学高级访问学者。主要研究可持续发展与绿色经济、城市与区域发展、公共服务与公私合作伙伴关系等。

国提出的生态文明概念，最初是要扭转三十多年经济高速增长导致的负面资源环境结果，但是现在已经越来越强调投资于自然资本、绿色的人力资本和绿色的人造资本在经济社会发展方面的正面意义。因此，需要在生态文明的背景下理解中国的绿色经济以及相关的概念。

3.1.1　理解生态文明下的中国绿色经济

生态文明的概念进入中国高层政策体系，源于 2007 年中共中央的十七大。十七大报告《高举中国特色社会主义伟大旗帜 为夺取全面建设小康社会新胜利而奋斗》把生态文明列为全面建设小康社会的新要求进行强调，但是没有专列一章进行展开。2012 年党的十八大将生态文明建设提升到全新高度，提出了经济建设、政治建设、文化建设、社会建设、生态文明建设“五位一体”的发展体系，生态文明是其中的重要部分，相关文件用专门章节作出了全面论述和工作部署。十八大指出“建设生态文明，是关系人民福祉、关乎民族未来的长远大计。面对资源约束趋紧、环境污染严重、生态系统退化的严峻形势，必须树立尊重自然、顺应自然、保护自然的生态文明理念，把生态文明建设放在突出地位，融入经济建设、政治建设、文化建设、社会建设各方面和全过程，努力建设美丽中国，实现中华民族永续发展”①。

十七大和十八大文件没有论述生态文明与绿色经济的关系，但是在生态文明的主要任务中提到了绿色发展、低碳发展、循环发展（王毅等，2014）。有关生态文明与绿色经济、循环经济、低碳经济的关系，学术界有各种讨论。本教材认为，生态文明与绿色经济关系以及两者在中国“五位一体”中的位置可以如图 3 - 1 所示，即生态文明包含两个部分的内容，一部分是相对独立的传统的资源管理、污染治理、生态保护内容，另一方面是具有渗透性和融入性的内容。绿色经济的概念更多属于后者，而低碳经济和循环经济可以被认为是绿色经济的具体体现。因此生态文明既包含了“为了发展的环境”，也包含了“为了环境的发展”，比传统的环境保护概念强调了更多的绿色发展含义，具有从末端被动治理到发展模式转型的主动进取的意义。否则的话，就没有必要在环境保护之外另起炉灶提出生态文明概念了。国际上当前倡导的绿色经济也有类似的意义。绿色经济的概念比生态文明的概念范围要小一些，重点是生态

① 中共十八大报告《坚定不移沿着中国特色社会主义道路前进，为全面建成小康社会而奋斗》。

文明中有关资源环境与经济增长相交的部分，但是也与其他发展系统有关，例如绿色经济还强调与社会发展有关的包容性问题，与政治建设有关的合作治理和政府变革等内容。

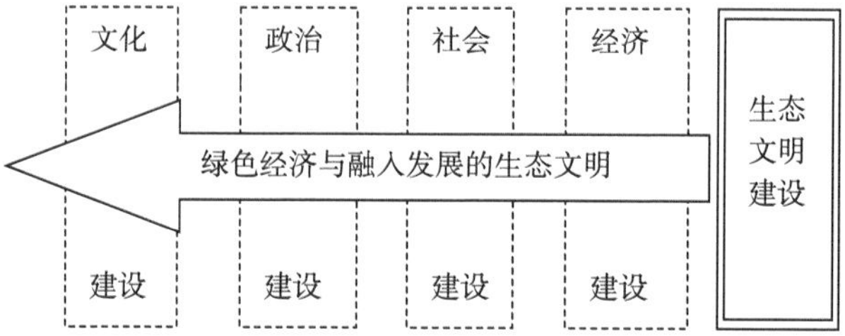

图 3－1　生态文明、绿色经济与中国“五位一体”建设

我们认为，生态文明与绿色经济是中国发展版本升级的重要内容。对 1949 年以来新中国成立后的经济社会发展，粗略地可以进行三个版本的划分（诸大建，2008，2012）。1949～1979 年的 30 年，即解放以后到改革开放前的 30 年，可看作是中国发展的 1.0 版和政治主导版。1979～2012 年的 30 多年，即改革开放以来的 30 多年，可视作中国发展的 2.0 版和经济主导版。从 2012 年起的未来 30～40 年，可视为中国发展的 3.0 版和民生提升版，而生态文明和绿色转型是民生提升版的重要方面。中国发展 1.0 的大多数时候，或许因为经济规模较小，环境问题不突出，没有环境保护的概念。即使参加了 1972 年的斯德哥尔摩会议，也一度认为环境问题是资本主义的事情，与社会主义没有关系。中国发展 2.0 的中期有了可持续发展的观念，但是只是在弱可持续性的意义上推进可持续发展，认为只要以人造资本为内容的经济增长和以人力资本为内容的社会发展抵消自然资本的资源环境损失，即只要有总资本的净增长，就是可持续发展的。现在的绿色经济，提出了新一代资本的说法，即发展应该有利于积累清洁的人造资本，保护关键的自然资本，培育受过良好教育的健康的人力资本以及创造社会公平的社会资本，特别是要求在关键自然资本非减的意义上实现经济和社会发展（UNEP，2011a）。这样的概念对于中国发展 3.0 即从现在开始的 20～30 年，有重要的版本转化和升级更新意义。

中国提出生态文明概念的战略目的之一，是要破解中国环境保护的一个悖论：最近 20 多年来中国的环境治理投入每年在增多，但是环境治理的状况却不理想。业内人的说法是，局部有所改善，总体却在恶化。因此，十八大报告提出的生态文明，特别强调要将生态文明融入经济建设、政治建设、文化建设、社会建设之中。这是生态文明概念高于传统的污染治理和环境保护的地方。可是现实中，人们仍然无意识地把生态文明等同于环境治理，这对于把生态文明看作新的绿色经济和绿色发展模式，从发展方式的治本之道化解中国的环境问题，是不利的。因此，理解生态文明及其蕴含的绿色经济意义，需要化解概念理解上的三种认识误区（诸大建，2007）。

误区之一，在于拆解生态文明是资源环境保护与经济社会发展的整合，导致有文明无生态或者有生态无文明的认识或做法。生态经济学家戴利说，经济帝国主义是物质资本最大化，环境还原主义是自然资本最大化，真正的绿色经济和可持续发展经济是追求在一定的地球边界之内的经济社会发展最优化（戴利，2001）。正如第 1 章所指出的，传统的经济增长论，强调了经济增长对生态环境的无限侵入，而传统的环境主义者，则强调了要抵制经济增长的负面结果。而生态文明与绿色经济，是要排除这样两种极端的倾向，更多地强调经济的绿色化和绿色的经济化，强调投资于资源节约和环境保护对于经济社会发展的积极意义。如果中国以前以 GDP 为导向的唯经济增长是前者，那么现在的问题很多表现在简单地把生态文明等同于环境保护，而不是强调经济增长和发展模式本身的绿色变革。例如，经济相对不发达的地区喜欢自称是生态文明好的地区，但实际上，从绿色经济的视角衡量发达地区，应该看经济社会发展是否资源环境友好，而衡量发展中地区，则应该看生态环境是否促进经济社会发展。中国将生态文明融入发展，应该有超越就环境论环境的三个主要的绿色行动领域：一是融入新型城市化，建设生态型城市，强调城市发展要从空间蔓延、物质浪费转向空间紧凑、物质集约；二是融入工业化转型，发展绿色产业，强调产业发展要从线性经济、高碳经济转向循环经济、低碳经济；三是融入现代化生活，倡导乐活主义（LOHAS）的可持续消费，强调生活模式要从拥有导向转向共享导向。

专栏 3.1　乐活主义（LOHAS）

LOHAS 是由英文 Lifestyles of health and sustainability 的头一个字母组成，是指一种重视环境和健康、崇尚可持续发展的生活方式。LOHAS 是 20 世纪 90 年代末由美国的社会学者保罗·雷（Paul Ray）和心理学家雪莉·安德森（Sherry Ruth Anderson）提出的，其核心理念是倡导“成长、环保、健康、分享、实用、时尚”的生活方式，是21世纪全球生活的主流方向。Lohas以重视健康和保护地球环境为前提，强调现代与传统的有机结合，将创造与反思融入生活。它不同于便利店、快餐文化、追求新鲜短暂等流行方式，而是将一种环保健康、可持续发展的观念引入人类的时装、美食、住宅、交通等全方面生活中去，将是成为正面迎击全球化能源危机、环境恶化、疾病横生等威胁的一种生活方式。

资料来源：百度百科 http：//baike. baidu. com/view/141978. htm。

误区之二，在于强调发展模式不改变下的末端环境污染治理，而不是强调源头导向和全生命周期的物质流和能源流控制。实际上，从生态文明看生产和生活的物质流程，应该包括原材料开采、制造加工、物流配送、商业零售、消费使用以及消费后处理等六个环节，或者如项目管理所涉及的设计、建造、运用、拆卸四个阶段。基于整个流程的生态文明建设，要发现其中最主要的资源环境消耗环节，有针对性地进行攻克，而不是放在末端环节进行事后处理。要强调高收益低成本的源头创新，而不是高成本低收益的末端治理。在绿色经济背景下，循环经济强调的废物循环、产品循环和服务循环等过程，低碳经济强调的能源替代，提高工业、交通、建筑部门的能源效率，均具有高于污染治理的绿色转型意义。

误区之三，在于强调生态文明是资源环保部门的工作，而不是多部门的协同合作和全社会的网络治理。现在的政府体制在目标和手段上存在严重冲突，生态文明特别需要政府管理从碎片化转向整合化。一是目标的相互增强，有不同目标的部门，例如发展部门与环保部门，需要在生态与文明之间找到阶段性平衡点。二是手段的相互增强，政府的管理手段通常包含规制、市场、公众参与等三种方式，不同手段之间应该相互支撑。因此，生态文明建设对政府内部合作，对政府与企业、政府与社会间的合作，有很高的合作治理要求，要有三个维度的重大改革。在纵向关系上，强调生态文明责任和权利的上移和下移，宏观上中央政府应该强化绿色发展的顶层设计，微观上地方政府需要摆脱唯GDP增长论转向绿色发展。在横向关系上，强调生态文明建设的环节合并与平台建设。要在政府各个部门之间，做好生态文明的协同管理，而不是陷于九龙治水、各自为政的状况。在内外关系上，接受企业组织和社会组织的利益相关者角色和外部压力，强调生态文明建设需要公私之间、政社之间的外部参与和合作。

3.1.2　中国绿色经济的战略选择

在里约 +20 会议上，非政府组织乐施会的拉沃斯在《人类的安全和公平的发展空间》的报告中，提出了一个“甜甜圈经济学”的理论（Raworth，2012），认为如果说地球有一个资源利用的行星边界，超过这个上限就会导致无法挽回的环境退化（见第 2 章关于地球边界的讨论），那么同样应该有一个资源利用的社会基线，低于这一基线人类就无法生存。按照生态安全和社会包容的绿色经济概念，所谓的“甜甜圈”就是指这两个界限之间的可持续发展空间（见图 3－2）：在这里，每个人都能获得满足生活需要的资源，但人类整体又生活在地球的承载能力范围内。目前，发达国家大多数有高的经济社会发展水平，但是生态足迹超过了地球人均，处于甜甜圈的外圈，而发展中国家大多数生态足迹低于地球人均，但是经济社会发展水平不足，处于甜甜圈的内圈。发达国家和发展中国家均需要走向地球边界和社会边界之间的中间圈。

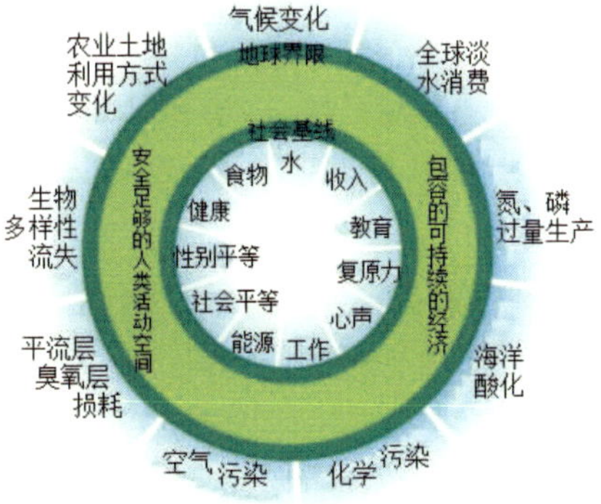

图 3－2　生态安全和社会公平的绿色发展甜甜圈概念

资料来源：http：//www. oxfam. org. uk。

我们多年来在研究中针对传统褐色经济的 A 模式和发达国家绿色经济的 B 模式，提出过中国绿色发展的 C 模式。发展绿色经济，需要在甜甜圈概念的基础上，强调不同发展状态的国家之间应该有共同的原理和不同的战略（Zhu，2007）。联合国环境署的研究强调绿色经济实际上是要求经济增长与资源环境脱钩的经济。从地球边界的角度，不同的发展水平要求不同的脱钩发展（UN-

EP，2011）。对发达国家是回到地球边界的绝对脱钩即 B 模式，对于发展中国家是在地球边界内的相对脱钩即 C 模式。下面对这三种模式展开讨论。

（1）传统经济学下的褐色增长（A 模式）。到现在为止，发达国家和发展中国家走的均是传统经济学下的褐色增长模式，即经济增长和社会发展是以大幅度消耗自然资本为代价的。发达国家目前处于甜甜圈的外层，人均 GDP 普遍在 2 万美元以上，人类发展指数在 0.8 以上，但是人均二氧化碳排放超过了 10 吨、人均生态足迹超过了全球人均的两倍以上（即 5 个全球公顷以上）。在这种情况下，发展中国家也大多数效法发达国家的模式，通过拼资源拼环境获得高速增长。以中国为例，过去 30 年的高速经济增长也带来了接近自然资本极限的资源环境影响。

（2）发达国家的稳态增长（B 模式）。发达国家目前位于甜甜圈的外部，由于在这个水平上的经济增长依赖互相攀比的消费，并不会给人类福利带来持续的增长，而进一步追求经济增长总是伴随着更多的资源环境消耗，因此发达国家的绿色经济就是要回到甜甜圈的中间，在保持经济社会发展水平的同时减少物质消耗的增长，实行地球边界和社会边界内的生态足够战略。即在保持和提高人类发展指数不减少的情况下，通过存量资本的折旧而不是增量的物质增长（例如经济增长在 1% 左右的水平），减少资源环境的消耗回到地球边界以内。美国学者对此提出了从褐色发展向绿色发展转型的 B 模式（布朗，2003），而欧洲一些生态经济学家则提出了减增长战略，以图实现所谓繁荣的退却（Ellwood，2014）。

（3）发展中国家的绿色增长（C 模式）。发展中国家目前大多数处于甜甜圈的内层，虽然人均生态足迹低于全球人均的 2.7 个公顷，但是人均 GDP 低于 1 万美元（根据世界银行发展报告按汇率计算，下同）、人类发展指数低于 0.8（根据联合国人类发展报告，下同），远远没有超过社会边界的要求。因此主要任务是，通过有生态效率的聪明增长（Smart growth），进入甜甜圈的中间层，用可以接受的地球自然资本消耗实现高的经济社会发展。就中国而言，目前仍然属于典型的发展中国家水平，人均 GDP 和人类发展指数均低于社会边界，要达到人均 1 万美元进入高收入水平仍然需要有足够的经济增长。但是中国目前的人均生态足迹和人均二氧化碳（以及能源消耗）已经达到或者接近世界平均水平，因此未来的发展需要大幅度提高绿色增长的效率，否则很容易冲破地球边界，沿袭发达国家的褐色经济增长模式。中国未来发展的基本要求是经济社会发展应该上，而资源环境消耗应该降，上是从人口占世界的

20%升华到经济总量占世界的20%，以实现不低于世界的人均经济水平和相应的人类发展水平，降是从资源环境消耗占到世界的20%～40%稳定到20%左右。

3.1.3　中国绿色经济的行动领域

联合国环境署出版的绿色经济报告指出，绿色经济要投资于提高资源生产率和投资于自然资本两个大的方向，聚焦于十个行动领域（UNEP，2011a）。在中国的生态文明战略中，绿色经济的发展原理主要体现在循环经济和低碳经济的具体行动之中。前者是针对物质流的绿色经济，后者是针对能源流的绿色经济。对它们的详细讨论将在本章第二节和第三节展开。这里我们要先强调绿色经济对于中国发展三个主要领域的关系。

中国共产党的十七大报告指出："建设生态文明，基本形成节约能源资源和保护生态环境的产业结构、增长方式、消费模式。"① 因此，中国推进生态文明建设和绿色经济战略的实质，是要在生态文明的原则上实现发达国家在传统模式中实现的"三化"即工业化、城市化和现代化，就是要实现生态导向的新型工业化、新型城市化、新型现代化。这不是后工业时代的生态文明，而是用生态文明的原则改造传统的现代化。许多人基于传统的经济增长概念，强调中国发展3.0的主要任务是人均GDP翻番达到1万美元突破中等收入陷阱。从绿色经济的角度看，这虽然是重要的，但却是不够的。如果我们以拼资源拼环境的方式、以贫富差距拉大的代价来实现这样的目标，就不能算真正突破中等收入陷阱。绿色经济意义上的突破中等收入陷阱，应该具有经济高效、生态安全、社会包容的特征，应该是人均生态足迹保持在发达国家水平之下，有与人均GDP 1万美元相匹配的人类发展水平（例如达到0.9以上），同时大幅度降低穷富之间的差距。因此，绿色经济的行动领域应该包括资源环境约束下的城市化、工业化、消费方式三个基本方面（诸大建，2007）。下面对这三个方面予以展开。

---

① 中共十七大报告《高举中国特色社会主义伟大旗帜 为夺取全面建设小康社会新胜利而奋斗》。

专栏3.2 中等收入陷阱

世界银行《东亚经济发展报告（2006）》提出了“中等收入陷阱”（Middle Income Trap）的概念，基本涵义是指：鲜有中等收入的经济体成功地跻身为高收入国家，这些国家往往陷入了经济增长的停滞期，既无法在工资方面与低收入国家竞争，又无法在尖端技术研制方面与富裕国家竞争。

一个经济体从中等收入向高收入迈进的过程中，既不能重复又难以摆脱以往由低收入进入中等收入的发展模式，很容易出现经济增长的停滞和徘徊，人均国民收入难以突破1万美元。进入这个时期，经济快速发展积累的矛盾集中爆发，原有的增长机制和发展模式无法有效应对由此形成的系统性风险，经济增长容易出现大幅波动或陷入停滞。大部分国家则长期在中等收入阶段徘徊，迟迟不能进入高收入国家行列。

按照世界银行的标准，按照汇率计算2012年我国人均国内生产总值达到6100美元，已经进入中等收入偏上国家的行列。当今世界，绝大多数国家是发展中国家，存在所谓的“中等收入陷阱”问题。像巴西、阿根廷、墨西哥、智利、马来西亚等，在20世纪70年代均进入了中等收入国家行列，但直到2007年，这些国家仍然挣扎在人均GDP3000至5000美元的发展阶段，并且见不到增长的动力和希望。

资料来源：百度百科 http：//baike.baidu.com/view/892575.htm。

（1）资源环境约束下的新型工业化。就工业化的物质流能源流过程而言，这是要通过从线形经济向循环经济的转变，实现我国经济增长从传统工业化向新型产业化的转变。生态导向的新型工业化需要从企业小循环、园区中循环和城市大循环三个层面入手，从而消除传统生产“先污染、后治理”的状况。在作为生产个体的企业小循环层面，通过设计各工艺之间的物料循环，使企业在生产领域达到少排放甚至零排放的目标。在共生组合的园区中循环层面，通过企业或产业之间的废弃物利用与生态产业园区建设，形成共享资源和互换副产品的产业共生组合，使一个企业或产业产生的废气、废热、废水、废渣在自身循环利用的同时成为另一企业或产业的能源和原料。在区域规模的城市大循环层面，通过发展把废弃物资源化的静脉产业，例如废旧物资回收利用、中水回用以及废热回用等，在更大的范围内建立产业间的物质交换（虚拟系统）。

在衡量指标上，生态文明的工业化可以用单位生态消耗的工业产值或 GDP 来表示，因此需要冲破传统上只是用劳动生产率（劳动的产出）与资本生产率（资本的产出）来衡量工业化水平的做法。

（2）资源环境约束下的新型城市化。就城市化的空间占用土地消耗而言，这是要通过从蔓延型城市向紧凑型城市的转变，实现我国城市发展从传统城市化向新型城市化的转变。生态导向的新型城市化包括了紧凑的建筑、紧凑的街区（例如城市中的组团）、紧凑的城市（例如由城市与郊区组成的城乡一体化都市区）、紧凑的区域（例如有许多城市组成的一体化发展的大都市带）等内容。未来的 20 至 30 年间，如果能够在全国范围内围绕具有区域中心意义的大都市发展若干个相对紧凑的城市区域或大都市带，如果它们能够吸纳将近 7—10 亿左右的人口，那么中国就可以利用相对有限的土地资源和空间资源实现生态文明意义上的城市化。在衡量指标上，生态文明的城市化可以用单位土地的经济产出即土地生产率和城市人口的人均生态足迹等来测量，因此需要冲破传统上只是用城市规模大小（土地规模、经济规模、人口规模等）来衡量城市发展水平的做法。

（3）资源环境约束下的新消费模式。就消费模式的资源消耗和污染产生而言，这是要通过从物质主义的消费方式向功能主义的消费方式的转变，实现人民福利水平从传统现代化向新型现代化的转变。因为对消费者而言，产品的购买和使用主要是为了达到某种功能而不是占有物质本身。传统现代化引导消费者去关注物品和服务的交换价值，而生态现代化是要引导消费者关注产品和服务的使用价值。例如，对于城市拥堵地区的出行来说，坐地铁等公共交通实际上可以比自己开车更具有功能满足上的意义。如果我们的消费者能够建立功能导向的生活方式，那么就可以既提高生活质量又降低对自然的影响。在衡量指标上，生态文明的现代化可以用单位物质消耗的生活满足或单位服务的物质消耗来表示，因此需要冲破传统上用物质消耗大小或者占有财富大小来衡量生活水平的做法。

从全国看，中国离世界人均生态足迹水平还有一段距离，但发展空间已经不大。按照现在的速度发展，不用 10 年左右的时间，我国人均生态足迹就会超过世界人均水平，因此中国转型时间紧迫。中国的绿色发展应当是在人均生态足迹不超过地球承载能力或世界平均水平的空间内，实现经济增长和社会福利发展的过程。从区域看，沿海发达地区是生态优化功能区，应该在提高经济社会水平的同时降低生态足迹；中部地区是重点发展功能区，要尽可能提高生态效率，用少量增加的生态足迹来实现有质量的经济社会发展；而在生态禁止发展和限制发展功能区，重点是通过移民或异地城市化，实现公共服务的均等化。以属于东部沿海优化发展区的上海为例，当前的人均GDP为1万多美元，但是人均能源消耗和二氧化碳排放已经逼近甚至超过发达国家平均水平，因此未来的发展需要更多地从关注经济增长转向关注福利发展。

3.1.4 中国绿色经济的政策框架

生态文明下的绿色经济理论研究和制度建设，要解决“为什么、做什么、怎么做”三个基本问题。中国共产党的十七大报告提出了生态文明的概念，阐述了“为什么”的问题。十八大的报告从国土安排、资源节约、环境治理等方面，说明了“是什么”的问题。十八届三中全会有关生态文明三个制度一个体制等问题的论述，说明了“怎么做”的问题。至此，初步形成了一个有系统性的中国生态文明的概念框架。要从理论上解读和深化生态文明下绿色经济的制度建设，基于国际上有关可持续发展经济学的研究，我们认为需要强调以下四个方面：

（1）从可持续发展看生态文明制度建设的逻辑关系和操作顺序。我们认为，生态环境的制度建设涉及三个相互关联的方面和环节，即确定规模、分配产权、市场交易。一般来说，这三个制度对于生态环境建设的作用具有内在的逻辑关系和操作顺序。首先是“划分生态红线”制度，对关键自然资本要确定可以接受的生态消耗规模，将原来产权不明晰的自然物品分为可使用和不可使用两个部分，对于生态红线内不可使用的自然资本要按照公共物品的原则，严格实行政府管制。随后是确定资源环境产权制度和用途管制制度，明确自然资本的所有者或经营者，其中将可使用的部分用拍卖或者免费的方式进行初始分配，使原来的非市场物品转化成为可交易的市场物品。然后是基于产权的市场交易制度，即资源有偿使用和生态补偿制度等，意在提高自然资本的使用效率。生态规模和公平分配是在市场之外由政治机制和管理机制决定的，因此这是一个将政府机制、市场机制、社会机制整合起来的合作治理过程。当前有关二氧化碳排放的制度建设就是按照这样的逻辑展开的。

（2）划分生态红线应该覆盖生态空间、自然资源、污染排放三个方面。我们认为，划分我国的生态红线，需要按照生态空间、自然资源、环境容量进行分类，覆盖制约中国经济社会发展的关键自然资本。例如，划分国家主体功能分区，属于确定生态空间红线；强调18亿亩耕地、能源消耗特别是煤的消耗总量，属于确定资源消耗红线；控制污染排放总量和二氧化碳排放总量，属于确定污染排放红线。一般地，确定前端的生态空间红线和资源消耗红线，相对于末端的环境污染治理，具有更加本源的意义。例如，减少中国城市的雾霾影响，在很大程度上是要控制城市中燃煤和石油的消耗量。

（3）环境保护的市场机制要防止随意增加老百姓的生活负担。我们认为，资源环境保护的市场机制，是要通过价格手段提高稀缺自然资源的使用效率，但把市场原则用于生态文明建设，不等于随意增加老百姓的生活负担。一是要把提高自然资本本身的价格与相关部门和企业的劳动收益和生产成本区别开来，不能成为煤、油、气、水等自然资源相关部门和企业随意涨价的理由。二是在提升自然资源价格的同时，应该考虑人力资本的附加成本如工资税的减少。在这方面可以研究借鉴欧洲的生态税或税收中性的做法和政策，在提高自然资源价格的同时降低人力资本的税负，使得老百姓的总体税收负担不仅没有增加，甚至还有减少。

（4）改革管理体制是落实生态文明制度建设的组织保障。我们认为，生态环境管理体制的变革特别需要注意三个问题。一是对于同一个自然要素，要尽可能归口一个管理机构。每一个管理部门要同时进行规模确定、产权分配、市场交易三个方面的宏观管理，同时要严格把资源利用主体与政府监管主体区分开来。二是要加强跨行政区域的资源环境管理。当前的重要资源环境问题包括水系污染、区域雾霾等问题，主要与缺少区域性的合作管理有关。在这方面要研究推广2010年上海世博会举办期间的区域环境管理经验。三是生态文明不等于单纯的生态环境保护，应该包括资源生态环境与经济社会发展的关系。一方面涉及自然系统内部资源、环境、生态三者之间的协调，另一方面涉及自然系统与发展系统之间的协调。现在缺乏具有统筹协调能力的体制保障。环保部等无法成为统筹生态文明的主导机构，需要中央全面深化改革领导小组进行组织意义上的统筹协调。

3.2 生态文明下的中国低碳经济

如果绿色经济确立了环境与经济正面关系和积极作用的一般性原理与方法，那么低碳经济和循环经济就是绿色经济的具体形式和实现路径。后两者具有不同的物质作用对象和重点。低碳经济是用绿色经济理论与方法解决经济社会发展中的能源流以及各种碳排放问题，循环经济是用绿色经济的理论与方法解决经济社会发展中的物质流以及废物流问题。本章第二节讨论生态文明下的中国低碳经济。

3.2.1 对中国低碳发展的基本理解

低碳经济是指经济社会发展与二氧化碳排放趋于脱钩的经济。其目标有两个，一是保持必要的经济增长和社会发展，二是减少能源消耗和二氧化碳排放。这就是说，从生态文明和绿色经济的角度看，低碳经济既不是有经济、无低碳的传统的褐色经济，也不是有低碳、无经济的纯粹的节能减排，而是要通过投资于碳生产率和新能源促进经济增长与能源资源的脱钩发展（诸大建等，2012）。

（1）低碳经济所要求的脱钩在不同的发展水平有两种不同的表现。一种是二氧化碳排放与经济增长的绝对脱钩，即二氧化碳排放随经济增长表现为负增长。这是发达国家当前需要采纳的低碳经济方案。另一种是二氧化碳排放仍然是正增长，但是排放的速率低于经济增长或低于不采取政策措施的所谓基准情景，这是相对脱钩的低碳经济。由于发展阶段的差异，中国当前发展低碳经济，重点是要在经济高速增长的进程中，降低单位 GDP 的能源强度和二氧化碳强度，实现经济社会发展与二氧化碳排放的相对脱钩。但是应该强调，低碳经济的最终目标是实现绝对意义上的脱钩发展。如果世界的目标是要在 2020～2030 年之间实现二氧化碳排放的零增长和负增长，那么中国未来的经济社会发展也是要在一定的时间内控制化石能源消耗和二氧化碳排放的峰值。因此，中国的低碳发展理论需要依次实现三个意义上的脱钩，首先是通过低碳化的生产，实现单位经济碳排放强度的脱钩，然后是通过低碳化的消费，实现人均二氧化碳排放的脱钩，最后是通过发展规模与速度的稳定，实现二氧化碳排放总量意义上的脱钩。

（2）从能源流的全过程看低碳经济的操作内容和行动领域。从能源在经济过程中的输入、转化和污染物输出的全过程来看，低碳经济包含三方面的内容。一是在经济过程中的输入环节，用太阳能、风能、生物能、水能等非碳的可再生能源替代煤、石油、天然气等碳基能源，从能源结构上减少二氧化碳。二是在经济过程中的转化环节，提高工业、交通、建筑三大耗能领域内能源利用效率，减少碳基能源的消耗。三是在经济过程中的输出环节，通过保护森林和发展绿色空间吸收二氧化碳，提高碳汇以及发展碳捕捉能力。值得注意的是，无论世界还是中国，在未来相当长的时间内，例如到 2030 年前，存在着可再生能源的比重难以决定性地替代传统能源的状况，这被称为是当前的能源转换鸿沟（Ellwood，2014）。因此，当前实施低碳经济很大程度上要依赖于提高传统能源的利用效率，即实行能源领域的效率革命。

（3）地方褐色议程与全球低碳议程的相关性和一致性。一般来说，发达国家重视和强调化石能源消耗和二氧化碳排放导致的全球温度上升这样的全球绿色议程，而发展中国家则重视和强调经济增长过程中的水、地、能、材消耗和传统污染排放等褐色议程。但是我们强调地方褐色议程和全球绿色议程有着重要的相关性和一致性。中国最近几年来的城市和区域性雾霾频繁发生，既与传统的污染问题有关，更与能源和低碳问题有关。因此全球低碳议程需要融入地方解决传统褐色议程的战略行动之中，实现所谓“全球性思考和地方性行动”。这也是绿色经济具有的双重意义。

3.2.2　中国低碳发展的目标选择

中国转向低碳经济的关键挑战，在于如何确定以人均二氧化碳排放（当前的或累计的）为衡量标准的中国低碳经济的目标情景，并且以此为目标倒过来调控我们的经济增长规模和经济发展方式。目前，中国人均二氧化碳排放大概在 5 吨左右，超过了世界人均二氧化碳排放（4 吨）。2010 年中国的人均 GDP 是 4000 多美元，按照中共十八大提出的两个倍增的目标，中国人均 GDP 增长虽然不再追求两位数，但是仍然要以不低于 7% 的年增长速度，争取到 2020 年翻番可以达到 8000 多美元。按照中国的发展节奏，即使 2020 年经济增长速度进一步减速，到 2050 年也有可能达到人均 GDP 20000 美元以上。现在的问题是，中国届时的人均二氧化碳排放应该是多少。目前，美国、加拿大、澳大利亚等高排放发达国家的人均二氧化碳排放是 20 吨左右，欧盟、日本等排放相对低的发达国家人均二氧化碳排放是 10 吨左右。如果中国未来的人均二氧化碳超过美国等国家的水平，那将会在世界舆论中成为绿色发展的反面教材和众矢之的。即使超过欧盟、日本等人均二氧化碳的当前排放水平，即便扣除中国二氧化碳排放中属于为欧美国家生产的部分，中国也会被认为是在沿袭高能源消耗、高二氧化碳排放的发展道路，而不具有低碳经济中的新竞争优势。事实上，中国在低碳经济竞争中实现蛙跳式发展的内涵，就是应该以比发达国家人均水平低的二氧化碳排放水平，实现国家经济实力和人民生活水平的提高，同时也可以占领低碳竞争中的道德制高点。因此，讨论中国到 2050 年的人均二氧化碳排放水平，可以设想有三种情景和发展路径（图 3－3）。中国要实现以低碳经济为目标的绿色跨越，其中的 C 模式应该成为我们的战略选择。

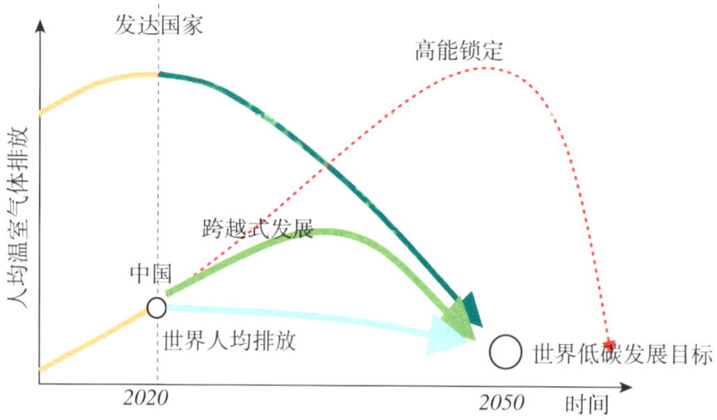

图 3－3　中国低碳发展的情景分析

A 模式的发展路径（图中红线所示）。A 模式沿袭了传统发展模式但没有考虑中国应有的责任，即中国的二氧化碳排放从 2005 年的人均 4 吨开始随着粗放型的经济增长大幅上升，持续增长到超过发达国家的平均水平（人均 10 吨）甚至个别地方（例如一些中国大城市）超过美国的高峰水平（人均 20 吨），到 2050 年左右才非常被动地并且以比现在远要大得多的治理代价急剧降下来。这样的观点强调经济增长对于中国福利改善的必要性，但是无视中国经济增长的生态可能性。实际上，中国当前的许多生产性排放并不是为提高生活水平而是为单纯经济增长服务的，揭示这个事实说明中国的许多经济增长并不具有必要性（即不是生存性排放而是经济性排放）。同时地球二氧化碳承载能力也绝对不存在让现在已经是总量第一的中国可以高排放到 2050 年的条件。实际上，在对外的学术交流中，我们已经多次碰到由此引起的难堪处境。因为按照这样的趋势，到 2050 年中国的二氧化碳排放规模会高达 150～300 亿吨，与国际社会以实现温度上升不要超过 2 摄氏度的目标严重抵触。这不仅严重影响中国人的生活质量，同时也在让中国蒙受没有承担大国责任的谴责。应该说，沿袭传统高碳经济增长的趋势在当前的认识和实践中是严重存在的。中国提倡发展低碳经济，首要任务就是改变这样的思维模式和发展路径。

B 模式的发展路径（图中蓝线所示）。B 模式要求中国承担过度责任而影响其正当发展，即要求中国二氧化碳排放规模到 2020 年就达到峰值，要求这个峰值不超过世界二氧化碳排放的平均水平，然后一直到 2050 年回落到人均 2 吨左右，届时中国按 15 亿人口计算的排放容量是 30 亿吨。这样的观点强调了地球二氧化碳限制经济增长的可能性，但是无视中国仍然需要 20 年左右的经济增长才能改善大多数人民福利的必要性。本章作者认为，这样的要求没有给予中国必要的发展空间，没有考虑到中国必须的生存性排放与发达国家的奢侈性排放的本质差异。如果认为这是 21 世纪中国所需要的绿色跨越，那么这样的跨越应该不属于真正意义上的低碳经济概念，因为它满足了“低碳”的要求，但没有满足“发展”的要求。中国推进低碳经济，也需要提防这种跨越发展阶段的思想干扰。

C 模式的发展路径（图中淡绿线所示）。C 模式是既考虑发展权益又承担大国责任的发展路径。按照这个模式，中国的二氧化碳排放从 2005 年开始随着经济高速增长而进入大幅增长阶段，但是到 2030 年需要努力达到峰值（以人均 GDP 和人类发展指数分别达到满足基本需要的 10000 美元和 0.85 以上为前提条件），峰值虽然超过了世界的平均值（考虑到中国当前的排放有将近三分之一是为发达国家的消费而产生的，因此需要发达国家 2020 年后更大力度的减排），但是任何时候都要努力控制在低于发达国家的平均值之内，比如将人均二氧化碳排放的高峰值控制在 6 ~8 吨之间。这样的观点既强调二氧化碳限制经济增长的可能性，又充分地考虑了中国经济增长对于福利改善的必要性，符合联合国气候变化框架条约倡导的“共同而有区别的责任”的精神。这样的发展路线，应该是中国低碳经济情景研究的重点内容。但是现在还没有人进行系统的区别和论述。中国低碳发展 C 模式的一个重要含义是，中国未来 40 年的发展不仅需要在能源结构和能源效率等技术方面下工夫，而且需要在人口规模和消费水平等社会方面作出系统的思考和安排。好消息是，对历史上人均二氧化碳排放与经济社会发展水平的实证研究，已经证明了随着技术的提高和制度的变革，后发国家的现代化是可以在成本可接受的低能源消耗和低二氧化碳排放基础上实现的。事实上，欧盟、日本与美国等国家的经济增长水平和人类发展水平相同，但是前者比后者减少将近 50% 的能源消耗和二氧化碳排放，已经证明了实现绿色跨越的可能性。因此，中国采取 C 模式的发展路径不仅是必要的，也是可行的。关键问题在于，中国未来的发展需要致力于将潜在的优势转化为实际的优势，即将善于学习的社会文化转化为具体的低碳经济发展战略与目标，将政府强大的政治动员能力转化为保障低碳经济的制度化体系，将跨越式建设物质资本的机会转化为建设绿色固定资产的现实行动。

3.2.3 中国低碳发展的重点领域

研究中国低碳经济的行动领域，需要研究影响二氧化碳排放的因素，比较中国低碳发展与发达国家低碳发展的异同，在此基础上制定和实施有针对性的政策。1989 年日本学者卡亚（Yoichi Kaya），在经典的 IPAT 公式基础上（Ehrlich& Holdren，1971），提出了有关二氧化碳与经济发展关系的卡亚公式（Kaya，1989）。按照这个公式，二氧化碳的排放量取决于人口、经济增长等规模因素和能源结构（说明能源类型中的高碳与低碳）、能源强度（说明节能减排）等技术因素。对中国二氧化碳排放影响因素的计量研究表明，人口增加、（人造）资本或 GDP 增加等总量因素是增加二氧化碳排放的，而且贡献很大，这与中国劳动和资本驱动型的传统增长方式有关，应该是碳减排的重点领域。而结构因素则要区别对待，比如能源结构因素对碳减排的贡献其实是低的，而行业结构因素则要进一步区分其中的子结构成分，因为作为生产型经济的中国与作为消费型经济的欧美国家是很不相同的。基于这样的分析研究，可以从三个方面讨论中国低碳发展的重点领域和政策，对现在的政策提出一些重要的调整。

（1）能源替代战略和可再生能源的贡献问题。在这个问题上我们应该强调两个基本点。一方面，要强调大力发展新能源。对此，里夫金等人（2012）已经把它总结成第三次工业革命的理论，得到了政府与媒体的高度关注。最主要的理由是两条。一是全球化石能源供给能力正在逼近极限，特别是全球石油生产能力被认为于 2004 年和 2015 年之间达到了哈伯特顶点（见专栏 3.3）。虽然有技术乐观派和经济增长论者反对，但是 21 世纪以来油价上涨到了 90 ~ 100 美元一桶，大多数资源价格趋向上涨却是不争的事实（2014 年油价下跌，但是多数人认为油价仍然会保持在 70 美元一桶左右）。另一条理由就是全球二氧化碳排放从 1990 年代开始就已经超越地球极限。为了防止到 2050 年地球升温超过 2 摄氏度，国际社会呼吁要控制传统化石能源消耗以便有效降低二氧化碳排放。虽然有低碳阴谋论者和经济增长论者对此进行反对，但是联合国由各国专家组成的 IPCC 组织照样发表第五次评估报告，慎重宣布眼下碳排放导致气候变暖的可能性已经从 5 年前的 90% 上升到了 95%。以上两点，均要求大力发展太阳能、风能、生物质能等各种新能源，替代以煤、石油、天然气为组成的传统的高碳化石能源。这种情形对于中国更是挑战，过去十年中国经济翻了两番多，能源消耗也同步翻了两番，以致用完了到2020年标准煤消耗控制为30亿吨左右的计划目标，其中石油进口已经达到60%左右。由于经济发展的能源成本和二氧化碳排放成本日益增高，政府巴不得一夜之间就可以用新能源替代传统能源。

专栏3.3 哈伯特顶点

在1953年，美国地质学家哈伯特（King Hubbert）大胆预言，美国石油出产将于20世纪60年代末至70年代初左右达到顶峰，达到了顶峰之后就会一直下降。虽然当时许多专家对他的预测提出质疑，但是在1970年，他所预见的情况真的发生了。从此以后，石油专家把这种情形叫做哈伯特顶点（Hubbert's peak）或石油顶峰（Peak Oil）。其他产油国家，如加拿大、英国、中国等等，亦陆续出现相同情况。

有专家提出，全球将于2004年和2015年之间达到哈伯特顶点，这种情形将导致空前的能源危机，因为可代替石油的能源（特别是太阳能）产电效率不够高。当油田刚刚被发现，石油出产很低，因为需要一定的时间来安装开采石油的设备。逐渐，被开发的油井越来越多，石油出产也跟着上升。到某一段时间，出产量达到了顶点。即使再挖油井，再使用更发达的技术也无法抽取更多的石油。达到了出产顶峰以后，石油出产缓慢地下降，一直到抽取石油、运输油桶、加工原油总计耗费的能量超越了抽取的石油能产生出的能量。到了这个时候，不值得再继续开发该油田。无论石油价格高低，这个情形都会发生。类似的现象也在其他不再生资源上出现，包括水源、其他矿物等。

资料来源：维基百科 http：//zh. wikipedia. org/wiki/石油峰值。

另一方面，也要注意对新能源不要太奢望，特别是对中国2030年以前的低碳发展而言。理由分为宏观和微观两个方面。宏观上，从欧盟等新能源发展领先的国家可以看到一个有趣的能源结构更替规律：即使有足够的能源替代速度，到2020年新能源占比最大可能为20%，到2030年占比最大可能为30%左右。因此，新能源在能源结构中要成为绝对主力，是到2050年左右的事情了。中国的国家能源计划也说到2020年非化石能源在能源结构中占比目标为15%，这还不是严格意义上的低碳新能源，而是含水含核的清洁能源，剩下85%则是以煤为主的传统能源。就上海而言，能源结构中清洁能源至今只有1%～2%，即使是天然气也不到10%，而煤仍然占据50%左右。微观上，像特斯拉这样的新能源汽车以及依赖太阳能或风能的新能源建筑，要从样品技术创新到市场价格可承受的商业化，有一个降低成本至传统能源以下的学习曲线，这个过程一般要15～20年或许可以更快。换句话说，眼下的各种新能源汽车和新能源建筑基本上处于叫好不叫座的阶段，要有规模地为普通老百姓使用也要到2020～2030年了。要害问题是，从2010到2030年的大约20年时间，是中国实现工业化、城市化、现代化的关键时期。综上所述，可以看到在这个时间里我们要依赖新能源来实现这几个“化”是奢望的，真正起主要作用的仍然是包括煤在内的传统化石能源。

因此在新能源问题上，要说两句话，而不是一句话，即新能源要发展，但是不要理想化。我们既要强调新能源对中国和世界发展的重要性，更要强调如何在新能源空缺的情况下用好传统能源的重要性。事实上后者对中国发展的意义绝对不亚于前者。表现在具体问题上，就是在能源结构中用天然气替代煤同发展太阳能风能具有同样重要意义，在工业产业中节能减排同发展新能源产业具有同样重要意义，在交通工具中提高传统烧油车的能效同开发新能源汽车具有同样重要意义，在建筑中降低传统建筑的能耗同开发新能源建筑具有同样重要意义。因此，总结性的话就是：中国未来20年的发展，在能源问题上需要双管齐下，既要发展新能源又要提高传统能源效率，前者是战略性的长线问题，后者则是当前需要大规模、普及化去做的事情。

（2）能源效率战略和生产减排或生活减排谁为主的问题。通过提高能源效率减少二氧化碳排放有三个主要的领域，即工业能效、交通能效、建筑能效。前者是所谓生产性的减碳，后两者更多地具有生活性减碳的意味。世界银行的研究表明（见图3－4），虽然中国的建筑能耗和交通能耗在急剧增长，但中国当前的二氧化碳减排重点仍然是工业节能。以中国的大城市发展为例，当前大城市的人均碳排放普遍高于全国人均。北京、上海、天津等城市的人均碳排放已经逼近甚至超过10吨，而全国平均是在5～6吨之间。与此相比，日本人均排碳是9.9吨，而东京只有4～5吨，即大城市比全国排放要低。再看美国，其人均排放量是20多吨，而纽约只有6吨左右，不到全国的1/3。伦敦也是一样，6～7吨左右，而英国平均是10吨左右。

为什么发达国家的城市人均碳排放较低？这是一个结构差异问题。同样根据图3－4，可以看到一个城市碳排放的行业构成有三块，一个是工业，一个是火电，一个是交通和建筑。这三者加起来基本上就是90%多了。比如纽约，对碳排放贡献最大的是建筑，第二大的是交通，它是建筑和交通为主导的生活

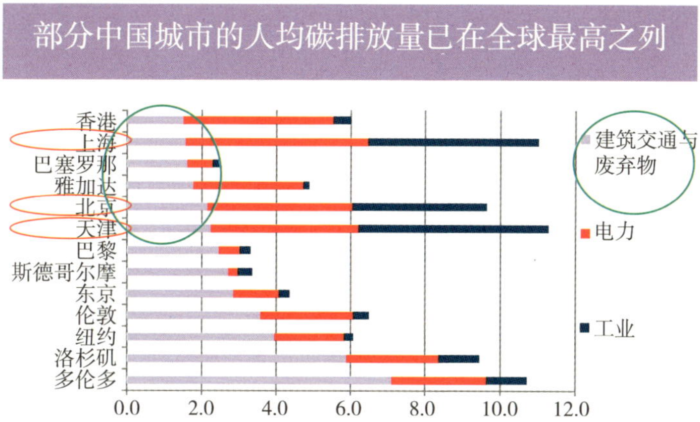

图 3-4　中外大城市人均碳排放的比较

资料来源：世界银行，《中国可持续性低碳城市发展》，2012 年。

性碳排放结构，工业这一块是很小的。到中国一看，完全不一样。北京，最高的是工业和火电。上海就更高了，工业和火电占了百分之七十强。所以，中国城市的人均二氧化碳排放高，总量也很高，主要原因不是因为老百姓的生活排碳高，而是因为工业和火电排碳高。关注 1980 年改革开放以来我们工业的能源强度，可以发现一个现象：本来这个强度在不断往下走，但是到 2003 ~ 2010 年的一段时间却走平了，这表明这个时期的产业结构轻型化调整有所停滞，重化工业有回潮的现象，由此形成了高碳排放的产业结构效应。

中国的北京和上海等城市碳排放大的原因，在于工业比重大导致的产业结构。纽约、伦敦、东京为什么低？工业，城市里面几乎没有了。交通，都地铁化了。尽管开小车，大多数情况下是不往城中心开的。主要排放源是建筑的空调、照明等。因此中国减碳，当前重点主要不是老百姓生活减排的问题，而是工业与产业结构问题。2010 年中国的城市化率是 50%，到 2030 年将达到 70%。考虑到未来城市化在建筑和交通方面的必要需求，中国低碳经济发展的目标，在倡导低碳工业、低碳交通、低碳建筑的同时，要考虑在二氧化碳排放总量不变、人均二氧化碳不超过发达国家水平的情况下，可以将工业部分腾出来给增长的交通和建筑需求，实现能源消耗和二氧化碳排放的结构性转变。

（3）经济规模控制与低碳发展的非技术路径。研究中国的低碳经济，常常有一个重要但是不被讨论的问题。研究减碳也好，节能也好，以为只要技术改进就能够达到目标，这是一种很大的误解。有一个重要概念叫“反弹效应”，说技术改进的效果会被数量扩张所吸收，吸收以后碳排放还反弹，还增加（Hallett，2013）。这方面的例子很显见：大排量汽车变成小排量，当然单个效率提高了，这是技术进步，但更多的人买得起小排量的汽车了，结果碳排放规模来一个反弹，总量反而上来了。这是把低碳发展归结为技术创新的政府政策所不注意的。我们常常可以发现一个中国能源强度对能源消耗总量或者二氧化碳强度对二氧化碳排放总量的 X 悖论，即中国单位 GDP 的碳强度是往下走的，越来越减少，但我们碳排放的总量一直在往上走，这是一个 X 型。也就是说，节能减排的技术是不断改进的，但总的碳排放却在不断上升。所以技术改进没有对冲掉总的碳排放。低碳发展的根本目标是要控制总排放，但我们现在的政策指标是什么？是强度指标。但强度指标不能作为低碳经济发展的终极指标，只有人均碳排放和排放总量才是目标性的。发达国家的 GDP 相对稳定，主要是起存量维护的作用，物质上的基本需求已经满足。如果加大技术改进，反弹效应较小。中国的矛盾是，基本需求没有满足，技术改进可以很大，反弹效应可以更大，因为数量规模在扩张。我们的低碳经济政策不能只提高微观上的技术效率，不控制更加本质的能源消耗和二氧化碳排放的宏观规模。

总的来说，通过对碳排放影响因素的技术分解，我们可以得到很多有意思的政策建议，其中不少与政府政策、媒体谈论的并不一样。现在我们经常容易非此即彼，要汽车就没有低碳，要低碳就认为不能开汽车。真正的低碳经济是能否找到一个平衡点，能否找到一个新的交通模式，既带来经济，又导致低碳，这是核心问题。现在我们的政策不是这样想的，要么要低碳，就减少交通，少开一天车；要么就是上汽车（行业），能源也同时上去。有没有新的路子？联合国倡导绿色经济，一个重要的话题就是绿色能否创造经济，而我们有人简单地把保护自然叫绿色经济，这完全是两个概念。一定要把绿色的东西变成经济的，这样两者才能找到平衡点。

3.3 生态文明下的中国循环经济

循环经济是 20 世纪 90 年代在德国和日本等发达国家兴起的，然后在中国作为绿色经济新模式得到政府大力推动，最近也成为欧盟推动 21 世纪绿色经济发展的重要抓手（Lovins et al.，2014）。但是对于循环经济有两种不同的理解。一种是传统的垃圾经济的理解，即在经济模式不变的情况下，从末端治理的环境管理角度循环利用废弃物。另一种是我们强调的绿色经济的积极正面的概念，通过全生命周期的绿色化，提高经济增长的资源生产率。它与低碳经济一起，构成绿色经济的两个具体的表现形式（诸大建，2007）。

3.3.1　中国循环经济的基本状况

中国的循环经济发展已有 10 多年的历程，经历了三个阶段。1998 ~ 2000 年是学者从发展模式角度研究循环经济的理论问题，强调经济模式需要绿色转型，实现经济社会发展与资源环境消耗的脱钩或者减物质化。2001 ~ 2005 年是环保部门作为环境管理的手段推进循环经济的阶段，重点是发展清洁生产与生态产业园区。实际上 2002 年随着新一轮五年计划的展开，中国的高经济增长已经使得资源环境问题变得异常严重。于是 2006 年起循环经济被提升成为新的经济模式和国家战略问题，具有经济、社会、环境整合职能意义的国家发改委开始总揽循环经济工作，自那以来从四个方面推进了循环经济的宏观发展。

（1）中国制定循环经济促进法。新阶段的一个重要工作是建立了循环经济促进法，关键内容不是把循环经济作为一种环境治理的政策（即不同于德国和日本的垃圾经济模式），而是强调经济增长与资源环境消耗的绿色经济模式。然后在 2012 年的十八大，循环经济成为生态文明或绿色发展中的主要部分。需要强调的是，绿色经济是一般性原理，循环经济是针对物质流的绿色经济，低碳经济则是针对能源流的绿色经济。

（2）中国循环经济的内容包含三个方面。循环经济的发展，从末端治理的垃圾经济到高阶段的产品服务系统（Stahel，2006），经历了四个阶段，即末端治理导向的废弃物填埋与焚烧，对废弃物循环再利用的垃圾经济（强调回收再生），以产品和部件再制造再使用为特征的再用经济（强调再用），到不卖产品卖服务的产品服务系统（强调减量，即从根本上预防废弃物的产生，Mont，2004）。德国和日本在 1990 年代开始搞循环经济的时候，主要是强调发展废弃物循环利用的垃圾经济，中国的学者指出（诸大建，2007），中国搞循环经济应该利用后发优势，有所超越，要发展具有完整意义的循环经济，重点是从被动地发展消费后废弃物循环处理的垃圾经济，提升到具有企业本身变革意义的产品再制造和产品服务系统。

（3）中国的循环经济试点。中国的做法是开展循环经济试点，然后希望从试点推广到全国。试点包括微观、中观、宏观三个层次。微观主要是高消耗高排放企业的清洁生产与发展再生利用产业，中观是发展废弃物一体化利用的生态产业园区，宏观则是城市层面的循环经济，主要是消费后废弃物的处理系统等。过去的试点具有垃圾经济的特征，但是2011年以来加强了产品再制造与产品服务系统的发展。总的来说，相对于西方国家利用市场机制自下而上地搞循环经济，中国主要是政府自上而下地推动循环经济，表现在政府主导的中观的生态产业园区和宏观的城市循环经济试点项目发展较多，而微观层面的企业没有起到主要的作用。

（4）循环经济的指标与评估。中国发展循环的目标是实现经济增长与资源环境的脱钩，没有区分相对脱钩和绝对脱钩。2006年开始的十一五首先确定了能源强度五年里减少20%的目标。随着资源环境压力的严重，2011年开始更一般地提出了资源生产率五年里提高15%的目标。但是在经济增长超过7%的情况下，资源生产率年提高3%是不够的。因此，2012年开始进一步强调了绝对意义上的控制物质消耗，包括控制能源消耗的总量以及主要排放物的总量，还有控制经济增长的规模与速度。研究人员期望到2030年左右中国能够实现水、地、能、材方面的总量消耗峰值，为此需要设定人均消耗指标和总量控制指标，而不只是资源生产率指标。

3.3.2 中国循环经济的起步：从末端治理到废物循环

一开始研究和讨论循环经济，我们就指出，循环经济与线形经济不同的是它的“减量化、再利用、资源化”（3R）原则，把经济活动组织成一个“自然资源—产品和服务—再生资源”的反馈式流程，所有的物质和能源要能够在这个不断进行的经济循环中得到最合理和最持久的利用，从而把经济增长对资源及环境的影响降低到最小的程度。循环经济模式研究的深化，需要将3R原则用于物质流的各个端口，强调资源管理、资产管理和污染管理，以便保证“最小化输入、最大化利用和最小化排放”这一目标的实现（见图3-5）。

观察生态经济效率和减物质化水平提高的历程，可以发现循环经济的表现形式是在演进的。20世纪80年代主要表现为对生产和消费后固体废弃物的循环再利用（区别于传统的末端治理方式）。20世纪90年代升级为产品意义上的循环再利用。2000年以来出现了把产品视为资产进行管理的循环再利用（所谓功能经济）的做法，这也是发展循环经济的理想目标（见图3-6）。本章认为，深化循环经济需要将一般意义的3R原则，深入到具有绿色经济意义的以上三个循环上来。对循环经济这三种不同表现方式，可以概括如下：

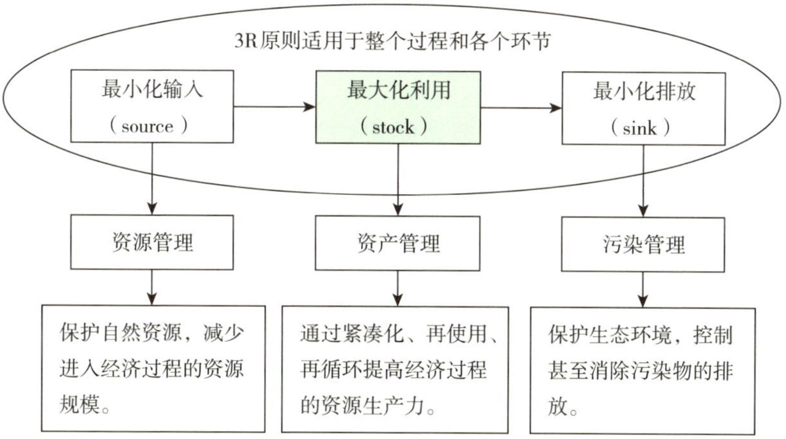

图 3－5　循环经济的目标、方法与操作原则

从本质上说，传统的废弃物末端填埋方式仍属于线形经济模式，而废物循环则是对生产和消费后固体废弃物的循环再利用。这种模式属于循环经济的起步阶段。具体说来，废物循环主要是指借助技术和生物这两种手段对生产中和消费后的固体废弃物和生活垃圾进行回收利用和资源化，是循环经济 3R 原则中再循环或资源化原则的体现，也是德国和日本等国家发展循环经济的重要方面。这种做法有效地减少了废弃物的最终处理量，相对于传统的末端治理有明显的进步。目前，废物循环的实践主要包括单个企业内部、工业园区和区域这三种规模。

（1）企业循环经济。在单个企业内部建立起闭环（closed－loop）制造流程，通过清洁生产和建立零排放企业、发展再制造和产品服务系统等具体行动，尽可能减少单个企业生产中的废弃物排放量，减少产品进入废弃物流的速度与规模。这方面的企业实践，国际上具有代表性的案例有美国 Interface 地毯公司（见专栏 3.4）和施乐复印机公司（Xerox）等。

（2）生态产业园区。通过建立生态工业园区，把不同的工厂连接起来形成共享资源和互换副产品的产业共生组合，使得一家工厂的废气、废热、废水、废物成为另一家工厂的原料和能源，从而在更大的范围内实施循环经济的法则。这就克服了单个企业的清洁生产和厂内循环的局限性，不仅减少了废物产生量和处理的费用，而且产生了较好的经济效益，形成经济发展与环境保护的良性循环。这方面的实践国际上以丹麦卡伦堡（Kalundborg）生态工业园区最为典型（见专栏 3.5）。

（3）循环经济城市。从城市和区域的角度出发，要在处理环节上建立起集中化循环利用废弃物的静脉产业，同时设置包括废弃物资源化的科技研发、生产、交易功能甚至早期垃圾场的生态修复与休闲功能以及未来垃圾场的卫生填埋功能，实现从单一的垃圾填埋场转变成为以静脉产业为主要内容的复合性的废弃物资源化园区。目前，这种基于静脉产业的循环经济模式主要包括两种类型，一种是建立在生产者责任制基础上的德国废弃物经济模式，另一种是建立在消费者责任制基础上的日本循环型社会模式（见专栏 3.6）。

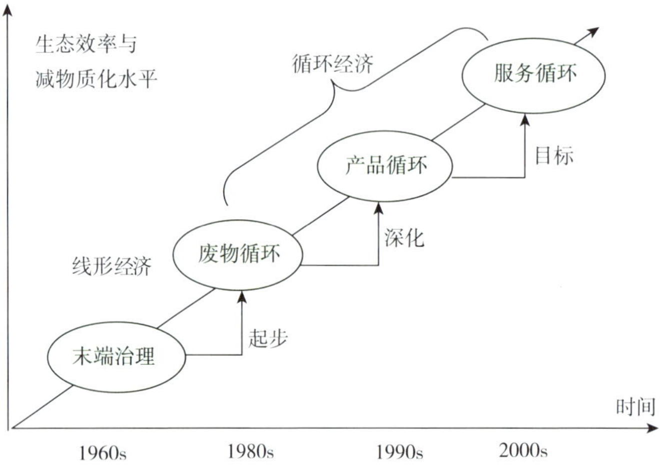

图 3－6　循环经济内涵的演变历程

专栏 3.4　Interface 与地毯出租

变卖为租的趋势将彻底改变企业的思维和经营模式。有一家生产标准化地毯的公司已经成功实现了这种转型，它至今依然占据着世界第一的市场份额。

Interface 公司的 CEO 雷·安德森有一天突然意识到，自己的公司过去给环境造成了很大的污染。他想用一切办法来改变这种局面，比如减少公司日常的废弃物排放、降低用水量等，他使用一切办法要在 2020 年把自己的公司变成一个零排放的公司。

其实，雷·安德森最初的做法也是现在很多企业领导的做法，不过，雷·安德森比别人走得更远。他意识到整个社会和消费者对于环保的要求已经引发了一种“变卖为租”的新趋势。在这种新的趋势下，如果依旧按照原有方式来经营的话，即使采取了很多环保措施，依旧是隔靴搔痒，治标不治本。必须要从战略上做些改变，于是，“租地毯”的方式就自然而生了。

Interface 所提供的地毯都是 18 平方英寸的标准地毯，从设计的最初就加入了对环保的考量。对于顾客来说，如果某一块地毯磨损了，或者弄脏了，只需更换一块或几块 18 平方英寸的模块地毯，这无疑节约了成本，而 Interface 公司则可以将坏了的地毯重新生产或者清洗，依旧可以使用。Interface FLOR 公司后来做得更彻底，干脆把地毯“租”给顾客，而以提供产品和后续服务的方式按月向顾客收取一定的费用。

在 Interface 的研究室里，你会看到，技术人员在竭尽全力地研究回收地毯的最新技术。Interface FLOR 公司的欧洲公司已经生产出了百分之百地用从顾客那里回收来的材料制成的新地毯。同时它也开始要求供应商也争取用 100% 的自然纤维产品，尽可能地使用亚麻纤维和天然着色剂。它正在把这种新思维传导到下游企业。

资料来源：百度百科 http：//baike. baidu. com/view/3488361. htm。

专栏 3.5　生态产业园区和丹麦卡伦堡模式（Eco ~ Industrial Parks，EIPs）

生态产业园区是企业之间的循环经济运行模式，其要义是把不同的工厂联结起来，形成共享资源和互换副产品的产业共生组合，使得一家工厂的废气、废热、废水、废渣等成为另一家工厂的原料和能源。

丹麦卡伦堡工业园区是目前世界上工业生态系统运行最为典型的代表。这个工业园区的主体企业是电厂、炼油厂、制药厂和石膏板生产厂，以这四个企业为核心，通过贸易方式利用对方生产过程中产生的废弃物或副产品，作为自己生产中的原料，不仅减少了废物产生量和处理费用，还产生了很好的经济效益，使经济发展和环境保护处于良性循环之中。

其中的燃煤电厂位于这个工业生态系统的中心，对热能进行了多级使用，对副产品和废物进行了综合利用。电厂向炼油厂和制药厂供应发电过程中产生的蒸汽，使炼油厂和制药厂获得了生产所需的热能；通过地下管道向卡伦堡全镇居民供热，由此关闭了镇上3 500座燃烧油渣的炉子，减少了大量的烟尘排放；将除尘脱硫的副产品工业石膏，全部供应给附近的一家石膏板生产厂作原料。

同时，还将粉煤灰出售，以供修路和生产水泥之用。炼油厂和制药厂也进行了综合利用。炼油厂产生的火焰气通过管道供石膏厂用于石膏板生产的干燥，减少了火焰气的排空。一座车间进行酸气脱硫生产的稀硫酸供给附近的一家硫酸厂；炼油厂的脱硫气则供给电厂燃烧。卡伦堡工业园区还进行了水资源的循环使用。炼油厂的废水经过生物净化处理，通过管道每年辅送给电厂70万立方米的冷却水。整个工业园区由于进行了水的循环使用，每年减少25%的需水量。

资料来源：百度百科 http://baike.baidu.com/view/2089926.htm。

专栏3.6 资源再生利用或静脉产业

静脉产业，即资源再生利用产业，是以保障环境安全为前提，以节约资源、保护环境为目的，运用先进的技术，将生产和消费过程中产生的废物转化为可重新利用的资源和产品，实现各类废物的再利用和资源化的产业，包括废物转化为再生资源及将再生资源加工为产品两个过程。静脉产业（Venous Industry）一词最早由日本学者提出。他们把废弃物排出后的回收、再资源化相关领域形象地称为静脉产业，就如同人体血液循环中的静脉一样。作为解决废弃物快速增长的一个良好途径，静脉产业将成为21世纪具有相当潜力的产业之一，在成为新的经济增长点的同时还可以解决现阶段面临的就业问题。

在德国提到资源再生利用产业，代表者是双元系统 Duales System Deutschland，简称DSD，其拥有专用商标——“绿点”，故也称为绿点公司。该公司是一家主要负责管理全国包装废物回收再利用的非营利民间组织，还负责社区黄色垃圾箱和垃圾袋中垃圾的收集、分类、回收和再利用，处理费用由获得“绿点”标志认证的企业或销售商支付。德国的WEEE（废旧电子电器）回收处理行业也有很多社会上的公司，如RDE公司，该公司主要从事WEEE的拆解、分类和破碎等工序。

在日本，有关生活垃圾的静脉产业已初步形成了三个主要发展方向，即分别把生活垃圾转换成家畜饲料、有机肥料或燃料电池用燃料。把生活垃圾制成饲料和肥料，为越来越多的日本企业提供了新的商机。例如，加茨公司和日本生态农业等公司通过合同方式把食品废弃物排放者，如城市中的食品加工厂、食品店、饭店、超市等，与清洁公司和农户等饲料、肥料使用者联系在一起，组成食品资源循环利用网和生态社区，已取得了可观的效益。另外，还有一些日本公司正在开发把生活垃圾转换为甲烷的技术。用这种方法制取的氢气，可以作为燃料电池的燃料。

资料来源：百度百科 http：//baike. baidu. com/view/1511385. htm？fr = aladdin。

3.3.3 中国循环经济的深化：从废物循环到产品循环

废物的循环立足于资源化处理生产与消费中的废弃物，而产品的循环则是立足于通过延长产品寿命预防废弃物产生，通过降低物质流动速度进而达到规模控制的目标。无论是从经济及管理形式，还是从生态、经济与社会的意义上看，这两种模式都有一定的差异（见表3－1）。可以说，产品循环是废物循环模式的进一步深化，是循环经济3R原则中再使用原则的深化。

表3－1　　废物循环与产品循环的比较

	废物的循环	产品的循环
	垃圾经济（不改变经济模式）	功能经济（要改变经济模式）
经济形式	低价格产品的生产与短暂消费	高价格产品的精益生产与持续服务
管理形式	废物管理（资源化 recycle）	资产管理（再利用 reuse）
产品特征	一次性、低质量、非共享	耐用性、可拆卸、可共享
生态意义	运输距离长	运输距离短
经济意义	利用废物	避免废物
社会意义	成本最小化（废物管理）	收益最大化（财富管理）
	提供处理性的就业岗位	产生维护性的就业岗位
实例	销售洗衣机 销售汽车	销售洗衣的服务 汽车共享系统

具体而言，产品循环主要是指在产品使用过程中，通过尽可能多次使用以及尽可能以多种方式使用来取代过去一次性使用的做法，从而延长产品的使用

寿命。一个规范的产品循环应该是这样的：产品在消费者使用后进入维修中心或是回收中心，如果可以直接通过简单的维修即可再使用，则不用再进入回收中心。只有当产品使用后损坏严重无法通过简单的维修从而实现再利用，则要返回至产品的回收中心，而后根据产品的损坏情况来决定是返回至产品制造商、零部件制造商还是原材料供应商进行相应的再利用。原施乐公司就是这方面行动的杰出代表。该公司选用毒性小甚至无毒的原材料，对产品系统的零部件采用标准化设计，采用环境无害包装，将经营的重点由生产新打印机产品转向为已出售使用的打印机提供维护和保养，并且在维修过程中用一些新部件来取代一些已经不再使用的部件，同时并不改变机器的其他部分，从而使每个零部件的使用寿命和强度都得到优化。

根据企业在产品循环方面的实践，本文总结出三种类型的产品循环思路，具体表现为维修使用、旧货再用和拆卸再制造。每种类型所能达到的效果是一致的，只是在产品特征、产权关系、循环特征及产品寿命方面有所差异（如表 3－2 所示）。总之，产品循环的最终目标是实现最后填埋的废弃物排放量的最小甚至趋近于零。

表 3－2　产品循环的三种类型

	维修使用	旧货再用	拆卸再造
产品特征	功能故障	功能完好	废弃产品
产权关系	用户所有	交换产权	制造商所有
循环特征	失效部分的修复	对产品进行清洗维护	再制造的新产品
产品寿命	延长原有的使用周期	延长原有的使用周期或开始第二个使用周期	开始第二个使用周期
效果	避免重新购买新的产品费用，同时降低了物质消耗		

3.3.4 中国循环经济的目标：从产品经济到服务经济

纵观人类社会的经济发展历程可知，从农业经济时代演变为工业经济时代，实际上是由农业经济的外延扩张所驱动。工业经济从某种程度上可以被视为工业化的农业形式。如今，我们正从工业经济时代向服务经济时代过渡，这其实又是工业经济的外延扩张所驱动。同样，服务经济可以被视为服务化

(servicing) 的工业形式（Mont, 2004; Stahel, 2006）。产品经济与服务经济的不同之处如图 3-7 所示，与这种变化相对应的是资产循环模式的兴起或者现在所说的产品服务系统或者分享经济。可以说，资产循环是循环经济的终极目标，是循环经济 3R 原则中最具有源头预防意义的减量化原则的深化，也是实现从产品经济向服务经济转变的重要推动力量。

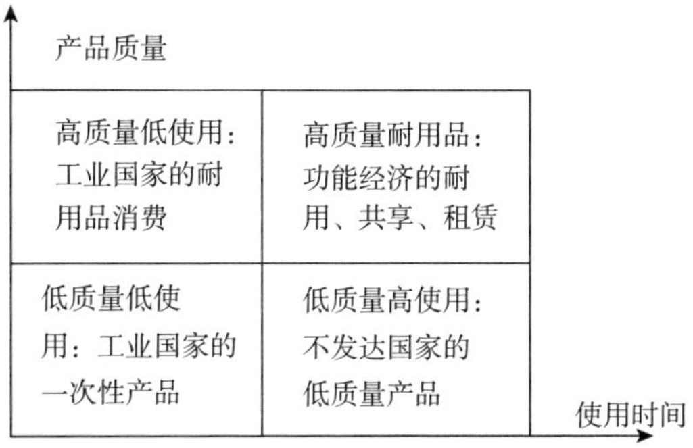

图 3-7　产品经济与服务经济的区别

所谓资产的循环，主要是指企业把其制造出来的产品视为资产加以经营和管理，推行“从销售产品到提供服务”的发展理念，通过建立产品服务系统来实现资产的循环。其基本前提是“产品的价值根植于其给消费者带来的收益和效用”（Mont, 2004），即产品的真正价值所在应该是“使用价值”而非“交换价值”。这实际上也是线形经济和循环经济所强调的不同所在。在线形经济模式下，交换价值处于中心概念，由此导出的增长空间也是有限的。而在循环经济模式下，使用价值处于中心概念，由此构建的发展空间则是无限的。

这里需要强调的是，产品与服务的组合有三种类型：纯粹的产品、产品服务以及纯粹的服务。纯粹的产品实际上不可避免带有一些服务，只不过是基于产品的服务。同样，纯粹的服务实际上也离不开产品的支持，只不过是基于服务的产品。只有产品与服务的最合理组合才能构建所谓的产品服务系统。从国外的实践来看，目前主要是通过维修服务、租赁服务、功能服务这三种产品服务来实现企业的经济利益、消费者的需求满足和较低的环境影响这三大目标（见表 3-3）。

表 3－3　　三种类型的产品服务

	维修服务	租赁服务	功能服务
用品	洗衣机维修 地毯维护	洗衣机租用地毯出租	社区洗衣房 地板舒适服务
出行	私人汽车维修	汽车租赁系统	公共出租汽车
循环特征	失效部分的修复	对产品进行清洗维护	再制造的新产品
住房	私人住房维护	住房租赁	居住服务

在此情景下，消费者对其需求的产品功能和使用所表现出来的兴趣远大于拥有产品本身。这就意味着产品的提供者（制造商）必须对产品拥有所有权，主要提供产品功能并且对产品的维护、修理和再制造负有责任，同时对其所传递的每单位功能进行收费。比如，通过实施资产的循环，消费者不再倾向于自己拥有洗衣机或汽车这类耐用品，而是倾向于使用街头洗衣房和享用公共交通。总之，发展服务经济需要从生产和消费这两方面着手。生产上要通过减物质化生产（以及从产品到服务的变革），降低获得人造资本的自然资本的消耗量。消费上要通过非物质化消费（以及从拥有到共享的变革），提高人造资本中我们能获得的服务量。

对上述三种循环的阐述有利于我们更好地构建基于循环经济模式的物质流程。如图 3－8 所示，与线形经济明显不同的是，发展循环经济就是在产品的制造、使用和处理过程中嵌入废物、产品及资产这三个层面的循环。其中，废物的循环改变了过去末端处理的做法，着力于废弃物的资源化利用。而产品的循环则是强调产品寿命的再生。二者均涉及产品的产权变换。而资产的循环不存在产权的变换，主要是倡导“从销售产品到提供服务”的理念。从污染管理、资源管理演变为资产管理的过程，实质上也是从“花钱”到“省钱”直至“赚钱”的演进过程。

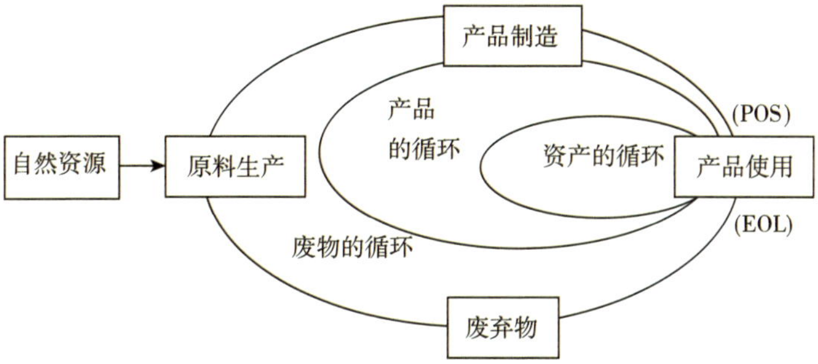

图 3－8　基于循环经济的物质流

思考题

1. 如何理解生态文明与绿色经济的关系?
2. 低碳经济在绿色经济中可以起到什么样的作用?
3. 循环经济能够起到绿色经济所期望的经济增长、提供就业的功能吗?

参考文献

1. Ehrlich, Paul R.; Holdren, John P. (1971). Impact of Population Growth [J]. Science, 171 (3977): 1212 - 121.

2. Ellwood, Wayne (2014). Degrowth and Sustainability [M]. Oxford: New Internationalist.

3. Hallett, Steve (2013). The Efficiency Trap [M]. New York: Prometheus.

4. Kaya, Y. (1989). Impact of Carbon Dioxide Emission on GNP [R]. Paris: IPCC.

5. Lovins, Amory B. et al (2014). A New Dynamic Effective Business in a Circular Economy [M]. London: EMF.

6. Mont, Oksana (2004). Product - service systems: Panacea or myth? [M]. Lund University.

7. Raworth, Kate (2012). A safe and just space for humanity [R]. http://www.oxfam.org.uk.

8. Rockström, J. et al (2009). A safe operating space for humanity [J]. Na-

ture. 461, 23. http://www. nature. com/nature/journal/v461/n7263/full/461472a. html.

9. Stahel, Walter. R (2006). Performance economy [M]. New York: Palgrave Macmillan.

10. UNEP (2011a). Towards a Green Economy: Pathways to Sustainable Development and Poverty Reduction [R]. http://www. unep. org/greeneconomy/Home/test/tabid/29808/Default. aspx.

11. UNEP (2011b). Decoupling Natural Resource Use and Environmental Impacts from Economic Growth [R]. http://www. unep. org/publications/search/pub_details_s. asp? ID = 6195.

12. Zhu, Dajian (2007). Plan C: China's Development under the Scarcity of Natural Capital [J]. Chinese Journal of Population, Resources and Environment. 1: 53 – 58.

13. 布朗著，林自新译：《B 模式》，东方出版社 2003 年版。

14. 赫尔曼·E. 戴利著，诸大建等译：《超越增长——可持续发展经济学》，上海译文出版社 2001 年版。

15. 王毅等：《2014 中国可持续发展战略报告——创建生态文明的制度体系》，科学出版社 2014 年版。

16. 诸大建等：《生态文明与绿色发展》，上海人民出版社 2007 年版。

17. 诸大建主编：《中国循环经济与可持续发展》，科学出版社 2007 年版。

18. 诸大建：《中国发展 3.0》，同济大学出版社 2008 年版。

19. 诸大建等：《中国低碳经济蓝皮书》，同济大学出版社 2012 年版。

20. 诸大建：《可持续发展》，同济大学出版社 2012 年版。

2 第二部分

主要领域篇

第 4 章 促进绿色经济发展的资源生产率

施　涵[①]

本章介绍绿色经济中不可或缺的一个组成部分，资源生产率，即每单位资源投入（重量）所带来的经济产出（价值）。本章分为三节，其中 4.1 节介绍资源生产率这一概念兴起的背景、它的衡量方法及其在绿色经济中的作用；4.2 节介绍世界、亚洲和中国资源生产率的演变趋势；4.3 节分析如何提高资源生产率，包括政府、企业和消费者的作用以及它们之间如何有效地形成合作伙伴关系。

4.1　资源生产率：背景、概念和重要性

4.1.1　背景

1992 年 6 月在巴西里约热内卢召开的联合国环境与发展大会上，世界各国领袖共同宣告："造成全球环境持续恶化的主要原因是不断增长的物质生产、消费与废弃"（UN，1992）。当今世界面临的很多全球性挑战，例如气候变化、生物多样性退化、能源安全威胁和经济的不可持续增长，均与人类社会低效、过度消耗资源密切相关。经济活动过度消耗自然资源，会导致众多经济、环境和社会后果，而这些后果往往超出单个国家或地区的边界。这样的例子已经越来越常见：化石能源的使用排放大量的温室气体，引发全球气候变化

① 施涵：香港城市大学公共政策系环境政策专业副主任，博士生导师，获美国耶鲁大学产业生态学哲学博士学位。主要研究领域是产业生态学和环境经济的应用及其对中国资源能源效率、气候变化减缓和可持续城市化的影响。

和极端气候事件频发；不断上升的粮食和生物燃料需求，加速了森林砍伐与退化；对海洋资源的争夺加剧了地缘政治紧张态势；争夺对稀土等关键资源的供应引发了国际贸易纠纷。

新千年的到来，揭示着人类进入了一个自然资源需求与供应关系的新时代。自然资源供应和生态系统消纳污染物的自净能力（即自然资本）日益成为经济增长和社会发展的制约因素，这一点在第2章里已经得到详尽的论述。尽快提高人民生活质量的要求与应对日益严重的资源环境约束之间的矛盾不断加剧，而解决这对矛盾的唯一方法就是大幅度地提高资源生产率。提高经济过程的资源生产率，是保证经济活动获得充足的原材料供应，减少相应的环境影响，并防止自然资源退化与枯竭的根本途径。

上述资源供求关系在全球层面的变化趋势引起了一些国家，特别是资源进口国对提高生产和消费过程的资源生产率的重视。自20世纪90年代起，OECD国家对旨在提高资源利用效率的“减量化、再利用和再循环”（简称3Rs）策略的关注度不断提升，资源生产率越来越多地出现在一些OECD国家的政策讨论和实践中。在进入21世纪后，以欧盟为代表的越来越多的国家经常性开展资源生产率有关的统计和政策评估工作。

4.1.2 资源生产率的基本概念和衡量方式

资源生产率衡量一个经济体在生产过程中使用自然资源的有效性。它可以从下列几种不同的角度来定义：

1. 物质经济效率，即单位资源的投入所产生的增加值。其关注点是将经济附加值与资源消耗脱钩。

2. 物质或技术效率，即单位产出所需的资源投入，均用实物量表示（比如生产1吨粗钢的铁矿石投入，或生产一台计算机、一辆汽车和一个电池的原材料投入）。其关注点是在一定技术水平下，用一定的资源投入产生最大的产出，或者用最小的资源投入产生一定的产出。

3. 经济效率，即产出的经济价值与投入的经济价值之比。其关注点是使资源投入的成本最小化。

从本质上讲，资源生产率表示单位资源消耗所产生的经济增加值或产出，通常作为与劳动生产率和资本生产率相并列的宏观经济概念。资源生产率可以简单定义为 $B = Y/R$。其中Y为GDP，而R为资源消耗量。上述公式又可以转化为 $R = P \times Z/B$。其中P为人口，Z是人均GDP，B是资源生产率（Y/

R)。这种表达方式有助于讨论与提高资源生产率相关的政策选择。由公式 $R = P \times Z/B$ 可知，要避免资源消耗量的增长，资源生产率的增长率必须大于人口和人均 GDP 的增长率之和。除此以外，我们还可以参考一些与资源生产率相近的概念（见专栏 4.1）。

专栏 4.1 与资源生产率相关的概念

资源效率是指用较小数量的物质资源来生产一个单位的产出。资源效率通常是用有效物质输出和物质输入的比来衡量，这与效率的经济概念相似。

资源强度（或者材料使用强度）指在国家层面上对某一种产品计算单位国内生产总值所消耗的初级和二次资源量。而资源生产率是衡量经济活动通过消耗资源产生经济增加值的效率，或者消耗单位资源或产生单位废物所形成的经济增加值。资源生产率与资源强度互为倒数。

脱钩意味着经济增长与环境影响的分离。国际资源专家委员会将脱钩分成两种：自然资源脱钩（即经济增长与资源消耗的脱钩）和环境影响脱钩（即经济增长与负面环境影响的脱钩）。此外，脱钩既可以是相对脱钩（即资源消耗增长的速度低于经济增长的速度），又可以是绝对脱钩（即在资源消耗总量减少的前提下实现经济增长）。

欧盟对资源生产率的计算公式采用国内生产总值（GDP）除以国内物质消耗（DMC）。其中 GDP 是货币量，反映了一个经济体生产的商品和服务的数量和价格。为了消除欧盟成员国之间物价因素的影响，GDP 采用了购买力平价的计算方式。国内物质消耗（DMC）以重量计算国民经济直接使用各种材料的总量，其计算公式如下：

国内物质消耗（DMC）= 国内开采（DE）+ 物质进口（IMP）- 物质出口（EXP）

德国联邦统计办公室于 2001 年正式公布了其环境经济账户（Environmental - Economic Accounting）中的资源生产率指标，具体资源要素包括土地、能源、原材料、水、温室气体、酸性气体、劳动力和资本。由此可见，德国已有意识地把资源生产率同劳动生产率和资本生产率一并纳入国家总体生产率的考核范围，这也从侧面说明有必要同等对待资源生产率（实际上可以等同于自然资本生产率）、劳动生产率和资本生产率。值得注意的是，德国环境经济账户把输入端的自然资源表示得更加明确，包括水、土地、能源和原材料，同时对输出端的环境污染也给出了明确的考核指标，包括温室气体和酸性气体。

再看日本，尽管它的土地和自然资源十分有限，但仍傲居世界第三大经济体的位置。为了克服自然资源的限制，日本从20世纪90年代末就开始推行可持续发展战略，并确立了建立全面的资源循环型社会的目标，相关的基本法于2000年获得通过，作为第二基本规划的修正版也于2008年获得日本内阁批准（Takiguchi and Takemoto，2008）。

为了定量评估资源循环型社会发展的实施进展，第二基本规划对三种资源生产率指标制订了相应的目标：资源生产率（= GDP/资源投入总量），循环使用率（=再生资源使用量/资源投入总量）和最终处置量（即废弃物最终处置量）。这些指标分别对应日本国家物质流分析中的“投入”，“循环利用”和“排放”。这些目标根据基本法律框架和基本规划，均具有法律约束力，但迄今为止日本政府还没有设立处罚机制来处理没有实现预定目标的情况。日本的政策目标要求在物流输入、物质循环和物质输出方面均有显著的改善，分别较1990年水平提高60%，80%和减少80%以上（Takiguchi and Takemoto，2008）。

除上述三项指标外，日本还设立了两个补充性的指标。因为非金属矿物资源的投入对全部自然资源的投入有较大的影响，所以日本开始跟踪不包括土壤和岩石资源在内的资源生产率。这一新指标的目标值是2015财年每吨约为77万日元，较2000财年的每吨约59万日元提高30%。为了减缓气候变化，日本还增加了二氧化碳排放控制指标，目标是在2010财年CO_2排放量减少780万吨。

从资源生产率的衡量方式展开，我们还要介绍一下导致资源生产率变化的主要因素。1978年，Malenbaum研究了全球12种矿产资源在1950年到1975年期间的消耗状况后，得出结论，即经济体达到一定的发展水平后其资源强度开始下降，这也就是通常所说的经济增长与资源消耗的倒U字曲线（也称Kuznets库氏曲线）。有关研究发现，下列5方面的原因导致了上述变化趋势：

1. 技术进步：新产品、新服务和新材料的出现使得我们可以用更少的原材料来生产同样数量的产品和服务。同时，技术进步也会促进有利于资源节约的组织和制度变化。

2. 替代作用：技术进步提供了新的环境友好型材料来替代有害的材料。

3. 消费结构变化：消费者对服务以及资源节约型新产品（比如通信信息

技术产品）的偏好可以改变整个社会消费对资源的需求。消费者对环境友好型产品（比如电动汽车以及拼车消费模式）的喜好，可以触发最终需求结构的变化。

4. 饱和效应：随着经济的发展，一个国家对于基础设施的投资开始下降。随着工业化建设的推进，需求趋于饱和，导致一些基础资源，如建筑材料和钢铁的消费逐步下降。

5. 环境保护法规的引入和加强：根据库氏曲线，环境污染水平往往在经济发展的初期恶化，但会随着人均收入的提高而改善。这意味着公众会强化他们对更好的环境质量的需求，为制定和实施环保法规和标准奠定社会基础。原先没有治理污染的行业开始安装、使用污染治理设施。当污染末端治理成本变得很高时，污染行业便向环境管理要求相对薄弱的地区转移，这也称之为“污染天堂”假说。

然而对于采用库氏曲线假说来解释甚至指导有关资源生产率的政策，我们需要保持较为清醒的认识。其负面作用包括可以为“先污染，后治理”的经济发展模式提供合理性，同时不会积极促使整个社会利用当今科学技术快速发展的机遇，寻求跨越式发展。在这方面，可以给我们以启示的例子是许多非洲国家在电信基础设施十分落后的地区，跨越固定电话的发展阶段而直接进入无线通信时代。

归纳起来，影响资源消耗总量和资源生产率的驱动力因素主要包括三个方面：经济总量、经济结构和技术进步。此外，一些制度性因素，包括环境法规执法力度，公众环境意识水平，以及社会对话对环境问题的关注程度，均影响着资源消耗水平。还有一些是非人为因素，比如气候和地形条件以及人口密度也对资源消耗和资源生产率产生影响。

4.1.3 资源生产率的重要性

资源生产率的重要性，特别是它同绿色经济的关系，可以从四个方面来讨论：(1) 资源生产率与经济结构转型；(2) 资源生产率与就业；(3) 资源生产率与竞争力；(4) 资源生产率与创新。

1. 资源生产率与经济结构转型

这里我们将从：(1) GDP 构成中的投资、消费和进出口三者之间的关系；(2) 国民经济的三级产业构成比例等两个方面来说明经济结构对资源消耗总量和资源生产率的影响。

由于投资往往集中于资源密集型的基础设施项目，GDP 中投资所占比例越高，对资源的需求往往越大，也会影响资源生产率。GDP 中进口比例加大，往往伴随着将资源密集型行业转移到世界上其他地区。进出口在 GDP 中占很高的比例，往往意味着该国经济比较开放。而开放型经济体由于更多地参与全球竞争，不得不更多地使用先进的生产技术，而先进技术往往更加节约资源和能源。因此，随着国家经济开放程度的提高，其资源生产率也随之改善。

除了 GDP 总量外，经济结构也对资源消耗有着重要影响。主要因素包括服务业在国民经济中所占的比例，资源密集型的采矿和冶金等行业，以及能源密集型行业对整个经济的贡献等。

如图 4－1 所示，与制造业相比，中国的服务业更加劳动力密集，而消耗的中间产品和原材料均显著减少。服务业在 GDP 中所占比重的上升将有助于中国资源生产率的改进。

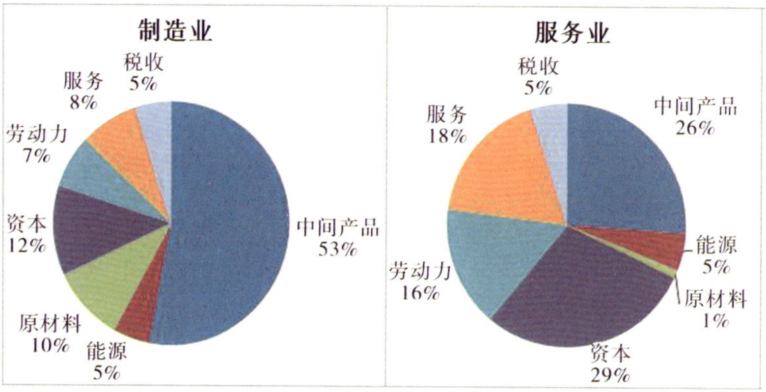

图 4－1　中国制造业与服务业成本分解比较

数据来源：中国国家统计局；安永，2012 年。

2. 资源生产率与就业

劳动力、自然资源和资本均为生产活动不可或缺的要素，又可以分别称之为人力资本、自然资本和人造资本。劳动力与自然资源之间在相当程度上存在着替代关系。20 世纪劳动生产率的大幅提升，在很大程度上是在劳动力成本不断上升而资源价格却有所下降的基础上实现的。而人造资本的投入往往体现在先进的生产设备上，既可以提升劳动生产率，也可以增强资源生产率。

大幅提高资源生产率常常与提高资源价格同步发生。随着自然资源（即自然资本）与劳动力（人力资本）相对成本的上升，在生产要素中会发生劳动力对资源的替代。总体而言，提高资源生产率将有助于创造更多的劳动力投入需求，有助于创造更多的就业机会。比如可持续农业系统，通过使用劳动力投入来取代有毒的或污染的农药、化肥等农用化学品投入，往往会增加劳动力的密集程度。提高资源生产率的措施也会加速中国环保产业的成长，在污染控制与管理、废物收集与处理、可再生能源和资源再生利用等行业，创造经济增长机会，增加绿色就业岗位（见第7章“环保产业”）。当然。就处在不同发展阶段的不同行业而言，提高资源生产率对就业的影响不尽相同。但无论如何，为了在绿色经济领域创造更多体面的绿色工作机会，政府需要采取政策来引导社会投资，推广应用先进技术，并增加对相应的职业技能培训的投入（见第8章“绿色就业”）。

3. 资源生产率与竞争力

对资源生产率与竞争力之间关系的思考首先由研究竞争策略的美国哈佛大学管理学大师迈克尔·波特（ Michael E. Porter ）教授提出。波特教授指出：“适当、合理的环保规范与标准，可以引领产业创新，更有效地运用原料、能源，甚至人力等资源，降低生产成本，提高产品价值，还可以弥补环保投资，使产业更具竞争力”。瑞士圣盖伦大学国际管理研究所教授林德（Class Van der Linde）在其名为《绿色时代的新竞争力典范》书中也指出：“只有打破既有思维模式，致力于技术创新，以提高资源生产率，同时改善环境质量的企业，才是真正有竞争力的企业”。从这个逻辑出发，环境保护与经济发展是可以相辅相成，且互利共荣。图4－2以欧盟成员国为例，图4－3以中国各省为例，描绘了资源生产率同竞争力的正相关关系。

据欧盟研究估计，从产品的设计阶段及生产源头着手预防污染，其成效可以达到甚至超过70%，可以避免大量的资源浪费。事实上，污染就像次品一样，表明产品设计或生产过程有缺陷。污染等于效率缺失，通常也意味着某种形式的经济浪费。生产过程的任何残余、废弃物、有害物质或能量排放到环境成为污染物，即显示资源没有得到有效充分的利用，而且企业还必须增加过程、设备和成本来处理这些排放物。但这些额外的生产行为对消费者而言，没有增加任何价值。

当企业面临日益严格的环境保护法规和行业激烈竞争的双重压力时，提高资源生产率是走出上述两难困境的唯一途径。减少环境保护支出就能降低生产成本，而提高资源生产率可以增加产品或服务的附加价值，提升企业的竞争力。迈克尔·波特认为："当企业继续将废弃物、废能排放到自然环境造成污染时，显示其没有充分使用资源，虽然污染预防是一项绝对正确的选择，但企业界应将'环境绩效'和'提高生产率'一并做好才是上策。"因此，提高资源生产率是实现保护环境、提升企业和地区竞争力的必由之路。

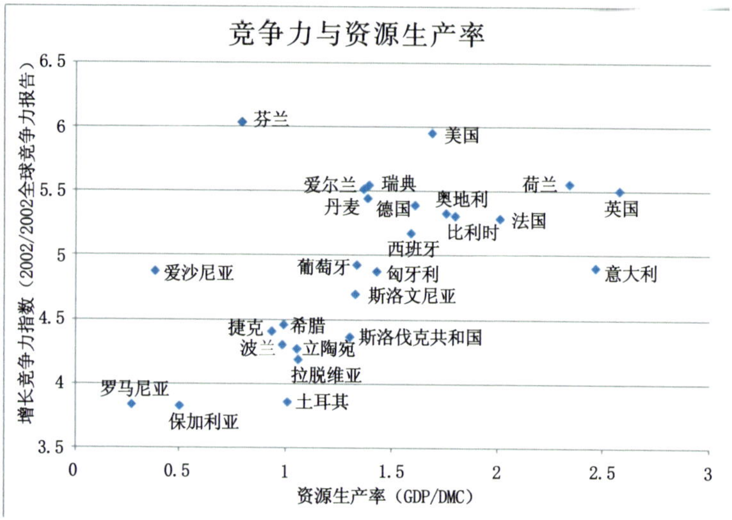

图 4－2　国家竞争力与资源生产率之间的关系

数据来源：Bleischwitz et al.，2009 年，第 11 页。

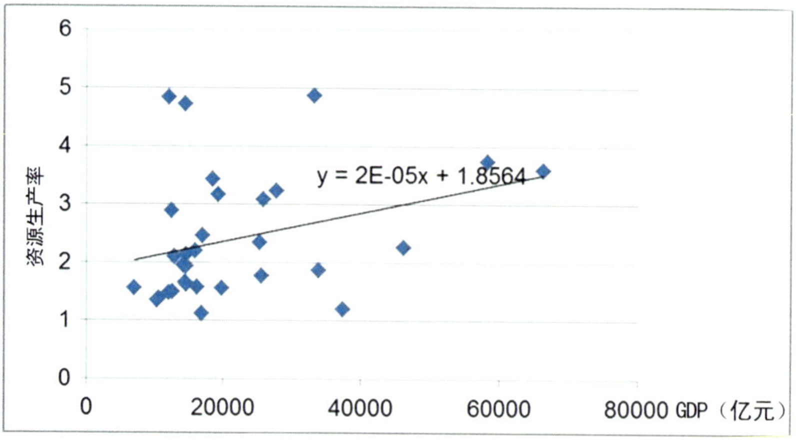

图 4－3　2007 年中国各省资源生产率与人均 GDP 之间的关系

4. 资源生产率与技术创新

绿色创新“长波”与资源生产率，是科技创新与“经济长波”研究方面的最新成果。有关创新活动与经济发展的“长波理论”由康德拉季耶夫和熊彼特提出。该理论认为，18 世纪以来的工业化发展是由 30～50 年为一个周期的科技创新与产业更替推动的。由此推算，到目前为止，在世界层面，创新活动与经济发展已经先后经历了五次技术创新长波，即 18 世纪 70 年代起始的水力驱动的纺织机械化长波，19 世纪 30 年代开始的蒸汽机和铁路长波，19 世纪 80 年代开始的电力与重机械装备长波，20 世纪 30 年代开始的福特流水线生产长波，以及 20 世纪 80 年代开始的通信信息技术和生物技术长波。每一个技术创新长波在其启动后的 20 到 30 年就趋于衰退，不足以有效支撑全球经济快速增长。从这个意义上讲，2008 年开始的全球经济危机在一定程度上也宣告了第五次技术创新长波的衰退。世界需要孕育一轮新的技术创新长波，这轮新的技术周期将是以提高能源和资源生产率为核心的绿色技术长波。德国学者魏伯乐等总结了绿色创新长波的四个特点，即资源生产率的突飞猛进、产品与服务的系统设计、按照自然法则进行设计的仿生学和发展可再生能源。

从事绿色经济研究的诸大建教授认为，1990 年以来，由于自然资源和环境容量等自然资本约束已经成为 21 世纪发展的主要挑战之一，科技创新和经济活动需要使资源生产率大幅提高。如果说，以往五次世界经济长波是以提高劳动生产率（按照人均劳动产出来衡量）为主的传统工业革命，那么当前的绿色创新是倡导提高资源生产率（按照单位资源投入或环境容量的经济产出、服务产出来衡量）的新一轮工业革命（诸大建，2013）。

4.2　资源生产率的演变：世界，亚洲－太平洋地区和中国

4.2.1　全球资源生产率的演变

一直到 20 世纪 90 年代，世界上主要是以经合组织国家为主的 10 亿人口在享受着现代繁荣和高物质消耗的生活。但随着新兴工业化国家的快速崛起，当前全球中产阶级消费者人数已增长到了约 18 亿。到 21 世纪中期，全球人口将达到或超过 90 亿，其中相当一部分目前尚处于较低生活水平的人群，特别是金砖国家的人口，无疑将享受更高品质的生活，由此造成的资源消耗也将迅

速增长。经合组织预测，未来 20 年间还将有 30 亿人加入到中产阶级消费者队伍中来（Kharas，2010）。

在上述背景下，全球资源消耗迅猛增加。自 1980 年以来，全球资源开采量年平均增长 2.8%，而资源贸易量年平均增长达到 5.6%。2008 年，全球人均年消耗约 10 吨的资源量，比 1980 年增加了 1.6 吨（见图 4－4）。全球人口从 1980 年的 44.4 亿人增长到 2008 年的 67.2 亿人（World Bank，2014），其间全球资源年消耗量增长了 56%。

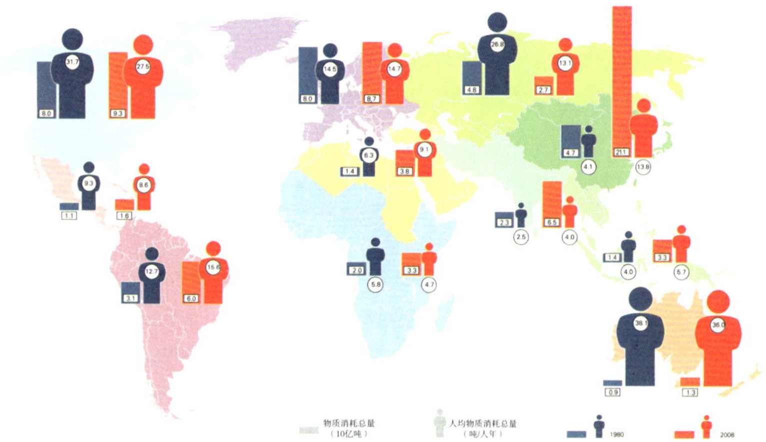

图 4－4 世界主要地区 1980 年与 2008 年资源消耗状况比较

资料来源：Dittrich et al.，2012。

与此对应的是，全球还有相当一部分人生活在资源贫困中，无法满足能源、水和食物等基本生活需求：约有 13 亿人用不上电，27 亿人使用传统的薪柴灶做饭，约 9.25 亿人营养不良，8.84 亿人缺乏安全饮用水（UN，2012）。世界上最贫困国家，例如阿富汗、孟加拉国和刚果等，人均每年用于衣食住行的全部资源消耗仅为 2 吨左右，属于典型的资源贫困。相反，中东地区少数国家在沙漠中制造世界奇观，享受着奢华的生活模式，人均年资源消耗却高达 100 吨。随着对社会严重不平等关切的日益增强，世界各国越来越无法再袖手旁观，需要尽快开展合作来改变现状。这也意味着生活在金字塔底层，人均每日消费低于 2.5 美元的 30 亿人口，在未来也将消耗更多的资源，从而过上更加体面的生活。

20世纪初，全球资源开采量还不到70亿吨。2007年，全球开采和收获的资源总量超过600亿吨。自2008年金融危机以来，全球经济停滞不前，因而全球资源开采量在过去几年中保持在600亿吨左右。随着各国经济探底复苏，全球资源开采量已经开始恢复增长，有人预计到2030年有望超过1000亿吨（Krausmann et al.，2009）。

粮食等生物质占全球资源开采量的最大份额，但其主导地位一直在下降。20世纪完成了全球经济从农业经济到工业经济的历史性转型，生物质曾经高达全球资源开采量的75%，然而该比例目前已降到不足40%（Krausmann et al.，2009）。2007年，不可再生资源的开采量已经占据全球资源开采量60%，其中建筑材料达到全球资源开采量的30%，化石能源占其20%，金属和金属矿占8%，工业矿物占全球资源开采量的比例不到2%。

经合组织成员国的国内物质消耗在20世纪90年代期间增长了12%，在21世纪初期稳定在每年约220亿吨。由于2008年的全球经济危机，其DMC在2008~2010年期间有所下降。尽管如此，经合组织国家人均资源消耗仍然较高，每人每年约17吨，约为世界其他地区平均水平的3倍。由于经合组织国家经济结构的转变，物质消耗越来越源自不可再生资源存量。建筑材料主导着经合组织国家的资源消耗结构，往往决定了资源生产率的整体特征和趋势。

1980年至2008年期间，全球资源生产率上升了37%，而全球经济增长了147%，所以全球资源消耗量仍然增加了79%。在全球范围内，资源消耗只属于相对脱钩阶段。世界上只有加拿大、德国、意大利、日本和英国取得经济增长与资源消耗之间的绝对脱钩，而且这些国家所取得的绝对脱钩在相当程度上是通过将资源密集型行业转移到国外来实现的。1980年以来世界各地区资源生产率都有所改善。相比较而言，资源出口地区，包括澳大利亚、拉丁美洲和非洲的资源生产率分别增长67%、15%和53%，而资源净进口地区，比如欧洲和北美洲的资源生产率分别增长了94%和89%。

4.2.2 亚洲—太平洋地区资源生产率的演变

1980年以来，亚洲地区资源消耗量增长趋势尤为引人注目。目前，亚洲的资源开采、进出口和消费量接近全球50%，而亚洲人均资源消费量和资源生产率仍低于全球平均水平。亚洲国家必须尽快改变这种令人担忧的资源消耗增长趋势，才能避免出现严重的全球资源稀缺，以及为争夺有限自然资源可能引发的地区冲突（见图 4 - 5）。

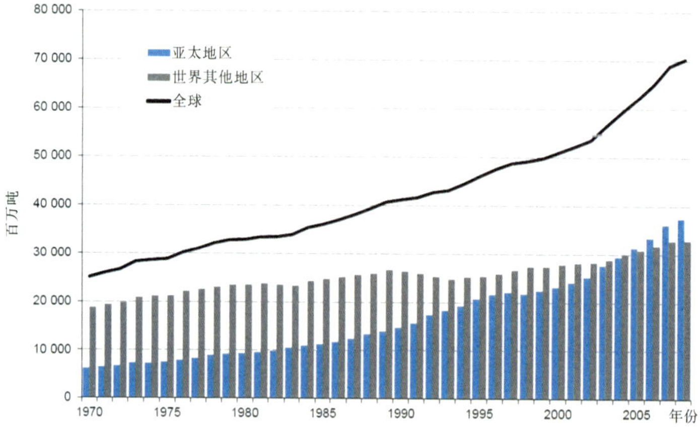

图 4 - 5 1970 ~ 2008 年间亚太地区、世界和世界其他地区的国内物质消耗（DMC）

资料来源：West and Schandl, 2012。

不同亚洲国家的资源生产率存在着巨大的差异。日本每吨资源消耗所产生的经济价值高达 2400 美元，是迄今为止所有亚洲国家中资源生产率最高的国家。日本资源生产率约为资源生产率最低的印度尼西亚（每吨仅 140 美元）水平的 20 倍。中国的资源生产率（每吨 250 美元）比印度（每吨 200 美元）略高，但仍处于资源生产率最低的国家之列（Giljum et al. , 2010）。

总体而言，在过去 30 年间，亚洲国家的资源生产率并没有明显改善。19 个主要亚洲国家的国内生产总值在 1985 年至 2005 年间增长了 114%，同期资源消耗增长了 101%。因此可见，多数亚洲国家的经济增长与资源消耗总量增加存在着非常密切的联系。在一些亚洲国家，人均资源消耗量的增长率甚至超过人均 GDP 的增速，也就是说连经济增长与资源消耗的相对脱钩都没有实现。综上所述，亚洲国家对提高资源生产率的政策支持力度需要显著加强，以便引导亚洲未来经济增长更加绿色，实现经济增长与资源消耗的脱钩（Giljum 等，2010）。

亚洲不仅是世界经济的生产和消费增长中心，也是全世界在资源和能源消耗方面增长最快的地区。从 1985 年到 2005 年，亚洲资源开采几乎增长了 100%，高于全球平均水平。亚洲占全球资源开采的比例，从 1985 年的 22% 增加到 2005 年的 31%。亚洲从世界其他地区净进口大量的自然资源，而且进口量迅速增长。19个亚洲国家在1985年和2005年期间资源进口增加了两倍，高达每年33亿吨。化石燃料是主要的进口商品，其次是金属矿石。其中，中国的进口扮演了决定性作用。虽然亚洲资源出口增长速度比进口的增长还要快，但资源出口总量还处在一个较低的水平（Giljum et al.，2010）。综上所述，亚洲当前的经济发展模式和资源消耗趋势显然是不可持续的。

尽管亚洲国家人均GDP差别明显，其资源消耗与二氧化碳排放量呈正相关。在一些国家（如中国和韩国），人均二氧化碳排放量和人均资源消耗几乎以相同的速度增加。在资源输出国，如印度尼西亚和马来西亚，资源消耗的增长超过二氧化碳的排放速度。而在具有较大的服务业的国家（如IT产业发达的印度），能源消耗及其相应的二氧化碳排放量的增长，超过物质消耗的增长。

4.2.3 中国资源生产率的演变

自20世纪70年代末改革开放以来，中国经济迅速发展，社会快速进步。作为新兴经济体快速工业化和城市化的案例，中国物质生活水平的快速提高伴随着人均资源消耗量的大幅增加，与资源的开采、加工和利用随之而来的环境压力也相应增加。

虽然其他国家也曾经历过快速的发展阶段，但是中国的产业转型在其影响的绝对人口数量上是史无前例的。中国的资源消耗增长尤为突出，人均年资源消耗量从1980年的4.1吨上升到2008年的13.8吨（见图4-4）。人均资源消费的快速增加与巨大的人口总量相结合，导致中国从20世纪70年代的相对适中的资源消费国在进入21世纪以来一跃成为主导全球资源消费增长的国家。1980年，中国仅消耗了全球资源开采量的8%，而2008年，该比例已经上升到28%。中国虽然对全球能源需求的影响也十分巨大，但是不如其物质需求的影响那么深远（West et al.，2013）。

如图4-6所示，中国资源生产率在1980年至2008年期间上升了114%，即从0.0658美元（以2005年不变价计）/kgDMC提高到0.1409美元（以2005年不变价计）/kgDMC。其间，自1991年到1995年和自2003年到2005年，中国资源生产率经历了下降过程。这两次下降均发生在GDP迅速增长的阶段：1992年，邓小平南巡讲话所引发的经济快速增长期以及中国加入世贸组织后的又一轮投资高潮。

中国的能源生产率，定义为综合能源消耗所产生的GDP，单位为（万元/tce）。以2010年不变价计的能源生产率如图4-7所示。自1980年至2001年

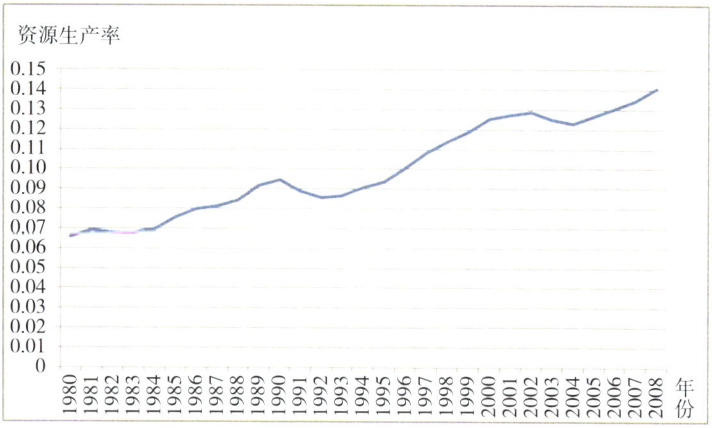

图 4－6　中国资源生产率的演变（1980～2008）

资料来源：DMC，GDP 以 2005 年美元不变价计，来自世界银行。

中国能源生产率保持较快的增长，而 2002 年随着中国加入世界贸易组织，经济快速发展，特别是燃煤电厂、钢铁、有色、建材、化工等高能耗行业的快速发展，导致能源生产率显著下降，直至 2008 年才基本恢复到 2002 年水平。

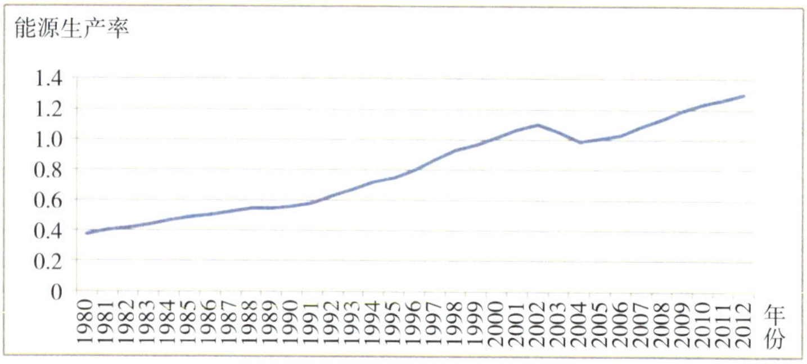

图 4－7　中国能源生产率演变趋势（1980～2012）

资料来源：《中国能源统计年鉴》，单位为 2010 年不变价计的万元/tce。

中国水资源生产率的变化情况如图 4－8 所示。工业水资源生产率从 2000 年的 5.62 美元（以 2005 年不变价计）/ m^3 水增长到 2012 年的 15.81 美元/ m^3 水，上升了近两倍，而同期农业水资源生产率仅提高了 60%。

1980 年至 2008 年期间，中国 GDP、劳动生产率、物质生产率、能源生产率和碳生产率分别增长到 1980 年水平的 1463.4%，820.4%，214.2%，

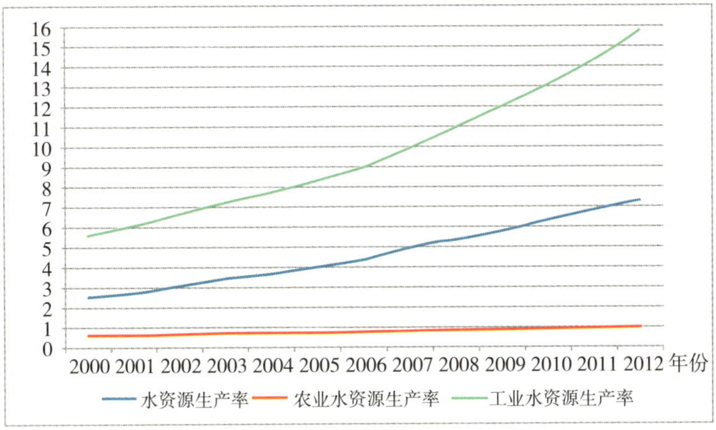

图 4-8　中国水资源生产率演变（2000～2012）

资料来源：中国统计年鉴，世界银行世界发展指标数据库。

注：单位为美元（以 2005 年不变价计）/m^3 水。

412.9% 和 305.2%（见图 4-9）。从这组数据可以看出，中国劳动生产率增长速度大大超过资源生产率的增长。而在资源生产率方面，能源生产率改善幅度约为物质生产率的两倍。在此期间，中国资源生产率提高了一倍多，但因为同期 GDP 增长更快，中国 2008 年资源消耗量仍然比 1980 年增加了 583%。

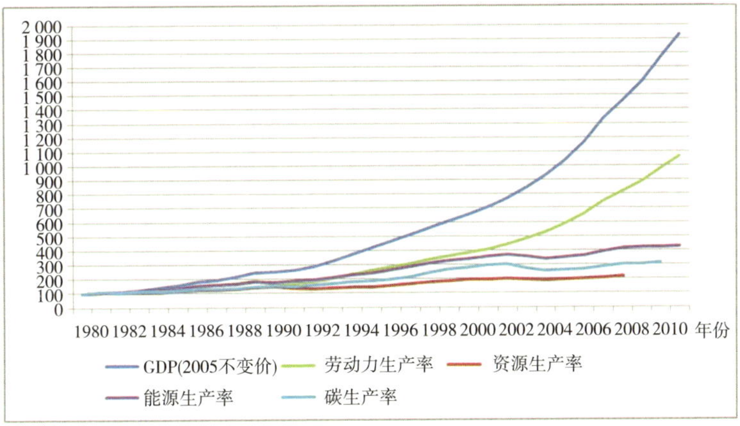

图 4-9　中国 GDP、劳动生产率、物质生产率、能源生产率和碳生产率变化比较（1980～2011）

与亚太地区和全球相比较，中国在提高能源效率和资源生产率方面效果方面更为突出。但是，由于中国经济长期保持高达10%的增长速度，大大超过了同期资源和能源生产率的改进速度，所以中国的资源、能源和水资源消耗量仍然大幅增加。

在分析评价中国资源生产率的表现时，还需要考虑一些特殊情况。首先，中国近三十年经济发展模式是高度出口导向型模式，因此很大比例的物质消费是用来生产出口世界其他国家的最终消费品。除了对金属矿石和石油的进口依赖度迅速增加外，中国仍主要通过国内开采来满足其大部分资源需求，这一点与许多老牌工业化国家不同。保持相对较高的资源自给率，有其突出优势，特别是能够确保资源供应安全；但这种战略也有其明显的缺点，特别是在中国人口稠密的国土上施加了资源开采与加工造成的巨大环境压力（UNEP 2012）。

4.3 提高资源生产率：政府、企业和消费者的作用

自然资源在社会经济系统的流动过程涉及多种行为主体——生产者、消费者、回收者和管理者。不同的行为主体具有不同的组织形式、价值取向和内部资源。因此，在全社会提高资源生产率首先需要政府、企业和消费者在认识上求同存异，达成社会共识。为加强不同机构的行动一致性，政府需要与企业和民间组织建立伙伴关系，充分发挥协同作用。除了发挥好机构消费者的作用外，政府还可通过公共投入来示范和引导新技术、新产品。当然，政府最重要的作用仍然是公平地制定和执行规则。政府应该主导将资源生产率纳入主流经济政策的进程，研究和开发有关资源生产率的评估方法，提供衡量企业资源生产率的标准方法与通用信息。企业除了利用自身的购买力外，也是具有更高资源效率的产品与服务的供应商。企业界在政府赋予的促进创新的环境下，可以试验和实施各种技术和产品改进方案，创造新的商业模式。此外，企业与社会还是提升资源生产率最为重要的投资来源。最后，消费者是决定企业生产资源效率高的产品和服务的最终动力来源，然而他们需要政府和企业提供关于产品与服务环境影响的可靠信息，并开展相应的宣传和教育活动，以提升人们的环境意识。

4.3.1 政府的作用

政府可以运用一系列法律、市场和行政等手段来提升资源生产率。成功的关键在于政府能否均衡并综合地利用这些不同政策手段组合。需要强调的是，政府的主要作用应该是建立规则、提供有效的激励和监督，来督促企业和社会实施可持续生产和消费，提高资源生产率。它不应该成为提高资源生产率的首要实施者，而应充当促进者和执法者。除持之以恒地给予有力的政治支持外，政府的工作重心应该是制定一个可以为提升资源生产率提供足够激励的法律和政策框架。

现行的很多政策都与资源的使用密切相关，但这些传统的政策对于缓解经济增长和资源环境约束之间的冲突往往无能为力。它们散布在不同的主管部门，缺乏整合，而且它们的设计并未以提升资源生产率为核心目标之一。因此，在现有的政策体系上加以修正，效果往往十分有限。

可持续资源管理的核心是以生命周期的管理方法来追求整体资源效率的提升，将管理的重心从局部单一的生命阶段提升到整个系统，涵盖资源的整个生命周期，以此作为政策整合的主要着力点。因此，政府应该首先审视现行与资源相关的政策，从整体上检讨这些政策对资源生产率的影响。其次，从原材料政策，到一体化产品政策，最后到废弃物管理政策，以物质生命周期或产品供应链为主线来加以整合，以提升资源生产率为目标，连接自然资本保护、可持续生产与消费、废弃物资源化，构成一个相辅相成的政策体系。

政策的整合需要不同组织的协调和部门的配合，具有很大的挑战性。而且，通过资源生产率与生命周期管理所引发的系统变革，涉及组织、制度、企业经营模式、消费行为，甚至是价值观的变化。这种思想和行为上的变化必然会受到习惯势力的巨大阻力，而化解这种阻力的最好方式就是进行社会对话。政府可以鼓励或者建立这种社会讨论的平台，让社会各方充分参与，在沟通中确认资源生产率的战略目标，形成建设生态系统的共识，讨论可行的政策工具。在充分对话的基础上，政府与民间分工定位、分享责任，逐步向提升资源生产率方向转型。

在上述过程中，还要注意不同领域的政策之间可能存在相互加强或者彼此削弱的情况，有必要厘清政策之间的相互影响。例如资源效率的提升有助于温室气体的减排，而温室气体的减排又会减轻环境污染对人体健康的危害。另一方面，绿色科技的发展往往受到关键物质（如稀土）的限制，物质循环又可能影响能源消耗。正如国际上对绿色经济的讨论强调深入了解水—食物—能源三者之间的相互联系，以增强政策的一致性。资源生产率的追求也要注意不同资源之间的相互影响，避免对某一资源的改善损害其他资源的使用效率。

良好的环境资源政策，通过减少对原始材料的压力，并促进资源的高效循环利用，来提升资源生产率。包括生态设计，信息政策，以及基于“减量化、再利用、再循环（3R）”原则的废物管理政策等一系列政策组合，可以被用来实现资源消耗的减少和废物管理之间的协同效应。在摘取这些“低垂的果实”后，要更上一层楼，就必须采纳建立在资源全生命周期和可持续资源管理原则基础上的更加综合的策略与政策。这样做的最大挑战是此类决策越来越多地跨越国界范围，涉及复杂的全球供应链，并需要有效地应对数量众多的经济主体。

与资源生产率相关的政策可以分为下列四种类型：

1. 总体经济战略和行动计划，这影响到所有经济行为者和所有重要领域，例如国家可持续发展战略、国家绿色经济战略，以及国家可持续生产与消费战略。

2. 部门战略和行动计划，其影响集中在特定部门的经济主体，例如废物战略、能源战略和可持续交通政策。

3. 特定资源战略和行动计划，主要影响某种资源或资源组合，例如生物质能发展战略、可持续渔业和可持续森林发展战略。在实践中，资源战略和部门战略之间存在显著的重合。

4. 产品政策和行动计划，其重点是改进产品的可持续性绩效和建立资源效率更高的产品的市场，例如绿色政府采购，产品最低能效标准和产品环境标志等。

缺乏资源生产率实践经验的国家或地区往往可以从难度相对较小的产品政策和特定资源政策起步。随着在这方面经验的积累，机构和人力资源的培养，可以深入到部门战略，最终发展到制定并实施总体经济战略，力争将资源生产率纳入到总体经济发展战略和政策中去。对于中国而言，最为重要的机会与挑战是，如何将资源生产率相关的目标纳入即将制定的“十三五国民经济与社会发展纲要”的各主要部分，而不是局限在环境保护的有关章节。

世界上很多国家都把提高资源生产率作为经济发展总体战略的优先领域，然而旨在改进资源生产率的具体政策措施则主要体现在环境政策和部门政策中。这就提出了一个关于从何处着手开展政策干预的问题：资源生产率政策应该着眼于整体经济的发展，还是把重点放在特定的行业部门或者针对特定的重要资源？要回答这个问题，必须考虑相应国家或地区在资源生产率政策实践方面的发展阶段以及以往积累的经验。具体来说，有以下几个发展阶段：

- 制定和实施独立的专门提高资源生产率的政策，开展政策试点示范，用来摸索经验，显示政策效果。
- 在现有的主流经济发展战略和政策中，发现和消除相应的制约资源生产率的因素和内容。
- 使提高资源生产率成为主流经济发展战略、政策和规划的 DNA 和核心目标之一。

当前的主流经济政策，往往是以增加经济系统的一次性物质吞吐量（throughputs）来实现经济增长，而这种主流经济发展模式往往和提升资源生产率有冲突。所以，决定一个国家的资源生产率总体水平往往不是那些独立的、专门的资源生产率政策的实施效果，而是取决于主流的经济战略与政策在多大程度上促进还是遏制资源生产率。把资源生产率逐步纳入主流经济政策的过程，又称为资源生产率的政策主流化（见图 4－10）。

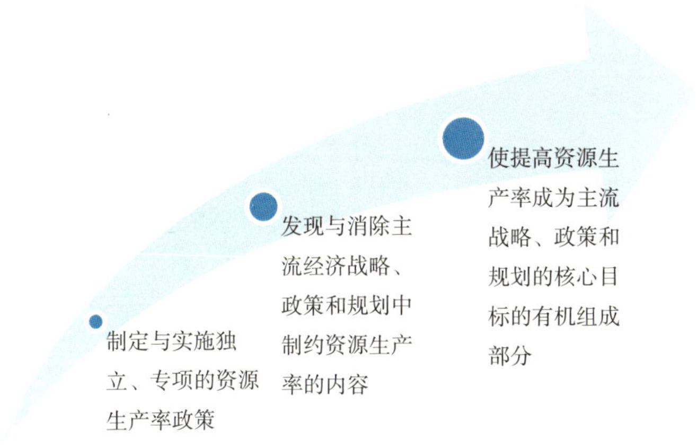

图 4－10　把资源生产率纳入主流经济政策的过程

将资源生产率纳入主流经济政策往往面临着一些重要困难。首先，促进资源生产率是一个较新的政策领域，对多数政府机构而言缺乏相应的经验与人才。同时，资源生产率涉及生产与消费的不同领域，通常需要不同的政府部门之间以及不同层级的政府之间开展有效协调与合作。其次，资源生产率需要综合经济和环境等多方面的数据，需要科学研究与政策制定机构之间的密切合作。然而，中国和其他大多数发展中国家有关资源生产率的信息与科学研究均十分薄弱。再次，由于资源生产率具有上述跨部门、较长时间尺度、涉及生产和消费等社会经济的不同方面特点，导致缺乏充分的科学信息和研究来指导有关资源生产率的政策讨论，制定过程也会受到影响。最后，促进资源生产率的提高需要创新型政策手段和多种政策工具的综合使用，而现有机构往往并不具备所需的能力和资源。

政策周期通常可以分为问题构建、政策制定、政策实施、监测和评估四个阶段（见图 4－11）。将资源生产率纳入主流经济发展战略、政策和规划需要在政策周期的不同阶段，与有关机构的决策者开展有效的对话与交流，克服突出的困难，通过重点活动逐步将资源生产率纳入主流经济发展战略、政策和规划中去，使得提高资源生产率成为主流经济政策目标的有机组成部分。

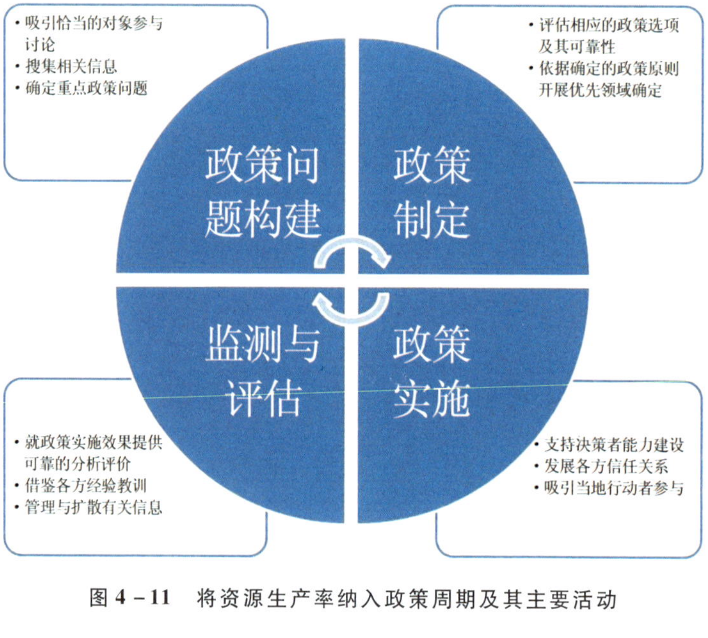

图 4－11　将资源生产率纳入政策周期及其主要活动

下面，分别从政策周期的四个主要阶段来阐述需要重点注意的事项和把握的机会，以便有效地消除主流经济政策中包含的阻碍与限制资源生产率的成分，并逐步使资源生产率成为主流政策目标的组成部分。

问题构建

影响资源生产率进入主流政策的一个重要障碍是全社会对资源生产率的认识不足。很多人，包括很多政府官员，仍然认为因为发展经济、消除贫困是现阶段最大的任务，此时重视可持续发展，开展环境保护势必要减缓经济发展的速度。因此还需要开展大量工作使全社会重视资源稀缺性问题，使人们认识到提高资源生产率是经济发展的机遇而不是制约，是化解经济发展和资源环境之间矛盾的一个重要的途径。这一阶段所要开展的主要任务包括：确定和吸引相关的机构和团体参与到与资源生产率有关的政策讨论中来；搜集和提供相关信息和数据；为确定重点政策问题提供一个开放式的对话与交流平台。

政策制定

政策制定是将政策周期第一阶段所确定的政策问题，转化成各方接受的政策解决方案。这通常需要在社会广泛接受的政策原则基础上加以开展。政策制定阶段包括下列主要任务：评估相应的政策选项及其可行性，以及依据确定的政策原则来选择优先领域和指标。在政策方面，第 11 章全面介绍了绿色经济的主要政策，其中包括有利于提高资源生产率的政策。对这些政策解释，我们在这里就不全面展开了。针对资源生产率，我们仅简要介绍下列三方面的政策干预：取消对环境有害的财政补贴，绿色公共采购，以及促进技术创新和循环经济。

在补贴方面，政府应尽快考虑逐步取消对环境有害企业的财政补贴，特别是对化石能源、农业用水和工业用水的财政补贴。在资源价格改革的过程中，需要考虑那些最没有能力为使用资源付出更高成本的特殊人群的需要，在增加对资源消耗征税的同时，减少对劳动报酬的税收。以中国为例，多次来到中国的魏伯乐教授（2013）就强调，根据能源和水资源生产率的改进幅度，逐步提高能源和水资源价格的做法，总体来说并不会造成每个月的能源和水资源支出的显著增加，却能不断激励人们更有效率地利用能源和水资源。他还指出，因为中国的能源价格由政府主导，所以中国引入这种做法具有独特的优势。

生态税则旨在对污染排放和使用稀缺自然资源定价，并以在赋税和社会保障缴款方面降低劳动力成本，以达到创造就业岗位的效果。1999 年德国政府对发动机燃料、电力、燃油和天然气提高税赋，并以可以预见的比率小幅增加，一直到 2003 年为止。通过降低社会机构的养老金缴款，该税收直接用于降低薪水以外的劳动力成本。德国经济研究所所作的影响研究表明，如果没有引入这个生态税，养老金缴款就会比现在高 1.7%。降低薪水以外的劳动力成本所造成的效果，估计增加了 25 万个全职岗位，并在 2010 年降低了 3% 二氧化碳排放。专栏 4.2 比较了中国香港和新加坡在水资源管理方面的不同做法，说明了让水价反映水资源真实成本的重要性。

专栏 4.2　新加坡与香港水资源管理政策比较

1963 年，香港与新加坡同时经历旱灾，实施饮用水配给长达近一年，两地政府因此积极谋求长远水资源政策，防范未然。但两地政策措施方向却可谓截然相反。

港英政府与广东省于 1960 年签订了第一份跨境购水协议。1960 年开展东深引水接驳工程，翌年东江水正式供应香港市民饮用，从此进口水成为香港水资源支柱。到 2012 年，东江水已经占香港整体供水近六成。香港越来越依赖进口东江水同时，海水淡化、污水回用等技术开发步伐却停滞不前，唯一的海水淡化厂也于 1992 年拆卸。目前香港虽有计划重新引入海水淡化，但仍处于初步调研阶段，预期最快 2020 年可建设海水淡化厂，估计可供应全港需求约 4%。

新加坡于 1965 年宣告独立，当时饮用水全面依靠马来西亚柔佛州供应，两国供水协议更受两国宪法保障。然而新加坡从未满足于依靠购买进口水，致力发展再生水、海水淡化两大生产行业，开拓多样化水资源，提高技术竞争力。目前污水再生、海水淡化、马来西亚柔佛河购水、本地集水区收集雨水，共称全国「四大水喉」。其中，「新生水」（NEWater）污水再生生产量已能供应总用水量三成，海水淡化供水达一成，政府并有计划大幅扩张集水区面积至覆盖全国九成土地。新加坡可望最早于 2016 年实施供水自给自足，长远确保水资源安全稳定。同时，新加坡厉行节水教育，于 2013 年订下人均每日用水 140 升的减量目标。

与世界其他各大城市相比，香港人均每日耗水量达 220 人/公升，高于全球平均水平三成，但水价极为低廉。饮用水方面，现行的四级阶梯水价于 1995 年订立，以「用者自付、多用多付」作为基础方针，一直冻结，至今未曾调整。然而在过去 19 年间，东江进口原水价格已大幅上涨 2.31 倍，运输供水、滤水及污水处理相关各项能源及材料费用均有涨价。沿用近二十年的水费基础定价并未能反映资源实际价格及经济成本。水务支出逐年递增，水费收入却远远不足填补开支，平均低于总开支的四成，超过六成开支由政府补贴。2000 至 2012 年间，香港水务署营运每年亏损，港府在水务方面补贴累计达 439.5 亿港元。

香港水费过于低廉，致使水资源生产率偏低，无法反映生产水的真实环境代价，变相助长耗水浪费及对进口水的惯性依赖，节水教育成效不显。随着东江流域城市经济发展，珠三角地区面临水资源竞争加剧，香港获取水资源代价将日益昂贵，脱离现实的水费制度急需检讨。与之相比，新加坡水费采取回收成本的制度，除基础定价及排污费外，亦收取节水税及公共卫生设施费用。节水税一项占整体水费高达 30% ~45%，有效鼓励居民节约用水。各项综合措施之下，新加坡水资源生产率偏高，于 2011 年达到每立方米淡水 985 美元 GDP（World Bank，2011）。

资料来源：Liu and Williams，2014。

在绿色采购方面，政府公共支出应该充分体现提高资源生产率的重要性，应该成为促进技术创新，加速资源节约技术和解决方案的推广应用的重要途径。绿色公共采购能够帮助创造和强化绿色商品和服务的市场。在发达国家和发展中国家，政府采购在公共总支出中均占很大比例。例如，在南非和巴西，这一比例分别是 35% 和 47%。通过运用绿色公共采购政策，政府能为绿色商品和服务创造大量长期需求。这会发出明确的信号，促使生产企业作出更长期的创新性投资，使生产商实现规模经济、降低成本。这反过来又能扩大绿色商品和服务的商业化，促进可持续消费。例如，在奥地利、丹麦、芬兰、德国、荷兰、瑞典和英国，绿色公共采购计划使得采购产品的碳足迹平均降低了 25%。绿色公共采购在欧洲也已帮助开启有机食品和有机饮料、节能汽车和可持续木材产品的市场。

在技术创新和循环经济方面，建立有利于创新的制度环境十分重要。促进资源生产率革命所需技术创新的有利环境与大多数创新所需的宏观环境基本相似，包括稳定的宏观经济环境，鼓励竞争，开放的国际贸易规则以及良好的融资环境。消除限制创新的障碍也十分重要，然而增加旨在提高资源生产率的研发投入不可或缺。政府采购对于某些绿色技术的推广应用十分重要；政府还可以有针对性地投资于一些综合性的基础设施，比如通过发展智能电网将可再生能源的开发利用与电动汽车的推广结合起来。而减少废物，鼓励高质量的废物管理，发展循环经济对于创造就业和促进经济增长，也有很大的潜力。通过实施现有的最佳实用技术和研究成果，可以极大地提高资源生产率。国家应明确污染预防与废物减排的政策目标，通过加强废物回收和处理，促进高品质的资源再生，逐步减少垃圾填埋以及向环境中的污染排放，来加速社会向循环经济转型。

为了有效地促进社会向更高的资源生产率转型，政府需要发出协调一致的政策信号。政府必须建立清晰的远景目标，同时向社会广泛宣传；采取一致的、相互协调的政策，既包括行业政策，也包含专门的资源生产率政策；政府需要建立相应的经济激励和法规标准，来实现上述远景目标。这些均需要最高层面上的政治支持以及相关政府机构之间的协同配合。

根据各国的经验，下列行动和方法有助于获得和维持对资源生产率目标的高层政治支持：

1. 将资源生产率目标同主流的经济和部门发展战略更好地结合起来，以增强不同政策议程之间的协同作用。

2. 明确提出易于向大众交流的资源生产率的长期目标，用来表明清晰的方向感和聚焦在长期效益上。

3. 开展改善资源生产率的项目并对不可持续的生产和消费行为的风险开展成本效益分析，并将有关分析研究结果加以广泛宣传。大多数国家的政府均需要努力提高对产品在整个生命周期（即从自然资源开采、生产、使用/消费到产品寿命终结期的管理）的环境影响以及资源/能源消耗成本的认识。

4. 鉴于提高资源生产率工作的跨部门特点，有必要确立一个强有力的协调机构，这个机构可以是政府环境部门，也可以是经济和工业发展机构或者是一个协调机制，例如高层次的领导小组。协调机构具有两个重要功能：展示领导力和决策能力来减少决策的复杂性，并且帮助相关的机构建立联系与开展交流。

5. 制定有效的宣传策略，来促进公众对政策变化的响应，并在一些关键的行业中开展先行先试。

6. 支持对提高资源生产率的项目和成就开展有效的对话和政策评估，向社会提供这种政策影响的充分证据，用来引导社会逐步采纳相应的策略和政策举措。

7. 密切关注经济激励措施和效益，同时紧密关注私营部门投资和政府投入的机会。

政策实施

政策实施阶段最为重要的方面是制定清晰的实施时间表以及如何将有关资源生产率的政策措施纳入政府预算。政策实施包括的主要任务还有：支持决策者能力建设，发展有关方面的信任关系并吸引当地行动者的参与。

目前很多国家都已经制定和实施了一些提高资源生产率的政策。在这种背景下，确保已有的资源生产率政策得到有效实施比制定新的政策更为重要。由于缺乏衡量资源生产率好的指标以及相应的数据统计体系，很难对现有政策的实施效果予以客观、权威的评价。这是现阶段制约资源生产率政策推广的主要障碍。

资源生产率政策实施的主要责任落在基层政府，然而越往基层，政府的机构能力及其资源条件越为薄弱。这种地方政府拥有的责任和所具备的实施能力之间的不匹配，也是制约资源生产率政策推进的重要障碍。

监测与评估

政策监测与评估是一个连续的过程，对于决定一项政策是否需要延长、调整或者终止起着十分关键的作用。有效的政策监测评估需要考虑周全的指标体系。为此，政府需要支持开发重点物质流的兼容数据库，进一步发展物质流和资源生产率指标，以及在国家和企业等不同层面充分交流成功的经验与做法。

资源生产率对一些决策者来说可能是新的概念。它涉及生产和消费诸多部门，具有复杂性和跨部门的特点，必须采用所谓“适应性政策”的方法，建立一个有效收集、共享和使用相关信息的系统，作为政策学习和改善的基础。决策者需要确定所制定的政策是否实现预先设定的目标并产生预期的结果。政策监测与评估可以提供这种基础信息。

政策监测与评估所需收集和处理的数据包括：

1. 政策结果、影响和采纳的情况，用来衡量哪些政策工具被用来改变人们的行为。

2. 相应政策干预所寻求的环境与社会变化趋势，如资源消耗、污染排放、贫困情况的演变以及在政策作用下是否向好的方面转变。

3. 政策和环境的间接影响，进而决定政策工具实现所预期的目标的能力。这种因素包括压力指标、自然环境变量和政策变量等。

制定一个切实可行、可测量的资源生产率目标，可以促使各级政府部门制定相应的政策目标和行动计划，集聚社会共识，充分利用各种潜力来改善资源利用效率，减少环境污染。根据中国开展节能减排战略目标的经验，目标的制定会加速发展中国家在资源生产率方面的数据收集和加工系统，以便对政策的实施效果及时开展监测和评价。

选择资源生产率的衡量指标，并确定其政策目标是资源生产率政策监测与评估的核心任务和主要难点。专栏 4.3 介绍了日本在这方面的经验。

在政府评估资源生产率的政策措施时，有必要考虑非环境领域的政策是如何影响生产和消费行为的。虽然有必要制定专门的提高资源生产率的政策，但更重要的是评估主流的经济政策对资源生产率的影响。不同的行业政策之间常常存在冲突，例如工业、农业和建筑发展政策通常是促进消费，而资源生产率政策却强调控制消费水平和调整消费模式。为在可持续生产和消费领域取得显著进步，政府需要了解行业政策和预算体系是如何影响生产和消费行为的，进而调整那些与可持续性目标背道而驰的政策。

专栏 4.3 日本政府确定资源生产率的衡量指标以及政策目标

日本最初是利用 MFA（物质流账户）的研究应对日益严重的固体废物管理问题。自 2000 年起，日本每年在《环境质量报告》中都公布一个宏观物质流平衡图，并用于环境指标的开发。从 2003 年开始，日本利用基于 MFA 的指标来监测关于实现循环型社会的进展状况。它每年监测和评估这些指标的变化趋势。每五年，基本规划就针对这些指标，制定新的阶段性目标。指标主要有资源生产率（GDP/DMI），资源循环利用率（资源循环利用量 ÷（资源循环利用量 + DMI））和废物最终处理量。2003 年，日本在第一次基本规划中引入了基于 MFA 的指标，并制定其 2010 年政策目标，来监测国家层面上政策的实施进展。2008 年时，考虑到 2010 年目标已经基本实现，日本通过第二次基本规划，确定了 2015 年新的阶段性目标。2013 年，日本又通过了第三次基本规划，确定了 2020 年的政策目标。

资料来源：日本环境省，http：//www. env. go. jp/en/recycle/smcs/index. html。

有效提高资源生产率还必须充分认识和应对所谓的“反弹效应”问题。这必须在政策的监测与评估过程中给与高度的重视，将相应的指标和数据采集在政策周期的早期阶段就加以关注。

旨在提高资源生产率的政策始料未及的负面效应之一就是反弹效应。简而言之，反弹效应就是指资源效率的提升并没有导致资源消耗用量的减少。例如，荧光灯的发明意在比传统的白炽灯减少能耗和废物的产生。荧光灯消耗更少的能源，并具有更长的使用寿命。结合宣传教育活动，很多国家都大力推广应用这种节能灯具。然而，这项政策的一个重要负面作用是随着其广泛使用，消费者开始更长时间地使用荧光灯，有时甚至没人时也不关灯。总体而言，增加的荧光灯管及其能源消耗基本抵消了这项推广节能灯具政策的初衷。

反弹效应分直接和间接两种。例如，当交通在时间和成本上变得更加有效，更多的人会开始旅行，原先的旅行者会更频繁出行。这种生产与消费过程本身变得更加资源有效，而资源消耗总量增加的情况叫做直接反弹效应。间接反弹效应是指更快速的交通，消耗更多的燃料，进而对环境产生更大的影响（Jalas et al.，2001）。宏观层面的反弹效应，发生在能源价格和技术发生大的变化时，从而改变消费者偏好（Hertwich，2005）。例如，当能源价格下降时，节能措施的效果就会削弱，总能耗有时甚至会上升。此外，当一个消费者在交通方面节省开支，需要关注的是他所节省的金钱会用在什么地方，如果他把节省的金钱用在购买新的家用电器上，那么净能耗可能会上升。

由于存在反弹效应，国家在制定资源生产率的有关政策时需要关注生产者和消费者之间的联系。虽然很难对资源生产率政策的反弹效应开展面面俱到的分析，然而政府需要尽量全面评价，并通过配套政策措施来消除反弹效应的影响。

4.3.2 企业与投资

在全球需求增长导致资源长期价格上涨和波动性加剧的背景下，提高资源生产率对企业而言，既有短期的经济回报，又有长期的战略收益。能源和原材料成本占据企业生产成本的重要比例，保持可靠的原材料供应对企业经营至关重要。所以，企业可以通过提高资源生产率来降低生产成本，减少原材料供应风险，进而增强其竞争力。

虽然提高资源生产率有上述多方面近期和远期效益，但是很多企业却对此兴趣不大。多种原因导致这种矛盾现象。首先，很多资源价格的未来走势不明，以至投资者难以判断在提高资源生产率方面的投资回报前景。其次，政府对资源的财政补贴，也是阻碍资源生产率提高的重要原因。生产活动的环境外部性，例如二氧化碳排放和农业面源排放，均没有任何市场价格。因此取消对农业、能源和水资源的财政补贴，并对二氧化碳排放收费，将大大地提升企业对改善资源生产率的投资兴趣。最后，政府对可再生能源投资政策的不确定性，往往导致投资者对这类投资项目要求更高的回报率，以匹配相应的投资风险。因此，政府可以通过实施稳定、有预见性的政策，来吸引更多的企业参与资源生产率的投资。

随着越来越多的消费者开始关注其采购产品的环境表现，企业也受到越来越大的社会压力，对其供应链的资源与环境效率给予更多的关注，并按照环境友好的方式加以组织和管理，以便获得企业长期运营的社会许可。

改善资源生产率，可以帮助中小企业降低生产成本，并开发绿色产品与服务，因此可以为其带来难得的经济发展机遇。然而，中小企业要真正抓住这种机遇，就必须提升相应的管理、技术和融资能力。在充分学习与借鉴国内外成功经验的基础上，各级政府需要因地制宜地发展有效的中小企业扶植政策，提供资源生产率相关的审计咨询、融资服务与管理能力发展等全方位帮助和支持。

政府应提供合理的政策框架，在生产过程、产品设计、报废产品管理，以及在新兴市场竞争等领域，来帮助企业挖掘提高资源生产率的潜力。宏观政策框架应该鼓励企业更加节约资源，采纳更加服务密集型的商业模式，比如租赁与共享，从销售产品的所有权向销售产品性能转变。这种新的商业模式可以延长产品使用寿命，促进产品的再使用与循环利用，从而节约资源。产品生产商能更好地保持对其产品维修、再加工、回收利用的控制，从而减少资源消耗。

日益加剧的资源环境约束对企业提出了采取行动的迫切要求。通过使企业的运行和产品变得更为节约资源，公司可以创造新的商业机会，同时获得保护环境的好处。为了自身的长期生存和发展，企业必须将应对资源稀缺和环境挑战的方法纳入到其发展战略和运行模式的核心中。这将帮助公司培育新的能力，进行过程创新，从而能够控制成本和增加营业收入。

就企业营业收入而言，在一个资源约束更加显著的世界，公司应该能够通过全面分析和及时应对消费者态度的变化来保护自己的营业收入，特别是在新兴市场以及面对新的环保法规出台的情况下。对于具有远见的公司，资源和环境制约能够提供新的市场并增加其收入。研究表明 2007 到 2008 年度，全球低碳环境产品和服务市场总值超过了 4.5 万亿美元，并预计 2015 年会在此基础上增长 50%。专栏 4.4 介绍了英特飞公司在提高资源生产率的同时，保持甚至提高利润率的产品和商业模式创新。

专栏4.4 Interface公司围绕资源生产率开展产品、工艺和商业模式创新

Interface是全球最大的模块地毯设计与生产商，于1973年成立于美国。环境保护和可持续发展是Interface的生命。自1994年起，Interface开始改变公司的经营模式并试图推动整个行业向可持续发展的方向迈进。

资源生产率和Interface地毯公司的“零环境排放使命”目标非常吻合。“零环境排放使命”目标为在2020年前实现公司经营活动产生零环境影响，同时保持甚至增强企业的利润率。自1996年起，Interface公司就开始作出协调一致的努力来减少资源消耗。这不仅仅是因为减少资源消耗可以降低生产成本。2012年，Interface单位产品废物成本比1995年的水平降低了41%。

Interface已经成功地开展了下列活动来大幅度提升资源生产率。(1) Interface研发生产了一种叫Microtuft的新型地毯，与传统的地毯相比，可以减少50%的尼龙使用。(2) Interface采购的原材料中有44%属于再生材料和生物材料，这大大减少了原始资源的消耗。(3) Interface在2011年开始采用了100%的可再生尼龙。现在Interface产品系列中有超过140种颜色的地毯模块，使用100%的再生材料。(4) Interface创新型安装系统意味着地毯模块的固定可以不使用液态胶水，这基本上消除了传统地板模块固定的环境影响。(5) 随机设计的地毯模块在安装过程中只产生3%~4%的废料，而对应的宽幅地毯安装会产生高达12%的废料。(6) Interface从航天工业引进了超声波切割设备，不仅使生产率加倍，同时减少地毯切割废料，提高了资源生产率。

资料来源：www.interfaceglobal.com/sustainability.aspx。

从企业经营成本而言，成本上升的主要风险源自于供应链上的低效和浪费。大宗商品，例如石油、煤炭、小麦和棉花价格的上升对消费品行业的影响胜过了其他行业。最近的分析表明这些大宗商品的价格增长10%将导致消费品行业的营业收入减少13%。通过预先应对此种情况，公司可以有效地削减成本。

4.3.3 消费者与消费模式

消费是一个社会的基本特征之一。只有当消费者，包括个体消费者和机构消费者，倾向购买可持续产品和服务时，生产者才会积极响应消费者的需求，

生产资源生产率较高的产品和服务。因此，提高资源生产率与可持续生产和消费均有紧密的联系。

消费很难用公共政策来加以调控。通常做法是消费者根据自己的喜好和购买力，作出相应的采购决定。很多新兴经济体同时存在着过度消费和消费不足的问题，使政策作用背景更加复杂。一方面，政府由于担心经济过度依赖国际市场而努力地提升国内消费；另一方面，新兴的中产消费者群体无疑又加剧了对环境的压力。

虽然公众环境意识对家庭消费行为有着重要的影响，然而基础设施却常常扮演着更为重要的角色。投资于公共交通和绿色建筑，以及开展好的城市规划，都能在具有很大环境影响的领域（例如居住与出行）促进可持续消费的行为。公共部门同时还是一个非常重要的消费者，通过开展绿色政府采购，可以促进消费者行为的改变。专栏 4.5 介绍了回收银行的做法，专栏 4.6 介绍了韩国首尔市政府通过推动资源共享来减少资源浪费的措施，都值得我们借鉴。

专栏 4.5　回收银行对可持续消费行为给予经济回报

消费者可以通过废旧物品的回收利用来获取经济价值。例如回收银行创建了一种多利益相关者合作的多赢的商业模式，将消费者、社区、城市和消费品生产商联系在一起。消费者可以通过参加利用回收银行数据平台开展的回收利用活动，以及在交通拥堵城市参与步行或骑自行车活动，获取经济回报点。个体开展回收利用的数量通过无线电射频技术来加以计量，手机可以用来监测个人步行和骑自行车的距离，以便减少环境污染和交通拥挤。上述活动所取得的经济回报点可以在购买一些著名公司比如强生、可口可乐、联合利华和马萨公司的产品时打折。在美国回收银行成员每年通过参加绿色活动可以得到 133 美元的经济回报，由此证明了在公司和个人层面上开展可持续消费活动是可以有经济回报的。

资料来源：WEF 2012。

专栏 4.6　首尔：共享未来

2012 年 9 月，韩国首尔市政府宣布一项新的行动计划——“共享城市”，旨在通过扩大共享基础设施，促进现有的共享服务企业，孵化共享创业企业，利用闲置的公共资源和提供数据共享机会来使共享经济惠及全体市民。“共享城市”内容包括 20 项共享活动，以及建设与推广共享基础设施。

政府将共享城市作为一项一举多得的社会创新行动，在解决经济、社会和环境问题的同时，创造新的商业机会，重建社会互信，减少资源浪费。资源共享可以从较少的资源获得较多的效益，这样政府可以利用有限的资源为居民提供更多的服务。例如，政府推出了492辆汽车的汽车共享服务，连同在非高峰时间以及节假日对公众开放政府停车场和一些城市公共建筑。此外，需要住宿的学生可以和具有空房间的年迈居民联系起来。

资料来源：http：//english. sharehub. kr/。

可持续消费常常让人联想到为保护环境而作出个人牺牲。我们需要设法改变这种观念，将可持续发展与生活品质联系起来，这样可以间接地解决可持续发展的价值观。例如，耐用产品对消费者的吸引力源自其质量保证，而不是强调通过延长产品使用寿命来减少资源的消耗。

因为存在反弹效应，仅靠技术改进很难减少资源消耗总量。欧洲的资源消耗在过去20年间基本保持不变，这个事实也说明了具体产品的资源效率改善，以及个人环境意识的提高均不能显著减少资源的消耗。

任何显著的变化均需要工业化国家和新兴国家公民的生活方式发生本质改变。这种改变的先决条件是在系统层面采取有效的变化措施。只要在那些经济发达国家，不可持续的衣、食、住、行以及冬季采暖技术依旧比较便宜的话，那么其大多数居民就不可能主动避免使用它们。

经济和经济政策影响着我们的价值观、感受和行动。一个沉迷于经济增长的社会势必会促使每个人无止境地追求更多的物质消费，当个人的进步是建立在物质财富增长和资源消费的基础上，那么资源节约型生活方式就无从谈起。

政府在消除那些制约资源生产率的非价格障碍方面扮演着重要的作用。由于存在委托代理的问题，很多具有较高投资回报率的建筑节能项目无法实施。例如，房东需要承担提高建筑能效的成本，而节能投资所产生的经济效益却很可能由租户享受。政府强制性的节能标准能够成本有效地克服这种委托代理的障碍，但是标准需要设计成能够鼓励，而不是制约那些基于市场机制的创新。虽然创新可以改变消费模式，但这并不意味新建立的消费模式，比其所替代的消费模式一定更加环境友好。

思考题

1. 中国经济较不发达的中西部地区实施提高资源生产率政策具有哪些意义？是否具有迫切性？面临哪些特殊困难？为此，需要提供哪些政策支持和努力建设？
2. 如何才能减少中国当前重要的经济政策（刺激内需的增长）与改进资源生产率目标之间的冲突？如何才能扩大这两个政策目标之间的兼容和协同作用？
3. 政府如何从提升资源生产率的主体实施者，逐步转为广大企业和消费者在全社会普遍实施可持续生产与消费制定规则和提供激励，进而显著提高资源生产率？

参考文献

1. BIS, 2010. Potential for resource efficiency savings for businesses. London, UK: Department for Business Innovation & Skills (BIS).

2. Bleischwitz R., B. Bahn – Walkowiak, M. Onischka, O. R? der, S. Steger, 2009. The relation between resource productivity and competitiveness. Project ENV. G. 1/ETU/2007/0041 Part 2: Resource Productivity.

3. Dittrich M., S. Giljum, S. Lutter, C. Polzin, 2012. Green economies around the world? Implications of resource use for development and the environment. Vienna.

4. EC, 2011. Roadmap to a Resource Efficient Europe. Communication from the Commission to the European Parliament, the Council, the European Economic and Social Committee and the Committee of the Regions.

5. EEA, 2011. Resource efficiency in Europe Policies and approaches in 31 EEA member and cooperating countries, EEA Report No 5/2011.

6. Hawken P. A. Lovins, L. H. Lovins 著，王乃粒、诸大建、龚义台译：《自然资本论：关于下一次工业革命》，上海科学普及出版社 2000 年版。

7. Kharas, H. 2010. "The emerging middle class in developing countries," OECD Development Centre working paper, Number 285.

8. Liu, S. & Williams, J. 2014. Civic Exchange Report – Liquid Assets V: The Water Tales of Hong Kong and Singapore: Divergent Approaches to Water Dependency.

9. McKinsey Global Institute 2011, Resource Revolution: Meeting the world's energy, materials, food, and water needs. Available from: < http://

www. mckinsey. com/features/resource_revolution >.

10. McKinsey Global Institute, 2011. Resource Revolution: Meeting the world's energy, materials, food, and water needs.

11. OECD, 2011. Resource Productivity in the G8 and the OECD – A Report in the Framework of the Kobe 3R Action Plan.

12. OECD, 2011. Towards Green Growth. OECD, May 2011.

13. SERI, UNIDO and French Development Agency, 2013. Green Growth: FROM LABOUR TO RESOURCE PRODUCTIVITY – BEST PRACTICE EXAMPLES, INITIATIVES AND POLICY OPTIONS.

14. Takiguchi, H. and Takemoto, K. 2008. Japanese 3R Policies Based on Material Flow Analysis. Journal of Industrial Ecology, 12: 792 – 798.

15. United Nations Environment Programme, 2012. Sustainable Consumption and Production: A Handbook for Policy Makers With cases from Asia and the Pacific.

16. United Nations, Economic and Social Commission for Asia and the Pacific, Asia Development Band & United Nations Environment Programme, 2012. *Green Growth, Resources and Resilience Environmental Sustainability in Asia and the Pacific*, Bangkok, United Nations.

17. WEF, 2012. More with Less: Scaling Sustainable Consumption and Resource Efficiency. Industry Agenda. Geneva: World Economic Forum.

18. West J, Schandl H, Heyenga S, 陈劭锋:《中国资源效率 - 经济学与展望》, 联合国环境规划署, 2013 年。

19. World Bank, 2012. Inclusive Green Growth. The Pathway to Sustainable Development, Washington DC.

20. 联合国环境规划署:《迈向绿色经济: 通往可持续发展和消除贫困的各种途径 – 面向决策者的综合报告》, 2011 年。

21. 魏伯乐、查理·哈格罗夫斯, 程一恒译:《五倍级——缩减资源消耗, 转型绿色经济》, 格致出版社 2010 年版。

22. 魏伯乐:"中国何不来一场能源效率革命?",《博鳌观察》, 2013 年。

23. 诸大建:"中国城市如何实现绿色转型"——诸大建教授在上海财经大学的演讲,《解放日报》, 2013 年 10 月 6 日。

第5章 投资于自然资本

孙铁颋①

本章分三节介绍自然资本以及相关的投资，旨在让读者了解自然资本在绿色经济中的地位和作用。其中5.1节诠释自然资本的定义及其同绿色经济的关系；5.2节论述自然资本的投资现状和融资渠道；5.3节介绍国内外在自然资本投资方面的一些实践。

5.1 自然资本

5.1.1 自然资本和绿色经济

第1章赋予绿色经济的内涵之一是“通过对环境友好和环境强化产品和服务的投资来不断驱动经济的增长和就业机会的创造”。我们可从三个方面来理解这个概念：（1）强调环境友好和环境强化来体现绿色经济是以地球边界为出发点，关注生物多样性和生态环境保护。（2）“环境友好和环境强化产品和服务”（以下简称环境产品）不仅指通过清洁、低碳技术制造的产品，也应该包括自然资源，如土壤、水、湿地、森林等，以及由生物多样性和生态系统所提供的服务（以下简称生态服务）。环境产品给人类生产和生活带来效益，其中的自然资源部分在绿色经济下形成新的资产类别，即“自然资本”。（3）对自然资本的投资，可以拉动国民经济的总需求，驱动经济增长和创造

① 孙铁颋：世界自然基金会中国可持续金融项目总监，主持了《中国银行业金融机构可持续绩效表现国际比较研究》、《金砖国家绿色金融监管体系比较研究》等报告的编撰。曾在复旦大学、私募基金等机构任职。获美国约翰·霍普金斯大学国际关系硕士、美国南加州大学公共管理硕士和复旦大学工商管理硕士。

就业机会。因此，在本书中我们把“自然资本”定义为能持续给人类提供产品和服务的自然资源及由这些自然资源组成并形成生物多样性的整个生态系统。

5.1.2　自然资本和生态服务

自然资本之所以具备投资潜力，是因为人类可从它提供的生态服务中获取益处。根据国际上 2005 年完成的“千年生态系统评估”（Millennium Ecosystem Assessment，MA）体系（以下简称千年评估），生态服务具有四项功能：供给功能，即生态系统为人类提供赖以生存所必需的食物、淡水、燃料等；调节功能，即健康的生态系统能有效控制极端天气、自然灾害和流行疾病的发生；文化功能，即生态系统可以给人类提供锻炼、休息和教育的场所，并使人心身愉快；支持功能，即生态系统能够提供生物相互间的支持，如提供栖息地、输送养分、促进水循环等。①

生态系统和人类活动是相互影响和作用的。一方面，生态服务是人类福祉存在的基础和提升的源泉。生态的供给服务和调节服务影响着人类生活和安全，如食物短缺和资源匮乏将导致生活贫困、社会动荡和冲突升级，而气候变化和水土流失会使人类遭受极端天气和洪涝灾害。生态的供给服务、调节服务和文化服务对人类健康也会带来重要影响，如食品安全、饮水安全、雾霾天气和生活环境等。而另一方面，人类的活动对生态服务也会产生很大的影响。千年评估中把对生态服务产生直接影响的因素称为“变化的直接驱动力”，如土地利用与植被变化、物种引入或物种迁移、技术适应与技术使用、气候变化与资源消耗等。千年评估进一步发现，人类的社会经济活动，即“变化的非直接驱动力”，包括人口经济、社会政治、科学技术、宗教文化，会对“变化的直接驱动力”产生重大的作用，并最终影响生态服务。所以我们说，人类的生产和生活已成为环境和生态环境变化的主要诱因。（MA，2005）

5.1.3　自然资本与其他资本之间的替代

人类的经济和社会活动正不断消耗着自然资本，这已是不争的事实。在 WWF（世界自然基金会）发布的《地球生命力报告 2012》中指出：“……全

---

①　见 http：//www.millenniumassessment.org/en/index.html。

球生物多样性在1970年到2008年间下降了28%，热带地区下降了60%。人类对自然资源的需求自1966年以来翻了一番，我们正在使用相当于1.5个地球的资源来维持我们的生活。高收入国家的生态足迹是低收入国家的5倍。按目前的模式进行预测，到2030年，我们将需要两个地球来满足我们每年的需求。”

那么是否可以通过不同自然资本之间或自然资本与其他资本之间相互替代使用，在不可再生的自然资本减少的同时，提供相同水平的生态服务呢？对于这个问题，第2章从理论角度作了分析。这里，我们再比较直观地讨论一下。一种观点认为自然资本不可能被其他人造资本（如新材料、新技术、人力等）所替代，因此我们要尽量减少对不可再生自然资本的使用和消耗，并且目前的人口基数、消费总量和人类的活动范围对可再生自然资源消耗的数量和速度也不能超过其复原和再生的限度。

有观点进一步认为即便是自然资本之间也是不能随意替代的。生态系统是一个自然形成的完美组合，生态系统服务也非孤立存在的，各种服务之间关系复杂，变化不可预测。人为干预生态系统，如过多享用某一生态服务，有可能就必须放弃其他多种生态服务。以农业生产与湿地、水生物种及栖息地的关系为例（MA，2005）。“民以食为天”，扩大农业生产会给人类带来食物和其他营养物质，这是各国在各个时期的重要问题。然而，农业生产需大量用水，会造成淡水和湿地的水量减少。为扩大农业产量而大量使用化肥和农药，则会造成水源污染，水质下降。水量减少则会进一步造成相关区域的环境退化和脆弱以及易受洪涝灾害的情况。水质下降则会给水的生物多样性即水生物种及其栖息地带来危害。上述农业生产对水资源和水的生物多样性的影响，从时间和空间的影响上看都是广泛的，而且往往是不可逆的。

但也有相反的观点，认为随着人类科学技术、生产能力和知识技能的不断积累和增长，自然资本的不断耗竭和稀缺性是可以通过用其他资本的替代来解决的。综观人类历次文明进步和产业革命，都不断出现诸如消费品之间的替代（化纤制品替代棉花毛皮，瓜果蔬菜替代部分肉类禽蛋）、生产要素之间的替代（如人造资本可取代人工和自然资源的投入）、技术工艺之间的替代（如新的工艺可取代老的工艺）、自然资源之间的替代（如风能、光伏等可再生能源替代传统化石能源）等。不过也有专家从经济学角度分析认为，以前的替代能够实现并形成生产力，是以人力资源（如劳动力）和人造资本（如科学技术和生产效率）稀缺而自然资本相对丰富为前提的，而目前“自然资本成为经济发展的限制因素……，限制人类继续繁荣的不再是人造资本的缺乏，而是自然资本的缺乏”（诸大建，2005）。

尽管关于自然资本与其他资本是否可以替代的观点各不相同，但有关讨论却给绿色经济发展和自然资本投资带来重要启示。对于不同资本间可以相互替代的情况，绿色经济应积极地通过投资来发展其他资本，以此减少对自然资本的压力，如增大对可再生能源的投资，利用太阳能、风能来替代化石能源，减少化石能源的生产和消费。而对于无法用其他资本替代的自然资本，如淡水、湿地、高保护价值林等，绿色经济应投资于加强对这些自然资本的保护和修复，以保护生态系统，减缓生态退化。更为重要的是，无论是投资于自然资本的保护，还是投资于替代资本的生产，都能推动经济增长和创造就业机会，对提高当地人民的福祉，减少贫困和灾害起到积极作用。

5.2　自然资本投资

5.2.1　什么是自然资本投资?

自然资本投资是指对土壤、森林、淡水、湿地等在内的生物多样性和生态系统存量作为固定资产来投资，以期现在或将来产出维护和提升人类福祉所需的产品和服务。

对自然资本投资的争议久已有之，核心问题有四个：

（1）自然资本能否被交易？有观点认为，由于自然资本往往是不可再生的，而且对生态系统的影响是长期的和不可逆的，因此不能用货币来购买对自然资本无限制的消费。

（2）自然资本能否被定价和估值？目前有几种方法尝试给自然资本定价，如意愿支付法、市场价值法、固有价值法、真实成本法、重置成本法、生产函数法等，而哥斯达黎加政府已经开始为森林资源和水资源建立资产账户并积极推动对自然资本和生态系统服务的评估（联合国粮食和农业组织，2014）。但绝大多数的自然资本（特别是生物多样性和生态服务）尚未形成成熟的市场交易机制和会计核算体系，难以进行量化和定价。而且，并非所有的自然资本价值均来自于商品交换，其真实的价值是不能从市场上得到完整反映的。要反映自然资本的真实价值，不能仅以资源本身估值，而应就受其影响的整个生态系统考虑收益和成本。

（3）自然资本能否明晰产权？市场化的前提是产权明晰，而生态系统具有典型的公共物品（Public Goods）特征，因此并不是所有的自然资本都可以进行产权认定和私有化的。

（4）自然资本能否被公平交易？有观点认为，逐利性的金融市场会扭曲自然资本的真实价值，在交易过程中也往往被利益集团所控制（Laura Paddison, 2014）。我们认为，对自然资本估值绝不等同于将自然资源和生态服务货币化、商品化和私有化，而是对自然资本与不同资本之间替代选择时的一种代价衡量，以便将自然资本嵌入政策制定和投资决策的过程中。自然资本的公共产品特征和外溢效应是客观存在的，因此不是所有的自然资本都可以通过市场交易而由私人部门投资。对于属于“公共产品”的自然资本，仍要以公共财政投入为主，以体现产权公共和社会公平。

同其他资本一样，为了让自然资本持续地向人类提供服务，就必定要向其追加投资。由于许多自然资本的公共属性和估值困难，自然资本投资的现状呈现两个特点。一是投资额需求大，但投资量明显不足。例如，全球在生态保护方面的投资预计需要 3 000 亿 ~4 000 亿美元，即使政府预算投入及公益捐赠款可增加到 1 000 亿美元，还是有 2 000 亿 ~3 000 亿美元的缺口。即使为此私人部门需比目前多投入 20 ~30 倍的资金，但也只占目前全球自然资本投资额的 1% 不到（WWF - Switzerland、麦肯锡和瑞士信贷，2012）。二是对自然资本的投资还是以政府财政投入为主，私营部门参与有限。在生态保护方面，全球每年投资额约 518 亿美元，其中 80%（414 亿美元）来自政府财政投入和极少的慈善捐款，20%（104 亿美元）来自市场机制，其中经可持续标准认证的“绿色商品”产生 65 亿美元，碳中和市场 36 亿美元［全球树冠项目（Global Canopy Programme），2012］。

私营部门，特别是金融机构对自然资本投入不足，其主要原因是产权问题，如许多自然资本的公共属性造成项目收益人难以确定。也有成本问题，如自然资本投资项目的机会成本偏高，保护一片高保护价值林的生物多样性远不如开垦土地并种植棕榈油回报来得快和高。还有盈利模式问题，如自然资本投资项目往往不具备商业推广和规模化经营的条件。

许多自然资本的公共属性及其在生态环境保护和社会公平发展中所起到的作用，决定了相当部分的自然资本投资必须由政府的公共资金来完成。对于可投放市场进行商业化运作的自然资本项目，政府要为私营部门投资提供政策和法律环境，明确产权，保障投资回报。而金融机构及其他投资者也要充分理解和考量自然资本投资的内容与特点，通过金融模式和产品创新，寻找商业机会和投资潜力。同时，对自然资本要形成社会共识，由各利益相关方共同参与自然资本的投资，有利于提高项目的复制和推广能力。

以林业投资为例，研究表明（联合国环境署，2011），森林提供的产品及服务支撑着逾十亿人的经济生活，创造数万亿美元的公共产品，维持着超过50%的陆地物种生存，并可通过碳储存调节全球气候，保护流域生态。林业传统上是由政府投资、管理和经营的，但商业投资越来越成为可持续林业的经济动力。据测算，全球机构投资者对林业的投资额已达 500 亿美元，而其中80%集中在北美地区。而商业投资已成为热带雨林地区可持续管理的主要融资渠道，每年的投资额已达 150 亿美元，超过政府和发展援助机构投资总额的 9倍之多。同时，私有林业企业是当地重要的雇主，目前有 1.6 亿人在中小型林业企业工作，特别是在发展中国家。林业投资的主要优势是有诱人的投资回报，年内部收益率大约在 8% ~12% 之间；回报稳定、风险低，具有长期投资价值；林业与资本市场其他资产的关联度较低，是投资者优化投资组合和分散投资风险的良好选择；林业投资具有生态和社会双重价值等（European Tropical Forest Research Network 2012）。

再看水资源的投资。生态服务——多数通过供水、调节、净化及地下水补充——与水和湿地有关，对达成水安全和食品安全用水的目标至关重要。水资源投资额巨大，同样以政府投入为主。中国“十二五”期间水利的总投资预算达到 1.8 万亿元左右，在 2020 年前会达到 4 万亿元（中国网，2011）。但是，对水资源相关的投资项目以往并不被商业机构看好，主要原因有水价偏低、水项目风险高、前期投入大且回收期长、商业可复制性差等。但这种情况有望不断得到改善。

一是企业从经营战略和社会责任出发，越来越重视水资源的投资。根据市场分析公司“全球水资源情报”（Global Water Intelligence）的数据，过去三年里全球企业已承诺投资 840 亿美元，用于改进它们节省、管理或获取水资源的方式（Financial Times，2014）。例如，2013 年，全球最大的两家矿业公司必和必拓（BHP Billiton）和力拓（Rio Tinto）决定斥资 30 亿美元，为智利的一个铜矿建设海水淡化厂，以减少使用脆弱的当地供水。而雀巢公司拨出 3 800 万瑞士法郎投资于旗下工厂新的节水和水处理设备。

二是水资源项目的投资价值不断被投资者所认识。2002 年世界银行对其在1950年至1993年期间投资的约200多个水利灌溉项目作了评估，大约67%的项目投资状况是令人满意的，平均内部收益率为15%（Thierry Facon，2002）。

三是针对水资源投资的金融创新也在不断发展。荷兰国际集团（ING）在2007年推出了名为“泰国ING全球水资源基金”，该基金的投资以标准普尔全球水资源指数为基准，是一个覆盖了全球水资源工业50家上市公司的交易型开放式指数基金（《中国证券报》，2007）。

5.2.2 自然资本投资的融资渠道

公共政策和财政资金

许多自然资本的公共属性决定了公共政策和财政资金对其发展起着重要作用，并成为其主要的融资渠道，主要方式有通过制定政策和动用财政直接参与投资，建立鼓励私营部门向自然资本投资的机制，创立自然资本投资的国内外市场等。

1. 政府直接参与自然资本投资

政府参与自然资本投资最有效的方式是制定有利于自然资本发展的政策。政策分为两个层次：一是制定国家宏观政策，将自然资本在国家的发展战略中加以体现，如在《中华人民共和国国民经济和社会发展第十二个五年（2011—2015）规划》中，就包含了对于生态保育、环境保护及发展农业、林业、海洋等产业的战略布局；另一层次是对自然资本相关产业的扶持政策，如中国2003年的《关于加快林业发展的决定》、2013年的《关于促进海洋渔业持续健康发展的若干意见》、2011年的《关于加快水利改革发展的决定》等，都是以政策的形式对自然资本相关领域的产业发展、财政投入和金融支持进行战略布局。

政府参与自然资本投资的最直接的方式是用国家财政设立专项补贴和补助资金，将公共资金直接注入自然资本。例如，2009年《美国复苏与再投资法案》为美国林业部门划拨了超过10亿美元。中国的草原生态保护补助奖励机制，从2011年起国家每年安排资金134亿元用于禁牧补助、草畜平衡奖励、对牧民的生产性补贴等。

国家层面还可以通过参与国际合作，特别是南南合作，来拉动国际资本对自然资本进行投资。这方面最典型的例子就是主要针对气候问题的“REDD+”机制。毁林和森林退化所造成的碳排放约占影响气候变化的温室气体排放总量的15%～20%。为此，2005年“减少毁林和森林退化所致排放”（REDD）被纳入气候公约谈判。2007年底的气候变化大会又将发展中国家实施REDD+（将森林的保护、可持续管理、增加碳储量等活动也加入合格项目清单）的激励机制和政策措施纳入“巴厘岛路线图”。REDD+包含更多国家层面上的活动，通过由单个发达国家提供资金到形成履行国家级承诺来减少森林的毁坏和碳排放。作为一种生态服务付费机制，其核心是要确定发达国家根据气候公约的相关条款，为发展中国家实施REDD+行动提供长期、有效的资金支持，以激励和调动发展中国家保护和发展森林的积极性，为减缓全球气候变暖做贡献（金普春等，2012）。

2. 政府引导私营部门对自然资本的保护和投资

政府可通过激励和处罚正反两种方式引导私人部门对自然资本的投入。一方面，税收激励、低息贷款、配套资金、优惠利率、利率补贴、财政担保以及对投资者权益的保护等公共手段，都能撬动私营部门向自然资本领域投资。如中国财政部等在2014年对中国农业银行三农事业部涉农贷款所取得的利息收入按3%的税率减征营业税。而巴西的政策是延长森林贷款的偿还期限，并允许用森林作贷款担保（联合国粮食和农业组织，2014）。

另一方面，政府可建立生态补偿机制，通过经济手段控制企业和个人减少对生态环境损害，并可将污染罚款、自然资源使用费、环境影响补偿费及其他自愿捐赠等作为保护生态环境的资金来源。从国际经验看，生态补偿有两种形式，一是自愿或强制补偿支付，由企业主动捐款或交纳国家税费来进行生态补偿。前者如La Esperanza水电厂1998年起向哥斯达黎加雨林地区提供每年每公顷10美元的生态补偿，为期99年。后者如巴西环境补偿税（Environmental Compensation Tax）和美国加州的开发影响费（Development Impact Fees）。另一种是所谓的“生态影响中和”，指项目在采用适当环境防范和缓释措施后，对仍存在的不可逆生态环境的剩余影响采取补偿措施。如2008年美国德州成立了Pineywoods缓释银行，向在特定流域地区的开发商发放环境缓释信用，用以对因开发活动而给湿地所带来的不可避免和不可逆的影响予以补偿（World Wildlife Fund，2009）。

3. 政府要通过创建市场来促进自然资本投资

排放权交易市场是政府通过创建市场机制来确定自然资本价格并以此增加对其投资的有效途径。目前比较常见的排放权交易机制是碳排放权交易，同时也有不少在森林碳汇交易、水权交易等方面的尝试。

碳排放权交易是通过市场机制将温室气体的减排量进行估值和交易。现在有两大类型的碳市场：一是强制减排市场，另一个是自愿减排市场。在强制减排市场机制中，其核心是“限额和交易”，即对限定区域的碳排放进行总量控制，相关企业被给予排放限额，排放低于限额的企业可将未使用的排放权作为商品，在碳市场上以供排放超出限额的企业以一定价格购买。强制减排市场是根据《联合国气候变化框架公约》和《京都议定书》设立的，如“欧盟碳交易体系”。

而在自愿减排市场上，企业或个人根据不同机构认可的标准，如自愿碳减排标准（Voluntary Carbon Standard，VCS）、芝加哥气候交易所（Chicago Climate Exchange，CCX）标准、黄金标准（Gold Standard）等所确立的原则和流程进行碳补偿或碳交易，通过自发出资购买减排量来实现自愿减排。例如，WWF 在尼泊尔的 Terai Arc 地区，与当地合作伙伴给每个家庭安装了沼气甲烷发电设备。该项目的实施消除了当地温室气体排放的两个来源：村民燃烧化石能源和木材所形成的二氧化碳排放和当地人畜粪便分解后所形成的甲烷排放，其实现的减排量也是该项目所获得的碳信用额。经尼泊尔政府同意，WWF 基于 7 500 个家庭沼气灶的量设立了“可再生能源碳项目”，其碳信用额按“黄金标准”进行了注册和认定，并在自愿排放交易市场上进行交易（World Wildlife Fund，2009）。

在运用市场机制保护生物多样性方面，可以介绍一下美国的生态保护银行（Conservation Banking）。它是美国内政部鱼类和野生动物管理署（Fish and Wildlife Service，FWS）推动市场机制来保护物种及其栖息地的尝试。生态保护银行实际上是针对一块用于保护特定物种的土地，由管理当局对其进行保护、管理和监测。生态保护银行的出资人可获得联邦政府给予的生态信用，并将信用额卖给其他给受保护的物种带来不良影响的机构或个人。一旦生态保护银行用完或卖完了全部信用额度，该银行就关闭了，但保护地仍存在，由捐赠基金出资维护和管理。一般认为，生态保护银行是美国联邦和州政府通过市场机制保护珍稀物种的有效方式，将减少生态影响作为可交易的商品，产生了市场和竞争并形成了规模经济。

由 FWS 认证的生态保护银行还可以在网上查询。如私立佛罗里达美洲豹保护银行（Florida Panther Conservation Bank，FPCB），成立于 2008 年，拥有 1 930英亩土地，离 Big Cypress 国家保护区仅 4.5 英里。FWS 通过联邦政府生态保护的一系列政策和美洲豹栖息地评级系统，给予 FPCB 15 541.4 的生态保护信用额。在银行运营的前 4 年，FPCB 交易了 29 笔，将 74% 的信用卖给了州和地方政府、土地项目开发商及其他需求方。每个信用额可卖到 750—1 500 美元（U. S. Department of Interior，2011）。

这个案例的亮点有：（1）美国政府同时运用了生态补偿和创立信用市场两种方式来保护生态；（2）将减少生态影响作为可交易的商品，大大提升了私营部门和个人投资生态保护的积极性；（3）特别是，尽管此交易商品和市场是由美国政府创造出来的，但由于生态银行需经过认证，要通过信用评级而且信息完全公开，市场机制非常完善，投资者利益得以保障。这点对我国碳市场和其他环境交易市场发展是有借鉴作用的。

5.2.3　自然资本投资的金融创新

自然资本是个新的领域，投资者会对项目本身进行多因素的全面考量，包括项目所在地的环境治理、法律法规和执行力度；项目所在区域的基础设施建设情况，特别是交通便利情况；及自然资本项目的盈利模式和经营表现等。同时，金融机构参与自然资本投资项目需要有许多创新意识和措施。

第一，是投资模式要创新。国际上的经验通常是通过信托基金、环境类股票、绿色债券等金融创新工具，吸纳和引导机构和个人投资者的资金流入自然资本投资项目，对物种、海洋、淡水、林业等自然资源和生态服务加以保护。自然资本投资项目会以现金收入和环境影响两种形式回报给投资者。

第二，自然资本投资需要在投资流程和金融工具上有所创新。在一般的投资项目中，投资主体和金融工具相对简单，通常以股权和债权投资为主。但对于自然资本的投资项目，有必要分析项目的生命周期和全价值链，根据项目的不同发展阶段，如初步发展期、商业成型期、复制推广期和商业化运作期等，引入不同的投资主体（如非政府组织、公益捐赠机构、开发性金融机构、风险投资机构、商业投资机构等），并采用不同的金融工具和融资模式（如政府拨款、公益捐赠、种子基金、风险投资、项目融资、股权、债权、期权、特殊目的投资载体、资产证券化），以达到自然资本投资项目所应具备的商业可持续、环境友好型、模式可推广、投资有价值等特质。

第三，自然资本投资的行业领域要有创新。金融机构对于自然资本投资领域要有突破，既可投资于自然资源本身，如林业、淡水、湿地等，也可投资于生态服务、生态支持系统及其衍生产品，如生态旅游、可再生能源、林下经济、海洋渔业等，还可以投资于生态系统的市场机制，如排放权市场、权证市场等。

第四，要充分考虑到直接驱动力和间接驱动力对生态服务的叠加影响，可采取组合投资的方式。如为达到保护森林的目的，我们既要投资在林地及其相关生态系统本身，也要投资在林业生态的管理项目（如可持续林业经营、可持续林业认证、生态旅游等），还要投资于保护林业的市场和监督机制、服务项目上（如林碳交易项目和生物多样性补偿中和项目等）。

5.3 自然资本投资的政策和实践

在党的十八大提出了“生态文明”和十八届三中全会部署建立“生态文明体制”后，在自然资本投资领域不断有新的创新和突破。目前中国推动自然资本投资的主要手段有生态补偿、绿色信贷和碳排放交易。生态补偿机制正在国家和地方层面进行试点。2014 年 1 月，财政部、国家发展和改革委员会、水利部和中国人民银行联合发文，对损坏水土保持设施和地貌植被、不能恢复原有水土保持功能的生产建设单位和个人征收并专项用于水土流失预防治理的“水土保持补偿费”。目前的生态补偿资金仍以国家财政拨款为主，尚未让市场在其中发挥主导作用。《中共中央关于全面深化改革若干重大问题的决定》中提出要“实行资源有偿使用制度和生态补偿制度。加快自然资源及其产品价格改革，全面反映市场供求、资源稀缺程度、生态环境损害成本和修复效益”。

中国的绿色信贷制度是由中国银行业监督管理委员会（以下简称银监会）于 2012 年正式确立的。银监会在《绿色信贷指引》中要求中国银行业金融机构支持绿色经济、低碳经济和循环经济。但是，尽管国家开发银行、兴业银行、民生银行等在支持自然资本领域都有着积极的举措，从银监会公布的 21 家主要银行业金融机构 2013 年绿色信贷情况（见表 5－1）来看，对农业、林业、生态保护等自然资本领域的贷款额仍然非常少，不到整个绿色信贷总量的 5%。

表 5－1　2013 年主要银行机构绿色信贷情况表　单位：亿元

绿色信贷行业	年末贷款余额	百分比
绿色农业开发项目	229.3	0.62%
绿色林业开发项目	193.8	0.53%

续表

绿色信贷行业	年末贷款余额	百分比
工业节能节水环保项目	3 180.8	8.63%
自然保护、生态修复及灾害防控项目	998.5	2.71%
资源循环利用项目	848.5	2.30%
垃圾处理及污染防治项目	1 834.5	4.98%
可再生能源及清洁能源项目	10 407.4	28.24%
农村及城市水项目	931.9	2.53%
建筑节能及绿色建筑	460.1	1.25%
绿色交通运输项目	17 307.0	46.96%
节能环保服务	361.9	0.98%
采用国际惯例或国际标准的境外项目	99.8	0.27%
总计	36 853.5	100.00%

资料来源：中国银监会网站。

而在排放权交易方面，根据 2011 年 11 月国家发展和改革委员会下发的《关于开展碳排放权交易试点工作的通知》要求，北京、天津、上海、重庆、湖北、广东和深圳 7 省市开展了碳排放权交易试点工作，探索利用市场机制低成本高效地完成排放控制目标。中国 7 个碳交易试点在全面启动后，配额总量达 12 亿吨左右，控排企业数量已超 2 000 家。各试点均已建立了碳排放核算、报告、核查体系，注册登记系统、交易平台、交易细则等市场管理体系也在不断完善中。其中北京、上海、天津、深圳和广东在 2013 年中旬完成了第一个履约期，履约率均在 95% 以上。上海市 191 家试点企业全部在法定时限内完成 2013 年度碳排放配额清缴工作，履约率达到 100%。而深圳则有 631 家企业在规定时间内完成 2013 年度履约工作，企业履约率达到 99.4%，配额履约率达到 99.7%（《21 世纪经济报道》，2014）。国家发展和改革委员会正在部署建立全国碳排放权交易市场的工作，其难点和重点还是基础性工作，特别是要制定完善的碳排放权交易的法律法规、建立有利于碳排放权市场健康发展的运作机制和监管体系及保障投资者的措施等。2014 年 12 月 10 日，国家发展和改革委员会发布《碳排放权交易管理暂行办法》，对配额管理、排放交易、核查与配额清缴、监督管理、法律责任等作了详细规定，为中国碳排放权交易市场的全面健康发展提供了政策保障。

在本小节，我们重点介绍中国在林业、水资源、海洋资源和生态旅游领域的投资情况。

5.3.1 林业投资

2012年，中国林业投资3 342.09亿元，新增到位资金3 300.92亿元。其中，国家预算资金投入1 556.35亿元，占当年到位资金的47.15%；国内贷款为328.39亿元，占当年到位林业建设资金的9.95%（国家林业局，2013）。2004年正式建立的中央财政森林生态效益补偿资金从2012年的133亿元增加到2013年的149亿元，累计安排补偿金698亿元，用于国家级公益林的保护和管理。

在林业信贷方面，开发性或政策性金融发挥着重要作用。2012年9月，国家开发银行与国家林业局签署了《开发性金融支持林业发展合作协议》，合作领域包括支持以扩大林业产业发展基础为重点的各类基地项目建设；培育林业新能源、新材料等战略性新兴产业；促进森林旅游业及国家级森林公园、湿地公园和自然保护区等森林旅游基础设施项目建设等。同时，作为一种金融创新模式，国家林业局和中国银监会在2013年7月又联合推动开展林权抵押贷款业务，要求银行业金融机构要积极开展林权抵押贷款业务，以支持林业生产经营、森林资源培育和开发、林下经济发展、林产品加工的资金需求，以带动地区经济发展。

在森林碳汇方面，国家林业局于2014年4月下发《关于推进林业碳汇交易工作的指导意见》，要求在碳排放权交易试点地区积极探索碳排放权交易下的林业碳汇交易模式，研究林业碳汇交易与碳排放权交易的关系：既要支持和鼓励林业碳汇自愿交易项目作为抵消项目，参与碳排放权交易，又要加强森林管理，控制森林温室气体排放。仅仅三个月后，云南省绿色环境发展基金会分别与凤庆县政府和镇康县政府签署项目合作框架协议，共同启动“迪斯尼滇西南澜沧江—怒江流域植被恢复森林碳汇项目”。该项目点位于云南省临沧地区的澜沧江自然保护区和南捧河等自然保护区周边的重要廊道地带，是云南开发并实施的第一个“熊猫标准”，并遵循“气候、社区和生物多样性标准（CCB）”的森林碳汇项目。项目采用大自然保护协会（中国TNC）的造林方法，整合沃特·迪斯尼公司捐赠资金和国家造林项目资金，恢复森林植被。该项目不单单是造林和植被恢复，还将关注到社区可持续发展和生物多样性保护等多重效益（中国国家林业局，2014）。

中国林业投资政策导向明显，财政投入仍是资金的主要来源。但是，我们仍需关注下列问题：一是如何通过公共资金吸引金融机构向林业投资，扩大融资渠道；二是如何通过林业认证，如中国森林认证体系（China Forest Certification Scheme，CFCC）、森林管理委员会（Forest Stewardship Council，FSC）认证等来促进林业投资；三是如何通过林业投资，特别是林下经济和可持续林业加工等领域，来促进地方经济发展和人民生活水平，并创造就业机会。

国外方面，介绍一下巴西开发银行（BNDES）的林业专项贷款。这项业务是为自然林和种植林的投资管理提供支持的，兼具商业和生态保护功能。银行重点给林业种植、可持续采伐、林产品运输和林业商业化等项目授信，也会支持相关的咨询、研发、环境治理和能力建设等活动，同时支持林业开发的基础设施建设，如培育、机械和设备贷款。如2013年6月，BNDES批准了约合7.8千万美元的Fibria环保项目贷款，项目历时5年，旨在恢复巴西超过21 000公顷的原始森林。据银行介绍，该项目是世界上最大的林业恢复项目。“除了使用传统的技术，这个项目将会体现实验恢复模式的发展，如直接播种和利用土著物种的商业价值，旨在通过可持续处理的法律保留得到创收（子夕，2013）。”

这个案例给我们的启示有：（1）政策性或开发性金融机构在促进自然资本投资方面发挥了重要力量；（2）金融机构成立自然资本的专项贷款或专项基金是保证自然资本投资的良好实践；（3）金融机构在投资的同时，还给予项目技术支持和专业咨询，对推动所投项目的可持续发展非常重要；（4）由于自然资本项目往往回收期较长，除给予优惠的授信额度和利率外，适当延长借款时间也是一种支持自然资本投资的方式。

5.3.2　水资源保护项目投资

2012年1月中国国务院发布了《关于实行最严格水资源管理制度的意见》（国发［2012］3号），确定了水资源开发利用控制、用水效率控制和水功能区限制纳污“三条红线”。中国目前在水保护项目方面的投资有财政专项资金、生态补偿、水权交易和银行信贷等形式，并出现了如投资基金等新的尝试。

2013年11月，财政部和环保部共同设立了“江河湖泊生态环境保护专项资金”，在2014年将重点支持15个湖泊，湖泊年度投资金额达2亿—3亿元。

在生态补偿方面，截止到2013年年底，全国约有17个省份推行了流域生态补偿。如作为跨省流域生态补偿试点的新安江流域，自 2011 年以来中央财政和浙、皖两省每年投入 5 亿元水环境补偿金，截至 2013 年中期安徽省黄山市及宣城市共获得国家及皖浙两省的生态补偿金 7.5 亿元。同时，各有关地方在国家宏观政策背景下正在逐步探索建立湿地生态补偿机制。江苏省苏州市 2013 年全市市级湿地生态补偿资金预计达 7 380 万元，较上年的 4 800 万元提高了 54%。2010 年，广东省在 6 个重要湿地展开生态补偿试点，解决湿地水体污染严重问题。

在水权交易方面，《中共中央关于全面深化改革若干重大问题的决定》提出，发展环保市场，推行节能量、碳排放权、排污权、水权交易制度，建立吸引社会资本投入生态环境保护的市场化机制，推行环境污染第三方治理。2014 年 7 月，水利部印发了《关于开展水权试点工作的通知》，在宁夏、江西、湖北等 7 个省区开展水权试点工作，并拟在 2—3 年内在水资源使用权确权登记、水权交易流转、相关制度建设等方面取得突破，为全面推进水权制度提供借鉴和示范。中国早在 2000 年就进行了水权交易的试点。2000 年 11 月 24 日，浙江省东阳市与义乌市签订了横锦水库部分用水权转让协议，成为我国首笔水权交易项目。义乌市一次性出资 2 亿元永久性购买东阳市横锦水库的库存水使用权，每年约有 5 000 万立方米水（《新世纪周刊》，2005）。2014 年 7 月 19 日，新疆玛纳斯县水权交易中心正式成立，而在此前试运行两个月期间已完成交易水量调配 20 万立方米，用水户节约的水能以 6 倍的价格卖出。水权交易对于缓解区域用水难题效果巨大（新疆兴农网，2014）。

在银行信贷方面，兴业银行将水资源保护和利用作为 2013 年绿色金融业务的发展重点，持续加大在水资源利用和保护领域的投入。截至 2013 年 6 月末，兴业银行累计投向水资源利用和保护领域的融资额已达 550 亿元，在该行绿色金融融资占比近 20%，融资余额 386.4 亿元，支持项目超过 390 个，涉及工业节水、海水淡化、污水厂建设及升级改造、污水管网工程、污泥处置工程、水域治理、水环境综合整治、再生水、重金属污染防治等众多领域。这些项目预计可以实现年减排化学需氧量（COD）90.12 万吨，年节水量 25 579.06 万吨。兴业银行主要通过固定资产贷款、项目贷款、流动资金贷款、融资租赁、委托贷款等多种融资方式支持水资源的利用和保护，并率先推出了排污权交易解决方案，还将通过基础产品组合和创新推出的合同环境服务融资、特许权经营权质押融资等特色产品（模式）集成综合服务方案，为水资源开发、保护、节水以及综合设施建设运营提供综合解决方案（中国网，

2013）。

亚洲开发银行与贵州省政府开展了合作，共同成立“赤水河流域水基金”，这是我国针对流域保护而打造的首个基金。水基金计划募集 50 亿元的基金规模，其中茅台集团从 2014 年开始十年内将每年拿出 5 000 万元的资金保护赤水河（人民网，2014）。

中国财政资金对水资源保护方面的投入非常大，同时金融机构也有相当数量的授信，但效果仍不明显。因此，在加大对水资源保护项目的投资的同时，我们也要考虑以下问题。一是由于水资源项目往往涉及多个区域、产业和利益相关方，投资项目需多方参与、综合管理；二是可考虑在水资源投资项目中运用多种经济和金融手段，特别是政府和社会资本合作（PPP）模式；三是除了城市水务工程等个别项目类型，水资源保护项目的商业模式仍需进一步探索和创新，以吸引更多的投资者。

国外方面可以介绍的例子有厄瓜多尔基多的水基金。厄瓜多尔首都基多位于安第斯山脉高处的狭长山谷中，森林植被和一种独特的“帕拉莫”（Paramo）高山稀疏草场覆盖着将近 50 万公顷的公园，保护着这座城市的集水区。这些公园同时是许多珍稀物种的栖息地，生物多样性丰富。由于当地居民要将森林和草场开垦为农田和牧场为生，渐渐导致水土流失，引起水库沉积物增多、供水质量与数量下降，畜牧和化肥引起的污染也十分严重。在政府财政和传统融资渠道难以承担维护水源地生态安全的情况下，基多成立了一个水基金。这个金融机制将民众、地方和中央政府、供水公司、企业和国际组织联合起来，促使投资资本化。水基金的利息收入用于支付森林保护和河流、溪流、湖泊管理的成本，保证基多的水质和水量安全。2011 年底，水基金的投资资金与初创时相比增长了近 1 000 万美元。目前，水基金投资年利息为 80 万美元，并以此每年吸引配套资金和共同投资约 300 万美元，用以支持相关的管理，来减少对当地水源地的破坏，并为改善当地居民生活、增加就业发挥了积极作用（马克 · 特瑟克等，2013）。

这个案例给我们的启示是：（1）自然资本项目往往先期投资大，是政府财政或传统融资渠道，如银行信贷，所无法单独承担的；（2）政府要善于用好政策工具和财政资金，有效撬动私有资金来进行共同投资；（3）水基金等模式要顺利运行，各利益相关方积极参与、公司治理完善、经济和环境利益兼顾等是重要条件。

5.3.3 可持续海洋和渔业投资

目前中国对可持续海洋和渔业投资主要采取生态补偿、财政支持和银行信贷等手段。中国的海洋生态补偿探索尚处于起步阶段。2013 年4 月11 日，国家海洋局公布的《国家海洋事业发展“十二五”规划》指出，从恢复海洋生态功能、提高海洋生态承载力角度出发，研究建立海洋生态补偿机制，选择典型海域开展海洋生态补偿试点。地方试点主要为沿海的山东、广东、浙江等地。山东省于2010 年6 月出台了全国首部《海洋生态损害赔偿费和损失补偿费管理暂行办法》，尝试把征收的海洋生态补偿费用于海洋与渔业的生态环境修复、保护和治理。

对可持续海洋和渔业的财政支持，在地方上有许多积极的尝试。2011 年，山东省投资2.1 亿元在其境内海域增殖放流各类水产苗种26.45 亿单位，建设18 处人工鱼礁示范区及7 处渔业资源保护区，来补充海洋生物资源，促进渔业增收。多年来的近海增殖放流，不仅补充和恢复了山东境内海域生物资源的群体，促进了渔业增收，同时扩大了出口市场的份额。

而在海洋金融创新方面则以中国民生银行较为突出。2012 年6 月中国民生银行在山东青岛成立了海洋渔业金融中心，形成服务海洋渔业实体经济的创新型产业金融组织。按照全产业链、全流程、全条线、全机构覆盖、全资源配置的服务理念，该中心积极推进国内海洋渔业的产业整合与产业升级，研究制定扶持海洋渔业发展的优惠政策，并广泛联合保险、信托、基金等各类金融机构，为育苗、养殖、捕捞、加工、销售、冷链等产业链各环节提供全方位金融服务（新浪财经，2012）。同年，民生银行在福建连江成立首家海洋渔业专业银行。银行根据海洋产业链，设置了养殖捕捞、加工、冷链物流等部门。同时根据渔民、渔企普遍缺少足值有效的抵押物等特点，开发了“渔货通”、联保贷款、互助资金模式等金融创新产品（《福建日报》，2014）。

海洋和渔业产业对中国沿海地区经济发展意义重大，海洋经济或蓝色经济已被提升到国家战略层面。但是，促进对海洋和渔业的投资仍需考虑三个问题。一是处理好利用和保护的关系。绿色经济中所提的海洋和渔业投资，是要通过投资来保护相当脆弱的海洋生态系统和生物多样性，同时促进当地经济发展，而非片面地开发海洋的资源。因此，绿色经济的理念在产业布局、企业战略和对渔民的引导中都应发挥积极作用。二是可持续渔业的标准和认证。在国际上，海洋管理委员会（Marine Stewardship Council）所制定的可持续海洋资源管理和渔业生产的标准和认证体制应用广泛。中国如能采纳国际标准或参照国际规范制定中国的标准，将会大大促进对可持续海洋和渔业投资。三是金融创新问题。目前对海洋和渔业的融资还以银行信贷为主，渠道单一，创新不够。中国国务院在2013年发布的《关于促进海洋渔业持续健康发展的若干意见》（国发［2013］11号）中提出，要完善金融保险等扶持政策，并创新金融产品和服务方式。

国外方面可以介绍的例子有美国“海洋变化投资基金”（Sea Change Investment Fund，SCIF）。2005年3月，Packard基金会发起创立了“海洋变化投资基金”（Sea Change Investment Fund，SCIF）。这个风险投资基金将投资于生产可持续海产品的中小企业，促进可持续渔业采购和可持续海产消费，既创造财务回报，又实现对海洋的生态保护。SCIF是由Packard基金会以低息贷款的形式出资1 000万美元，并成功吸引一家私募基金公司以股权的形式出资1 000万美元共同设立的。SCIF的投资方式是股权投资，所有项目需经9人生态保护委员会和4人投资委员会审批。迄今为止，SCIF已经审批了上百个投资机会，并已在6家推行可持续海产品生产的企业执股（MANTA Consulting Inc.，2011）。

这个案例有三个亮点：（1）这是个多方参与的模式。海洋投资基金是由非营利性组织——Packard基金会和商业机构共同设立的，非营利性组织以低息贷款吸引私募基金；（2）投资是以股权形式，通过影响投资项目决策来树立可持续发展的经营理念；（3）在公司治理结构中同时设立投资委员会和生态保护委员会，保证了投资项目的经济和环境双重底线。

5.3.4 中国国家公园和生态旅游投资

中共十八届三中全会通过的《中共中央关于全面深化改革若干重大问题的决定》提出，“要划定生态保护红线。坚定不移实施主体功能区制度，建立国土空间开发保护制度，严格按照主体功能区定位推动发展建立国家公园体制”。目前，国家发展和改革委员会、国家林业局、住房和城乡建设部等相关部门正紧密对“国家公园”体制进行调研和试点，以便尽早出台相关政策。

根据世界自然保护联盟（IUCN）1994年提出的定义，国家公园是指那些陆地和（或）海洋地区，它们被指定用来为当代或子孙后代保护一个或多个生态系统的生态完整性；排除与保护目标相抵触的开采或占有行为；提供在环境上和文化上相容的精神的、科学的、教育的、娱乐的和游览的机会。

从国际经验看，国家公园和生态旅游投资的相关收益来源非常广泛，包括保护区门票收入；休闲娱乐费和特殊景点费，如景区日票、车船费、野营费、特别景区费、额外服务费等；打猎费和打猎体验费；旅游场所服务收入，如在生态旅游区开设的宾馆、饭店、超市和礼品店所取得的收入；生态旅游景点的交通和服务税费；旅游者的捐赠等。

我国在2006年8月在云南省建立了第一个国家公园试点——香格里拉普达措国家公园，次年的经营收入就达到1.05亿元。2008年9月，黑龙江汤旺河国家公园获得环保部和国家旅游局的批复开建，这被认为是我国首个获得国家级政府部门批准核定建设的国家公园。公园获得批复的当年，仅门票收入便达到180万元，是此前一年门票收入的3倍（《瞭望》，2014）。

与国家公园相关的生态旅游投资项目也日益受到各方的关注。2009年，亚洲开发银行、全球环境基金（GEF）和中国政府共同投资1.3264亿美元启动了“陕西秦岭生物多样性保护和示范项目”。该项目通过开发一批生态旅游区，支持森林恢复，提供与森林相关的生计机会，制订濒危物种管理计划，修缮动物营救保护站，并进行现代化改造，开发出一套综合性生物多样性数据收集系统（亚洲开发银行，2009）。

国家公园和生态旅游，是目前非常前沿但有争议的自然资本投资项目。一方面，项目能给当地政府和社区带来收入，给游客提供自然体验和生态享受；而另一方面，如开发和管理不当，项目会给生物多样性带来不良的后果。目前中国国家公园和生态旅游投资有待解决的问题是：一是要建立起国家公园和生态旅游的国家标准，划定出自然保护区、国家公园、生态旅游地等分类，实施差异化管理，并要与一般旅游和风景名胜区严格区分，要让其成为保护生态的创新模式，而不能相反加重所在区域的环境和生态承载力；二是要形成国家公园和生态旅游的经营模式，使项目同时达到环境和商业的可持续，保证政府投入并吸引私营部门投资者的参与；三是要将生态旅游和国家公园投资与地区发展、经济增长和创造就业结合起来，体现绿色经济的生命力。

在国外案例方面，值得一提的是全球规模最大、制度最先建立、最完善的美国国家公园体系。美国1970年颁布实施的《国家公园事业许可经营租约决议法案》规定：“国家公园体系是——不管现在还是未来——由内政部长通过国家公园管理局管理的以建设公园、文物古迹、历史地、观光大道、游憩区等为目的的所有陆地和水域。”美国国家公园体系包含着18个类型，62个国家公园，391个国家公园体系成员，12 000个历史遗址和其他建筑，8 500座纪念地和纪念馆。各成员单位总占地面积 33.74 万平方公里，约占美国国土面积的 3.64%，每年接待的游客超过 3 亿人次，2010 年财政预算约 25 亿美元。根据美国国家公园管理署的最新报告《2013 年国家公园游客支出的影响》，来国家公园的旅游者在 2013 年为国民经济贡献了 260.5 亿美元的收入，并创造了 24 万个就业岗位。国家公园对经济的拉动作用是十分明显的，对国家公园每 1 美元的投入会对美国经济产生 10 美元的回报。反之，由于 2013 年游客支出由于种种原因下降了 1%，相关工作岗位减少了 2.1%，而美国经济也受此影响下降了 1%（扣除通货膨胀因素）（National Park Service, US DOI, 2014）。

从美国的案例中，我们可以看到项目的前期规划、经营模式和运营管理是十分重要的。美国的国家公园运营有法律的保障，有完备和严格的管理体系，有成熟的经营和盈利模式，已成为拉动经济增长和提供就业机会的重要领域，值得借鉴。

思考题

1. 哪些环境和生态保护问题可以较有效地通过市场机制来解决？哪些问题用行政手段可能更有效？
2. 为什么会出现财政对自然资本的投入多，但保护效果不是很理想的情况？如何解决这个问题？
3. 如何吸引金融机构增加对自然资本的投资？

参考文献

1. European Tropical Forest Research Network, 2012, *Good Business: Making Private Investments Work for Tropical Forests.*

2. Global Canopy Programme (GCP) (2012). *The Little Biodiversity Finance Book 3rd Edition.* http://www.globalcanopy.org/materials/little-biodiversity-finance-book.

3. Laura Paddison (2014), *Is natural capital a 'neoliberal road to ruin'? - experts discuss*, The Guardian, 1st August 2014.

4. MANTA Consulting Inc., 2011, *Financing Fisheries Change: Learn from Case Studies.*

5. Millennium Ecosystem Assessment (2005), *Global Assessment Reports*, *Vol-*

ume 1: Current State & Trends. http://www.millenniumassessment.org/en/index.html.

6. Millennium Ecosystem Assessment (2005), *Global Assessment Reports, Volume 2: Scenarios.*

7. National Park Service, U. S. Department of the Interior, 2014, *2013 National Park Visitor Spending Effects – Economic Contributions to Local Communities, States, and the Nation.*

8. Thierry Facon, 2002, *Investing in irrigation and drainage in the context of water policy and institutional reform.*

9. U. S. Department of Interior, 2011, Fiscal Year 2011 Investing in Conservation, http://www.doi.gov/ppa/upload/Chapter－3.pdf.

10. World Wildlife Fund, 2009, *Guide to Conservation Finance.*

11. WWF, Credit Suisse and Mckinsey & Company (2014), *Conservation Finance, moving beyond donor funding toward an investor－driven approach.*

12. WWW (2012), *Living Planet Report 2012: Biodiversity, biocapacity and better choices.*

13. 程海涛："'水权交易'引出水权之争"，《新世纪周刊》，2005年1月21日。http://news.sina.com.cn/c/2005－01－21/17005627238.shtml。

14. 国家环境保护部环境规划院：《国家环境经济政策研究与试点项目2013年度总结报告》，2014年。

15. 何海红："ING发行全球水资源基金"，《中国证券报》，2007年8月18日。

16. 记者温泉："多地争抢建设国家公园　专家称很多旨在提速GDP"，《瞭望》，2014年7月19日。

http://wwf.panda.org/about_our_earth/all_publications/living_planet_report/2012_lpr/.

17. 金普春等："扩大资金规模　推动REDD＋进程"，《中国绿色时报》，2012年3月14日。

18. 联合国环境规划署：《迈向绿色经济：实现可持续发展和消除贫困的各种途径》，2011年。

19. 联合国粮食和农业组织：《世界森林状况——提供森林的社会经济效益》，2014年。

20. 马克·特瑟克等：《大自然的财富：一场由自然资本引领的商业模式革命》，中信出版社2013年版。

21. “闽首家海洋渔业专业银行推出贷款产品等金融创新服务”，《福建日报》，2014年2月18日。

22. 人民网：《贵州将建我国首个“水基金”》，2014年。http：//gz. people. com. cn/n/2014/0712/c194827 - 21647339. html。

23. 新疆兴农网：《玛纳斯县水权交易中心正式揭牌》，2014年7月21日。http：//www. agri. gov. cn/v20/zx/qgxxlb_1/xj/201407/t20140722_3975108. htm。

24. 新浪财经：中国民生银行海洋渔业金融中心正式成立，2012年。http：//finance. sina. com. cn/roll/20120628/150912426897. shtml。

25. 亚洲开发银行：《中国多样性保护项目将保护濒危动物，提供就业机会》，2009年。http：//www. adb. org/news/prc - conservation - project - protect - endangered - animals - provide - jobs - zh。

26. 中国国家林业局：《云南启动首个“熊猫标准”森林碳汇项目》，2014年。http：//finance. china. com. cn/roll/20140711/2531644. shtml。

27. 中国网：《兴业银行绿色金融融资近20%投向水资源550亿》，2013年。http：//finance. china. com. cn/money/bank/yhydt/20130812/1718325. shtml。

28. 诸大建：“C模式：自然资本稀缺条件下的中国发展”，《解放日报》，2005年10月10日。

29. 子夕：《BNDES银行投资Fibria在巴西的环保项目》，中国浆纸网，2013年6月24日。http：//www. chinapulp. cn/news/201306/24/zx1101. html。

第6章 改善环境生活质量

叶强生[①]

本章分三节讲述绿色经济与环境生活质量的关联，帮助读者了解绿色经济从不同方面对环境生活质量的影响。其中6.1节给出环境生活质量的定义并描述全球和中国环境生活质量的现况；6.2节阐述不同绿色经济模式对环境生活质量的影响；6.3节讨论提升环境生活质量的各种可行方式以及国际上提升环境生活质量的成功案例，并在此基础上探讨绿色经济提升中国民众环境生活质量的路径。

6.1 环境生活质量的定义与现状

6.1.1 定义

生活质量是一个大家耳熟能详的词。世界卫生组织对它有一个定义，以生理、心理、独立程度、社会关系、周遭环境及心灵信仰为测量标准（WHO，2002）。但是针对环境的生活质量指标则相对来讲较少。本书第1章的作者在1992年的"资源的可持续利用：概念，问题和准则"报告中提出可持续发展的首要特征便是"在环境的制约下改善人类的生活质量"，这也凸现了环境生活质量对可持续发展以及绿色经济的重要性。

本章采纳的是经济合作与发展组织（以下简称"经合发组织"）在其绿色

---

① 叶强生：世界经济论坛循环经济项目负责人，主持资源可持续性的相关推动工作。曾任麦肯锡公司全球副董事，负责大中华区的清洁能源与环境科技相关业务。芝加哥大学经济系学士，杜克大学商业管理硕士，北京大学战略管理博士。

增长指标下所提出的环境生活质量的定义。目前看来这应是全球最为接受的环境生活质量定义："生活环境对我们的健康与生活有直接的影响。一个无污染的环境是高生活满意度的由来，增加人民心灵的快乐程度，也让人民有机会从每天繁忙的生活中得到纾解"。由于不同国家的国情不同，经合发组织使用了一套通用的评鉴标准，分为两方面。一是环境所带来的健康问题以及其相关的经济和社会成本，其中包括空气、水、食物、土壤以及固体废弃物污染等所带来的影响。二是民众得到环卫相关的服务程度，如水资源、垃圾处理等。但问题是经合发组织在环境生活质量下实际测量的副指标仅有两种：水质量及空气污染。平心而论，空气与水的确是两种最重要的污染源头，但环境生活质量与大部分其他的污染也有着很直接的关系。因此，本章作者以空气与水作为主要的环境生活质量讨论范畴，但也会在不同的地方提及其他重要污染源的概念与现况，以求在系统化的分析外仍然能提供作者认为重要的视角。

环境对生活质量最主要的影响就是对人体健康的影响。根据欧盟的研究，各类环境污染导致了肥胖症以及各种疾病发病率的大幅提高（EEA，2010）。世界卫生组织也提出（Pruss－Ustun 等，2006），环境因素导致了全球大约 24% 的疾病和全球 23% 的死亡率。环境生活质量对民众的重要性由此可见一斑。

我们首先从空气质量开始探讨。按照国际标准化组织（ISO）的定义，空气污染通常是指由于人类活动或自然过程引起某些物质进入大气中，积累到足够的浓度，经历足够的时间，并因此危害了人体的舒适、健康和福利或环境的现象。空气污染成因分为自然和人为两种原因，最大污染源为人为的发电排放、工业排放及运输行业排放。但是其他如火山活动、沙漠地区刮起的风沙、动物排出的有毒气体等都是污染源的一部分。其中空中的微粒子长期吸入对人体健康有负面的影响，并会造成许多呼吸系统的疾病。

空气污染主要的指标为小于或等于 10 微米的可吸入颗粒物（PM10），以及直径小于或等于 2.5 微米的细颗粒物（PM2.5）。颗粒物能在大气中停留很长时间，并可随呼吸进入体内，积聚在气管或肺中，影响身体健康。PM10 的颗粒，不能被人体自身的防御机制阻挡，可以直达肺部，所以十分危险。而 PM2.5 的颗粒比 PM10 的更危险，因为它的颗粒小于 2.5 微米，可以穿透肺泡到达血液。PM2.5 主要为发电、工业生产、汽车尾气排放等过程中经过燃烧而产生的排放物，而 PM10 主要来源于道路扬尘。这两个指标都在国际上有广泛的应用以及比较。经合发组织的环境生活质量指标用 PM10 为唯一的标准，而中国在 2012 年出台的的空气质量指数（Air Quality Index）则囊括了 SO_2、NO_2、PM10、PM2.5、O_3、CO 等六项污染物，相对来说范围较广。本章则采用 PM10 以及 PM2.5 两个较广为人知的指标为讨论范畴，讨论目前空气污染对全球和中国环境生活质量的冲击，以及绿色经济对其的影响。

其次是水资源方面，包括两个方面，一是与水资源相关的建设，另一个是水源的污染程度。与水资源相关的建设可以由水资源总量、自来水普及率等指标来评估，水质与其污染程度则是由许多不同的指标架构而成，从浅显易懂的酸碱度到许多生物及化学指标。相对于空气质量在国际上有比较广为人知的指标，水资源的质量指标比较分散。但是，联合国的饮用水质指数（DWQI，Drinking water quality index）是公认的比较权威的水资源指数。另外，世界卫生组织也有详细的饮用水的质量框架。本章以联合国的饮用水质指数为主要指标进行探讨。

水污染的来源基本上分为工业污染、农业污染以及物质污染，其中工业污染是大部分国家水污染的主要来源。对民众的生活质量来说，最重要的水指标是能够得到无污染的生活以及工业用水，所以自来水管线的普及、自来水水处理的水平及水源地的水质成为了环境生活质量指标的一部分。需要指出的是，水污染是非常重要的污染源头之一，因为由水污染引起的交叉污染可能性很高。若是源头的水资源遭到了污染，则当地的土壤以及食物都有污染的危险，也会影响水资源在工业上的应用。

除了以上两个主要的污染源以外，本章会提到的环境污染因素还包括土壤污染、垃圾污染、物质污染以及气候变化等，但是由于篇幅限制，我们不会对这些方面进行系统化的讨论。这里首先讨论土壤资源。当土壤中含有的有害物质超过土壤的自净能力时，就会引起土壤的组成、结构和功能的变化，微生物活动受到抑制，有害物质或其分解产物在土壤中逐渐积累通过植物及水等方式间接被人体吸收，达到危害人体健康的程度。这就是土壤污染，它的来源包括工业废弃物中的化学污染物、来自工厂及矿山的固体废弃物中的污染物、城市垃圾及废水所带来的生物污染物和放射性污染物等。

除此之外，还有其他污染源以及与环卫相关的基础设施建设，如垃圾处理、街道与市容、物质污染等等，都对民众的环境生活质量有一定的影响。比如说，垃圾处理对空气与水质量都有显著的影响，一个城市的垃圾处理效率足以影响民众的生活质量。目前中国许多大城市面临垃圾围城的问题。现有的填埋场不足以负荷加剧的城市化脚步，导致这些城市需要将垃圾运送到更远的填埋场来解决这个问题。这不仅有严重的成本效率问题，也常常造成垃圾来不及被处理的困境，甚至导致垃圾到处倾倒、随处可见的状况。这些无法妥善处理的垃圾会使大量氨、硫化物等有害气体释放，严重污染大气和城市的生活环境，也会在堆放腐败过程中产生大量的酸性和碱性有机污染物，并会将垃圾中的重金属溶解出来，形成有机物质，然后通过雨水淋入而产生渗滤液，造成地表水和地下水的严重污染。由此可见，垃圾处理对空气污染以及水污染的长远影响。

物质污染是另外一个随着消费者需求细化所造成的问题。一种是不肖的业者用掺杂有毒元素的原料制作产品。2007 年美国玩具制造商 Mattel 的铅喷漆污染就是一个直接物质污染的例子。另外是不经意的物质污染，是由于不同的化学物在制造过程中被添加到消费产品中。这些化学物在原本的制造过程可能是被允许的，但是在回收的时候，回收商并无法一一判别回收原物料的细微化学添加物，这样就使得回收原物料制作的产品暴露在物质污染的阴影下。虽然这样的间接物质污染的情况尚未对民众的环境甚或造成比较大的伤害，但它也是民众环境生活质量重要的一部分。

若是以较广义的角度来看环境生活质量，其他与环境生活质量相关的污染还有海洋污染、噪音污染等等。但是由于对环境生活质量影响较少，本章就不再对这些污染源进行深入的讨论。

值得一提的是，根据 2014 年 IPCC 的报告（IPCC, 2014），气候变化开始对人类的生活造成了显著的影响，从全球的温度改变到更多、更难以捉摸的天然灾害，气候变化将会对民众的环境生活质量造成明显的影响。因此，控制全球的温室气体排放量以及防范全球气候暖化也是维持环境生活质量的重要部分。

许多污染源与环卫资源对环境生活质量有举足轻重的影响，但是限于篇幅，本章仅能以较狭义的定义为主轴来看对民众环境生活质量有较大影响的因素并加以讨论，但仍然会较广泛地讨论其他的污染源以及环卫资源。接下来，我们了解一下全球和中国的环境生活质量情况。

6.1.2 全球环境生活质量的现状

根据经合发组织的环境生活质量指标来看（OECD, 2014），全球环境生活质量最好的国家依次是瑞典、澳大利亚与英国。另外一个颇具知名度的环境生活质量指标则是由耶鲁大学、哥伦比亚大学以及世界经济论坛所撰写的环境绩效指标（EPI），在这个指标中（EPI, 2014），全球环境绩效指数最高的国家则依次为瑞士、卢森堡以及澳大利亚。这两份指标都是以空气以及水污染的程度作为主要的衡量标准。

如果仅以空气质量的趋势来看的话，全球的环境生活质量是在缓步上升的。以 PM10 的空气指标为标准，全球的 PM10 可吸入颗粒物浓度由 1990 年年均值的 79 微克/立方米下降至 2011 年年均值的 61 微克/立方米（World Bank，2012）。这样的进步主要归功于各国政府对各项空气污染的指标制定了严厉的政策以及技术的进步。中国的 PM10 指数则由 122 微克/立方米下降至 2011 年的 82 微克/立方米，下降的幅度较全球空气污染质量改善的程度有过之而无不及。从全球来讲，不论是发电排放、工业排放、运输行业排放或是填埋污染，均有较显著的改善。但是一个比较令人担忧的趋势是许多第三世界的经济体由于在这段时间内大力发展工业，导致了空气污染的严重恶化。孟加拉、塞尔维亚以及许多非洲国家均在此列。但随着能效以及各项减排科技的发展，全球的空气质量可望获得缓慢但是持续的改善。

值得一提的是，中国与印度两大全球人口最多的经济体在全球空气污染指数上的表现也是最糟的。从图 6－1 可以看到（van Donkelaar et al.，2010），以 PM2.5 的浓度为标准，中国、印度、孟加拉以及巴基斯坦是全球 PM2.5 浓度最高的国家，在非洲一些处于初期发展阶段的国家 PM2.5 的数值也较高，但绝大部分的发达国家 PM2.5 的数值都很低。从城市的 PM2.5 值来看，污染最严重的是印度的新德里，达到 153 微克/立方米（World Health Organization，2014）。

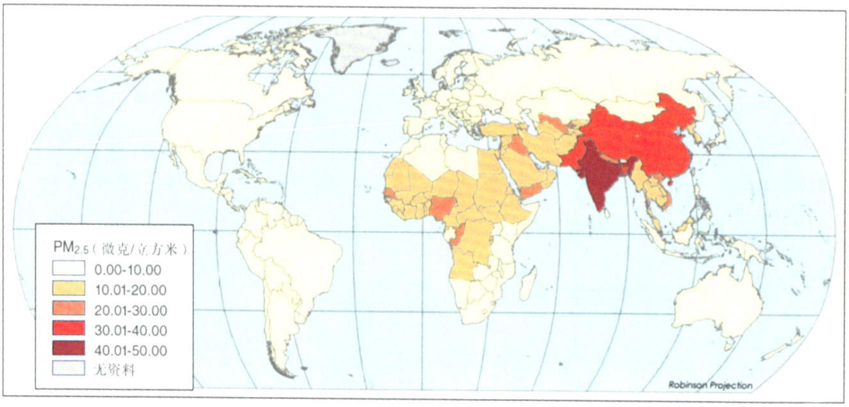

图 6－1　全球空气污染情况

资料来源：van Donkelaar et al.，2010 年。

水资源方面，我们从DWQI，也就是饮用水质来看全球水质发展的端倪。观察图6-2的线，也就是饮用水质指标就可以发现（UNEP，2007），全球各大地区的水资源质量指数在过去的30年间参差不齐。发展程度高的欧洲基本上没有太大的变化，美洲的饮用水质则是稳定的进步。反观亚洲与非洲虽然起始点较低，但并没有显著的进步。其中主要的原因是虽然这些发展中国家的政府对水运输管线的投资逐渐健全，可是同时工业发展迅速，也导致工业排放污染对饮用水水源的质量带来负面的影响，使得这些国家的饮用水资源并没有办法得到长足的改善。虽然现在很多发展中国家对水资源的重视程度逐渐提高，但控制工业水污染的行政力量不足，使它们在同水资源相关的环境生活质量方面驻足不前。

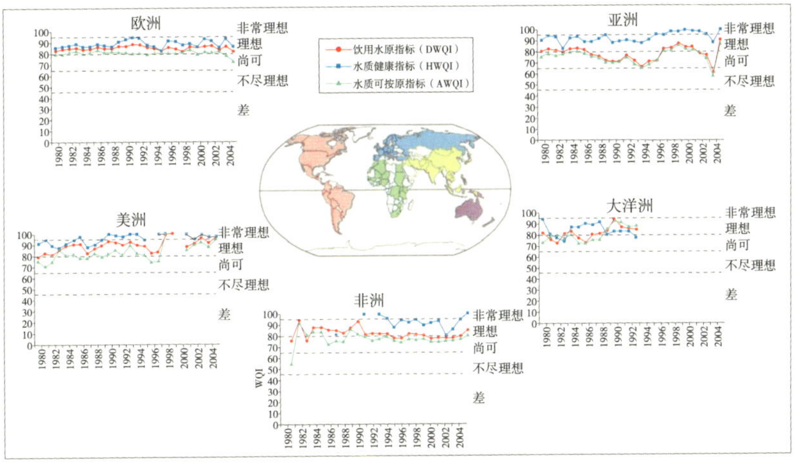

图6-2 全球水质情况

资料来源：Global Drinking Water Quality Index Development and Sensitivity Analysis Report。

其他主要的污染方式也都有其测量方式，但是基本上与空气及水脱不了关系，本章就不再赘述。整体来说，在各国政府持续关注污染、提升民众环境生活质量以及推动技术创新和相关基础建设的情况下，环境生活质量呈现一个缓步提升的态势。

除了上述两个指标以外，还有许多其他同环境生活质量息息相关的指标，但由于垃圾处理对环境生活质量的重要性，本章特别介绍垃圾处理的一些全球趋势。从图6-3可以看到美国的城市固体垃圾的处理方式（EPA，2014），这样的趋势与其他发达国家的垃圾处理方式大致相同。整体来讲，焚化的总量在20世纪80年代大幅地上升，而垃圾总量呈现下滑的趋势。但是过去的十年来，整体的处理方式没有太大的改变。全球的垃圾处理趋势大概已然：欧洲正迈向一个高回收价值的经济，而许多发展中国家还在积极地盖新的焚化炉，以处理垃圾围城的民生问题。在全球，尤其是在发展中国家人口大幅增长的情况下，垃圾处理以及垃圾所带来的污染成为一个令许多地方政府头痛的问题。

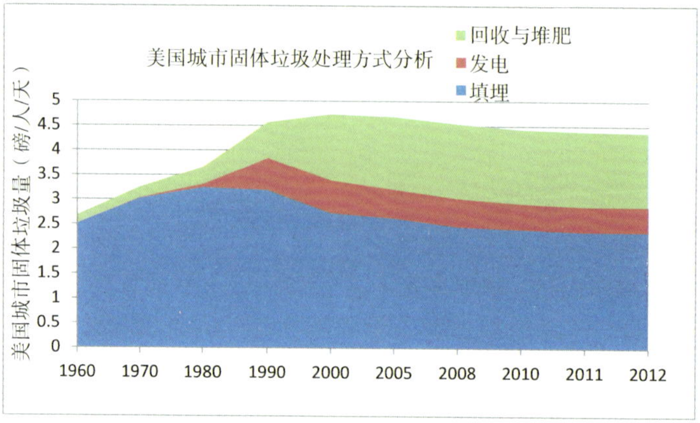

图 6－3　美国的城市固体废弃物的处理方式

资料来源：Municipal Solid Waste（MSW）in the United States：Facts and Figures，Environment Protection Agency，USA.

最后是气候变化的问题。这方面的文献多如繁星，本节不再展开。读者需要注意的是，全球变暖的情况持续上升，中国也已经成为了全球最大的排碳国。根据 IPCC 2014 年最新的报告，全球温度将在 21 世纪中上升摄氏两度，并在 21 世纪末上升摄氏 3.7 度。全球变暖堪称是未来影响民众环境生活质量最重要的因素之一。

总结目前全球环境生活质量的现况，整体来说是缓步提升的，尤其是在发达国家中对环境保护的重视以及对环卫相关的投资，使得民众能够得到更好的环境生活质量。但是随着全球人口的直线上升，持续改善各项污染的指标以提升环境生活质量依然是刻不容缓的课题。

6.1.3 中国环境生活质量的现状

目前中国尚没有一个比较具有权威性的环境生活质量指标。在生活质量方面，比较常为人引用的是中国社会科学院经济所和首都经贸大学联合制作的《中国城市生活质量指数报告》。但由于其中生活环境的指标为主观指标，客观指标与环境相关的仅有绿地面积，与经合发组织及本章使用的环境生活质量定义不同。因此，本章将通过各项不同的与环境生活质量相关的数据来描述中国环境生活质量的现状。

我们先从空气污染开始。中国于 1996 年制订了《GB 3095 – 1996 环境空气质量标准》，其中的 PM10 日均标准为 150 微克/立方米。虽然已与美国现行标准一样严格，然而未对达标率作出规定。从 2000 年开始，中国部分城市开始开展 PM10 的监测，但当时大部分城市仍然监测 TSP（总悬浮颗粒物）；2002 年，监测 PM10 和 TSP 的城市各约占 1/2。至 2006 年，地级及地级以上城市基本实现了 PM10 监测。2002 年以来，全国地级及地级以上城市 PM10 年均浓度的平均值呈下降趋势，由 2002 年的 0.130 微克/立方米下降至 2012 年的 0.076 微克/立方米，降幅为 41.5%，凸现了在这方面中国政府努力的结果（李名升等，2013）。

可是，这样的数据可能跟许多人的切身经历不符，那是因为主要来自化石燃料燃烧的 2.5 微米以下的细颗粒物（PM2.5）仅在近年才受到关注。这样的情况导致虽然中国整体空气污染数据改善，但是环境生活质量反而因为 PM2.5 的上升而下滑。若是以表 6 – 1 中显示的趋势来看的话（CEISEIN/Columbia University，2013），中国大部分的省份在 2006 年至 2007 年左右达到了空气污染的高峰。过去几年虽然比高峰要低，但并没有显著的改善。而且，若是把近两年来的数据加进去，大部分大城市的 PM2.5 指标仍在恶化中。

若是拿中国的城市与其他国家的城市相比，北京的空气污染程度则在全球排名第 36，状况似乎不如中国民众想象的那么糟糕。但由于不同资料之间的数字差异极大，笔者对中国的空气污染仅能以现况严峻、已受到政府高度重视、也因此环境生活质量改善将指日可待来形容。

表 6－1　　　　中国各地空气污染情况

省份	中国各省人口加权年均 PM2.5 浓度（微克/立方米）									
	2001	2002	2003	2004	2005	2006	2007	2008	2009	2010
山东	40.00	45.49	50.32	40.44	45.26	51.78	51.94	46.00	40.44	49.97
河南	45.85	43.22	47.06	38.11	46.82	48.53	51.02	47.46	39.53	43.25
河北	42.68	46.76	46.83	36.97	41.90	49.23	48.77	46.80	38.37	39.76
江苏	38.69	43.81	43.53	41.74	41.03	46.25	48.32	44.52	46.72	44.76
安徽	34.10	36.47	37.12	34.03	36.37	36.30	40.65	38.71	34.73	38.46
湖北	37.92	35.65	38.47	34.13	39.46	38.72	40.43	40.68	34.59	37.72
四川	36.20	37.92	38.14	36.77	37.95	45.95	39.65	40.12	35.34	40.50
广西	34.94	36.95	35.47	40.35	41.06	39.43	39.58	38.14	34.27	35.60
天津	30.54	31.42	35.02	28.40	30.54	36.62	37.23	38.06	31.12	30.29
北京	31.41	36.31	36.98	27.70	31.06	35.88	35.49	38.64	29.54	28.45
江西	27.12	29.83	31.59	29.69	32.01	32.57	35.11	33.20	26.87	27.23
湖南	30.31	31.56	34.30	30.92	34.06	35.62	35.06	35.59	31.42	31.42
上海	27.69	28.89	25.70	25.56	22.94	26.43	31.79	28.10	28.80	23.51
云南	30.79	27.07	24.87	32.05	28.50	28.31	30.62	29.70	26.20	26.96
陕西	29.12	27.80	28.54	23.36	28.59	31.47	30.33	27.97	26.91	26.73
山西	27.93	27.98	30.71	22.91	26.10	30.25	29.62	26.71	22.48	24.07
广东	24.99	23.70	28.46	28.59	32.71	29.92	28.84	25.87	25.36	24.88
贵州	22.57	22.58	20.19	22.47	25.64	24.58	25.26	24.13	20.84	20.35
浙江	23.48	23.71	21.51	23.46	21.62	22.34	24.46	26.12	22.90	21.98
福建	17.66	17.34	16.95	18.41	19.64	18.95	21.11	17.59	16.14	15.31
辽宁	17.11	19.39	23.93	16.78	18.09	19.84	19.45	22.39	20.06	18.19
甘肃	20.08	17.41	19.97	16.04	19.43	18.64	19.00	19.97	18.11	16.98
新疆	17.85	18.82	18.27	18.68	16.83	18.86	18.94	20.47	19.31	17.67
宁夏	17.62	14.93	16.99	14.12	16.60	16.49	16.18	16.59	15.38	13.69
吉林	12.97	16.44	21.52	14.64	12.79	15.41	15.19	18.72	17.20	15.11
青海	15.54	14.06	14.36	12.53	13.82	14.31	15.14	16.07	14.24	13.95
内蒙古	12.16	13.71	17.92	11.66	11.92	13.18	14.42	14.80	13.20	11.43
西藏	10.77	10.65	10.37	11.06	9.85	10.86	9.81	11.00	9.26	9.31
黑龙江	8.39	9.51	13.39	7.91	7.53	8.55	9.01	11.35	8.95	9.13
台湾	4.96	4.88	4.84	4.92	5.27	4.43	4.76	4.30	4.64	4.20
海南	2.63	2.42	2.54	2.62	2.98	2.35	2.90	2.57	2.17	2.54

资料来源：CEISEIN/Columbia University, 2013.

在水资源建设方面，中国城市供水网络持续扩大，城市自来水普及率已经很高。同时，农村的水资源建设也进展迅速。到 2011 年，农村自来水普及率已经达到了 72.1%（金砖国家联合统计手册，2013），城市的自来水普及率更是超过 90%。水资源质量方面，以图 6－4 来看，中国在 2008 年联合国的水质排名中（Carr and Rickwood，2008），在 92 个国家里面名列 51，在总分 100 份的评级里面拿到了 76 分，显示中国的水质在全球视角下还有许多可以上升的空间。

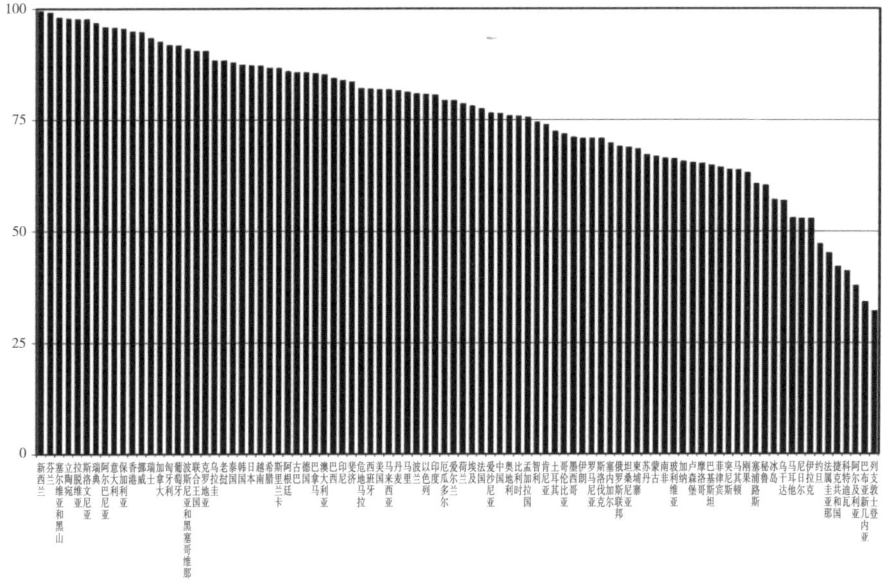

图 6－4　全球水质排名

虽然中国在水资源方面有许多政策，比较著名的如《中共中央国务院关于加快水利改革发展的决定》，但由于政府把关不严，导致缺乏社会责任的企业对这些水资源管理政策置若罔闻，使得像龙江镉污染、镇江苯污染这样的突发性水污染事件接连发生，让中国饮用水安全屡次面临水污染的严峻挑战。2012 年中国监察部统计显示，中国水污染事故近几年每年都在 1 700 起以上。这些污染的源头均为违规排放的工业污染企业。

这里特别要提及另外两个中国在提升环境生活质量方面面临的比较大的挑战。首先是中国目前的土壤污染问题颇为严重。根据 2014 年环保部和国土资源部发布的《全国土壤污染状况调查公报》所公布的全国首次土壤污染状况调查结果，19.4%的耕地土壤超标。以18亿亩耕地面积计算，中国约3.49亿亩耕地被污染。其中主要的一个原因是长期使用污水灌溉。

垃圾污染则是目前中国陷入的另外一个问题。中国约有2/3的城市陷入垃圾围城的困境。中国城市固体垃圾的年产量就近1.5亿吨，绝大部分进入了填埋场。它不仅影响城市景观，同时污染了空气、水和土壤，对城镇居民的健康构成威胁。同时，农村过多的非法弃置垃圾更是使得垃圾污染对整个国家的影响越来越大。

整体来说，在政府的政策大力推动下，中国的环境生活质量仍然在持续提升中。政府对各项环境相关建设的大力投入，使得民众的环境生活质量能够持续提升。但是，在工业化的进程下，部分地方的空气质量以及水质仍然是面临严峻考验，也是目前解决环境生活质量的首要议题。

6.2 绿色经济主要模式与环境生活质量

根据之前各章所述，绿色经济是提升资源生产率的良方，也是提供绿色就业的好机会。试想，在一个到2030年会有个超过83亿人口的地球，自然资源将会日渐匮乏，但就业人口却越来越多，因此绿色就业与绿色经济的角色将会越来越重。本章通过讨论各种绿色经济的模式以及这些模式对环境生活质量的影响来突显绿色经济是改善民众环境生活质量的重要方法。关于绿色经济的定义，本书的其他章节已有介绍，本章就不再赘述。我们下面直接讨论几种主要的绿色经济模式对环境生活质量的影响。

6.2.1 低碳经济对环境生活质量的影响

低碳经济是指在可持续发展理念指导下，通过技术创新、制度创新、产业转型、新能源开发等多种手段，尽可能地减少高碳能源消耗的经济模式。以现状来看，能源效率以及再生能源是目前两种最主要的低碳经济模式。由于这两种绿色经济模式对环境生活质量的影响方式相似，因此一起介绍。

能源效率指的是运用新的科技，让能源使用者能够以更低的能源消耗量实现同等量的产出。能源效率的运用范围非常广泛，最常见的分类是住宅、商业建筑、工业建筑、工业制造过程及交通运输部门的能源效率。另外，能源效率所运用的技术也是五花八门，从节能的家用品如 LED 灯及其他节能家电、工业生产过程的优化、建筑的隔冷与隔热系统、到油电混合车及电动车，都是能源效率改善下的新产品或是新技术。

能源效率科技（以下简称“能效科技”）的一个共同点是大部分的节能科技整体经济效益都是正向的，也就是说在几年内节省的能源成本比一开始所需要的投资要高。所以，对大部分消费者和企业来说，能源效率应该是值得投资的项目，不过前提是消费者和企业对好的能源效率产品有所了解。能效科技目前所面临的一个瓶颈是一般消费者在消费的时候考虑的主要还是购买的成本，而不是接下来通过节能所节省的成本，更不会去看到如 LED 灯等产品较长的产品寿命。此外，能源效率产品还有一个所谓的“代理问题”（agency problem）。比如说，出租房屋的屋主并不会有积极性去装 LED，因为租房子的房客不会因为有比较节能的家电而付更高的房租。而且，房客通常也不会在一个地方住太久。因此，就算是房客自己付电费，他还是缺乏积极性去买成本比较高的 LED 灯。在能源节约问题上，这类例子屡见不鲜。近几年来已经有越来越多的能源服务公司开始抓住这样的市场契机，提供节能科技安装支出的一部分来换取未来能源成本支出一定的百分比，这样使得能效科技的普及化程度开始逐步上升。我们将会在本章后段介绍能源服务公司以及它们对能效科技普及化的影响。

能效科技对环境生活质量的影响是显著的。第一，能效科技可以降低能源发电的总量，降低发电行业所制造的各种空气与水资源污染。中国的发电以火力为主，而火力发电会造成灰尘、二氧化硫、氮氧化物、废渣等不同的污染源，不仅影响空气的质量，也同时造成了水资源的污染。70% 以上的二氧化硫排放和 50% 以上的烟尘都与燃煤有关。形成 PM2.5 有关的化学前体物，如氮氧化物、氨化物等也与燃煤密切相关。因此，通过能源效率的提升，民众可以在不大幅度改变行为的情况下，降低能源的消耗量，减少能源行业所带来的污染。第二，以电力替代传统化石燃料的科技，不仅提高能源效率，同时也降低温室气体排放量，更省去了许多使用化石燃料造成的直接的空气污染（比如说一般车辆燃烧柴油或是石油所造成的温室气体排放以及二氧化硫、二氧化氮等废气）。能效科技整体来说可以节约成本。在这样的诱因带动下，能效科技未来的行情看涨，我们的环境生活质量也可望因此而提高。

可再生能源是近几年另外一个发展非常快的绿色经济模式。根据美国 EIA 的研究（EIA，2014），可再生能源现在已经占全球发电量的 21%。其重要原因包括政府补贴（如上网电价），可再生能源的成本渐与传统能源接近，以及许多新的商业模式促进了民众对可再生能源的接受程度等。关于可再生能源，第3章已有不少介绍，这里就不再赘述。

可再生能源对环境生活质量的影响与能效科技类似。第一，可再生能源的发电产生方式不会造成任何的空气以及水的污染，因此直接大幅降低了能源行业对民众环境生活质量所造成的影响。虽然光伏板本身制造也需要许多电力，但是整体来说还是比传统的化石燃料省了许多电。因此，使用可再生能源以及其他清洁能源（如天然气、核电等）对提高环境生活质量的影响是非常显著的（由于核能发电是个颇有争议的问题，本章均以不含核能的可再生能源为介绍的范畴）。第二，以电力替代传统化石燃料的科技，也不会增加温室气体排放。第三，许多可再生能源企业通过分布式发电为企业以及消费者提供电力，这为许多偏远地区以及电网独立的地区省去了电网的建造成本，避免了输配电所造成的能源损失，也减少了污染（偏远地区目前使用的柴油发动机等其他发电设备污染严重），可谓是一举多得，间接提高了环境生活质量。

低碳经济可谓是未来的绿色科技主流。目前全球低碳经济蓬勃发展，但是我们的人口仍然呈现每年约1%的成长。因此通过低碳经济解决全球的能源问题是个刻不容缓的议题，也是提高民众环境生活质量的重要方法。

6.2.2 循环经济对环境生活质量的影响

循环经济的定义是在各式的产品以及物品使用之后，不进入填埋场或是焚化炉，而是通过回收、再利用、再制造等方式，继续予以循环利用，并通过更多的资源共享以及产品服务化的方式减少资源的使用。承接第3章的思路，本章继续把循环经济作为绿色经济的一个重要分支，并且以此为依据讨论循环经济对环境生活质量的影响。

循环经济最早来自Stahel所提出的产品生命周期延长的理论（Stahel, 1982）。在这之后的十年，许多学者根据自己的研究，对循环经济作出了各自的诠释。循环经济概念比较大的突破发生在2002年诞生的“摇篮到摇篮”（Cradle to Cradle）概念（McDonough and Braungart, 2002）。专家们以大自然数万年来自然循环的规律为出发点，并注重产品的设计和原料的使用，提出了一个比较平衡的循环经济概念，同时也沿用了Stahel早些年提出的思路。循环经济另外一个比较大的突破发生在2008年中国出台的《循环经济促进法》。该法于2009年1月1日生效，是全球第一个以循环经济命名的法规。

循环经济对政府、企业以及民众而言都极为重要。全球到 2030 年将会有近 83 亿的人口，其中 30 亿人将进入中产阶级的行列（Ellen MacArthur Foundation, 2013）。这些人将需要使用更多的自然资源。但是，地球的资源是有限的。我们过去采取的线性式的消费模式会使得地球的资源入不敷出。从 2000 年到 2013 年，全球的商品期货平均价格增长了近三倍，这就已经凸显了资源革命的重要性。许多企业在这样的原料价格上升以及波动率大幅提高的背景下，开始寻找引发资源革命的方式。根据艾伦·麦克阿瑟基金会的估计，若是全球成功地进入循环经济的新模式，那么全球企业界定每年可以节约高达 100 亿美元的材料成本（Ellen MacArthur Foundation, 2013）。

专栏 6.1　用循环经济创造崭新的盈利模式

企业运用循环经济模式盈利的方式很多。比如荷兰的 Desso 便是利用回收的各类塑料来生产完全无污染又可回收的地毯。它的产品都是“摇篮到摇篮”认证过的。中国的玖龙纸业从美国及其他发达国家购买废纸，利用它们的纤维制造大量的纸箱，以满足中国出口工业大量的纸箱需求。格林美则是一家深圳的电子废弃物回收公司，将废弃的电子产品运用先进的科技进行回收与处理，让它成为一家提供所谓“城市矿产”的资源型企业。欧洲的汽车制造商 Renault 则是通过汽车零件的回收以及再制造，创造了两亿美元的业绩。美国则在共享经济上有最显著的进展，运用网络的普及，美国的 AirBnB 以及 ZipCar 等公司通过资源共享来提高产品的使用率，降低全球资源消耗的程度。此外，服务销售代替也逐渐普及，如飞利浦公司开始推广销售照明服务，而不只是卖电灯泡，以此提高产品回收的效率。最后，中国在工业废料再利用方面也就是产业共生方面则是达到了一个新的里程碑。上海的化学工业园区便是一个很成功的例子。它在园区设计和招商引资时便详尽地对进入的产业和企业进行规划，使它们能够相互利用其他企业在化学生产过程中所产生的废料，达到从根本上减少工业废弃物的效果。

循环经济对环境生活质量的影响是多层次的。首先，“摇篮到摇篮”的概念代表的是产品的设计需要运用完全无毒的物质，这样在回收以及再利用的时候才不会造成高的处理成本以及物质的污染。第二，减少原料的使用可以降低工业制造以及能源消耗所带来的空气污染和水污染。第三，减少原料的使用和

“初次制造”（相对于利用旧物再制造）可以减少温室气体排放。最后，循环经济可以大幅度地减少填埋，因为垃圾将不再是垃圾而是可以再利用的资源，因此由垃圾所造成的污染会大大减少。

目前小规模的循环经济发展已经在全世界展开。许多企业是这次循环经济革命的发动者。但是，大规模的循环经济仍然没有开始，主要的原因如下：第一，全球的产品制造供应链过于复杂。专业分工的普及导致了产品及其零件和原料的来源难以控制，加大了大规模开展循环经济的难度。第二，随着产品的革新，大量不同的原材料和化学添加物被使用在各式的消费品和工业产品中。根据 Braungardt 估计（World Economic Forum，2014），光是聚丙烯一种物质就有将近 900 种的化学原料添加在内。这些添加的原料使得产品的回收成本大幅提高。毕竟，回收商无法从回收的产品内看出来其中所含的添加物，而这些含添加物的原料的质量也难以把握，因此造成许多产品真正能够回收的比例偏低。第三，许多原料被大量运用于不同的产业，但不同产业对原料有不同的需求，一些产业由于经济规模的不足对原料的回收缺乏兴趣。第四，消费者尚未对循环经济有足够的了解，因而对循环经济的商品不愿意购买，使得制造商进入循环经济的意愿减低。第五，许多垃圾处理以及回收的供应链尚未成熟，使得循环经济的成本高于效益。最后，法规的不足以及企业对大幅变革的回避也是造成循环经济尚未成熟的主因。但是，在更多的企业、非营利组织及国际组织的努力下，循环经济可望在接下来的几年加速发展，并对全球的环境生活质量作出重要贡献。

6.2.3 其他绿色经济模式与环境生活质量

除了以上几个大家比较耳熟能详的绿色经济模式以外，水资源以及卫生设施管理、可持续农业以及环境友好型旅游等也比较重要。我们在这里简单介绍这些经济模式对环境生活质量的影响。

水资源产业大致可以分成两块，一部分是政府负责管理的水资源事业，负责提供居民与商业用水。其中水供应基本上都是由政府负责，但是有些国家在水处理的部分交给民营企业。另一块则是主要由民间负责的水处理产业，其中包括水利工程业、水利服务业、水利设备业、以及水相关商品业。环顾这些大水资源产业的细部产业，可以发现水资源产业的发展与民众的环境生活质量息息相关。第一，水资源处理的方式对民众能够获取的水资源有很大的关系，因此，日新月异的水处理仪器以及化学药剂对环境生活质量将会加分。第二，更重要的是，水资源产业对工业废水污染的影响。几乎每个主要产业都会在生产过程中用水，但是工业废水严重威胁我们的环境生活质量。在水处理产业的研发下，未来如果能够有新的科技让这些企业能够在节省成本的情况下，直接将废水在工厂内处理并重复使用，这将会大大减少对水资源的污染。但是这些技术往往面临商业化不足的挑战。政府需要严格把关水资源需求和废水排放。只有这样，新的科技才有机会成为商业化的产品。

卫生设施管理产业包括了市政上面的环卫相关的产业，从政府管理的环卫事业，到民营的环卫设备、环卫服务、环卫产品等，包含许多不同的子产业。环卫产业与民众的环境生活质量也是息息相关的。一方面，政府所运作的环卫事业的优质表现直接反映在我们身边的环境上，不论是市容整洁还是垃圾处理，都与环境生活质量有直接的关系。对许多垃圾堆积如山的城市来说，垃圾的处理、焚化、回收及填埋也是对付垃圾污染的不同方式。另一方面，如前所述，若是循环经济的概念能够起飞，那垃圾处理产业将不再只是处理垃圾，而是对我们未来的产品原料进行分类、处理和回收。所以，卫生设施管理产业对环境生活质量的影响不仅仅停留在市容方面，它也关系到能否控制将来的物质污染。最后，若是循环经济能够做到极致，未来的垃圾将不再会是垃圾，而是资源。也就是说，未来将不会有不肖的业者将垃圾随地丢弃。试想，谁会无缘无故地把钱或是原料到处乱丢呢？

除了以上两个与环境生活质量直接相关的绿色产业以外，可持续农业以及生态旅游也是值得关注的绿色经济模式。可持续农业是通过管理和保护自然资源，调整农业生产制度和技术，以便可持续地满足当代和后代需要的农业。它要求维护和合理利用土地、水和动植物资源，不造成环境退化，同时在技术上适当可行、经济上有活力、能够被社会广泛接受。农作物生产的废物包括农业生产过程中不合理使用而流失的农药、化肥、残留在农田中的农用薄膜和由于处置不当的农业畜禽粪便、恶臭气体等产生的水体污染物。可持续农业通过新的流程管理以及耕作方式，来确保农业不对民众的环境生活质量造成负担，把我们所吃的食物的污染降到最低，也把因为农业而带来的土壤污染降到最低。

生态旅游最早由世界自然保护联盟（IUCN）于1983年提出。1993年国际生态旅游协会把其定义为：具有保护自然环境和维护当地人民生活双重责任的旅游活动。在全球化快速发展、国与国边界日渐模糊的现代，旅游已经成为了民众主要的娱乐方式之一。但是未规范的旅游形态往往对维持我们环境生活质量的自然生态有冲击。所以，保护当地自然环境的旅游方式对环境生活质量有一定的重要性。

6.3 提高环境生活质量的前提

本节在全球层面从不同利益相关者的视角讨论提高环境生活质量的三个主要驱动力，并通过国际上成功的案例来阐述提高环境生活质量的方式和以及对中国的意义。

特别需要提到的是，在贸易全球化的情况下，有必要站在全球的高度去思考环境生活质量问题。比如，太阳能光伏板对生产国而言其实不一定能提高环境生活质量。几年前的中国已经是太阳能光伏板的生产大国，但是本国的装机容量还在起步之中，造成许多太阳能光伏板在中国生产时要用化石燃料，而大部风的装机都是出口到发达国家，如德国、西班牙、美国等。这使得短期内太阳能对中国本身的环境生活质量并不一定是有益处的，但是从长期的、全球的视角来说，太阳能的大步发展仍然是对全球环境生活质量有显著贡献的。

6.3.1 政策的驱动

一个我们特别关注的问题是，既然环境生活质量是如此的重要，同时仍有许多需要改进的地方，那么我们应该如何改善民众的环境生活质量呢？李克强总理在第十二届全国人民代表大会第二次会议的《政府工作报告》中指出，“生态文明建设关系人民生活，关乎民族未来。雾霾天气范围扩大，环境污染矛盾突出，是大自然向粗放发展方式亮起的红灯。必须加强生态环境保护，下决心用硬措施完成硬任务。… 出重拳强化污染防治。”这也显示了中国政府对环境生活质量改善的决心。其中的重点以改善空气质量为主，并同时加强水源保护，以及鼓励节能环保产业。

政府要提高环境生活质量的决心毋庸置疑。其他国家的经验可以作为借鉴。这里我们举美国通过太阳能光伏产业来改善环境生活质量的例子作为参考。

美国在太阳能政策方面下了许多功夫，包括从净计量电价（net metering）、可再生能源配额、第三方拥有权规定、各类退税优惠到能源购买价格的一系列规范。虽然美国在太阳能政策制定方面不如德国来得早，可是在持续的政策支持以及配合民间各项太阳能商业模式的创新方面，美国可谓是以政策扶持太阳能产业的典范。与集中式太阳能电厂为发展主轴的中国相比，美国创先开始了屋顶太阳能的分布式发电，也为全球未来的太阳能行业发展奠定了典范。因为这样的背景，使得如Solarcity、FirstSolar、Sunpower、SunEdison等公司在太阳能资源不算特别丰富的北美市场成为主流。美国这一系列的太阳能政策，使得美国的太阳能市场不仅相对德国以及西班牙等欧洲国家能在近年持续的发展，更在太阳能产业最萧条的几年以全球最大的下游装机市场持续地创造经济价值。在全球大厂降价竞争太阳能模板这个商品市场的时候，美国反而发展了以服务为主的下游装机产业。纵观世界，2013年仅有中国总装机量比美国多。这也是美国首次超过德国的单年装机量。虽然中国的总装机量去年位居全球第一，但是仍然以直接的政策驱动为主，而且中国的装机成本原本就比较低。这样更突显了美国在太阳能光伏政策上面的成功。反观德国，虽然太阳能发迹特别早，也一直是全球装机量的领先者，但是并未能培养出明星的太阳能企业，使得德国在企业创新上相较美国逊色。

在中国极力发展制造业的同时，美国这样的国家已经开始思考如何进一步提高服务业的比重去创造绿色经济价值。在就业成为全球性问题的背景下，我们通过产品制造所带来的就业机会将会越来越有限。因此，美国的太阳能下游产业的发展是值得我们细细品味的。

6.3.2 企业的努力

很多环境生活质量的成功案例发生在创新型的企业，它们运用新的技术为自身创造经济价值的同时也提供了提高环境生活质量的机会。如LED行业的Cree，风力发电行业的Vestas，循环经济中的Desso及DSM等，这类运用绿色经济作为改善环境生活质量方式的企业不胜枚举，这里不再赘述。

有两种企业方面的创新值得一提。一个是通过商业模式的创新，运用现有技术，但是改变营运模式以提高市场份额和环境的改善。另一个是通过多企业的结合，达到单一企业甚至单一产业无法做到的事。

首先讲新的商业模式。如前所述，许多对环境生活质量有较大影响的节能科技以及可再生能源科技都存在所谓“代理人”的问题以及技术尚未成形等障碍，使得这些科技的市场份额无法提高。而太阳能行业的Solarcity以及节能科技行业的能源服务公司就是通过不同商业模式突破这些障碍并创造价值的典范。太阳能最早的问题是成本相对较高，但是现在在许多地方太阳能的成本已经达到电网平价的水平了。屋顶太阳能就是其中一个典范。可是屋顶太阳能是屋主所控制，而一般的屋主决定其屋顶是否要装太阳能板的时候最大的瓶颈是较高的一次性支出成本。Solarcity 就看准了这样的机会，提供低成本甚至免费的太阳能板装机服务，使得屋顶太阳能的采用率大幅提高。Solarcity 卖的不再是太阳能板，而是通过租赁的方式，卖太阳能板所产生的能源。这样卖服务不卖产品的方式靠的并不是新颖的产品设计也不是靠昂贵的技术研发，而是去了解消费者的需求，来创造新的价值，并同时让绿色经济更进一步地有机会改善民众的环境生活质量。

在节能科技中也有类似 Solarcity 的成功范例。能源服务公司就是一个这样的范例。它们是一种基于合同能源管理机制运作的、以营利为直接目的的专业公司，与愿意进行节能改造的用户签订节能服务合同，为用户的节能项目进行融资，向用户提供能源效率审计、节能项目设计、原材料和设备采购、施工、监测、培训、运行管理等服务，并通过与用户分享项目实施后产生的节能效益来营利。（中国节能服务网，2014）这样的企业恰巧也解决了许多公司采用节能科技所碰到的资本支出障碍，同时解决了“代理人”问题，所以能源服务公司过去几年发展得非常迅速。刚开始美国只有如 Johnson Controls、Honeywell、Schneider Electric 等几家企业，现在，能源服务公司已经是一个蓬勃发展的行业了。

专栏 6.2　能源服务公司

能源服务公司最主要做的事就是合同能源管理。一个网络上可以找到的例子如下：

浙江临安金圆水泥有限公司换了四台高压变频器，其支出完全由设备提供方广州智光电机有限公司所给付。智光用 440 万元的价格取得了四套高压变频器的提供权，并达成节能服务合同方案，四台高压变频器每个小时大约可节约 900 千瓦时电。按保守估计，设备一年运行 7000 小时，以每千瓦时电 0.54 元的价格计算，公司每年可以节约电费 340 万元左右。根据合同，公司每个月将节约下来的电费的八成给智光公司，余下的归金圆，直到四台设备的款项全部结清。也就是说，对金圆来说，大概两年后，这些设备就归它们了，而以后的节电费用算是净赚的了。对智光来说，也有不少的净利润。能源服务公司通过自己的能源效率知识以及与金融业的合作，得到了较低成本的资金，并运用这笔资金帮助其他的企业更换能源效率较高的设备，达到了双赢的效果。

资料来源：中国合同能源管理网，2014。

另一个值得一提的是企业间结成联盟所能达到的成效。1988 年，Society of Plastic Industries 与其他企业达成共识，创造了塑胶分类标志，也就是塑料瓶瓶底标识的数字。因为有这样的数字，使得这些塑料可以更容易地被分类，再加上消费者的教育，让大家知道什么是可以回收的塑料，有效地降低了塑料瓶的回收成本。比如在美国，PET 以及高密度聚乙烯的回收率就高达 30%。也因为这样的塑胶分类标志的规定，目前大部分塑料瓶都是用比较常用的塑料，而不是像许多其产品参杂许多不同的原料。原物料的使用也使得塑料瓶的回收价值得到提高，因为回收上不需要伤脑筋对不同的回收塑料进行化学分解，更使得分类不同的塑料瓶变得非常方便。只要是有标示的塑料瓶都是运用它显示的数字所代表的纯原料所制造的。这样的创举对开展循环经济非常有利。近几年，美国的服装业开始了一个 Sustainable Apparels Coalition，大力提倡一个叫做 Higgs Index 的指标。这个指标代表的是民众所购买的服饰类商品的环保程度，这也是企业间联盟而带来环保意识提升的好例子。

对中国来说，企业参与绿色经济并着手改善民众生活质量是非常重要的。从国企来看，它们具有大而引领的作用并具有许多重要的原料、城市建设以及供应链的掌控权，所以国企加入绿色经济的行列将会有重要的指标作用。而民营企业则有较佳的动力进行大幅度的商业模式创新，因此它们也是绿色经济模式的引领者。中国需要的是国企运用其规模优势与民营企业结合，并发展能够影响全球供应链的绿色经济创新模式，这才能让中国有机会在未来以绿色经济为主导的 21 世纪发展模式中引领风骚。

除了企业以外，国际组织以及民间团体也在提高民众环境生活质量的过程扮演了很重要的角色。国际组织具有指标性以及制约能力，民间团体则具有动员企业以及民众的凝聚力，而且这些组织通常比企业更重视人类的长远发展。联合国环境署就是一个很好的例子。通过各种方式与政府及企业互动，并推进对人类可持续发展有利的各项工作，在气候变化、灾难与冲突、生态系统管理、环境治理、有害物质管理、资源效率、环境评估等工作领域，都有联合国环境署的足迹。

6.3.3　消费大众的认知转型

改变大众的消费行为可以从几个方面入手。第一，小的生活习惯方面的改变，比如不乱丢垃圾、随手关灯、节约用水等。这些看似微小的行为改变，可以为我们的环境生活质量带来许多改善。第二，购买绿色产品，包括电动车、油电混合车、太阳能热水器、LED 灯等节能家电，支持用回收原料制造的产品。若是我们改变个人的消费行为，那么绿色企业才有办法从竞争者中脱颖而出，成为未来市场的领先者。也因为有消费者的购买与支持，创新型的绿色企业才能有足够的市场与规模经济，使得它们的产品能够在成本上更具竞争优势。

有鉴于此，为了肯定企业对环境保护的贡献、提高消费者对环保产品及服务的认知，不少国家早已开始推行各式环保标志，如美国环保标志（USA Green Seal）、德国蓝色天使标志（Blue Angel）、欧盟生态标签（Eco－Label）、日本环保标志（Japan Eco Mark）等。其中，德国蓝色天使的验证始于 1978 年，为世界最早的环保标志，以保护环境与健康、保护气候、保护水、保护资源为四个主要目标。到目前为止，约有 1 500 家公司共超过 12 000 种产品与服务已取得蓝色天使标志认证，其中主要应用多在居家用品、3C 电器、装修工程、能源、办公用品、园艺工具等。蓝色天使标志不仅自有一套严格的审核标准，还颁发给市场上同其他同性质同性能相比更环境友好的商品。因此，若购买有蓝色天使标志的产品，消费者便可确保减少其对环境造成的冲击。德国蓝色天使标志在 1990 年代就成功地提高了德国民众的环保消费意识，奠定了德国经济可持续发展的基础，提高了环保商品在国际市场上的认可，从而也加速了其他国家和区域跟随建立相似制度的脚步。根据 2012 年全球绿色经济指标（Global Green Economy Index）调查显示，德国不仅在绿色经济及清洁科技产业投资方面排名世界第二，其对于环境保护及绿色经济之努力也受到国际上的肯定。

消费者代表的是整个供应链最终端的需求，也就是说消费者是企业最终的客户。在不同产业环环相扣的产业形态下，消费者的消费模式以及消费偏好可谓是解除目前非可持续性产业恶性循环的一个主要突破点。改变消费模式能够使得企业从本质上改变其经济模式，并鼓励企业运用更绿色的经济模式营运。只有这样我们才能够有更好的环境生活质量。

若是每个读者真正相信笔者在这章所说的，也就是每个人都有能力、责任以及义务去改善我们身边的环境生活质量，那就让您周边的人知道，让我们每个人都开始了解个体对环境生活质量的重要性。北京的雾霾是长久以来的累积，而不是一天造成的，也不是政府或少数企业可以完全负担起责任的。每个国民都对我们周边的环境生活质量负有责任。今天，从您跟我开始，改变我们的行为，我们的明天就会更好。

思考题

1. 过去二十年来，从统计数学上来看，中国整体的环境生活质量有所提高，但在许多人的眼中，在北京这样的大城市，环境生活质量却是下滑的。你认为为什么有这样的情况？
2. 在以煤炭为主的能源结构下，政府应该怎样在提高环境生活质量与经济的持续发展之间取得较好的平衡？
3. 提高环境生活质量的抓手有很多。根据你的个人体验，你认为哪些特别有效？

参考文献

1. Battelle Memorial Institute and Center for International Earth Science Information Network (CIESIN) / Columbia University. (2013). Global Annual Average PM2.5 Grids from MODIS and MISR Aerosol Optical Depth (AOD). Palisades, New York USA: NASA Socioeconomic Data and Applications Center. Available at http://sedac.ciesin.columbia.edu/data/set/sdei-global-annual-avg-pm2-5-2001-2010.

2. Carr, G. M., Rickwood, C. J. (2008). Water Quality: Development of an index to assess country performance. Gatineau, Canada.

3. EIA (US Energy Information Administration). (2014). How much of world energy consumption and electricity generation is from renewable energy, available at http://www.eia.gov/tools/faqs/faq.cfm?id=527&t=1.

4. Ellen MacArthur Foundation. (2012). Towards the circular economy: Economic and business rationale for an accelerated transition. Ellen MacArthur Foundation, Cowes, Isle of Wight, United Kingdoms.

5. Environment Performance Index. (2014). Yale Center for Environmental Law & Policy (YCELP), Center for International Earth Science Information Network (CIESIN) at Columbia University, available at http://epi.yale.edu/about.

6. EPA (Environment Protection Agency, USA). (2014). Municipal Solid Waste (MSW) in the United States: Facts and Figures, available at http://www.epa.gov/epawaste/nonhaz/municipal/msw99.htm.

7. EEA (European Environment Agency). (2010). The European environment - state and outlook 2010. Available at http://www.eea.europa.eu/soer.

8. IPCC. (2014). Climate Change 2014: Impacts, Adaptation, and Vulnerability. Part A: Global and Sectoral Aspects. Contribution of Working Group II to the Fifth Assessment Report of the Intergovernmental Panel on Climate Change [Field, C. B., V. R. Barros, D. J. Dokken, K. J. Mach, M. D. Mastrandrea, T. E. Bilir, M. Chatterjee, K. L. Ebi, Y. O. Estrada, R. C. Genova, B. Girma, E. S. Kissel, A. N. Levy, S. MacCracken, P. R. Mastrandrea, and L. L. White (eds.)]. Cambridge University Press, Cambridge, United Kingdom and New York, NY, USA.

9. McDonough, W., & Braungart, M. (2002). Cradle to cradle: remaking the way we make things. New York, North Point Press.

10. OECD. (2014). OECD Better Life Index, environment index. Available at http://www.oecdbetterlifeindex.org/topics/environment/.

11. Pruss – Ustun, A., Corvalan, C., & World Health Organization. (2006). Preventing disease through healthy environments: Towards an estimate of the environmental burden of disease. Geneva: World Health Organization.

12. Stahel, Walter R. (1982) "The Product – Life Factor", a winner of the 1982 Mitchell Prize, Houston Area Research Center (HARC), The Woodlands, TX. Published in: Orr, Susan Grinton (ed.) (1983) An Inquiry into the Nature of Sustainable Societies: The Role of Private Sector.

13. UNEP. (2007). UNEP Global Drinking Water Quality Index Development and Sensitivity Analysis Report, Burlington, Ontario, Canada.

14. van Donkelaar, A., R. V. Martin, M. Brauer, R. Kahn, R. Levy, C. Verduzco, and P. J. Villeneuve. (2010) Global estimates of exposure to fine particulate matter concentrations from satellite – based aerosol optical depth. Environmental Health Perspectives 118 (6): 847 – 588.

15. World Bank. (2012). World Development Indicators 2012. Washington, DC. © World Bank. https://openknowledge.worldbank.org/handle/10986/6014.

16. World Economic Forum. (2014). Towards the Circular Economy: Accelerating the scale – up across global supply chains, World Economic Forum, Geneva.

17. World Health Organization. (2002). The World Health Organization Quality of Life (WHOQOL), available at http://www.who.int/mental_health/publications/whoqol/en/.

18. World Health Organization. (2014). Ambient (outdoor) air pollution data-

base, available at http: //www. who. int/phe/health_ topics/outdoorair/databases/cities/en/.

19. 《金砖国家联合统计手册》，中国统计出版社 2013 年版。

20. 李名升等："近 10 年中国大气 PM10 污染时空格局演变"，《地理学报》，2013 年第 11 期，第 1504～1512 页。

第7章
发展环保产业

董战峰　吴琼　璩爱玉　郝春旭[①]

本章主要分析环保产业与绿色经济之间的关系，目的是使读者对环保产业这一绿色经济发展中的核心产业部门有一个系统深入的了解。本章包括三节内容，其中7.1节介绍环保产业兴起的背景以及对绿色经济、贸易和就业的影响；7.2节介绍环保产业的定义、分类和统计；7.3节展望世界和中国环保产业的发展现状、趋势和政策驱动力。

7.1　环保产业与绿色经济

7.1.1　环保产业兴起的背景

世界环保产业（这里笼统地指对环保有利的产业，详细定义见7.2节）的起源，可追溯到20世纪60年代中期。由于发达国家工业快速发展对资源的

---

① 董战峰：环境保护部环境规划院环境政策部主任助理，环境绩效研究室主任。主要从事绿色经济、环境战略与政策、环境规划等方面的研究。担任中国技术经济学会、中国环科学会绿色金融专业委员会等十余个国际和国内社会学术团体的理事。博士毕业于南京大学。

吴琼：环境保护部环境规划院助理研究员，负责与参与中国绿色经济路径、中国与欧盟环保产业统计的比较研究、中国生态文明实践经验研究等项目，主笔了“测算中国环保产业：基于环境货物和服务统计框架”等报告编写。2012年获加州大学圣巴巴拉分校环境科学与管理硕士学位。

璩爱玉：环境保护部环境规划院助理研究员，负责与参与中国绿色经济路径、环境经济政策后评估、稀土资源开发生态环境成本核算技术与环境损失评估研究等项目并撰写研究报告。2013年获得河海大学工学博士学位。

郝春旭：环境保护部环境规划院助理研究员，负责与参与中国绿色经济路径、国家环境绩效评估与管理、大气行动计划实施的投融资需求与影响研究等项目并撰写研究报告。2013年获得北京林业大学管理学博士学位。

开发利用达到了空前的规模和程度，工业污染物大量进入自然环境，超出了环境承载能力，造成了严重的环境污染。震惊世界的公害事件包括英国伦敦、格拉斯舒和美国多诺拉镇的烟雾事件，日本横滨和四日市的哮喘病事件，日本熊山县水俣市的水俣病事件，日本爱知县米糠油事件等。工业发展带来的副作用逐渐被人们所认识，民众反污染浪潮一浪高过一浪。发达国家开始意识到经济发展过程中需要对环境进行保护，从而促使了环境科学、环境技术和环境保护产业的产生和发展。可以说在一定程度上，环保产业的发展是伴随着环境问题的产生和变化而逐步发展起来的。

环保产业首先是从发达国家开始发展起来的，这与日益重视污染防治以及发展观念的绿色化和可持续转变息息相关。1989 年，联合国环境署在总结工业污染的概念和实践的基础上提出了清洁生产的名称，并正式推出了清洁生产的定义。此后，原来以末端控制为主的环境保护战略逐渐转移向以全过程控制为主的环保战略。在联合国的大力推动下，清洁生产的潜力逐渐被各国企业和政府所认可，进而催化了产业的环保化进程，促进了环保产业发展。20 世纪 90 年代，由于资源环境严重制约了经济的持续增长，传统的经济发展观开始逐步被可持续发展观替代，各国纷纷制定并实施可持续发展战略。在这样的背景下，环保产业在世界范围内进入快速发展阶段。然而，这只是发达国家的情况，发展中国家环保产业发展则较慢。

进入 21 世纪以来，环保理念逐渐盛行，绿色消费被社会各界广泛接受，这为环保产业的发展提供了良好环境。据统计，67% 的荷兰人、77% 的美国人以及 80% 的德国人表示在购物时会考虑环境因素（李纪武，2002），80% 的加拿大人和 85% 的瑞典人表示愿为环境清洁支付较高的价格，77% 的日本人只挑选购买有环保标志的产品（中国环保产业研究报告，2009）。人们普遍认为企业的环保形象影响产品的销路。绿色消费已经成为世界消费的普适原则和标准。这股全球性的绿色消费潮无疑大大刺激了环保产业的发展。许多国家也将环保产业作为调整经济结构和促进经济增长的最重要措施之一。

7.1.2 环保产业对绿色经济和贸易的影响

首先，从整个经济层面看，绿色经济理念中很重要的一点是以环保促经济。环保产业将这两方面有机地结合起来，是绿色经济不可或缺的推手。环保产业的迅速发展，使这只手变得十分有力。目前环保产业已成为世界上最大的产业门类之一。经济合作与发展组织（以下简称经合发组织）的研究表明，环保产业技术已与生物技术和通讯技术并列为当代最具发展潜力的三大技术领域。全球环保产业的市场规模庞大，增长迅速。1996 年全球环保产业的市场规模已经达到5400 亿美元。2000 年环保产业市场增长约 14%。2011 年全球环保产业规模增至6000 亿美元，年均增长率远超过全球经济增长率。环保产业已成为全球经济的重要组成部分（中国环保产业研究报告，2009）。在各国环境保护和绿色发展政策的驱动下，环保产业在全球范围内可成为推动绿色经济发展的支柱产业，其对经济发展的拉动作用不可低估。一方面，环保产业的发展为国民经济发展带来了新的经济增长点，并有助于提高经济增长的质量；另一方面，环保产业的发展可带动其他行业和部门的发展，提升产业国际竞争力。

环保产业对各国国内生产总值的贡献也在不断增加。根据欧盟统计署的研究，2000～2011 年，欧盟范围内单位 GDP 中环境货物与产品的产值增加了50%，净增加值占 GDP 的比重从 2000 年的 1.6% 增加到 2011 年的 2.0%（Eurostat，2014）。美国的环保产业总规模从 1988 年至 2008 年扩大了 2203 亿美元，年增长率达 6.2%（赵喜亮，2012）。中国的环保产业自 20 世纪 80 年代经历了从无到有、从小到大的过程。根据《“十二五”节能环保产业发展规划》，2010 年中国节能环保产业总产值约为 2 万亿元，从业人数约为 2800 万人，年均增长率为 15% 以上。据统计，2011 年中国环保产业收入总额近 3.1 万亿元，已形成若干个具有比较优势和特色的环保产业集群，涌现出了一批如龙源、桑德、凯迪等年产值超过 10 亿元的现代化环保企业（环境保护部等，2014）。预计到 2015 年，全国节能环保产业总产值将达到 4.5 万亿元，增加值将占国内生产总值的 2% 左右。

节能环保产业对于推动产业升级和发展方式转变，实现绿色转型，也具有十分重要的意义。过去 8 年间，中国的环保产业年均增速超过 20%，远高于 GDP 的增速。此外，由于环保产业的进入门槛并不高，大多属于劳动密集型产业，环保产业具有很强的就业拉动功能，大力发展环保产业，可以提供大量的就业机会。由于环保产业对国民经济系统具有广泛的渗透性，与其他产业之间具有全方位、多层次的关联作用，产业链长、关联度大，它的发展拉动了其所渗透的相关产业的发展，并通过相关产业发展的连带效应，带动整个经济系统的技术升级和产业结构的转型。据统计，环保投入对其他相关产业的放大倍数为 8～10 倍（王金南，2011）。

其次，从国际贸易角度来看，有不少环保产业是围绕着环保设备贸易、资源利用产品贸易以及环保服务贸易展开的。目前，发达国家环保设备市场基本接近饱和，供大于求，服务业占市场的份额已经接近 70%。在这样的背景下，环保设备产业贸易开始转向发展中国家，其中水处理设备和大气污染治理设备是发展中国家环保设备的主导产品（中国环保产业研究报告，2009）。2011 年，美国对中国共出口水和废水类产品为 73 项，出口总额为 13.58 亿美元。自 2004 年来，这类产品出口额占其环境技术产品出口额的比例一直维持较高水平，且增长幅度较大。

绿色食品的贸易发展也非常迅猛。在欧洲几个国家相继发生口蹄疫和疯牛病后，人们开始对无污染、无公害的绿色食品日益青睐，绿色食品逐渐已成为国际贸易的主流。所谓绿色食品，一般认为是指遵循可持续发展原则，按照特定生产方式生产，经专门机构认定，许可使用绿色食品标志商标的无污染的安全、优质、营养类食品。在国际上，有机食品是目前对无污染天然食品较为统一的提法，也叫生态食品、生物食品，是指来自于有机农业生产体系，根据国际有机农业生产要求和相应的标准生产加工的并通过独立的有机食品认证机构认证的一切农副产品及其加工品。如今，有机食品已经成为人们追求的目标。据统计，1999 年，美、日、德等 10 国的有机食品、生态食品、自然食品的贸易额达到 200 亿美元，而 2010 年的贸易额猛增到 1 000 亿美元，从国际需求方面看，有机食品已成为发达国家的消费主流（中国经济信息网），德国、荷兰、英国、美国每年进口的有机食品分别占有机食品消费总量的 60%、60%、70%、80%（中国供销合作网，2013）。

需要指出的是，在绿色贸易中，环保技术研发和环保标准设定成为环保产业突出的竞争内容，并以占领世界环保产品市场份额为目的，以争夺环保技术制高点为中心的国际竞争已拉开序幕。1994 年后，国际贸易开始与“环保标准”结合起来，环保标准已成为国际贸易往来的一种筹码，在许多情况下它可变成新的贸易壁垒（中国经济网，2006）。一些发达国家利用经济水平差距造成的不同环境标准，一方面加紧掠夺发展中国家的资源初级产品，同时把污染企业转移到发展中国家，使发展中国家的环境问题进一步恶化，另一方面又极力将环境问题与经济问题挂钩，把环境问题作为新的贸易壁垒，从而抵消发展中国家在资源与廉价劳动力方面的比较优势（东方法制网）。例如，欧盟的 OKO（生态纺织品标准 100）中对服装和纺织品中的某些物质含量要求高达 PPb 级，这无疑给发展中国家的纺织出口贸易造成很大的难度（尤明清，2003；周杰，2005）。

7.1.3 环保产业与就业

从就业角度看，环保产业的发展，如节能绿色产业、生态恢复工程、环境基础设施建设等创造了许多绿色岗位。据联合国环境规划署的统计，近 10 年来，直接从事环保工作的员工增加了 1 340 万人，增至 1 800 万人，而间接服务于环保方面的员工则增加了 4 500 万人，增至 5 500 万人，其中，垃圾回收、处理、加工和营销部门吸收就业人数增长最快，平均每年增长 25% ~30%（商机网，2009）。截至 2011 年，中国环保产业从业单位 2.4 万家，从业人员 319.5 万人（环境保护部等，2014）。

环保产业蕴藏着巨大的就业潜力，很多国家纷纷采取措施，开发绿色发展项目，以刺激绿色消费和创造更多的绿色就业。联邦政府计划，自 2009 年后，未来 10 年内，将大举发展太阳能、风能和生物能源等，共投入 1 500 亿美元，由此可创造 500 万个绿色就业岗位。日本和韩国在环保产业及绿色项目中投入巨额资金，以创造就业机会和刺激经济增长，日本对环境友好型企业实行零利率的贷款政策，扩大绿色经济市场并创造了近 100 万个新岗位。韩国投入 380 亿美元发展一系列生态友好型项目（如绿色交通网络、绿色家庭计划以及清洁河流等），由此产生了 96 万个新就业机会（人民网，2009）。

中国目前正在实施的农村环境基础设施建设和生态修复工程等吸纳了大量的劳动力，创造了很多的绿色就业岗位。而联合国的研究证明，投资于自然保护领域或生态基础设施领域的经济回报和劳动就业的收益，要远远高于传统的汽车制造、钢铁、信息等部门（人民网，2009）。

关于绿色就业，第 6 章有比较全面的论述，这里不再赘述。

7.2 环保产业的定义、分类与统计

7.2.1 环保产业的定义

关于环保产业的称谓，不同国家略有不同。有的国家称之为环境产业（Environmental Industry），或生态产业（Eco - Industry），或环境货物与服务产业（Environmental Goods and Services Industry）（徐嵩龄，1997）。联合国的《综合环境经济核算 2003》手册中关于环保产业的定义被认为是目前覆盖面最

为完整、产业类别列示最为详细的定义，该定义指出环境货物和服务产业是由这样的活动组成，即所生产的货物和服务用于水、空气和土壤环境损害以及与废弃物、噪音和生态系统有关的问题的测量、预防、限制，使之最小化或得到修复；它包括降低环境风险，使污染和资源使用达到最小的清洁技术、货物和服务，同时也包括那些与资源管理、资源开采和自然灾害有关的活动（刘晓静，2007）。

中国对“环境产业”的称谓有污染治理产业、环保工业、环保产业、环境相关产业、节能环保产业等。不同的学者对环保产业内涵的认识差异也较大。有的学者将“环境产业”定义为“满足用户的环境需求并从而创造出经济价值的产业”（徐高龄，1997）。有的则将“环保产业”定义为“以实现环境可持续发展为目的所进行的各种生产经营活动”（袁明鹏，2002）。也有的则主张“将实现了清洁生产并能生产清洁产品的产业称作环保型产业”（罗天强，2002）。2004 年，中国原国家环保总局将环保产业定义为：“国民经济结构中为环境污染防治、生态保护与恢复、有效利用资源、满足人民环境需求，为社会、经济可持续发展提供产品和服务支持的产业。”它不仅包括在污染控制与减排、污染清理与废物处理等方面所提供的产品与技术服务，还涉及产品生命周期过程中对环境友好的技术与产品、节能技术、生态设计及与环境相关的服务等（国家环保总局等，2006）。这一定义在一定程度上反映出环保产业发展的阶段性，更多的是突显政府管理部门的工作需要，而不是根据产业的属性进行的科学界定。

7.2.2　环保产业的范围与分类

环保产业在常规的产业分类标准中是分散于各个传统行业中的，并没有统一的产品分类列表。目前国际上广泛采用的是欧盟统计署制定的环境货物和服务统计框架中的分类方法（以下简称 EGSS 统计框架），即按照产品属性划分为专项环保服务、单用途环境产品、改良品和环境技术，并根据活动类型的不同将其分类到不同的环境领域（联合国，2012）。

专项环保服务，指经济单位为出售或自用目的生产的专项环保和资源管理服务。

单用途环境产品，直接服务于环保或资源管理目的，且除了环保或资源管理目的外别无他用的（耐用或非耐用）货物或服务，如催化转化器、化粪池（包括维护服务）和可再生能源生产技术的安装（例如太阳能电池板）。

改良品，为了更“有利于环境”或“更清洁”而专门经过改进，因而其使用有益于环保或资源管理的货物。

环境技术，以环保或资源管理为其技术性质或目的的技术工艺、装置和设备（货物），以及方法或知识（服务）。环境技术可以划分为两类：

（1）末端（污染处理）技术，主要是为计量、控制、处理和修复/矫正污染、环境退化和/或资源耗减而生产的技术装置和设备，如污水处理厂、空气污染测量设备和高度放射性废物封存设施；

（2）综合（预防污染）技术，是与其他生产者所用的同等“普通”技术相比，污染性和资源密集度更低的、在生产过程中使用的技术工序、方法或知识，它们在使用时对环境的危害小于其他相关技术。

EGSS统计框架将环境货物和服务分为环境保护型和资源管理型两大类。其中，环境保护型根据欧盟统计署制定的环境保护活动分类体系（Classification of Environmental Protection Activities，CEPA）又分为八个小类，资源管理型根据资源管理活动分类体系（Classification of Resource Management Activities，CReMA）分为六个小类（Eurostat，2009），如表7-1所示。

表7-1 欧盟统计署提出的环境货物与服务分类

环境保护型	CEPA 1	大气与气候保护
	CEPA 2	废水管理
	CEPA 3	废物管理
	CEPA 4	土壤、地下水、地表水保护与修复
	CEPA 5	噪声和振动削减
	CEPA 6	生物多样性与景观保护
	CEPA 7	辐射保护
	CEPA 8	研发
	CEPA 9	其他环保相关活动
资源管理型	CReMA 10	水资源管理
	CReMA 11	森林资源管理
		11 A：森林区域管理
		11 B：森林资源的最小化索取
	CReMA 12	野生动植物群管理

续表

资源管理型	CReMA 13	能源管理
		13 A：可再生能源生产
		13 B：节能及其管理
		13 C：减少化石能源使用
	CReMA 14	矿产资源管理
	CReMA 15	研发
	CReMA 16	其他自然资源管理相关活动

中国于 1993 年、2000 年、2004 年和 2011 年开展了四次全国环境保护及相关产业基本情况调查，每一次产业调查的范围都有所不同，如图 7－1 所示。1993 年的环境保护产品主要为污染处理设备和部分污染监测仪器，随后逐渐加入了环境污染防治药剂材料、生态环境保护设备等。前两次调查包括自然生态保护，而 2011 年的调查将这一部分纳入环境服务业中统计。总体来说，随着中国环保产业结构体系的不断完善，环保产业调查的范围也逐步完善。2011 年环保产业调查内容涵盖环境保护产品、环境友好产品、资源循环利用产品的生产经营情况以及包括环境保护设施运营、环境工程建设等服务在内的环境服务业发展状况。具体分类见表 7－2。

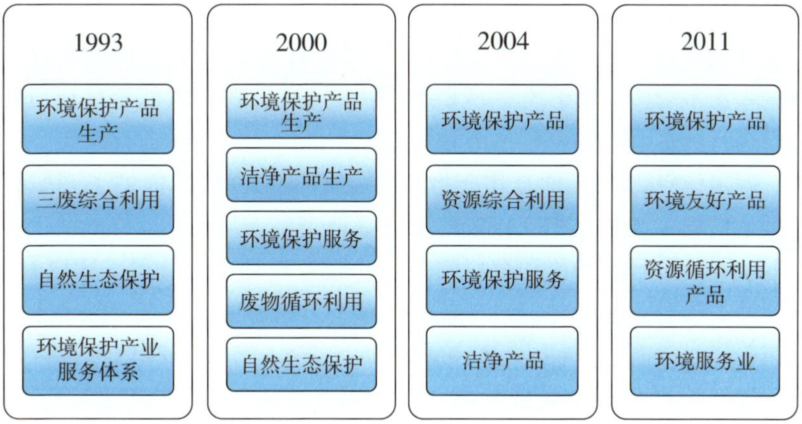

图 7－1　中国四次环保产业的调查范围

表 7－2　　2011 年中国环保产业调查分类（环保部，2011）

环保产业分类	主要内容
环境保护产品	环境污染防治、生态环境保护及资源循环利用的生产设备、材料和药剂、环境监测仪器仪表等
环境友好产品	经过有关国家级认证，且认证证书在有效期内的环境标志产品、节能节水产品及有机产品
资源循环利用产品	经国家、省级认定的资源综合利用产品，及虽然未经认定但已被列入《资源综合利用目录》的产品；符合国家发改委等 6 部门联合下发的《中国资源综合利用技术政策大纲（2010 年第 14 号公告）》相关要求的产品
环境服务	污染治理服务及环境保护设施运营服务，环境工程建设服务，环境技术研发推广服务，环境政策规划咨询服务，环境审计与审核认证服务，环境工程咨询服务，环境评估与评价服务，环境监理服务，环境教育与培训服务，环境信息服务，环境监测服务，环境贸易服务，环境金融服务，生态修复及生态保护服务，其他环境服务等

7.2.3　环保产业的统计

欧洲国家在环保产业统计方面处于较为领先的地位。1992～1996 年之间，经济合作及发展组织开展了多项研究并与欧盟统计局在 1999 年共同发表了《环境货物和服务产业：人工数据收集与分析》报告，该项成果被用于定义环保企业及环境领域的基本概念。2009 年欧盟统计署出版了《环境货物和服务部门数据收集手册》（以下简称《EGSS 手册》），旨在提供一套对环境货物和服务部门进行数据收集和整理的方法，包括对 EGSS 的内涵进行定义、明确统计范围、确定统计对象、推荐用于数据收集的框架，最终提供了一张标准化的、可供不同国家和地区相互比较的数据登记表格，从而可以将分散于各个行业和产业中的具有环境功能和效应的产品和服务进行整合分析。2012 年 3 月，联合国统计委员会通过了环境经济核算体系（环经核算体系）中心框架（System of Environmental－Economic Accounting，SEEA）作为一项国际标准，鼓励各国采用该框架进行环境经济核算，其中对于 EGSS 统计框架进行了专门描述，并将其作为核算环境货物和服务的国际标准。

目前，EGSS 统计框架主要在欧盟国家以及加拿大、澳大利亚等发达国家使用，尚未有发展中国家开展大规模统计活动。欧盟统计署在欧洲范围内已进行了三次大规模的数据收集活动。第一次试点数据收集于 2009 年开展，包括德国、法国、荷兰等在内的 10 个国家参与。随后，于 2011 年进行了第一次官方的数据收集活动，采取自愿原则，各国自主上报数据，并可根据本国情况适当调整数据收集方法。欧盟 28 个成员国中的 12 个参与了此次调查。最新一次数据收集于 2013 年开展。欧盟统计署下一步的目标是将 EGSS 统计常规化，每两年一次，涉及所有欧盟成员国、欧盟自由贸易区成员国以及欧盟候选成员国，并将 EGSS 纳入统计法律中，形成强制机制。

如前所述，中国对于环保产业最全面的统计活动是"全国环境保护相关产业基本情况调查"，分别于 1993 年、2000 年、2004 年和 2011 年开展，属于一次性专项调查，由环保部门牵头负责。但是该专项调查尚未纳入常规的统计报表制度中，而目前在常规的统计工作中也还未对环保产业统计予以系统性的关注。

7.3　环保产业的现状、趋势及政策驱动力

7.3.1　世界环保产业

为推动国民经济的可持续发展，世界各国也纷纷掀起了绿色革命的浪潮。许多国家正在以经济与环境相协调的可持续发展战略代替传统的工业发展模式。在这种背景下，环保产业的商品及服务市场在全球范围内迅速成长。

从世界环保产业发展趋势看（中国投资资讯网，2011），有五个特点。

第一，工业生产向绿色制造发展。为适应国际市场的激烈竞争和发展的新特点，世界各国工业界纷纷降低物耗能耗，积极推行清洁生产，以减少污染物排放。一些被称为"夕阳产业"的污染重的工业正在走向没落；而有利于改善环境的工业被称为"朝阳产业"，正在蓬勃发展。追求绿色已经成为全球性的时尚，美国、日本、加拿大以及欧共体国家都已投入全球性的绿色制造行动，并确定了各具特色和具有环境意识的绿色产品标志。

第二，农业经济向绿色经济变革。以世界农业为例，各国制订的"作物综合管理"计划，以及符合绿色产品要求的其他计划正在实施和完善中（中国投资资讯网，2011）。

第三，科技发展向绿色科技变革。绿色科技（包括节能技术、新能源开发技术、无害或低害工业新技术、有害废物处理技术、资源综合利用技术、资源替代技术等）受到了工业界和科技界前所未有的重视，已经成为当今国际社会发展的一种趋势。各国纷纷投入大量的人力、物力进行开发研究。如美国每年投入 10.55 亿美元用以发展生物高科技产业，每年有 50 余种生物高科技产品问世，生物高科技产品群和产业群已形成雏形。

第四，消费取向朝绿色商品转变。绿色商品是指那些符合从生产到使用、回收处置的整个过程特定的环保要求、对生态环境无害或损害极小，并有利于资源再生回收的产品（中国投资资讯网，2011）。目前，“生态角”、“自然服”和“生态服”成为欧美、日本等地的流行时装，而在日本，许多百货公司和超级市场争相开辟了专营绿色商品的“生态柜”。

第五，国际贸易向绿色经济倾斜。在国际贸易上，保护环境越来越成为一个重要准则。2004 年，国际标准化组织正式颁布了 ISO14001（环境管理体系——规范及使用指南规范）和 ISO14004（环境管理体系——原理，体系和支撑技术通用指南）两项标准。这些标准受到世界各国的高度重视，许多国家正在积极实施准备相应国家标准，以适应国际潮流，加快与 ISO14000 国际环境标准接轨。

从主要国家看，美国、德国、法国、加拿大和日本等发达国家是全球环保产业的主导国家。截至 2011 年底，全球环保市场份额中，美国占据 36%，居第一，欧洲次之，日本排名第三（中国情报网，2013）。然而，发达国家的环保产业市场正趋于饱和，增长速度放慢；相反，发展中国家的环保市场正处于起步阶段，增长速度逐步加快，近年来环保市场增速一直保持在两位数（山东省商务网，2008）。在由发展中国家引领的经济复苏过程中，发展中国家市场对于环保产业的增长也起到了积极和有效的带动作用（《中国环保产业研究报告》，2009）。

1. 美国环保产业发展现状

20 世纪 70 年代以来，美国的环保产业得到了长足的发展。1997 年，美国环保产业规模为 1 777 亿美元，2004 年达到 2 039 亿美元，2008 年美国环保产业增至 2 139 亿美元。目前，美国环保产业规模巨大，占全球环保总产值的 1/3。环保产业的高速增长极大地带动了美国国民经济的发展。美国 2010 年，环保产业产值占 GDP 比重为 2.07%，达到 2 985 亿美元（《时事报告》，2013）。当前美国环保产业企业接近 15 万家，提供了约 200 万个就业岗位

(ISTIS，2010)。目前美国环保产业呈现出成熟工业的特征：增长速度减缓、同行竞争激烈、客户需求多样、价格竞争激烈、利润减少、企业兼并频繁(《中国环保产业研究报告》，2009)。

专栏7.1 美国环保产业概况

美国的环保产业主要分为三类：环境服务类、环保设备类和环境资源类。从整体上看，美国环保产业在环境服务业的多数领域具有较强的竞争力，环境服务类产值占美国整个环保产值的50%。在环境服务类中，废水处理工程和固体废物管理、提供与工程项目相关的三废处理设备、供水和废物回收等，是环保产业稳定的收入来源。美国环保产业最主要的出口领域是环保设备类，其出口额占美国整个环保产业出口额的一半以上，比另两类的出口额之和还多。而在环保设备类中，占美国出口额比例较大的是向其他国家提供废水处理设备和仪器、提供环境咨询等服务及废物回收利用和清洁能源开发等种类。环境服务类提供的就业机会占美国整个环保产业出口额的52%，是美国环保产业中提供就业机会最多的领域，其中，废水处理工程、固体废物管理、三废处理设备生产、环境咨询服务、供水、回收废物、环境修复等行业提供了较多的就业机会(陈吕军，2002)。

美国环境保护产业发展具有4个明显趋势：(1)环境法规和政策日趋完善，市场机制作为推动环保产业发展的手段越来越受到重视；(2)传统的终端治理的技术创新被在生产线始端的污染控制和污染减少的技术创新所取代；(3)环保产业发展与经济发展转型与增进就业水平的关系结合得越来越紧密；(4)环保产业概念日趋扩大化，包括了各类技术和各种产品(《中国环保产业研究报告》，2009)。

2. 德国环保产业发展现状

德国是世界环境保护做得最好的国家之一。德国环保产业主要集中在以保护环境为目的的设备生产厂家及提供相关商业服务的厂家(《中国环保产业研究报告》，2009)。目前，德国的环保技术和产品在国际上处于领先水平。2002年，德国占据世界环保产品市场的1/5，而美国和日本分别占16%和13%(王珺红，2012)，德国已成为环保产业的出口大国，它的环保技术贸易额占世界总贸易额的1/6。环保产业已经成为德国经济的增长点。截至2010

年底，德国环保产业产值占 GDP 比重为 1.9%，达到 625 亿美元。目前，德国环保企业有 1.1 万多家，环境市场从业人员为 140 万人，约占总就业人数的 4%（《中国环保产业研究报告》，2009）。

专栏 7.2 德国环保产业发展概况

在西方工业国家中，德国的环保工作较为出色。20 世纪 40 年代以后，由于急于发展经济，环境保护被忽视，这导致联邦德国在 20 世纪 80 年代中期发生了一连串环境污染的灾难，自然环境急剧恶化，民众深受其害。由此，联邦政府不得不耗费巨资来治理环境污染。政府提出“预防为主；对肇事者追究责任；政府与企业、公民合作，共同保护”的三项原则，采取多种方法增加环保投入，包括国家投资、企业集资及提高各种收费标准等，这些资金大部分用于环境科学研究与技术开发、监测环境指标和治理环境污染能力以及提高环境风险防控等方面（《中国环保产业研究报告》，2009）。

德国是全球环保技术领先的国家，不仅广泛宣传推广环保技术应用，更是采用政策性补贴推进新能源、节能技术的大规模应用。德国政府一直致力于在民众中普及节能观念。例如，在德国，计算日常生活中节约的能源数量、减排的二氧化碳量已成为许多德国人生活中的重要组成部分，就如同减肥的人计算卡路里一样。除推广节能观念外，德国政府还鼓励并扶持各种节能减排措施，例如对发展太阳能、风能、生物能等新能源提供补贴。在德国，传统火力发电厂的生产成本每千瓦时仅有 3—5 欧分，而为了鼓励新能源的发展，政府对风能发电和太阳能发电的补贴额分别达到每千瓦时 8.5 欧分和每千瓦时 48 欧分，并且政府保障所有新能源发电可以随时入网（《中国环保产业研究报告》，2009）。

目前，德国环保产业涉及社会经济的多个方面，如无公害食品行业、废弃物处理和再循环、土地、大气和水污染治理、环保产品和环保生产工艺开发。德国将环保产业重点投资在有关环保设备的制造、可再生资源的回收利用以及提供环保技术服务等方面，其中，可再生资源的回收利用和处理已成为德国经济中的一个重要产业，每年营业额约 410 亿欧元，创造约 20 多万个就业机会，尤其是德国建立的二元系统公司（DSD），是可再生资源回收利用方面的一个非常成功的典范（王珺红，2012）。

3. 日本环保产业发展现状

日本政府是在经历了经济发展导致环境质量日益恶化并出现许多公害事件后，才开始认识到环境保护的重要性并采取了一系列环境保护措施，且取得了成功。其中环保产业给日本的社会和经济带来的贡献引人注目，如地区产业的活化，就业机会增加和环境保护等。1997 年日本环保产业产值达到 1529 亿美元，从业人员有 60 万人。20 世纪 90 年代中后期日本环保产业产值的年均增长率为 13%。2001 年日本环保产业市场约为 32.1 万亿日元。到了 2010 年，日本环保产业的产值增至354 亿美元。在日本，每年加入环保产业的企业约有 3 000 家，并持续增加，环保产业的项目超过 800 种，环境市场从业人员为 76.9 万人（马恒，2011）。当前日本的环保产业已经进入市场机制引导下的自律发展阶段，环保产业的市场需求也从政府强制执行转为社会需要，环保产业的发展由从针对特定的污染型产业转向针对大气污染的相关装置的开发和运用、节能技术的开发及材料制造、燃料电池技术的推广和运用方面（《中国环保产业研究报告》，2009）。

专栏7.3　日本环保产业概况

日本将环保产业分为三大类：第一类是保全型环保产业，包括酸雨防治、温暖化防治、减少氟利昂、水污染防治、海洋污染防治、废弃物关联、土壤污染防治；第二类是服务性环保产业，包括环境信息服务、环境咨询业、环境评估；第三类是循环利用型环保产业，包括修理（如汽车维护、道路维护等）、再利用（如旧办公机器、旧建筑机械交易事业等）、再生利用（如玻璃瓶、食品废弃物、废车等）。日本环保产业的发展也主要围绕这三类产业开展的。在三类环保产业中，循环型环保产业是日本主要投资对象，据调查，2002 年，日本废弃物再生利用产业的市场规模约为 21 万亿日元，雇佣规模达到 57 万人（《中国环保产业研究报告》，2009）。

日本非常重视环境保护科学技术的发展，不仅大力加强本国环境保护技术的研发，也非常注意引进国外技术。日本输出的相当一部分环保产品最初是源于美国的技术。但近二三十年来，日本在环境保护技术方面取得了突飞猛进的发展，一部分项目已超过一直处于领先地位的美国。日本在短时间内不仅降低了工业污染程度，而且发展了低成本、高效益的新型污染治理技术，创造了节约能源和其他资源的全新低废生产工艺流程，形成了一支有竞争力的生产环保设备的企业。由于日本环保技术的先进性，其环保技术和环保设备输出很快地发展起来。目前，日本的环保技术已同电子技术和汽车技术并列为世界三大先进技术。未来日本环保产业的发展有两大趋势，一是更加重视洁净产品的设计与生产，包括绿色汽车和运输设备、节能产品和生物技术等；二是高度重视通过竞争与协调建立国际市场来输出日本的环保技术、成套设备及其附属设备（《中国环保产业研究报告》，2009）。

7.3.2 中国环保产业

中国环保产业起始于20世纪70年代，至今已有30多年的历史。目前，环保产业已经成为产业门类比较齐全并具有一定经济规模的产业体系。中国环保产业的主体是环保产业产品生产、洁净产品生产和环境保护服务。由于政府的重视、逐年增加的环保资金投入以及环保市场的潜在需求，进一步加快了中国环保产业发展的速度。据统计，2000年，中国环境保护相关产业从业单位18 144个，其中企业单位14 223个，事业单位3 921个，从业人员总数为317.6万人，其中企业单位从业人数202.3万人，事业单位从业人数115.3万人，年收入总额为1 689.9亿元。到2011年，中国环境保护相关产业从业单位23 820个，较2000年增加了31.3%，从业人员达到319.5万人，年营业收入达30 752.5亿元（《2000年全国环境保护相关产业状况公报》、《2011年全国环境保护相关产业状况公报》）。然而同发达国家相比，中国环保产业仍处于产业成长期。中国环保行业投资主要以政府财政支出为主，环保行业的收入和利润受国家和地方政府的财政政策影响很大。环保产业发展过程中存在的主要问题有：（1）环保企业规模小、数量多，环保产业结构和布局不合理；（2）尚未形成规模效应，缺乏市场竞争力；（3）技术开发能力弱，产品技术含量低，环保产品国际竞争力不强；（4）投资主体不明确，环保资金投入不足；（5）市场需求被动、政府作用较大，尚未形成企业公平竞争的市场环境。

当今的国际环境给环保产业带来巨大的机会，中国的环保产业将向更为广泛的范围扩展，市场的需求量也将大幅度增长。为满足中国环境保护工作在持续的节能减排、改善生态环境质量、产业结构优化升级、发展方式转变、建设资源节约环境友好型社会，以及应对全球环境问题等方面的迫切需求，国家必须采取下列综合措施大力促进环保产业的发展（王金南，2011）。

第一，污染防治。大气污染防治方面，重点发展火电、钢铁等行业脱硫脱硝除尘技术与设备，发展有机废气治理技术和设备、饮食业油烟污染控制技术、室内空气净化新技术以及机动车排气污染治理技术等。水污染防治方面，重点发展生活污水处理、污泥处理处置及资源综合利用技术与设备，有机化工废水治理与重污染行业废水回用和近似零排放技术，高效固液分离技术装备、催化氧化、臭氧氧化技术及装置，地下水污染检测方法、修复设备的开发、修复试剂的投放方法及其效果评估。固体废物处理与处置方面，重点发展工业废渣高效综合利用技术，危险废物安全填埋与焚烧技术及焚烧飞灰的处理利用技术，生活垃圾分类收集技术、处理、堆肥及卫生填埋技术，废弃物无害化、减量化和资源化处理处置技术与设备，污泥沼气发电成套技术装备等。噪声与振动控制方面，重点发展大型高噪声企业的低噪声与室内低频噪声识别的设备研究与开发，大面积、多声源企业噪声、室内建筑服务设备的振动及各类高效率工业噪声振动控制技术，符合新的国家标准要求的建筑隔声材料和结构，建筑声学设计施工中应用的新型吸声材料等（王金南，2011）。

第二，生态保护。自然生态系统保护方面，重点发展天然林保护、天然草原植被恢复、退耕（牧）还林（草）、退渔还湖、防沙治沙、水土保持和防治沙漠化等生态治理，红树林、滨海湿地和珊瑚礁等海洋海岸带生态系统保护工程，以及小流域治理工程。资源开发的生态恢复方面，重点发展针对矿山、取土采石场等资源开发区、地质灾害毁弃地和塌陷区、大型工程项目建设区的裸露工作面开展的生态恢复与土地复垦工程。自然保护区建设方面，重点发展重要生态功能区（包括水土保持区、防风固沙区、洪水调蓄区、水源涵养区等）、在国家重点野生动植物集中分布区域及自然遗迹地建立自然保护区。

第三，农村环境综合整治。村庄环境综合整治方面，开展村庄生活垃圾和生活污水处理设施建设、环境优美乡镇和生态村建设。农村面源污染控制方面，研究与推广环境友好型农业生产技术，发展农业生产资料的合理使用、秸秆综合利用以及绿色食品生产技术，建设有机食品生产基地。综合防治土壤污染方面，重点发展土壤污染治理、修复与评估技术，建设土壤污染综合治理示范工程。防治畜禽和水产养殖污染方面，研究并制定促进畜禽养殖废弃物综合利用及产业化的经济技术政策，推广健康养殖技术，建设畜禽养殖污染防治示范工程，推广健康养殖与规模化养殖技术，发展畜禽养殖、水产养殖污染防治与畜禽粪便资源化利用技术。

第四，环境服务。重点发展环境咨询服务，推进环境影响评价、清洁生产审核、环保产品和环境管理体系认证、环境规划。发展环境工程技术咨询服务，推进环境工程咨询、设计与总承包等领域。发展环境污染治理设施运营服务，推进城市污水、城市垃圾、危险废物处理设施运营管理，以BOT、TOT模式建设的环境污染治理设施运营管理。发展环境监测服务，推进污染源污染物排放在线监测，环境工程建设运营委托监测，环保产品性能质量检验测试，企业污染治理设施运行效果和达标验收委托监测，区域发展与建设项目的环境影响评价监测。

第五，清洁生产与能源资源利用。清洁生产与生态工业方面，开发和推广先进适用的资源开采技术、工艺和设备，重点行业减量化、再利用、资源化清洁生产工艺技术和装备，企业废物“零排放”和绿色再造技术，建立清洁生产信息系统和技术咨询服务体系。资源综合利用方面，重点推进共伴生矿产资源的综合开发利用、工业废物综合利用和再生资源回收利用，推进秸秆综合利用、农膜回收利用和节肥、节药技术。节能方面，重点开展重点耗能行业节能、交通运输和农业机械节能、新建住宅和公共建筑节能、商业和民用节能，开发和推广材料、水等载能体的节约和替代技术，推广组织先进、成熟节能新技术、新工艺、新设备和新材料源。节水方面，推进城市节水、农业节水和节水技术改造，推广和普及节水技术。开发利用海水、再生水、矿井水、雨水等非常规水源利用。

7.3.3 影响环保产业发展的因素与政策

政府制定并实施相关法律法规、规章制度、环保标准、政策文件来引导、推动环保产业发展。第11章专门介绍了绿色经济政策。本章节重点针对环保产业的发展讨论一些相关的政策。

1. 法律法规

严格的法律法规能够使得企业关注环保问题，自觉开展环保工作，为规范、促进环保产业发展提供良好环境。美国国会自20世纪70年代以来颁布实施了30余部环境相关法律，涵盖了水资源保护、大气污染治理以及废物管理等方面，创新性地推动了环保产业政策的发展。美国环保产业迅速成为盈利性产业，离不开美国的环保产业政策扶持与激励机制。中国将环境保护列为基本国策，实施“以预防为主、谁污染谁治理、强化环境管理”的三大环境保护政策，为环保产业发展提供了政策依据。环境影响评价制度、“三同时”制度、排污收费制度、环境保护目标责任制、城市环境综合整治定量考核制度、排污许可证制度、污染集中控制制度、污染限期治理制度这 8 项环境管理制度直接促进了环保产业的发展。此外，中国政府关于环境保护颁布实施了一系列的环保政策法规，诸如《大气污染防治法》、《清洁生产促进法》、《可再生能源法》、《循环经济促进法》、《节能减排低碳发展行动方案》、《大气污染防治行动计划》、新《环境保护法》等，鼓励引导环保产业发展。日本颁布实施了《循环型社会形成推动基本法》、《废弃物处理法》（修订）、《资源有效利用促进法》（修订）、《建筑材料循环法》、《可循环食品资源循环法》、《绿色采购法》6 部法律规范环保及循环经济发展。

制定、发布与实施国家污染物排放标准是试点环境保护与经济增长协调发展的重要路径。中国自 2006 年以来制定与修订了 59 项国家污染物排放（控制）标准和国家放射性污染防治标准，覆盖了火电、钢铁、化工、制药、核电等诸多领域[①]。这些标准的制定与实施，能够有力地促进经济发展方式的转变。截至“十一五”末期，中国累计发布环境保护标准 1 494 项，现行标准 1 367项，水环境、空气质量、土壤、核与辐射等各个方面均有涉及，并形成了“两级五类”的环境保护标准体系。“两级”指国家、地方两级环境保护标准，“五类”指国家和地方环境质量标准、国家和地方污染物排放标准、国家环境监测规范类标准、国家环境基础类标准以及国家管理规范类标准。自 2010 年以来，中国累计制定并发布 584 项国家环保标准、89 项地方环境质量标准和污染物排放标准依法备案[②]。

总体上看，尽管中国政府在环保产业发展的法律、法规、标准方面已经开展了不少工作，取得了很好的成效，但是还存在很多突出的问题需要尽快予以解决。一是环保产业法律法规不健全，特别是专门面向环保产业发展的法律法规还比较缺乏；二是环保产业统计工作非常弱化，环保产业统计制度亟待建立；三是环境保护标准科学性不强，部分标准已过时；四是由于环保相关法律、法规不健全，环保执法力度不强，造成许多企业缺乏增加污染治理投资的动力。

2. 市场激励政策

市场激励政策不仅引导环保和培育产业市场的形成，也可以有针对性地支持、引导环保产业发展，解决环保产业发展过程中遇到的困难，如资金短缺、

① “‘十一五’环保科技工作巡礼”，《中国环境报》，2012 年 3 月 29 日。

② 环境保护部：《国家环境保护标准“十二五”发展规划》，2013 年 2 月 17 日。

技术水平低、潜在的环保产业市场难以转化为现实市场等。美国政府从 20 世纪 80 年代初将税收手段引入环保产业，到目前为止，已经形成了相对完善的环境税收政策体系，其中包括征收与减免环境税等政策。固体废物处理税、噪音税与垃圾税等环境税、资源开采税等环境税是目前美国征收的主要税种。美国在收税的同时也通过减免税费的形式鼓励开展环境保护行为。日本政府对发展节能环保的企业，实施倾斜性的产业政策，诸如国家预算补贴政策、政府低息融资政策、税收优惠政策等。从实施效果来看，这些政策激励了企业的投资热情，激发了企业的环保积极性。

中国在利用经济激励政策方面也做了许多工作，颁布实施了《产业结构调整指导目录》、《关于落实环保政策法规防范信贷风险的通知》、《当前国家鼓励发展的环保产业设备（产品）目录》、《资源综合利用目录》、《国家重点节能技术推广目录》、《清洁生产技术目录》、《关于环境污染责任保险工作的指导意见》、《环境保护、节能节水项目企业所得税优惠目录（试行）》、《环境保护专用设备企业所得税优惠目录》等政策文件，通过实施税费、信贷等优惠政策，推动环保产业的发展。此外，中国还实施了政府绿色采购、财政以奖代补、上市环保审查、环保风险信贷、排污收费以及排污权交易、脱硫脱硝电价补贴等经济政策。这些政策能够拓展环保产业的市场空间。

从中国目前的发展来看，环保产业配套市场经济激励政策缺位、不到位问题还十分严重。完善环保产业发展的经济激励政策是中国培育环保产业市场下一步要重点开展的工作，主要包括：依照环保法律法规严格治理环境污染，并加大环保投资力度，完善与创新投资、补贴、税收等金融政策；对环保企业减免收税，对环保产业中盈利甚微的企业予以银行贷款贴息制度，鼓励企业进入环保市场；对收益见效较慢的项目，设置宽限期或特许期，在宽限期或特许期内给予免税优惠。

3. 环保技术政策

环保技术政策是指鼓励企业研发新技术、新设备、新产品的技术政策。各国通常的做法是通过完善技术标准、技术政策来支持环保技术的研发与创造，引导环保产业技术升级。美国自 1995 年以来颁布实施了《国家环境技术战略报告》、《美国气候变化科学计划的战略规划》等一系列文件，以推动与加速环保技术革新，进而促进环保产业发展。2001 年以来，中国出台了《医疗废物集中焚烧处置工程技术规范》等 73 项工程技术规范，针对部分重点行业重点领域污染不断恶化的趋势出台了 31 项污染防治技术政策，新增与修订了 90

多项环境保护产品技术要求和 100 多项环境标志产品技术要求[①]。

对中国而言，通过产业创新驱动环保产业发展是未来环保产业发展的基本方向。遵循市场经济体制发展要求，建立经济手段与行政手段并用，经济手段为主的环保产业发展机制，促进环保产业市场化进程，创新环保产业发展模式，使之成为拉动经济发展的新动力。此外，要进一步加强促进技术研发、创新的政策制定。环保技术是环保产业发展的基础。目前，中国环保技术还比较薄弱，影响与制约着环保产业的发展水平。中国政府需要加大环保技术研发的投资力度，鼓励引导企业提高环保技术研发资金额度，鼓励环保企业与科研院校机构合作，开发与应用环保技术，并加速科技成果转化，提高资源利用效率。

4. 环保产业统计制度

建立科学、完善的环保产业统计制度是环保产业健康发展的重要基础，可为各国制定相关产业政策提供重要的数据支持。

第一，需加强部门之间的协调配合，做好环保产业统计的组织机构保障。由于环保产业统计通常涉及多家职能机构的管理范围，在进行统计活动时，需要各家单位连同地方各级行政单位以及企业的积极协调与配合，才能保障统计活动的顺利开展。

第二，加强能力建设，做好环保产业统计配套保障措施。一方面，加强宣传与培训环保产业统计工作，培养各级相关的统计人才，并提高企业进行环保产业统计的积极性，积极、广泛地配合有关部门收集环保产业数据。另一方面，研究出台相关配套政策文件和技术指南，为各级部门开展环保产业统计工作提供指导，保障环保产业统计工作的顺利开展。

第三，加强国际交流合作。欧盟一些国家和加拿大等发达国家已经在开展环保产业统计方面积累了丰富的经验，也建立了较为完善的环保产业统计体系，他们的经验对于其他国家开展环保产业统计工作具有重要的借鉴意义。发展中国家之间，也可互相沟通学习，分享经验。2012 年，中国在联合国环境规划署支持下，开展了将 EGSS 引入中国的尝试，并取得了很好的成效，后续要继续积极借鉴 EGSS 经验，加快完善中国的环保产业统计制度（UNEP, 2014）。

---

① 滕静、李宝娟：“‘十一五’期间我国环保产业市场发展状况”，《中国环保产业》，2010 年第 3 期，第 4 - 7 页。

5. 贸易政策

美国不仅是环保产业占全球份额最大的国家，也是全球环保技术、产品与服务的贸易大国[①]。美国极其重视与发展中国家的环境贸易，这是因为发展中国家具有广大的环保产业市场需求与发展潜力。通过帮助与扶持发展中国家设计环保方案，美国获得出口环保技术的市场与机会。墨西哥是美国最大的环保产业贸易伙伴，美国对其自来水供应和沿美墨边境的废水管理进行了包括基础设施建设等方面的改进。此外，美国环保技术在工业、商业中的清洁生产与可再生能源等方面也占据了主要市场。直接采购与技术转让是美国进入环保产业市场的主要方式，对发展中国家进行环保技术援助是美国采用的手段之一，环保技术援助没有为美国带来较大的出口增长，但是后续的技术服务与培训使其环保技术得以推广。美国政府一直致力于推进此事。美国通过这些环保贸易政策提供了大量的环境技术服务机会与劳务输出，在一定时期内使得其环保贸易能够雄踞全球市场[②]。

德国、瑞士等西方国家将环保产业作为其经济发展的战略性产业，国家出台相关补贴政策扶持环保产业发展，鼓励国际合作，促进环保产业贸易工作。德国、瑞士等西方国家外商直接投资（Foreign Direct Investment，FDI）中环保项目数量与投资总额逐年增加，一方面能够改善国际环境，另一方面能够促进环保产业贸易与世界经济的发展[③]。目前，中国政府对环保产业贸易还缺乏应有的足够关注，相关支撑政策也较不足，亟待建立与完善。

将来，熟悉并充分利用 WTO 规则是各国制定环保产业贸易政策过程中必须考虑的关键问题。对 WTO 各成员国而言，在制定环保产业贸易政策时，需紧密结合 WTO 规则要求来考虑。各国环保产业发展水平存在差异性，因此 WTO 允许各国采取合法手段对本国新兴产业进行合理保护。为了避免本国环保产业竞争力受开放的冲击过大，各国要充分利用 WTO 对环保产业的保护条款，依据《服务贸易总协定》，通过谈判方式，确定环境服务市场开放程度，依据各国国情制定差异性的保护措施，极大地保护与促进本国环保产业市场发

---

① 《2013 年全球环保产业发展现状》，中国产业洞察网，http：//www.51report.com/free/3004169.html。

② 刘嘉、秦虎："美国环保产业政策分析及经验借鉴"，《环境工程技术学报》，2011 年第 1 期，第 87－92 页。

③ 谭晶荣、张德强："对我国利用项目中环境保护问题的思考"，《国际贸易问题》，2005 年第 5 期，第 78－82 页。

展。对于中国政府而言，这是当下需要重点实施的一项工作。

思考题

1. 为什么说环保产业是绿色经济发展的核心产业部门？
2. 国际上环保产业的发展大趋势有哪些特点？
3. 如何通过政策创新来驱动环保产业的发展？

参考文献

1. Eurostat (2009). The Environmental Goods and Services Sector: A Data Collection Handbook. http://epp.eurostat.ec.europa.eu/cache/ITY_OFFPUB/KS-RA-09-012/EN/KS-RA-09-012-EN.PDF.

2. Eurostat (2014). http://epp.eurostat.ec.europa.eu/statistics_explained/index.php/Environmental_goods_and_services_sector.

3. 陈刚等："中美环境技术产品贸易分析"，《环境保护》，2013 年第 9 期，第 75～76 页。

4. 陈吕军："美国环保产业发展的现状"，《环境保护》，2002 年第 9 期，第 47～48 页。

5. 东方法制网：《解读：绿色化——应对绿色贸易壁垒及其思考》，2009 年。http://law.eastday.com/epublish/gb/paper163/905/class016300001/hwz574838.htm。

6. 环境保护部等：《2011 年全国环境保护相关产业状况公报》，2014 年。

7. ISTIS，《2009 年世界重点工业发展动态》写作组：《美国环保产业发展现状：2009 年度》，2010 年。

8. 联合国：环境经济核算体系中心框架，http://unstats.un.org/unsd/envaccounting/seearev/。

9. 刘鸿亮：《环保产业发展现状、趋势、问题分析及对策》，中国环保网，2005 年。http://www.cnep001.com。

10. 李纪武：《环保产业发展研究》，武汉理工大学博士学位论文，2002 年。

11. 罗天强等："对环保产业的再认识"，《中国环保产业》，2002 年第 8 期，第 25～27 页。

12. 刘晓静："中国环保产业定义域统计分类"，《统计研究》，2007 年第 8

期，第 22 ~ 27 页。

13. 马恒：《基于日本经验发展我国环保产业对策研究》，河北大学硕士论文，2011 年。

14. 人民网：《“绿色就业”大有可为》，2009 年。http：//paper. people. com. cn/rmrbhwb/html/2009 - 03/28/content_ 220802. htm。

15. 赛迪顾问股份有限公司：《中国环保产业研究报告》，2009 年。http：//www. ccidconsulting. com/。

16. 山东省商务网：《山东省环保产业现状及与美大区合作的对策建议》，2008 年。http：//www. shandongbusiness. gov. cn/index/content/sid/37012. html。

17. 商机网：绿色节能环保产业创造绿色就业岗位，2009 年。http：//www. 28. com/alfx/hb/n - 498671. html。

18. UNEP：“联合国环境规划署发布《衡量中国环保产业》报告，建议引入环保产业统计框架”，中国环保网，2014 年。http：//www. cnep001. com/news/detail - 20140613 - 13646. html。

19. 王珺红：《中国环保产业投融资机制及效应研究》，中国海洋大学博士论文，2008 年。

20. 王金南等：“国家环保产业‘十二五’发展战略与政策研究报告”，环境保护部环境规划院，2011 年。

21. 徐嵩龄：“世界环保产业发展透视”，《中国环保产业》，1997 年第 6 期，第 8 ~ 13 页。

22. 袁明鹏等：“关于我国环保产业的定义及发展对策的思考”，《中国环保产业》，2002 年第 2 期，第 46 ~ 48 页。

23. 原庆丹：“环保产业：未来国民经济新支柱”，《时事报告》，2013 年第 9 期。

24. 中国经济网：《世界环保产业发展的新态势》，2006 年。http：//www. ce. cn/cysc/agriculture/gdxw/200607/13/t20060713_ 7723401. shtml。

25. 中国经济信息网：《论国际贸易绿色化趋势、与促进环保型 FDI 的发展》，2011 年。http：//www. greenfood. org. cn/Html/2007 - 9 - 21/2_ 2437_ 2007 - 9 - 21_ 5601. html。

26. 中国情报网：2012 年全球环保产业发展现状分析，2013 年。http：//www. askci. com。

27. 中国投资资讯网：《世界环保产业发展趋势与我国环保产业思考》，

2011 年。http：//www. ocn. com. cn。

28. 赵喜亮等："中美环保产业对比分析研究"，《中国环保产业》，2012 年第 4 期，第 24～29 页。

第 8 章
创造绿色就业

程茜[1]

要搞绿色经济并使之产生经济、社会和环境的综合效益，离不开具备相应技能的劳动力以及社会保障体系的支撑。本章包括三节内容：其中 8.1 节介绍绿色就业这一概念产生的背景以及它的定义和衡量方式；8.2 节介绍绿色经济所面临的挑战和机遇；8.3 节介绍促进绿色就业的政策、案例和国际计划。

8.1 背景、定义和衡量方式

8.1.1 背景

1992 年的联合国环境与发展大会（即“里约会议”，又称“地球峰会”）已经认识到了就业在可持续发展中的地位。会议的成果文件《二十一世纪议程》要求各国“根据本国的要素禀赋，创造有报酬的就业和生产性职业机会，其就业规模应足以解决预期新增劳动力和积压劳动力的就业需求”（UN，1992）。但是，那次大会还没有把就业问题同环境问题结合起来看。

2005 年的世界社会发展首脑会议首次把充分就业和体面劳动定为一项全球目标。随后，就业指标还被纳入了千年发展目标。自此，除了就业之外，体面劳动在可持续发展中的地位也得到了认可。体面劳动指的是在自由、平等、安全和享有个人尊严的条件下，男人和女人从事充分的和生产性的工作。体面

[1] 程茜：国际可持续发展研究院项目经理和“地球谈判公报”撰稿人，参与主持国内外众多政府和研究机构合作的可持续发展政策研究项目，曾就职联合国国际劳工组织负责绿色就业项目。德国总理奖学金获得者，剑桥大学哲学硕士。

劳动是对所有劳动者基本权利的体现，主要包括促进和实施劳动领域的标准和基本原则；增加女性和男性的体面就业和收入的机会；扩大全民社会保护的覆盖面和有效性以及加强政府、工会和雇主三方协商机制和社会对话（ILO，2006）。但是，就业和体面劳动同环境问题之间的关系仍未被联系起来看。

2007年的国际劳工大会首次对劳动与环境问题之间的关系进行了深入探讨，并提出了“绿色就业”的概念。大会指出，“正是在工作场所中，可持续发展的社会、经济和环境三个层面才密不可分地联系在一起”（ILO，2007）。会议呼吁各方关注经济转型对劳动者的影响，认真对待“公平过渡”的问题。在这次大会上，国际劳工组织、联合国环境规划署和国际工会联盟启动了绿色就业倡议（国际雇主组织于2008年加入该倡议），鼓励各方在应对全球环境危机过程中要充分考虑就业、劳动力市场以及社会公正等问题，要创造机遇、促进平等，推动向可持续经济的公平过渡。这项倡议还动员政府、雇主和劳动者为实现包含绿色就业和体面劳动的绿色经济而开展对话，共同制定相关政策。

由于一些国家担心绿色贸易壁垒的抬头，2012年联合国可持续发展大会（“里约+20”）的成果文件《我们希望的未来》中没有使用“绿色就业”的字眼（绿色经济的说法也是在经历了激烈的辩论之后才得以幸存的——见第1章）。但是，大会的成果文件确立了体面劳动在可持续发展过程中的关键作用，强调必须把经济的可持续增长、加强社会融合、改善人类福利、创造就业机会和实现人人享有体面劳动等作为绿色经济的目标。因此，我们可以认为，“里约+20”成果文件中提到的绿色经济和体面劳动实际上已经包含了绿色就业这一概念。

8.1.2 定义

2008年9月，绿色就业倡议开始进入实施阶段，联合国环境规划署、国际劳工组织、国际工会联盟和国际雇主组织发布了题为《绿色工作：迈向可持续的、低碳世界的体面劳动》报告（UNEP，2008），分析了体面劳动和环境问题之间的关系。从此，“绿色就业”逐渐成为体现环境和劳动问题之间正向关系的代名词。报告介绍了绿色就业的定义、影响和需要严格遵循的环境和劳工标准。一个月之后，联合国环境规划署推出了“绿色经济倡议”，将“绿色就业”纳入到了绿色经济的倡议和研究中。这表明了绿色经济和绿色就业这两个概念之间的紧密联系（见专栏8.1）。

专栏 8.1 绿色经济和绿色就业的关系

2010 年中国人社部与广东省人社厅开展的绿色就业发展战略研究总结到，绿色就业是绿色经济发展的必然产物，是适应经济社会转型升级，实现可持续发展的必然要求。这是因为，就业本质上是一种经济关系和经济行为，受劳动力市场供求机制的调节，受产品市场的影响。产品供给的总量和结构、生产的技术和工艺、以及生产的组织方式等决定就业的数量、结构和就业模式。绿色就业就是在经济绿色化的过程中产生发展的，是绿色经济发展的产物，同时也是推动绿色经济发展的关键力量（游钧、张丽宾，2014）。

根据这四家机构联合发布的报告，“绿色就业”的初步定义为“在农业、工业、服务业和管理领域任何有利于保护或恢复环境质量的体面的工作岗位”。这个定义强调了就业的环境功能：（1）降低能源和原材料消耗；（2）控制温室气体排放；（3）减少废物和污染；（4）保护和恢复生态系统；（5）帮助企业或社区适应气候变化。报告指出，在绿色转型过程中，既会产生新的就业机会，也会有一些岗位被替代，而人力资源以及相关技能的短缺则可能会制约绿色经济的发展（UNEP，ILO，ITUC，IOE，2008）。需要指出的是，这个定义中提到的绿色就业同时也必须是体面劳动，即收入充足、有社会保障、劳动者权利得到尊重的工作。简言之，绿色就业是有益于环境的体面劳动。

除了上述四家机构对绿色就业的初步定义外，欧盟认为绿色就业是“包括所有依赖于环境的就业岗位或者是那些在向更绿色的经济转型过程中所创造的、有替代性的或被重新定义的就业岗位”（欧盟委员会，2012）。在大西洋彼岸，美国劳工部则分别从企业和劳动者的角度给绿色就业定义：即“那些有益环境或自然资源保护的生产和服务型企业所创造的就业或者是那些在生产流程中能够为所服务的企业或机构提供更为环境友好的或者资源节约的工作岗位”（美国劳工部，2013）。

国内一些专家学者对绿色就业也颇有研究。游钧、张丽宾等将绿色就业定义为劳动者所从事的有助于环境保护或环境质量恢复的经济活动，并指出绿色就业并非不对环境产生影响，而是指那些对环境的负面影响程度显著低于通常水平、能够改善整体环境质量的就业（游钧等，2014）。张丽宾等指出，“所有使经济活动和生存环境变得更绿、更环保（绿化）的就业就是绿色就业”，并且从政策角度来看，中国的绿色就业可以被定义为“国民经济中相对于社会平均水平而言，低投入、高产出、低能耗、少排放、能循环、可持续的产业、行业、部门、企业和岗位上的工作”（中国人力资源和社会保障部劳动科学研究所，2010）。此外，也有学者认为评判绿色就业的标准是相对的、动态的，随着产业和技术更新升级其定义标准会不断提高（张丽宾，2010）。

值得注意的是，无论是欧美的政府部门还是中国的专家学者，在为绿色就业定义时通常没有考虑或强调体面劳动。这一方面可能是宣传不够，但另一方面可能对于是否把体面劳动作为绿色就业定义中不可或缺的一部分还存在不同看法，需要进一步探讨。一般来说，比较容易接受的观点是，绿色就业“应该”同时也是体面劳动，但在实际当中，并非所有的对环境有益的工作岗位都是体面劳动。这取决于劳动者是否在就业机会、报酬和工作条件方面得到公平对待和保障，基本权利是否得到维护，是否参加社会保障制度，以及是否可以参与社会对话。举个较为典型的例子，从事资源回收和废物管理的劳动者若没有充足的职业安全健康防护，即使其所在的公司以环境无害化技术手段处理垃圾，这样的工作确实是“绿色”的，但不符合体面劳动的要求。

8.1.3 衡量方式

绿色就业的统计大多采取所谓“行业方法”，即根据一定的范围和标准来确定每个行业中哪些岗位是属于生产绿色产品和服务的。目前国际上对绿色就业的统计和评估研究尚处于初步阶段，但都无一例外地将注意力聚焦到绿色产业上。例如，欧盟统计局以“生产与自然环境相关的产品与服务产业（EGSS）”为主要统计口径（详情见第7章）。2008年联合国环境署和国际劳工组织等机构推出的绿色就业报告中所使用的统计口径，也包含了与环境资源和产品相关的产业。美国劳工部劳动统计局在2010年开始收集统计绿色就业数据，采用了两种统计方法：一是以产出（企业的产品或服务项目）为导向的“绿色商品与服务法”；二是以生产过程为导向的“绿色技术与实践法”。需要注意的是，这两种方法有可能造成重复计算。

在此背景下，国际劳工组织积极致力于开发绿色就业的国际统计标准以指导相关的衡量工作。它在2011年出版了《在发展中国家评估绿色就业潜力的实用指南》，并随后在阿尔巴尼亚开展了首个绿色就业统计的试点工作。此外，2013年10月，国际劳工组织在第19届国际劳工统计师大会（ICLS）上提交的一份文件总结了现有的各种绿色就业统计方法，提出了可被广泛适用的绿色就业的标准统计定义，同时确立了就业总量、绿色产业就业和体面劳动之间的统计关系（见图 8－1，ILO，2013）。

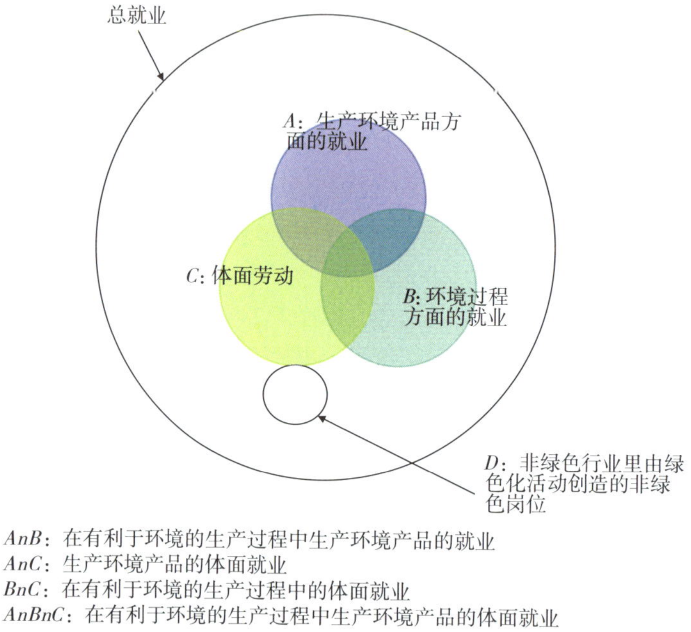

图 8－1　就业总人数、绿色岗位和体面劳动之间的关系

按照上述定义，绿色就业是那些属于（AnC）与（BnC）部分的就业。这一定义表明，绿色就业的确定，不仅要考虑行业的产出，也要考虑行业的生产过程。这两个统计角度互为补充，点明了推进绿色经济的不同方式，为制定政策提供了不同的切入点。图 8－2 进一步描述了如何在衡量绿色就业时考虑体面劳动的因素，图 8－3 列出了评估绿色就业的主要步骤。

基于绿色就业的环境和社会（体面劳动）属性，绿色就业数量的评估需要综合性的数据统计和分析，这涉及以下几个方面的数据源：

（1）国民统计账户；

（2）全国劳动力调查；

（3）市场研究和市场数据；

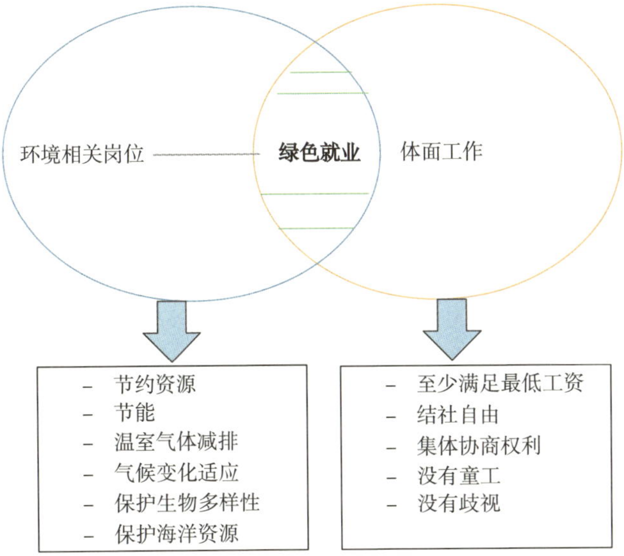

图 8–2　绿色就业特性描述

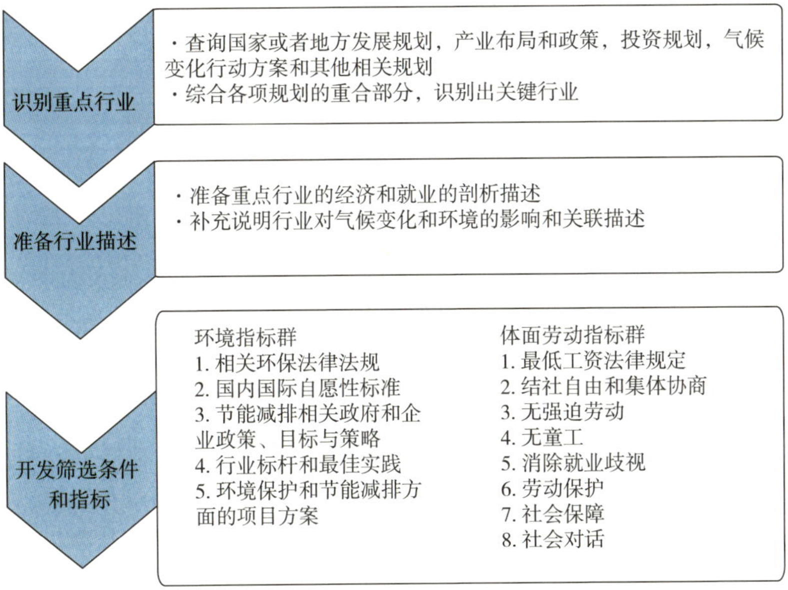

图 8–3　评估绿色就业的主要步骤

（4）发展规划、政策、战略、投资说明；

（5）环境、就业和社会方面相关的研究成果；

（6）国家投入产出表或者社会核算矩阵。

上述数据源中以全国劳动力调查最为重要，因为该调查可以为识别与环境相关的岗位数量并分析这些岗位上的就业质量提供有效信息。除了案头分析和研究以外，必要时还应通过访谈等形式辅助量化分析。要了解适用于发展中国家的绿色就业的具体衡量方法，可以参照国际劳工组织的《绿色就业潜力评估指南》（ILO，2011）。

需要指出的是，衡量绿色就业的环境和社会指标对正规与非正规行业中的就业岗位的评估同样适用，因为在正规和非正规行业中都有绿色就业的存在。虽然非正规经济普遍存在于各国劳动力市场的政策体系以外，它对总体的经济增长和就业有着直接的贡献作用。但是，对于绿色就业（包括体面劳动）同非正规行业之间关系的研究，目前还十分缺乏，我们暂时难以在这方面展开讨论。

8.2 绿色就业：挑战和机遇

8.2.1 挑战

绿色就业面临的挑战，有些来自于绿色经济的政策（如化石能源补贴政策的改革造成相关行业萎缩裁员），有些则是来自于经济形势本身的变化（如机器人的涌现造成劳动力的过剩）。这两种来源也可能相互交叉（国际能源供需变化加上能源价格政策变化）。这里，我们着重讨论三个方面的挑战：（1）经济结构调整对就业的影响；（2）气候变化对就业和收入的影响；（3）能源价格上涨对收入分配的影响（ILO，2013）。

1. 经济结构调整对就业的影响

受资源禀赋和全球贸易的影响，近年来大部分国家特别是发展中国家都面临着调整经济结构、优化产业布局的重任。这同绿色经济的战略不一定有什么关联，但这些急需调整的经济部门大部分与资源和能源密切相关，同时它们也是排放和污染大户。资源方面，林业和渔业也因储备和消费的变化而经历着调整。这些资源密集型产业的重组对工业化国家和新兴经济体影响巨大。以中国为例（作为绿色发展战略的一部分），为实现淘汰落后产能、提高能源效率和污染防控等目标，在 2005 年至 2020 年期间需要削减近 80 万个工作岗位（中国社会科学院，2010）。此外，经济转型过程中随着临时性失业的发生，出于生计和收入需要，劳动力可能在传统和新兴部门，以及正规和非正规部门中交替。这种动态变化要求我们考虑经济绿色转型过程中如何通过多种手段转型的社会公平性，并充分发挥绿色经济对促进就业的积极作用。

国际劳工组织的研究表明，对于资源密集型行业而言，绿色经济转型只是其就业份额减少的次要因素。比如，对于能源和钢铁行业来讲，几十年来其就业率下降的主要原因是经济全球化以及自动化水平和劳动生产率的提高（ILO，2012）。在过去二十年，全球大多数国家发电厂的就业率均有不同程度的下降，例如 1997 年至 2004 年间，欧盟国家发电部门估计削减了近 30 万个工作岗位。1980 年至 2000 年之间，南非电力部门减少了约 7 万个工作岗位，而同期的发电量却增长超过了 60%（全球气候网络，2010）。在这种变化中，煤炭工业表现得尤为突出。即使不限产，中国的煤矿开采劳动力从 1992 年的 760 万煤矿就业量减少至 2009 年的 380 万（人力资源和社会保障部，2010）。在美国，自动化设备的运用和劳动生产率的提高也导致煤矿开采业的就业量急剧下降，从 1920 年的 78.5 万从业人员下降到 2003 年的 6.9 万人（资源观察，2011）。

2. 气候变化对就业和收入的影响

经合发组织（OECD）的研究发现，在采用有效的碳排放交易体系促成减排的情况下，未来几十年 GDP 的增长速度都不会过度放缓；减排政策对劳动力市场的主要影响体现在就业部门构成的改变，即化石能源行业的就业率跌幅最大，可再生能源行业的就业率涨幅最大。另外，受气候变化政策影响而发生的就业结构调整比经合发组织成员国过去二十年因全球化导致的 20% 的就业重置率要小得多（OECD，2011）。国际劳工组织的模型结果则显示（在气候政策下），20 国集团成员国需要就业重置的情况参差不齐，其中能源出口国受影响最大（见图 8-4，ILO，2012）。

OECD 和国际劳工组织的研究反映了劳动力市场本身对于气候变化的适应和调整有可能大幅降低减排的整体成本。这说明了促进绿色经济的环境政策与增强劳动力市场适应性的措施相结合的重要性。除了劳动力市场需要适应和调整外，企业，包括资源密集型企业，也可以通过绿色化发展来进行调整。这需要企业对价格信号和政策措施作出敏感判断和反应，提高能源和材料的生产

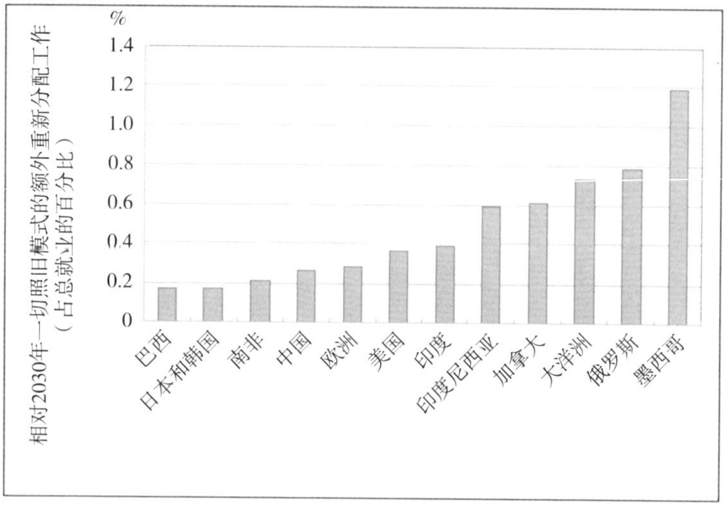

图 8-4 气候政策下主要国家和地区的就业重置率

率，并通过与绿色产业链的连接而获益。这也就是说，在非绿色的生产和服务流程中采用绿色化措施来确保企业和劳动力在市场中的生存能力。例如，通过对基础工业的余热回收利用可以创造新的就业。根据国际能源机构（IEA）的测算，到2030年八国集团加5个其他国家（主要发达国家和新型经济体）的热电联产将达到83.3万兆瓦，比现有水平增加近50万兆瓦。即使不考虑劳动生产率提高等因素，这也将创造200多万个就业机会（IEA，2008）。对于制造行业来说，可以考虑运用绿色价值链和生命周期法来优化产品的设计、生产以及回收再利用，以降低资源消耗和环境影响，同时也可保持现有的工作岗位，甚至创造新的就业机会。

在评估气候变化及其“减缓”、“适应”措施对就业和收入的影响时，需要系统全面地收集和统计经济部门、行业企业、家庭、劳动力市场等方面的数据。虽然在这方面有很多工作要做，但可以肯定的是，低收入家庭和农村劳动力等弱势群体将由于气候变化相对于其他群体来说将受到更大的影响。这里，我们补充说明气候变化的适应性措施对劳动力市场造成的影响。举孟加拉的例子来看，旱地大米是孟加拉东北部的主要粮食作物。近年来因该地区降雨量下降且不稳定，旱地大米的收成连年递减，甚至难以生长。从气候和地理条件上看，改种芒果等深根作物是可行的，而且市场前景也应该不错。但占当地劳动力近41%的无地农民通常是靠打短工种植水稻养家糊口的。近年来大米欠收已经使他们受到了劳动力需求急剧减少的影响，如果改种新的替代作物可能会剥夺他们的基本生计来源，迫使其背井离乡向外迁徙。这个案例说明了在设计和实施气候变化应对措施时，必须考虑社会因素和就业影响（FAO，2008）。

目前联合国气候变化框架公约下越来越多的国家提出了本国的气候变化"减缓"和"适应"行动方案（NAMA和NAPA），但其中明确关注该过程中就业问题的非常少。气候变化的减缓和适应战略选择和组合有很多种，从包括培训、能力建设和制度建设在内的"软件措施"，到基础设施建设、人防工程建设等"硬件措施"。值得关注的是，过去一些国家在制定发展规划中广泛使用的公共工程项目（PWP）和就业密集型投资项目（EIIP），只要能够在运用中因地制宜、实事求是，它们可以为弱势群体提供就业机会并帮助他们摆脱贫困。此外，如果在设计评价工程建设方案过程中更多地考虑这类项目，就可能增强我们对气候变化的适应能力并加强适应战略的有效性。这种倍增效应正是我们在应对经济转型、气候变化和就业问题上所需要的（ILO，2013）。

3. 能源价格上涨导致的负收入分配

造成能源价格上涨的原因有很多，例如能源本身短缺，碳税和环境税的征收，以及能源补贴政策的改革等。能源价格方面的波动会对低收入家庭造成不成比例的影响，因为这些家庭在衣食住行等必需品方面的直接支出比例高于能源支出比例，这就造成了低收入家庭的预算灵活性变小。能源价格的变化对这些家庭的影响会更直接，甚至迫使它们在能源和生活必需品支出之间作出选择。另一方面，这些家庭因消费能力有限，其能源消耗和排放水平往往较低（Sustainlabour Foundation，2008）。这种负的收入分配效应应该引起政策制定者在设计能源补贴改革以及能源税和碳税时的重视。

那么阶梯电价和碳交易等手段是否能够减弱或者抵消能源涨价对弱势群体带来的影响呢？出乎意料的是，这些手段造成的负面效应通常比大范围征收碳税更厉害。因为排放交易针对的是大型的排放企业，特别是能源和电力企业。这些企业得到政府以低价甚至免费发放的碳排放交易配额，且它们通常能享受减免阶梯电价的优惠，所以实际减排负担多被直接转嫁给家庭和小企业。

财政补贴政策的影响又如何呢？考虑到不同群体的收入差异较大，财政直补只能在一定程度上弥补能源价格上涨对弱势群体的影响。在英国，即使把碳税收入大量用于低收入家庭补贴，最终仍会有三分之一的低收入者受到影响。这时，社会保护底线和广泛的社会保障体系的兜底作用就显得异常重要。另一种平衡措施是差别化能源定价，如基本消费水平内定价较低，超出基本水平的额外消费则需要负担较高的能源价格。此外，给低收入家庭提供现代能源设施、投资建设环保型社会保障性住房和低碳公共交通也是很好的平衡贫困家庭负担的方法。

总而言之，为了应对不断上涨的能源需求和节能减排的政策要求，在能源和资源涨价时，需要关注其收入分配上的负面效应。只要积极评估这种效应，通过转移支付或者调整税收结构来补贴低收入家庭，就可以有效缓解负面效应。其中转移支付可以与完善社会保障体系和保障性基础设施建设相结合（ILO，2013）。

8.2.2 机遇

从绿色经济给绿色产业所带来的机遇方面，我们可以从三个方面来看：（1）“动态效应”，即直接，间接和衍生的就业机会；（2）就业数量的变化；（3）就业质量的提升；（4）对包容性增长的促进（ILO，2013）。

1. 动态效应

绿色经济转型的各阶段对就业会产生不同影响。从积极方面看，随着对绿色产品和服务的投资与需求的增加以及对生产这类产品和服务的相关设备及基础设施投资和需求的增加，绿色行业及企业的规模会逐渐扩大。这种规模扩大会转化为对劳动力需求的上升并创造就业机会，即直接就业。

除了创造直接工作岗位以外，由于绿色行业与其他相关行业之间的联系，那些从绿色行业获得产品和服务的行业以及向绿色行业供应原材料、产品和服务的行业也会随着绿色行业的扩大而受益，也就是说绿色行业的发展会带动相关非绿色行业创造额外的就业机会，即间接就业，比如向绿色建筑提供高保温玻璃和水泥的企业，向风电行业提供风力涡轮机组和叶片所需的钢材和碳纤维等企业。

这些相关的非绿色行业的额外经济活动所产生的收入会通过消费和投资的增加得到再分配，由此，除了创造直接和间接就业外，还会通过再分配创造其他就业机会，即所谓衍生效应或衍生就业。需要指出的是，绿色经济的创造就业潜力并不限于环保产业；它存在于整个经济领域，可以产生显著的正外部效应，最终使整个经济的就业情况得到改善（见图 8－5）。

2. 就业数量的变化

计量因绿色经济创造的绿色就业取决于三个因素，包括绿色产品和服务的

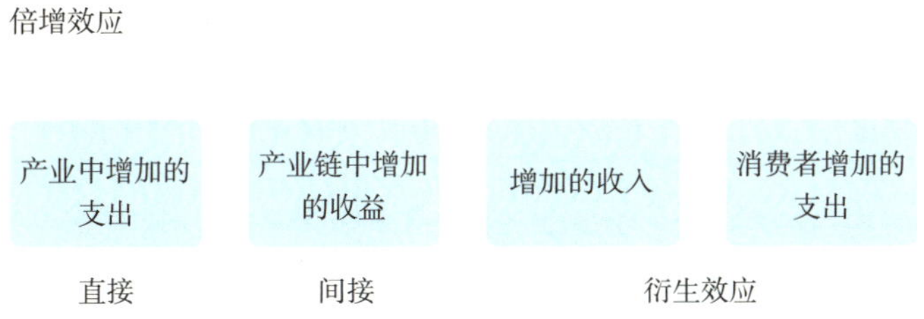

图 8－5　绿色经济对绿色就业的动态影响

市场需求、投资规模和贸易规模以及就业弹性（即单位需求所创造或维持的就业量）。绿色经济对就业数量的影响针对不同行业在不同时期的表现有所不同。先说积极的一面。在推进各种环保措施整合发展成不断延伸的绿色产业链过程中，蕴藏着大量的就业机会。比如，2010 年美国环保产品和服务行业的就业人口达 310 万（占全国就业人口总数的 2.4%），并且该数量仍在持续上升。同年，全球可再生能源所创造的工作岗位以每年 21% 的速度持续增长（ILO，2012）。长期来看，这些绿色行业所创造的就业有望抵消传统产业中工作岗位的减少。

在绿色产业链发展的背后是政策。国际劳工问题研究所的一项研究表明，如果对二氧化碳排放征税，可以创造 1 400 万个净就业岗位，由此产生的税收收入可用于消减个人所得税。那么和节能减排息息相关的气候变化政策呢？欧盟的一项研究指出，积极的气候政策会对就业产生积极的影响。该研究预测未来十年，欧盟会继续面临加快经济发展的同时降低失业率和温室气体排放的挑战。通过测算，以上三个目标可以相互促进。在欧盟气候目标从 20% 上升到 30% 的情景下，可以产生以下结果：（1）到 2020 年，欧盟 GDP 的增速比现有经济发展模式高出 5.7%，同时减少温室气体排放 11%；（2）整个欧盟创造 600 万个新工作岗位；（3）欧盟 27 国的失业人数到 2020 年约为 1340 万，可以减少近三分之一（若按现有经济发展模式计算失业人数为 1940 万）（欧洲气候论坛，2011）。

但在这种积极效果产生的同时，也存在消极的一面，高污染高能耗产业的就业效果将逐渐降低。例如，可再生能源产业在中国的迅猛发展会降低对化石能源的依赖与需求，加之其他的绿色经济政策，会对传统能源部门特别是煤炭行业造成影响。这会对这些行业的就业造成直接、间接和衍生的损失。所以对绿色经济就业效果的分析必须考虑就业的总体效果和净效果，如图 8 -6 所示。

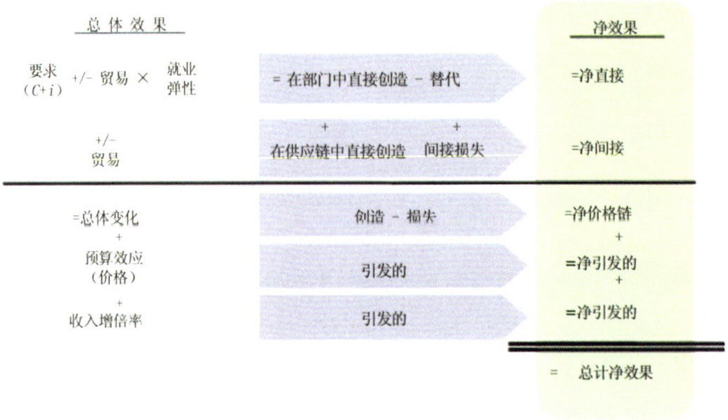

图 8 -6　绿色经济对就业数量和结构的影响

图 8 -6 说明绿色就业的总体影响来自于需求，贸易以及就业弹性（即就业人数增长率与 GDP 增长率的比值）这三个方面。“预算效应”（也称“价格效应”）指的是在预算支出不变的情况下，由商品（绿色产品或服务）价格的变化而引起的需求变化（从而影响就业）。收入倍增率指的是由于需求（如对绿色产品）的增加，通过生产而产生新的收入，再通过不同人手的一轮轮开支（甲化钱在乙的产品上，乙赚了钱再花在丙的产品上，以此类推），在整个经济体内产生收入倍增的情况。图 8 -6 中左侧的就业总体效果可以反映劳动力市场转型的规模；中间介绍的直接和间接的就业损失可以反映出受到影响的就业安置是否需要在不同经济部门之间流动，还是需要在同一部门内进行调配安置；而最右侧的就业净效果可以反映出更加绿色的经济到底会创造还是减少就业机会。

另外，从节能减排应对气候变化的角度来看，图 8 -7 列举了全球范围内与可持续发展关系最密切的八大行业（农业、林业、渔业、能源、资源密集型制造业、回收、建筑和运输）及其可统计的直接就业人数。绿色经济的发展也意味这些行业需要深度绿色化。这需要我们对这些行业和分布地域的产业发展情况和就业情况有更清晰、可量化的了解，来制定促进绿色经济、辅助公平转型的必要措施（UNEP，ILO，ITUC，IOE，2008）。

由此看来，绿色经济的就业效果分析不是单一的量化分析，因为就业总量的变化及其趋势取决于就业波动和政策工具组合之间的相互作用。这里提到的

全球主要部门的直接就业人数（单位：百万人）

部门	直接就业人数
农业	1 000
林业	44
渔业	25
能源	30
（资源密集型）制造业	200
回收业	24
建筑	110
运输	88
合计	1 521
占全球就业人数的比例	50.08

资料来源：联合国环境规划署（UNEP）等，《绿色就业》，参考前面引用。

图 8－7　全球八大与可持续发展相关行业的直接就业人数

政策包括市场手段、法规、公共投资政策、采购政策和社会意识的提升等。政府既需要为绿色经济的发展提供支持性的政策环境，同时需要关注转型过程中就业波动的情况，并提早进行调配来促成转型的公平性和有效性。国际劳工组织的一项研究指出，通过环境政策与劳动力市场和社会政策的彼此协调和补充，可以抵消一些消极就业影响，获取双重红利，在增加就业保障公平的同时改善环境。

3. 就业质量的提升

绿色经济发展不仅会引起就业总量水平及结构的变化，对就业质量也提出了更高要求。随着节能环保技术的进步和产业升级，对从业人员的技能素质提出了更高要求，这有助于提高人力资源水平。随着节能环保措施在生产过程中得到广泛的应用，工人们的作业环境也可以得到改善，这有助于提高职业安全健康水平。通过提高生产率和企业效益，绿色经济还将有利于劳动报酬的提高和收入分配中劳动份额的增长。如果体面劳动也能得到贯彻，那么在劳动条件、工作稳定性和劳动者的话语权等方面也会得到改善。向绿色经济转型的过程是低质量就业减少、高质量就业增加的过程，劳动力要素的成本也会相应提高（郑东亮、张丽宾等，2013）。

由于技术、工艺和生产实践需要更加绿色环保，许多职业的工作内容、职能范围、技能需求和工作条件会发生变化。例如，在推陈出新极快的电气电子产品消费市场，随着消费需求的增长和更新率加快，大量的废旧电气电子产品进入回收行业进行资源化再利用。这是绿色循环经济的重要行业，但是废弃电气电子产品中除含有塑料、玻璃以外，还含有大量的重金属和复杂的化学组成成分，这就为其拆解、回收、加工过程中工作环境的管理和危废控制提出了更高要求。再如，与煤炭行业相比，尽管可再生能源行业也存在一定的职业危险，如制造太阳能光伏板过程中可能会接触一些有毒物质，但只要采取恰当的安全措施和废物回收程序，可再生能源行业从业人员的职业危害暴露程度要远远低于煤炭行业（Summer，S. A. 和 Layde，P. M，2009）。

此外，新技术、新工艺在环保产业中的应用对职业安全管理和就业技能也提出新的要求。比如，基于新型薄膜和纳米科技的太阳能技术可能产生新的职业安全问题（Silicon Valley Toxics Coalition，2009）。尚处于初级阶段的集中太阳能发电行业、建筑和工业规模装置的维修具有电力风险。集中太阳能光热装置有高温作业风险，这对之前仅操作过燃气系统的安装维保工人来讲，需要具备电工资质（欧洲职业安全健康局，2011）。

绿色经济意味着发展技术水平和产业附加值高的环保产品和服务行业，并提升整个经济领域的环境效益、减少环境影响。在这个过程中，企业的发展应会更加规范，这就为企业提供更加稳定的正规就业创造了条件，可以促进就业质量的提升。

从收入水平和收入分配角度来看，绿色经济所带来的环境效益的改善和新增利润率的提高可以创造更高的收入和工资。当然，这种收入水平的提高需要在制度方面提供必要环境，例如最低工资水平的调整、中小微企业税收、社会保障、消费品价格等政策制度的配套或者适配调整。根据中国人力资源和社会保障部与国际劳工组织的联合调研，中国风能行业从业人员在年平均收入、工作保障、工作环境、工作场所保护方面比传统发电厂好一些。在被调查的风力发电厂工人中，有77%认为其工作环境“非常好”，而大型热电站为18%，小电厂为13%（人社部，2010）。

4. 包容性增长

如果说绿色经济是对经济发展和增长模式的变革，那么绿色就业就是一次新的就业变革，为各种职业、各种技能的劳动者提供了平等融入社会、有尊严地生活的机会，是实现包容性增长的最基本、最有效的途径（郑东亮、张丽宾等，2013）。如果具备恰当的投资和政策条件，绿色就业会促进社会包容，尤其是对能源资源匮乏的地区，在提供和改善这些地区电力、公共卫生设施和用水等问题的同时，可以提高生产力（Gordon，R. J，2012），并且为一直没有进入劳动力市场的人提供获得服务和就业的机会。

例如在孟加拉，约有一半人口（约 8500 万人）因缺乏输电线网而没有稳定的能源。2010 年政府提出了实施孟加拉全国电气化路线图，推动在无电网设施地区建设太阳能系统。据估计，该计划已经创造了逾 6 万个基层工作岗位，包括太阳能技术人员、服务工程师、管理人员和小额信贷金融人员，且妇女成为主要受益者，在接受太阳能系统组装、安装和维护方面的培训后成为主要技术人员。目前孟国政府正在国际组织的支持下将相关的职业技能标准列入国家技术职业资格框架，使从业人员有机会得到国家职业技能认证，提高就业能力（ILO，2011）。

8.3　推动绿色就业：政策、案例和国际计划

8.3.1　政策

许多推动绿色经济的政策，同时也是推动绿色就业的政策。比如有利于绿色经济的税收政策、价格政策和补贴政策等都是向市场发送的信号，可以引导企业、消费者和投资者参与绿色经济转型和建设，由此创造绿色就业。产业政策也一样。国际可再生能源机构测算目前全球可再生能源行业创造的就业人数（含间接就业）已经超过 570 万（IRENA，2013）。中国通过“十二五”规划将新能源、节能、环保、生物技术、高端设备制造和清洁能源汽车等列为优先发展的产业，并明确了这些产业到 2020 年占全国国内生产总值 15% 的宏大目标，估计将净增绿色就业岗位 1000 万个。第 10 章专门讲推动绿色经济的政策，这里我们就不重复了。

单纯从推动绿色就业的角度出发，考虑到在绿色经济下，经济布局和劳动力市场一定会发生变化，还是需要一些有针对性的政策。政府、企业和劳动者可以共同探讨并及早发现问题，如绿色产业发展的技能短板、技术升级瓶颈、政策冲突或真空等，有的放矢地制定应对方案，改善劳动力素质和结构，使劳动力市场适应绿色经济转型的需要。尤其是在可以预见的就业压力和失业裁员之前，应该广泛形成社会伙伴间的理解与合作，积极为失业者和下岗职工提供创业、就业和再就业培训机会。除了积极扫描问题、制定预案外，如果本地经

济结构过于单一且属于夕阳产业，还需要努力探寻经济多元化发展的出路，提高当地经济吸收安置和转移劳动力的能力。这需要专门的政策和计划来解决具体行业和地区面临的挑战。

中国在人力资源发展上已经成功地实践了积极的就业政策。该政策的思路是促进包括下岗失业人员、农民工、退伍转业军人、高校毕业生等就业困难群体的就业。在绿色转型中，我们应该扩展积极的就业政策的功能，在绿色行业以及其他行业中的绿色生产过程中创造就业机会。推动绿色就业的一个重要方面是培养具有绿色技能的人才。现有的绿色技能人才在多个行业的短期现象已经制约了绿色经济的发展。究其原因，有些是因为技能需求被低估，或者技能发展体系和部门发展之间出现了严重脱节。绿色技能的开发不仅可以提高劳动力整体素质，增强劳动者应对经济转型的能力，同时能够有效将经济的绿色化从愿景变为具体工作场所中的现实。这就要求职业标准和培训制度应该反映各个行业绿色化技术和管理上的需要，同时对新工种、新职业的认定以及标准开发和鉴定认证应该采取更加灵活有效的方式，改变现有的人才政策和培训政策严重滞后的局面。

需要指出的是，在培养绿色技能人才的过程中，我们应该不仅仅关注层次较高的人才，而是整个行业劳动力素质的提升。这包括大量技术工人、绿色设计人才和管理人才的培养，以适应新技术的发展和市场对人力资源的需求。因此，符合绿色经济发展蓝图的教育和职业培训体系应该成为绿色就业政策的重要组成部分。

在培养具有绿色技能的人才过程中，还要尽最大努力来充分利用现有人才已经掌握的技能。前面提到过绿色经济对就业影响的压力点是资源密集型及高污染、高排放的产业。这些产业内的职业流动性一般较低。这一方面是由于某些岗位的职能和技能非常专门化，仅在该产业或少部分相关产业有需求，另一方面是受到低技能员工的局限（根据国际劳工组织在一些工业化国家的分析，高排放产业中拥有相对较低技术水平的工人比例高于低排放产业中的工人）。通过对职业技能分析，将面临转岗安置的职工已经具备的专业技能同绿色产业对技术工人和专业人才的需求联系起来，能有效解决职业流动性的问题。例如，英国近海石油和天然气开采行业工人目前掌握的知识和技能就与风力制造产业对从业者的技能需求有很大的相关性。

绿色就业同时也必须是体面就业。这对体面劳动的建设，包括和谐的劳动关系、集体谈判、劳动保护、劳动争议和仲裁均提出了更高的要求。其中需要特别强调的是绿色经济发展中的职业安全与健康制度。以往的环境政策关注的目标是自然环境内污染物的排放、管控和治理。必须认识到这些污染物的产生和释放源头往往是在企业和车间。因此评估绿色经济发展中的职业安全与健康风险是控制和降低环境风险和危害的有效手段。对环境造成危害的污染源，也对人体和公共健康造成影响。更加安全健康的工作和生态环境需要监管，更需要企业和从业人员更强的管理和规范操作意识和能力。因此，绿色经济发展过程中的职业安全健康制度应该和环境监管制度之间有所联系，职业安全管理和环境管理也应该在生产环境中得到更有效的实施。

在这方面，绿色就业对非正规经济部门的正规化转型也提出了明确要求，尤其是那些环境和健康风险高的行业，如废物回收加工等。这个正规化的过程仅依靠行政手段是无法有效进行的，因为非正规部门本身多是行政监管的真空或失效地带。这个正规化的过程更需要的是监管兼顾引导性、过渡性的“疏堵结合”措施。其中重要的激励措施便是将非正规经济部门的经济主体，包括从业人员纳入到公共服务体系中来，逐步实现经济健康规范发展和社会的包容和谐。

在绿色就业政策方面，还要提及的是不同部门政策协调和连贯的重要性。单一的经济增长、就业率高、环境效益高并不能充分达到可持续发展的目标。若针对某一地区、行业或是国家的经济、社会和环境政策不能彼此协调连贯的话，很有可能看到单一政策的反作用力。这里政策创新的关键在于以综合协调的思维将可持续发展中的经济增长、环境保护和社会和谐三个层面的方向和目标联系在一起，促进彼此之间的互动关系的和谐共生，形成各个部门在不同层面上发挥的合力作用。比如，绿色就业同教育、社会保障、医疗健康、基础设施建设等方面都有密切的关系，相关的政策要相互促进，至少不能相互削弱。比方说对农村的社会保障和水利基础设施的建设维护同时进行投资，就可以在恢复土壤和集水区功能的同时，创造就业机会，实现增收，提高农业生产率，而且这些效果综合起来也会加强对气候变化以及极端天气的适应能力。

要促成政策连贯性，就需要社会对话。在政策设计和制定过程中，应该充分联合有关职能部门共同从政策目标和影响上相互配合，在牵头部门的主持下，其他政府职能部门能够参与意见，并共同为政策的有效实施进行指导和建议。除了政府部门的联席外，包括企业和工人在内的社会伙伴间的充分对话也是必须的。这样可以提高政策的执行效果，有利于实现甚至超越政策目标。

8.3.2 案例

在推动绿色就业方面，不少国家取得了成功的经验。这里我们简单介绍来自中国的两个案例和一个来自挪威的案例。

1. 北京市关注绿色就业计划（北青网，2012；北京市大兴区人民政府，2013）

为推动绿色就业发展，北京市政府自2012年起将促进就业和绿色就业政策延伸至第一产业，促进城乡劳动者实现充分就业。政府出资开发包括生态林管护、水系治理、植树造林等在内的绿色项目和公益性就业岗位，并优先安置农村就业困难群体。例如，北京市大兴区政府对进一步加强绿色就业工作采取了一系列颇具成效的举措。区政府结合大兴区“十二五”时期发展规划，围绕都市型现代农业发展、环境综合治理、民俗旅游等绿色就业领域，以推进“一产就业员工制（农民以员工身份给公司种地、种花，每月可拿稳定工资，并像城镇职工一样享受社会保险）”、城市环境服务业、郊野公园森林建设管护等工作为重点，积极开发就业岗位，逐步扩大绿色就业规模，形成具有地区特色的多元绿色就业体系，吸纳解决就业困难及大龄劳动者实现就地就近就业。通过政府引导和政策支持，大力提升绿色就业人员规模，推广“签合同、上保险、稳工资”的正规化绿色就业模式，到“十二五”末，全区正规化绿色就业人数达到1万人。以下列举几项具体措施：

（1）构建绿色就业工作体系：将绿色就业工作纳入贯彻落实就业优先战略和实施积极就业政策的框架内，与发展绿色产业紧密结合，形成绿色就业与绿色产业协调发展和良性互动。

（2）完善绿色就业培训体系：发挥区内各类职业培训机构及城乡劳动力实训基地作用，组织实施符合区域绿色产业发展所需岗位的培训工作。各镇、各街道及相关部门要用足用好市、区两级培训补贴政策，加强绿色技能人才的开发与培养。围绕重点行业、企业产业升级和技术进步，开展有针对性的技能培训，全面提升劳动者技能，为绿色产业发展提供高素质的劳动者。积极开展绿色创业培训，建立集绿色创业理念、绿色创业技能、绿色创业项目推介和绿色创业服务等四位一体的创业培训体系，为劳动者绿色创业提供支持。

（3）健全绿色就业服务体系：将绿色就业服务纳入公共就业服务范畴，不断加强大兴区绿色就业服务体系建设。依托劳动力信息平台，建立就业统计调查制度，掌握绿色就业动态数据、就业结构和培训需求等情况，为绿色就业决策提供依据。

2. 中国林业结构的调整

上世纪90年代末发生的严重洪涝灾害和严重的旱灾引发了全国对于环境政策的激烈辩论和改革。政策制定者和有关专家最终得出的结论是，大规模的森林资源过度砍伐和毁林耕种活动是旱涝灾害的根本原因。国务院迅速制定了战略性应对措施，包括对7300万公顷的天然林实施禁伐制度。这项禁伐政策在中短期内带来了巨大的经济和社会成本，包括使近一百万国有林场职工下岗失业。

为了控制和减少这种经济社会成本，国家采取了一系列过度措施安置过剩的国有林场职工，包括提前退休失业安置、失业补偿和促进再就业等干预措施。截至2010年，有68万过剩的年轻劳动力领取了一次性失业补偿，27.6万职工办理了退休或者再就业。再就业或转业的原国有林场职工在造林、林区保护、农业基础设施建设和公共建设项目中得到了安置。那些领到一次性安置费的工人在自主创业过程中也得到了相应的帮助。大约10万名无法再就业的下岗职工得到了失业救济，包括最低生活保障和医疗保险（ILO，2012）。

3. 挪威的渔业行业就业危机处理

由于1989～1990年的鳕鱼危机，允许捕捞的鳕鱼总量大幅消减。到2005年，挪威所有主要的渔场都基本上关闭了。由此造成大量失业，渔民不得不休渔并开始寻找就业机会。

为了应对这场渔业资源和民生危机，挪威政府提出了包括免除债务在内的几项救济措施，并成立了“渔民担保委员会”，对那些失去收入来源的渔民提供临时资金补助，还为渔民们提供再教育和培训资源，使他们获得再次进入劳动力市场其他领域谋生的能力。

在采取这些救济措施的同时，水产养殖业和渔业加工市场扩大了业务领域，使受过再培训的渔民获得新的就业机会。随着挪威总渔获量快速恢复，挪威渔业就业数量持续减少，从20世纪中叶11.5万渔民减少至1.5万人。这一增一减的趋势使得渔民的人均捕获量突破历史水平，成功避免了渔场全面崩盘的局面，同时成功实现了劳动力市场的渐进式调整（ILO，2012）。

8.3.3 绿色就业国际计划

由联合国环境规划署、国际劳工组织、国际工会联盟和国际雇主组织共同发起的绿色就业倡议自2008年启动以来，已经在27个国家开展绿色就业能力建设、政策咨询和试点项目等。这些国家包括美国、加拿大、欧盟及其若干成员国、中国、巴西、孟加拉、菲律宾、印度、肯尼亚等等。这些在全球众多国家直接开展的绿色就业计划强调国家政府、企业组织和工人代表三方成员之间的合作和对话，以及制定有连贯性的绿色就业政策将重点领域的环境政策、经济发展目标和社会发展议程联系起来，促进包容性可持续发展。

此外，如第1章介绍的，2012年的里约+20会议之后，环境署、国际劳工组织、联合国工业发展组织、联合国开发署以及联合国培训与研究中心推出了“绿色经济行动伙伴关系”（PAGE）。目标是到2020年，帮助30个左右国家制定或实施绿色经济战略和规划。在这些国家层面的绿色经济活动中，绿色就业是一个关键的组成部分，包括相关的研究、评估和培训等工作，由国际劳工组织主导，其他机构积极支持。

思考题

1. 在地区经济发展过程中如何创造更多高质量的绿色就业岗位？
2. 如何在绿色经济发展过程中更精准地了解劳动力市场需求，更好地把握劳动力供给和市场需求之间的关系？
3. 除了创业培训外，如何通过更有效的职业技能培训来帮助失业人员再就业，特别是在绿色行业就业？

参考文献

1. Chateau, J., Saint-Martin, A. and Manfredi, T（2011）《OECD的气候变化政策对就业的影响：一般平衡角度》，OECD第32号环境工作文件。

2. FAO（2008）Community based adaptation in action: A case study from Bangladesh.

3. Gordon, R. J.：“美国经济增长结束了吗？步履蹒跚的创新遭遇六大阻力”，NBER工作报告第18315号，2012年。

4. ILO，《可持续发展，体面劳动与绿色就业》，国际劳工大会第102届会议，2013年。

5. ILO（2011）Assessing Green Jobs Potential in Developing Countries - A Practitioner's Guide.

6. ILO（2011b）Skills for Green Jobs: A Global View, Synthesis Report based

on 21 Country Studies.

7. ILO (2013b): Report III, Report of the Conference, ICLS/19/2013/3, 19th International Conference of Labour Statisticians.

8. IRENA (2013) Renewable Energy and Jobs, http://www.irena.org/rejobs.pdf.

9. Silicon Valley Toxics Coalition:《发展公平、可持续太阳能产业》, 2009 年。

10. Summer, S. A. 和 Layde, P. M.: "可再生能源行业的扩大与对职业健康的影响",《美国医疗协会杂志》, 2009 年第 302 卷。

11. Sustainlabour 基金会:《发展可再生能源——更新发展: 迈向清洁、安全和平价能源》, 2008 年。

12. Wang, Q. Y.:《中国的煤炭工业: 演变及前景》, Nautilus 研究所, 2000 年; 中国人力资源和社会保障部:《2010 年中国劳动统计年鉴》, 2010 年。

13. 北京市大兴区人民政府文件京兴政发［2013］5 号:《北京市大兴区人民政府关于印发进一步加强绿色就业工作意见的通知》, 2013 年。http://www.bjdx.gov.cn/zwgk/zfwj/537710.htm。

14. 北青网:《本市将推行一产农民员工化》, 2012 年。http://bjyouth.ynet.com/3.1/1203/20/6901406.html。

15. 国际劳工组织: "关于体面劳动", 2006 年。http://www.ilo.org/wcmsp5/groups/public/---asia/---ro-bangkok/---ilo-beijing/documents/publication/wcms_142825.pdf。

16. 国际劳工组织:《衡量非正规性: 关于非正规部门和非正规就业的统计手册》, 2012 年。

17. 国际劳工组织:《可持续发展中的体面劳动》, 国际劳工组织局长报告, 报告 1 (A), 第 96 届国际劳工大会, 2007 年。

18. 国际劳工组织:《绿色就业潜力评估指南》, 2011 年。http://www.ilo.org/wcmsp5/groups/public/@dgreports/@dcomm/@publ/documents/publication/wcms_153458.pdf。

19. 国际劳工组织:《为可持续发展而工作: 绿色经济中的体面劳动和社会融合机遇》, 2012 年。http://www.ilo.org/wcmsp5/groups/public/@dgreports/@dcomm/@publ/documents/publication/wcms_181836.pdf。

20. 国际能源署:《热电联产: 更大全球投资收益的评估》, 2008 年。

21. 联合国：《二十一世纪议程》，1992 年。

22. 联合国环境规划署、国际劳工组织、国际雇主组织、康奈尔大学全球劳工研究所：《绿色工作：迈向可持续的体面劳动，低碳世界》，2008 年。

23. 联合国：《里约 20 + 可持续发展大会会议成果——我们希望的未来》，2012 年。https：//rio20. un. org/sites/rio20. un. org/files/a - conf. 216 - 1 - 1_chinese. pdf。

24. 欧洲气候论坛，C. C. Jaeger 等：《欧洲新的增长途径：在低碳经济中创造繁荣和就业机会》，最终报告，2011 年。

25. 欧洲职业安全健康局：《到 2020 年绿色工作中新技术相关职业安全与卫生的新风险预见：二期——关键技术》，2011 年。

26. 全球气候网络，“在一个相互依存世界中的低碳工作”，第 3 号讨论文件，2010 年。

27. 游钧、张丽宾：《中国绿色就业研究》，社会科学文献出版社 2014 年版。

28. 郑东亮、张丽宾等：《广东省绿色就业发展战略研究》，中国劳动社会保障出版社 2013 年版。

29. 中国人力资源和社会保障部劳动科学研究所、国际劳工组织：“中国绿色就业研究”，2010 年。，http：//www. ilo. org/wcmsp5/groups/public/ - - - asia/ - - - ro - bangkok/ - - - ilo - beijing/documents/publication/wcms_155633. pdf。

30. 中国社会科学研究院：《中国低碳发展与绿色就业研究》，城市与环境研究所，2010 年。

31. 资源观察：“美国煤炭和职业”，2011 年 6 月 15 日。见网址：http：//www. sourcewatch. org/index. php? title = Coal_ and_ jobs_ in_ the_ United_ States；美国劳工统计局数据库：“目前就业统计调查（国家）中的就业、时间和收入”。见网址：http：//data. bls. gov/cgibin/dsrv?。

3 第三部分

政策方法篇

第 9 章
绿色经济指标

俞海　曲铮铮[①]

本章讨论的是绿色经济的指标问题。其中 9.1 节介绍从事绿色经济工作的主要国际机构在绿色经济指标方面的不同做法，以及这些机构初步制定的一个共同的绿色经济指标框架；9.2 节介绍中国在开发绿色经济指标体系方面的工作和设想；9.3 节讨论在开发运用绿色经济指标方面存在的挑战以及绿色经济指标同可持续发展目标之间的关系。

9.1　主要国际机构与绿色经济指标

9.1.1　联合国环境署：使用指标为绿色经济决策服务

第 1 章提到，在联合国环境署（UNEP）最初推出绿色经济倡议时，并没有考虑到定义问题，自然也没有考虑到相关的指标体系问题。在绿色经济的概念得到广泛关注后，定义问题绕不过去了。于是，环境署出了一个官方定义，说绿色经济“是可增加人类福祉和社会公平，同时显著降低环境风险与生态稀缺的经济”（UNEP，2010）。定义出来后，指标问题便接踵而至。但在环境署的官方定义下，要确定衡量绿色经济的具体指标，还是有一定难度的。这是因为官方定义中提到的方方面面似乎同可持续发展所包含的内容接近，而且一

---

① 俞海：农业经济学博士。现任环境保护部环境与经济政策研究中心环境战略部主任、研究员。主要从事环境战略、环境与经济关系、环境公共治理、全球环境治理等研究，为环境保护部相关决策提供技术支持。

曲铮铮：联合国环境规划署咨询专家，主要工作领域为绿色经济南南合作以及中国相关项目和研究。曾就职环境署中国办公室及联合国贸易与发展会议。2010 年获澳大利亚莫纳什大学商学硕士学位。

般来说都已经有现成的指标来衡量。此外，按照环境署的官方定义来确定指标，也难以表达“里约+20”会议关于“绿色经济是实现可持续发展的一种工具”这样的定性。

在这种情况下，环境署决定暂时避开对具体指标的选取，而把指标工作的重点先放在运用现有指标来指导绿色经济的政策制定方面。相应地，环境署发表了一份“绿色经济指标指导手册”（UNEP，2014），并在加纳、毛里求斯和乌拉圭等国家试用。这一手册以“综合型政策制定过程”（见图9-1）为基础（类似第4章里讲的政策周期），根据“问题识别、政策制定、政策评定、政策监测及评估”这四个阶段来确定指标的选择和运用（UNEP，2014），也就是在图9-1中的阶段1、阶段2和阶段5（第4阶段的指标体现在第5阶段中）。

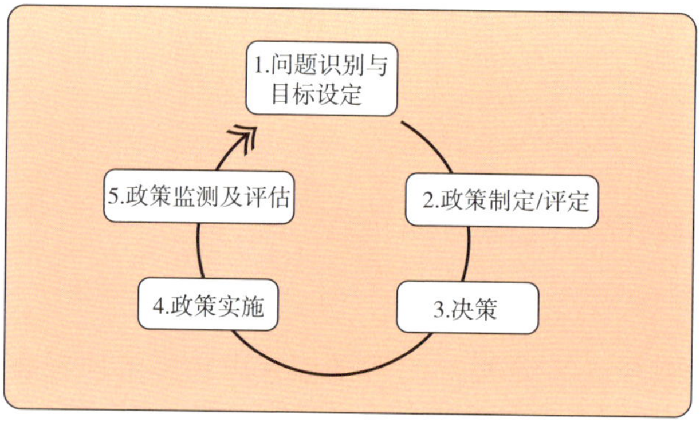

图9-1 综合型政策制定过程总览

资料来源：UNEP，A guidance manual for green economy indicators，2014。

下面通过毛里求斯的农业案例来介绍与主要的绿色经济决策阶段相关连的指标：

1. 问题识别指标

问题识别指标，顾名思义就是帮助识别问题的指标。这些指标的变动或者不动都有可能意味着问题的存在。问题识别指标可以作为整个指标体系中的基准指标，也可以用来衡量政策的有效性。另外，通过分析不同的问题识别指标，可以帮助分解问题，理解每个变量在问题中所扮演的角色，以及它们对经济、社会和环境三方面的影响，并有助于跨部门合作来共同研究问题的解决方案。在其他国际机构中，全球绿色增长组织所开发的诊断指标和环境署的问题识别指标类似。

以毛里求斯的农业案例来说，当地的农作物有相当大的比例靠进口，农业种植面临的主要问题之一是农业用地被其他经济利益更高的活动——比如房地产——所侵占。如果单纯考虑房地产业的经济利润，它似乎超过农业（如蔗糖）的种植利润，但是如果考虑到由于丧失农业种植土地而带来的社会和经济影响，如当地居民的就业、收入、食品生产能力、生存环境变化，以及国家对食品进口的依赖、社会稳定和自然资本存量变化等，那么房地产的经济利润并不一定高于农业种植利润（UNEP，待出版）。

为了保护农业种植用地不被影响，可以用一系列指标来监测可能导致农业用地变化的因素，比如整体农业用地面积、甘蔗用地面积、从事粮食作物种植的农民人数、从事粮食作物种植的农民的平均年龄、房地产用地的土地价格等（UNEP，待出版）。这些指标不仅仅考虑到土地使用对经济的影响，也将它对环境和社会的影响融入在内，这样可以帮助政策制定者更全面地了解问题。这些指标的变动都有可能预示着农业种植面积受到的影响。政策制定者可以通过监测这些指标来判断问题的存在，并且依据指标提供的信息作出更合适的决策。

2. 政策制定指标

综合性政策制定的第二个阶段是根据目标制定政策。问题识别指标帮助政策制定者发现问题，而政策制定指标则有助于他们建立政策目标，设计解决方案，作出政策选择。政策目标应该具体、有针对性。指标可以量化政策目标并且简化对政策实施情况的衡量。当然，不是所有的政策目标都可以量化，应视情况而定。

在毛里求斯的农业案例中，如果把减少粮食的进口额作为总体的政策目标，那么就可以通过农业补贴和其他激励政策，如土地用途转换税，来引导投资，增加自给粮食的比例（UNEP，待出版）。

3. 政策评定指标

政策目标和政策干预一旦确定以后，我们需要建立政策评定指标来考虑政策的长期影响。这里需要分析政策的跨部门影响。由于在这个阶段政策还没有得到实施，所以这里的指标主要是用来预测政策的影响，并不是体现实际影响。

在毛里求斯的案例里，政策评定指标涵盖经济、社会和环境三方面：农作物生产量（吨/年）、农业占 GDP 的百分比、用于蔗糖种植的土地面积、粮食作物的土地种植面积、森林面积、农业部门就业人口（人/年）、进口粮食作物减少率，以及本地和进口蔗糖的比例（UNEP，待出版）。

4. 政策监测及评估指标

综合型政策制定的最后一个阶段是监测和评估政策的影响及表现，它与政策的实施同时进行。与政策评定指标不同的是，政策监测及评估指标的使用发生在政策被正式决定实施之后，主要是对政策产生的效果和影响进行追踪及评估，这些影响可以对实施效果不理想的政策提供纠错功能。与政策评定指标相同的是，政策监测及评估指标同样需要进行跨部门和环境、社会及经济三方面的分析，并且通常与政策评定指标有一定的重叠。这里需要解释的是，虽然指标会有重叠，但是指标的意义和作用却不同。政策评定指标主要是预测政策的影响，通常会给政策监测及评估指标提供基线，通过与政策评估指标中实际的政策影响相比较，它可以用来识别和预测未来趋势，给政策的未来走向提供参考。

在毛里求斯的案例中，我们选择了和政策评估阶段相同的指标来监测政策的实际影响。

9.1.2 经济合作发展组织：绿色增长指标[①]

经济合作发展组织（OECD，以下简称“经合发组织”）在绿色增长指标体系方面的工作，同其他国际组织相比，算是着手比较早、做得比较全面的。在2011年推出绿色增长战略之后，经合发组织把它多年来在指标方面的工作重新包装，迅速发表了绿色增长指标框架，包括四个大类：自然资本存量、环境和资源生产率、环境生活质量以及经济机会和政策反应。此外，还有反映总体社会经济情况的一些指标，在分析中作为背景来使用。经合发组织在此框架下提出了25～30个指标（见表9－1）。

① 编译自GGKP（2013），Moving towards a Common Approach on Green Growth Indicators，OECD（2014），OECD（2011），Towards Green Growth：Monitoring Progress：OECD Indicators，及OECD（2014），*Green Growth Indicators* 2014，OECD Green Growth Studies，OECD Publishing。

表9-1 经济合作发展组织的绿色增长指标主题及指标

1	经济的环境和资源生产率	• 碳和能源生产率 • 资源生产率：原材料、营养、水 • 多因素生产率
2	自然资本存量	• 可再生资源存量：水、森林、鱼类资源 • 不可再生资源存量：矿产资源 • 生物多样性和生态系统
3	环境生活质量	• 环境健康及风险 • 环境服务及设施
4	经济机会和政策反应	• 科技和创新 • 环境产品和服务 • 国际资金流动 • 价格和资金转移 • 技术和培训 • 法规和管理方法
社会经济维度及增长特征		• 经济增长和结构 • 生产率和贸易 • 劳动市场、教育和收入 • 社会人口形态

资料来源：OECD, Towards Green Growth: Monitoring Progress: OECD Indicators, 2011。

根据经合发组织的绿色增长指标框架，荷兰统计局于2011年发布了一个含有20个绿色增长指标的国家报告。这份报告是在一个部委间工作小组的支持下完成的，在荷兰基础设施和环境部领导下，这个小组还包括财政和经济事务部、农业和创新部、环境评估署和统计局。荷兰的绿色增长指标涵盖了经合发组织指标框架下的四个方面，并挑选了最适合本国情况的一些指标，利用现有统计数据分析每个指标的变化趋势，并且结合每个指标背后的政策目标来判断按照目前的发展趋势，该目标是否可以在预定时间内实现。下面，我们用荷兰的例子对经合发组织的绿色增长指标体系的具体内容进行介绍。

1. 环境和资源生产率指标

绿色增长的核心问题之一是提高资源的使用效率（见第4章），相关的指标可以反映一个国家的经济向低碳和高效的转变。通常来讲，可以通过以下三个方面来衡量：

（1）碳和能源生产率：每单位二氧化碳排放或全部一次能源供应所带来的经济产出。

（2）能源生产率：每单位自然资源或原材料的经济产出。

（3）将环境服务和自然资源的使用考虑在内的调整后的多因素生产力。这里指通过有效利用自然资源和环境服务提高的生产力，它可以创造新的市场和新的就业。

大部分的环境和资源生产率指标都是基于生产的，也就是说环境和资源的消耗是由国内生产活动直接导致的。此外，还需要有基于需求的环境和资源生产率指标，也就是说，这些环境资源的消耗是由消费者需求拉动的。

荷兰在环境和资源生产率方面选择了表 9－2 中的一系列指标。以基于生产的温室气体排放强度指标为例，荷兰由生产所产生的温室气体排放强度在 1990 年到 2009 年间减少了 31%，在同一时间段，经济增长率（53%）高于温室气体排放增长率（5%）（Statistics Netherlands，2011）。按照目前的发展状况，荷兰可以实现《京都议定书》中的目标。

再如可再生能源指标，可再生能源在荷兰的能源消费中所占比例在过去的 20 年中由 1% 增长到 4%，离欧盟在 2020 年可再生能源占 14% 的比例还有很大差距。所以，虽然从趋势上看情况确实有所改善，但是却很难在既定时间内实现目标（Statistics Netherlands，2011）。

荷兰的环境效率指标表现出了总体效率上升的趋势，但是从温室气体排放、能源效率和原材料使用强度指标看，只表现出了相对脱钩[①]，离实现绿色增长还有一定的距离。如果进一步分析总体环境效率指标上升的原因可以发现，有些指标的改善是因为进口替代了国内产品，所以在全球范围内并不意味着情况的改善。

表 9－2　荷兰统计局环境效率指标

指标	时间	趋势	政策目标
基于生产的温室气体排放强度	1990～2009	相对脱钩	可以实现
基于消费的温室气体排放强度	1996～2009	相对脱钩	—

① 相对脱钩是指环境资源消耗的增长率低于经济的增长率，也就是说资源生产率上升。

续表

指标	时间	趋势	政策目标
能源效率	1990 ~ 2009	相对脱钩	—
可再生能源	1990 ~ 2009	有所改善	很难实现
养分盈余	1990 ~ 2009	绝对脱钩①	有可能实现（需要更多努力）
原材料使用强度	1996 ~ 2008	相对脱钩	—
水资源使用强度	1990 ~ 2009	绝对脱钩	—
废物处理	1985 ~ 2008	有所改善	可以实现

资料来源：Statistics Netherlands, Green growth in the Netherlands, 2011。

注："—" 为无法评价，没有明确政策目标，或者不确定的趋势。

2. 自然资本存量指标

自然资本是经济活动及人类福祉的主要基础之一。自然资本存量指标可以用来监测环境资产的存量和环境服务的流量，反映目前自然资本的数量、质量和价值，以此衡量当前发展的质量并且识别未来发展中可能存在的风险。本书第 5 章中已经对自然资本的概念及其具体内容给出了详细的解释。在指标方面，自然资本存量主要包括以下三个方面：

（1）可再生自然资源的可用性和质量，包括淡水、森林和鱼类。

（2）非可再生自然资源的可用性及可及性，特别是矿产资源，包括金属、工业矿产和化石能源。

（3）生物多样性和生态系统，包括物种和栖息地多样性，以及土地的生产力和土壤资源。

荷兰统计局选择了表 9 - 3 中的自然资本存量指标。以木材存量为例，在 1990 年到 2005 年间荷兰的木材存量增加了 27%，这主要是由森林面积的增加而产生（Statistics Netherlands, 2011）。荷兰的总体森林面积偏小，森林资源带给荷兰的利益主要体现为国民的休闲娱乐和生物多样性。荷兰大部分的木材使用都是靠欧洲境内的进口，所以荷兰市场上对木材的需求所产生的环境压力其实被转移到了其他国家。

在自然资源绝对存量减少的情况下，政府通常会采用提高价格的方式来鼓励消费转移，即消费其他替代品。所以，如果只看自然资本的货币价值，而不

① 绝对脱钩是指环境资源的消耗下降，但是经济增长率上升。

看实物存量，有时会产生误导。荷兰的天然气储量在1990年到2005年间下降了25%，但近年来天然气的价格呈高速上涨趋势。虽然绝对存量在下降，但是如果单从货币价值来看，其价值却在上升（Statistics Netherlands，2011）。

表9－3　荷兰统计局自然资本存量指标

指标	时间	趋势	政策目标
木材存量	1990～2005	有所改善	很难实现
鱼类	1996～2008	退化	—
天然气储量	1990～2010	退化	—
建设用地土地转换	1900～2006	—	—
对生物多样性的威胁	1994～2005	退化	很难实现

资料来源：Statistics Netherlands，Green growth in the Netherlands，2011。

注："—"为无法评价，没有明确政策目标，或者不确定的趋势。

3. 环境生活质量指标

人们通常认为生产和收入的增长会提高整体人类生活质量及福祉，然而，如果环境状况不能得到良好的保障，健康和幸福的程度将会随之大打折扣。本书第6章中已经对环境生活质量的问题进行了详细的讨论，比如空气、水资源和土壤等等对生活质量的影响。环境生活质量方面的指标可以反映环境状况和环境风险如何影响生活质量。经合发组织在这方面的指标主要包含以下两个方面：

（1）人类所面临的环境污染和风险，如环境导致的健康问题和相关成本，以及面临的自然或工业风险和相关的经济损失。

（2）公众对环境服务和设施的获取，如污水处理和饮用水的获取。

如第7章所说，环境对生活质量的最主要影响在健康方面。荷兰统计局目前在这方面的指标为表9－4中的和污染有关的健康指标，主要是空气污染（PM10）。当然，受污染影响的健康指标还可以有很多，比如可以获取安全饮用水的人群比例，可以获取污水处理服务的人群比例等等。另外，荷兰统计局可以在这里加一些经济方面的指标，比如健康问题的成本和由环境问题导致的工业风险和经济损失等。这样的指标更容易引起政府、行业和大众的重视，也可以更直观地体现绿色增长的社会维度。

表 9-4 荷兰统计局环境生活质量指标

指标	时间	趋势	政策目标
由污染带来的健康问题	1980～2000	有所改善	—

资料来源：Statistics Netherlands, Green growth in the Netherlands, 2011。

注："—"为无法评价，没有明确政策目标，或者不确定的趋势。

4. 经济机会和政策反应指标

政府在促进绿色增长的过程中，通过绿色投资、消费和贸易政策，通过财政、税收和金融政策，以及产业政策等，扮演着重要的角色。这方面的内容在本书第 11 章中有详细的介绍。经济机会和政策反应方面的指标可以反映推动绿色转型的政策工具的使用趋势，并且用来衡量和绿色增长相关的经济机会。但是这些指标需要和其他指标结合起来解读，因为单个指标的改善并不一定意味着总体绿色增长的好转。相关指标主要包括五个方面：

（1）技术发展及创新是推动整体增长和生产力发展的动力，特别是在绿色增长方面。它们在自然资源管理以及减少污染方面有着不可忽视的作用。创新在建立新市场以及创造新就业中也起着推动作用。

（2）环境产品和服务可以反映重要的绿色经济方面的机会。

（3）国际资金流动可以吸收及传播关键的技术知识，促进知识的跨国交流并且是将发展和环境目标相结合的一个重要方面。

（4）价格机制和资金转移可以向生产者和消费者提供重要的信号，是影响市场参与者行为的主要工具。

（5）教育、培训和技能发展。

荷兰统计局选择了表 9-5 中的指标来衡量经济机会和政策反应。绿色税收是政府经常采用的政策工具。税收一方面通过提高不可持续行为的成本，给予大众向可持续行为转变的经济动机，另一方面还可以增加公共收入。由于汽车燃料消费税的增加和能源税的引入，绿色税收在荷兰政府收入的比例由 1990 年的 9.4% 上升到 2009 年的 14%，主要的增长发生在 1990 到 1996 年间（Statistics Netherlands, 2011）。当然，这里需要注意的是，绿色税收在政府总体收入中比例的增加和国家的绿色增长并没有必然的因果关系，并不意味着绿色增长的实现；它只能说明这个国家在推动绿色发展中所作出的政策反应和努力。

表 9-5　　荷兰统计局经济机会和政策反应指标

指标	时间	趋势	政策目标
绿色专利	2000~2006	增加	—
绿色税收份额	1990~2009	增加	—
能源价格	1990~2009	—	—
碳排放交易	2005~2009	—	—
环境投资	1990~2007	稳定	—
绿色就业	1995~2008	增加	—

资料来源：Statistics Netherlands, Green growth in the Netherlands, 2011。

注："—"为无法评价，没有明确政策目标，或者不确定的趋势。

社会经济维度及增长特征

这类指标可以提供重要的背景信息，可以用来跟踪绿色增长政策和措施对经济增长的长期影响。这里面包括社会包容性方面的指标，比如减贫、社会公平和包容等等。

9.1.3 世界银行：综合财富核算

在开展绿色经济、绿色增长的工作方面，从时间上看，世界银行稍稍落后于联合国环境署和经合发组织。它的绿色增长主报告是在 2012 年 5 月"里约+20"会议的前夕赶出来的。这也影响到它在相关的指标方面的工作。由于在绿色增长的指标选取和框架的搭建方面，经合发组织走在了前面，世界银行拿不出更新的东西。在这种情况下，世界银行参照经合发组织把过去的工作重新包装的做法，力推它的"综合财富核算"作为绿色增长的终极指标。

综合财富核算的初衷是要为 GDP 纠偏。自 20 世纪 80 年代后期，世界银行就和其他国际组织包括联合国环境署一道开始研究弥补传统的宏观经济政策中最重要的指标 GDP 里面存在的关于自然资源消耗和环境质量退化方面的缺失。在科克-汉密尔顿的主导下，开发出了"调整后的净储蓄"（adjusted net savings，简称 ANS），也称真实储蓄指标。它包括了一年之内人造资本、自然资本和人力资本的净变化，作为从经济角度衡量可持续发展的最重要的指标。从 2001 年起，世界银行就开始发布年度《绿色数据小手册》，其中就包括为许多国家编制的 ANS（World Bank，2010）。储蓄是未来发展的资本主要来源。经济学理论认为，当前净储蓄水平等于未来福利的水平，特别是未来消费水平的现值（Hamilton and Hartwick，2005）。

世界银行开展绿色增长研究之后，很快就把真实储蓄指标重新包装，给它戴了一顶“综合财富核算“的帽子，并建议把它作为绿色增长的最终意义上的总量指标。但是，其他相关的国际机构则认为，若干指标应该结合起来使用，才能避免单一指标可能造成的误读。比如，就综合财富核算及其指标而言，由于把人造资本、自然资本和人力资本用货币量串在一起，就有可能掩盖在人造资本和人力资本大幅增加的同时自然资本严重缺失的问题。因此有必要对这些资本予以分解，而且需要看自然资本在实物量方面的变化。

除了世界银行以外，联合国环境署也进行了财富核算方面的研究，只是在指标的计算方法上同世界银行的财富指标略有差异。2012年，环境署和联合国大学共同发布了《包容性财富指数报告》（Inclusive Wealth Index，简称IWI）。报告评估了占有全世界56%人口及72%国内生产总值的20个国家从1990年到2008年的财富情况，显示其中大部分国家的包容性财富总量都呈上升趋势（仅6个国家的总体财富呈下降趋势），但19个国家的自然资本呈下降趋势，引起了这些国家政策制定者的注意（UNU－IHDP and UNEP，2012）。

9.1.4 绿色增长指标框架

搞绿色经济的主要国际机构在相关的指标问题上，都有各自的想法和做法，这可能使那些想要推动并衡量绿色经济发展的国家无所适从。考虑到这个问题，在2012年6月“里约＋20”会议期间，环境署、世界银行、经合发组织和全球绿色增长组织（即“绿色增长知识平台”的发起单位，见第1章的相关介绍）决定合作，来制定一个为各家所认同的绿色增长指标框架。2013年在经合发组织主持的绿色增长知识平台年会上，发布了这个尚待进一步完善的初步框架（见图9－2）。

这个框架的主要作用是搭建环境与经济之间的平台。在这方面，绿色增长指标主要是为了衡量经济活动被“绿化”的程度。具体来说，经济系统可以被分为三个部分：投入、生产和产出。相应地，经济活动也就是投入变成产出的过程（见图9－2）。投入主要包括人力资本、人造资本和自然资本，这一点同我们这本教科书的绿色经济理论相吻合。这里需要特别提到的是，自然资本是经济活动中重要的投入，比如以原材料形式存在的自然资源以及生态系统所提供的服务功能等。自然资本的削减虽然并不一定与绿色增长相冲突，但是它的过度开发和使用则会对经济和社会带来巨大风险。在投入这一块，绿色增长

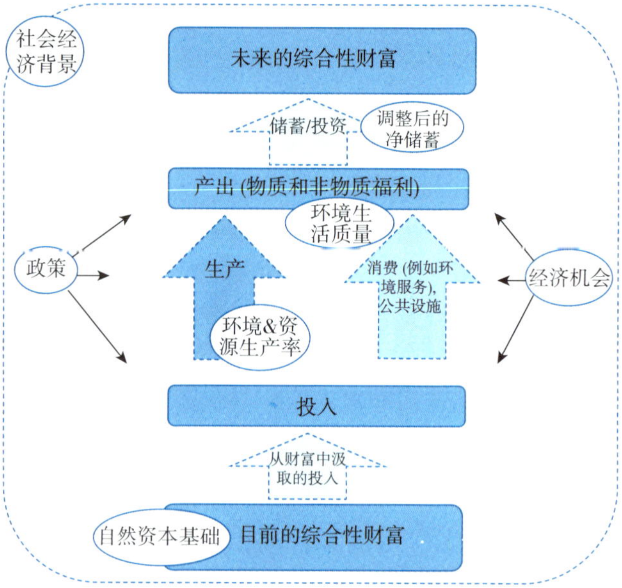

图 9－2　绿色增长指标的初步框架

注：白色的椭圆代表指标类别。

资料来源：GGKP, Moving towards a Common Approach on Green Growth Indicators, 2013。

指标特别注重自然资本存量的变化，从而识别可能存在的风险。

在生产阶段，绿色增长指标注重的是与环境和资源相关的生产率。通过将经济指标（如 GDP 增加值或消费等）同资源环境的投入相关联，我们可以取得环境和资源生产率指标，用来指导政策，实现用较少的自然资源和生态服务来支持较多的生产和消费的目标。

在产出方面，绿色增长指标关注的是物质和非物质的福祉，比如与环境相关的生活质量。许多生活质量方面的指标也可以直接影响经济过程，比如通过健康状况影响员工的生产力等。产出中的一部分被用来投资于人造资本、人力资本和自然资本，这里的关键指标就是调整后的净储蓄，它可以夯实“综合财富”，为下一轮的经济活动奠定基础。

从图 9－2 中还可以看到，除了贯穿于经济活动的主要绿色增长指标外，还有影响经济活动的社会经济背景、政策干预以及经济机会等方面的指标，也属于绿色增长指标体系的范畴。

显然，这个框架基本上反映了经合发组织和世界银行在绿色增长指标体系方面的思路，这两个机构所强调的主要指标类别在这里都得到了体现。而环境署对于在绿色经济决策的各个阶段中运用相关指标的关注，在这里则没有能够得到体现（虽然这两种框架不一定相互冲突，如自然资本、资源生产率和环境生活质量等可以是问题识别指标，政策干预可以是政策制定指标，而经济机遇以及 ANS 可以是政策评定、监测、评估指标）。此外，这个框架由于强调环境和经济之间的联系，也没有能够反映同绿色增长相关的贫困和社会公平等问题。这些问题，可以在今后框架的修订过程中得到解决。总的来说，瑕不掩瑜，这四家国际机构共同制定的绿色增长指标框架，虽然还处于初步阶段，但仍不失为一份重要参考。

除了绿色增长指标的初步框架外，经合发组织在“绿色增长知识平台”下的“绿色增长指标研究委员会”里还提出了建立“标题指标”的必要性。主要的考虑是，目前的绿色增长指标体系虽然比较全面，但是却使指标的沟通和理解变得复杂，不容易引起政策制定者和公众的共鸣，于是也就丧失了一部分建立指标的初衷。因此，经合发组织认为，开发若干包含主要信息、简单易懂并且易于沟通的“标题指标”是一个挑战，也是绿色增长指标的发展方向。表 9－6 根据经合发组织的绿色增长指标体系，列出了 6 个初步的标题指标，供进一步研究。其中比较欠缺的是衡量经济机会和政策反应的指标。

表 9－6　绿色增长标题指标

环境资源生产率	
碳生产率	1. 二氧化碳生产率
资源生产率	2. 非能源原材料生产率
多因素生产率	3. 多因素生产率，包括环境服务
自然资本存量	
可再生和非可再生能源存量	4. 自然资源指数
生物多样性和生态系统	5. 土地使用及覆盖变化
环境生活质量	
环境健康及风险	6. 空气污染（暴露于 PM2.5 的人数）
经济机会和政策反应	
科技和创新、环境产品和服务、价格和资金转移	—

资料来源：OECD，Green Growth Indicators 2014，OECD Green Growth Studies，OECD Publishing，2014。

9.2 绿色经济指标：中国经验

中国的专家学者在建立与绿色经济相关的指标方面做了许多工作。在这一节，我们介绍其中和绿色经济相关度较高的指标体系，包括北京师范大学开发的“中国绿色发展指数（CGDI）”和“人类绿色发展指数（HGDI）”以及由中国国际经济交流中心与世界自然基金会共同开发的“中国省级绿色经济指标体系”，并对进一步构建中国的绿色经济指标体系提出一些构想。由于篇幅有限，其他一些相关的指标体系，如中国科学院的“中国可持续发展能力评估指标体系”，环保部关于“生态文明建设目标体系及政策创新”的研究课题，以及福建师范大学的“环境竞争力指标体系”就不予介绍了。

9.2.1 中国绿色发展指数和人类绿色发展指数

北京师范大学（以下简称“北师大”）由李晓西教授带领的团队从国家和国际两个层面进行了绿色发展指数的研究，开发测度了中国绿色发展指数（CGDI）和人类绿色发展指数（HGDI）。

1. 中国绿色发展指数

从2010年开始，北师大依托国家统计局、多学科专家团队和其他公开权威的统计数据，发布年度《中国绿色发展指数报告》，建立了一套绿色发展监测指标体系和指数测算体系，用以测度中国30个省（自治区、直辖市）和部分大中城市的绿色发展状况与进展（使用两年前的数据）（北京师范大学，2010）。CGDI的编制理念突出绿色与发展的结合，尤其强调生产过程中不能忽视绿色，并突出政府在促进绿色发展中的责任。其中3个一级指标为经济增长绿化度、资源环境承载潜力和政府政策支持度，分别反映生产对资源消耗与环境的影响程度、自然资源与环境所具有的承载潜力以及社会组织者解决资源、环境与经济发展间矛盾的水平与力度（见图9-3）。这3个一级指标再分解为二级指标（9个）和三级指标（省际CGDI有60个三级指标，城市CGDI有43个三级指标）。绿色发展指数是在各三级指标标准化数值的基础上，按照事先赋予的权数，加权综合而成的相对数，即将各地区绿色发展情况与平均水平进行比较，来测度各地区经济绿色发展的总体情况，得分高于“0”表示该省（区、市）的指数水平高于全国平均水平，在全国各地区中排名位次居前。反向反之。

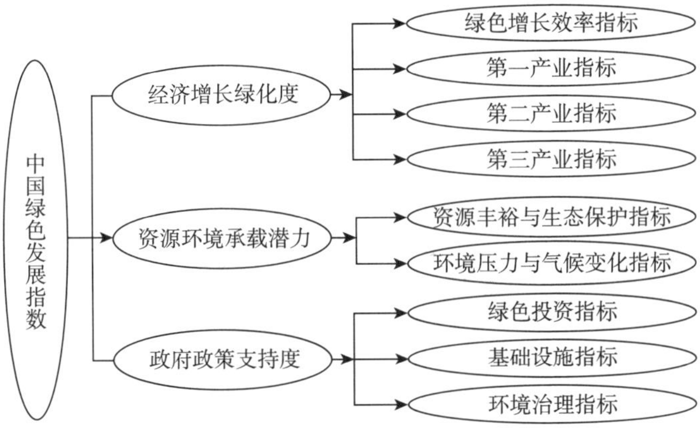

图 9－3 中国绿色发展指数框架

资料来源：北京师范大学：《2010 中国绿色发展指数年度报告》。

中国绿色发展指数编制的思路和特点在于：一是突出绿色与发展的结合，体现产业发展的绿色程度、环境资源的保护程度，以及政府在规划与领导经济发展中对绿色经济的关注程度。二是突出了省（区、市）绿色发展水平与进度的比较，尤其是对大中城市绿色发展的测度和比较。中国各省资源禀赋及经济发展各具特色各有短长，承认区域发展上的差异，既体现了指数指标体系的客观性，又对省市社会经济发展起到了积极作用。三是突出了政府绿色管理的引导作用，体现在绿色投资、城市管理和环境治理诸多方面，同时反映了融入国际“绿色新政”的意愿和主动性。四是突出绿色生产的重要性，并把工业生产和绿色消费作为重要内容。

《2013 中国绿色发展指数年度报告》的测算结果显示，30 个省（区、市）中，绿色发展水平排名前 10 位的是：北京、青海、海南、上海、浙江、天津、福建、内蒙古、江苏和陕西；甘肃、宁夏、河南排在后 3 位。100 个测试城市中，绿色发展水平排名前 10 位的是：海口、深圳、克拉玛依、无锡、烟台、青岛、湛江、延安、北京和潍坊；排名后 5 位的城市是：荆州、西宁、铜川、鞍山和兰州（北京师范大学，2013）。

通过整体测算结果可以看出，中国东部整体绿色发展优势较明显；中部相对缺乏优势、城市绿色发展优势状况良好；西部城市绿色发展与中部相当、资源环境表现较突出；东北城市绿色发展优势相对落后、区域绿色发展水平有待进一步完善。

2. 人类绿色发展指数

人类绿色发展指数（HGDI）是在联合国的人类发展指数（HDI）基础上，根据全球自然与人类发展的新形势所构建的一个综合性指数。HGDI 基于社会经济可持续发展和资源环境可持续发展两大维度，将人类绿色发展概括为“吃饱喝净、教育卫生、资源长享、天蓝气爽、地绿河清、生物共存”，确立了12个人类绿色发展领域，每个领域中选择了最典型、最具代表性的1个元素指标进行测度。在 HGDI 元素指标外，北师大还尝试选取各领域其他具有代表性的指标作为辅助指标，在12个领域中根据信息的完整性最终选取了4个辅助指标。

人类绿色发展指数编制的思路和特征是希望通过简明且易形成共识的指标，突出人类与地球的双重持续发展（Dual Sustainable Development），反映各国提高人类福祉和显著降低环境风险两方面的努力程度（见表9－7）。它在编制中贯穿了有效但有限的原则、绿色与发展相结合的原则、共同责任与同等测度的原则、人类发展的包容与公平原则等。应该说，这是一个侧重于人类发展的综合性指标体系，更加侧重于发展中的社会维度，更加侧重于发展中的人文关怀。

表 9－7　人类绿色发展指数框架

	人类绿色发展两个维度	人类绿色发展12个领域	元素指标名称
人类绿色发展指数	社会经济的可持续发展	贫困	低于最低食物能量摄取标准的人口比例
		收入	不平等调整后收入指数
		健康	不平等调整后预期寿命指数
		教育	不平等调整后教育指数
		卫生	获得改善卫生设施的人口占一国总人口的比重
		水	获得改善饮用水源的人口占一国总人口的比重
	资源环境的可持续发展	能源	一次能源强度
		气候	人均二氧化碳排放
		空气	PM10
		土地	陆地保护区面积占土地面积的比例
		森林	森林面积占土地面积的百分比
		生态	受威胁动物占总物种的百分比

资料来源：李晓西等：“人类绿色发展指数的测算”，《中国社会科学》，2014年第6期。

人类绿色发展指数（HGDI）是在人类发展指数（HDI）重点关注人类公平的生存与发展已历时20多年之后，在气候变化和环境恶化已对人类造成前所未有威胁的时候，为HDI增加了一个G，即Green，力求在联合国关注人类全面发展的时候，为人类面临的地球危机集中地表达一下忧虑。HGDI报告鼓舞各国对照检查，从国情出发，在相应的发展阶段中实现可持续发展。

《2014人类绿色发展报告》基于HGDI的理念与测算方法，在2010年统计数据基础上，对世界上123个国家的人类绿色发展指数进行了测评及排序（北京师范大学，2014）。测评国家的选择主要考虑数据的完整性，同时对国际公认的非主权实体不作为国家纳入测评。123个测评国家基本涵盖了世界上主要的发达国家和发展中国家。HGDI所选用的指标均为相对指标，通过最大最小值法进行标准化后，按照事先赋予的权重（均为等权重8.33%），以算术平均法分别对两个维度各6个指标进行加权综合，分别获得社会经济和资源环境可持续发展的单项分值。随后，用几何平均法对这两个维度进行合成，最终计算得到各国的人类绿色发展指数。

测评得到了2010年123个参评国家的人类绿色发展指数，并进行排序分为高中低三个等级，即深绿色、中绿色和浅绿色发展水平国家。这三个等级的绿色发展水平分类是一种简单的相对排序分类，一般而言，绿色由浅入深表明绿色发展水平从低到高。但是，各国状况尤其是自然条件情况差别很大，深绿是否代表着每个国家的最理想的绿色发展水平，还应具体情况具体分析。

根据测算，2010年人类绿色发展指数排名前10位的国家包括瑞典、瑞士、斯洛伐克、德国、拉脱维亚、日本、挪威、奥地利、芬兰和哥斯达黎加。中国排在第86位，处于浅绿色发展水平阶段。

9.2.2　中国省级绿色经济指标体系

2012年，中国国际经济交流中心（CCIEE）与世界自然基金会（WWF）共同研究、编制并发布了中国省级绿色经济指标体系，旨在科学地认识绿色经济，倡导绿色经济发展理念。该指标体系具有以下几个特点：

一是将反映绿色发展的、传统上被认为是非经济的因素引入了指标体系，如自然资本价值、生态足迹、技术创新等，从社会和经济发展、资源环境可持续和绿色转型驱动这三个维度来刻画各地绿色经济发展情况。

二是考虑到由于各地所处发展阶段、资源环境特点和区位优势不尽相同，单纯一个总指数有可能会掩盖不同区域的异质性信息，该指标体系采用了开放性系统来展示区域绿色经济发展的立体趋势，即直接用绿色经济指数的三个一级指标来展现各地绿色经济的发展趋势，以便更直观地来看各地的优势与不足。

三是选取具有较强代表性的综合指标，力求用数量较少的指标来突出绿色经济特点。

四是指标体系的细分领域考虑了各省的特点，以便针对区域特征提出建议。

此外，在绿色经济指标体系研究过程中还考虑了自然资本与生态系统服务价值的理念，考虑到了中国已有的政策与指标基础，吸收了“十二五”规划中的部分指标。

具体来说，该指标体系主要作了以下设置：

第一，社会与经济发展维度从“人的发展”和“包容性发展”两个方面来体现。人的发展指标参考了联合国开发计划署（UNDP）采用的人类发展指数（HDI），综合考虑收入、健康和教育这三个因素。包容性发展指标使用基尼系数和城乡人均收入比。基尼系数测算全部居民的收入差距，同时考虑到中国特殊的二元经济结构，用城乡人均收入比来反映城乡收入差距。

第二，资源环境的可持续性要求将人类的生态足迹纳入地球生态系统的承载范围内。它取决于两个方面：一是自然财富的增长和生态服务的可持续性；二是提高资源（包括水、能源及其他自然资源）的使用效率，减少经济对环境的影响。此外，要保护环境质量，不能仅仅看强度指标，还需将资源环境消耗、污染总量控制在环境容量范围内。因此，也从总量控制的角度选取了单位面积污染物排放、人均二氧化碳排放等指标。

第三，绿色经济转型是一种长期行为，它要求对未来予以投资。一些当前的投入或措施，往往需要经过一段时间才能看到效果。因此，在考察绿色经济发展时，不能仅看现状，更要通过对目前的投入和措施的考察来看它们对未来的影响。驱动绿色转型，包括政府和市场两种手段，体现为公共环保投入、政策制定与执行、资金导向和技术创新四个方面。政府部门通过有针对性的公共部门绿色支出、绿色财税政策制定，能够有效推进绿色产业发展，引导经济向绿色转型。此外，要实现经济转型，需要充分发挥市场的资源配置作用，运用市场来促进产业结构的绿色调整，同时还应发挥科技创新的作用，形成绿色产业核心竞争力（见表9-8）。

从测算结果看，中国许多省（区、市）的绿色经济三个维度的发展并不均衡，特别是西藏、上海、云南、福建、天津、北京、海南和宁夏的三个维度出现高度的不均衡现象。

表 9－8　　中国省级绿色经济指标体系

	三个维度	六个方面	具体领域	测度指标
绿色经济指数	社会与经济发展	人的发展	收入	人均财富（人均收入）
			健康	人的寿命（出生时预期寿命）
			教育	教育水平（平均教育年限）
		包容性发展	城镇收入差距	城镇基尼系数（比值）
			城乡收入差距	城乡人均收入比（比值）
	资源环境可持续	自然财富与生态服务供给	自然财富	自然保护区面积占辖区面积比例
				森林覆盖率
				湿地面积占辖区面积比例
		经济的资源环境需求	生态服务	人均生物承载力
				自然资本与生态服务价值
			消费的资源环境效率	人均生态足迹
				人均水足迹
				城市生活垃圾无害化处置率
				城镇生活污水处置率
			生产的资源环境效率	单位 GDP 能耗
				单位 GDP 水耗
				工业固体废物综合利用率
				工业企业二氧化硫排放达标率
				工业废水排放处置率
				生产的生态足迹
			环境总量控制	单位面积二氧化硫排放量
				单位面积化学需氧量排放量
				单位面积工业固体废物产量
				城市优良天数比例
				人均二氧化碳排放量
				地区水压力
				地区土壤环境
				地区生态系统脆弱性和可恢复性

续表

	三个维度	六个方面	具体领域	测度指标
绿色经济指数	绿色转型驱动	政府绿色引导	资金投入	环境污染治理投资总额占 GDP 比例
				城市环境基础设施投资占 GDP 比例
				绿色财政投入
			政策制定	新颁布环境方面地方性法规、行政规章数量
				累计颁布地方环境标准数
				绿色产业政策制定情况
		经济绿色转型	产业导向	工业污染治理投资占工业增加值比例
				“三同时”项目中环保投资比例
				第三产业占 GDP 比例
				绿色产业投资占全社会固定资产投资比例
				绿色产业产值占 GDP 比例
				绿色就业比例
			技术创新	万人专利申请授权数
				资源节约与环境友好型技术专利

资料来源：中国国际经济交流中心、世界自然基金会：《超越 GDP——中国省级绿色经济指标体系研究报告》，2012 年。

9.2.3 构建中国绿色经济指标体系

从上述介绍中可以发现，国内同绿色经济相关的指标有几个特点：一是主要指标多集中在经济增长绿化度或生存发展支持系统指标板块；二是指标覆盖面广且层级分解较细，基层指标繁多，指标群现象明显；三是政府引导性指标占比相对较高；四是指标体系与国际对接间隔较大，缺乏远期指标，重要指标切分过散。

Anderson（1991）指出，一个好的可持续发展指标体系应具备 7 个要素：（1）计算出指标的数据是可以获得的；（2）指标是易于理解的；（3）指标是可以测量的；（4）指标计量的内容是重要的和有意义的；（5）指标描述的事件状态与其获取的时间间隔是短暂的；（6）指标所依据的数据可以进行不同区域的比较；(7) 可以进行国际比较。

根据这些要求，在世界自然基金会的支持下，环境保护部环境与经济政策研究中心正致力于构建一套适合中国国情的绿色经济指标体系。基于对国内外绿色经济相关指标体系的比较分析，在中国国际经济交流中心和世界自然基金会的中国省级绿色经济指标体系的基础上，形成了以下的总体思路：中国绿色经济指标体系要有层级、简洁、重点突出，能清楚表达中国绿色经济发展程度，如经济活动的环境效率指标、绿色经济发展的社会影响指标、环境指标等，指标体系应当贴近中国国情，又要与国际对接，做到可计算、可比较、可实现。主要包括以下几个方面：

第一，中国绿色经济指标体系应建立在对绿色经济内涵和外延的界定基础上，指标体系应当涵盖绿色经济的核心领域。

第二，中国绿色经济指标体系应当能够体现中国绿色转型的特征。发展绿色经济已经成为中央和地方推动生态文明建设、实现美丽中国的具体手段和途径，中国也已经取得了绿色经济转型的积极进展。中国的绿色经济转型具有不同的特征，相应的衡量指标也应能体现这些特征。

第三，中国绿色经济指标体系应当与前期研究成果和国际经验相衔接。指标体系应当充分吸收其他相关指标体系的研究成果。为了便于下一步的研究中开展绿色经济发展的国际比较研究，还要充分借鉴国际组织所提出的绿色经济指标体系框架和构建方法。

第四，中国绿色经济指标体系的范围与可持续发展评估指标体系、绿色发展指数、生态文明指标体系相比要更窄一些。与有些指标体系指标繁多、包罗万象不同，绿色经济指标体系要力求做到目标明确、层级简洁、指标数量适中，仅反映与绿色经济密切相关的问题。

第五，中国绿色经济指标体系既要衡量绿色经济的静态状况，又要能反映过去的动态进展，不仅要能识别目前的差距，还要能比较未来改进的难易程度和可持续性。

第六，中国绿色经济指标体系要遵循“三可”原则，即可计算、可比较、可实现。因此，指标应尽量在已有的相关成熟指标中选取，指标的数据易于获取并且有连续性，例如“十二五”规划的相关指标等，并辅助以新的相关指标。

第七，中国绿色经济指标体系不做指数排名和排序，仅设定参照性指标值，作为标准，进行比较，这样更便于识别不同领域和具体指标的问题和差距，提出针对性政策建议。

9.3 绿色经济指标：挑战与展望

从本教材第1章关于绿色经济的定义来看，绿色经济本身非常复杂。理论上，应科学、全面、准确地将一些重要的核心指标反映出来，如绿色就业、环境产品与服务、补贴等。但是在实践中，实现这一目标面临众多困难和挑战。这一节我们主要讨论这些挑战，归结为两类：一类是指标设计内容中的困难，一类是技术性障碍。指标设计中的困难主要是由于绿色经济是一个跨部门和跨领域的问题，所涉及的环境、经济与社会系统非常复杂，一些政策的定义和边界存在不同认识和理解，因此要清楚地设计和选择指标来反映和表达这些政策、避免误解和方向偏差存在一定难度。技术性障碍主要是数据获取、国际标准、指标透明性等方面的问题。本节最后的展望部分还会讨论绿色经济指标和可持续发展目标及其指标之间的关系。

9.3.1 指标内容的挑战

从环境署以及各国实施绿色经济评估的实践和经验看，在绿色经济指标设计和选择中，绿色就业、环境产品与服务、不良补贴等领域的相关指标设计存在一定困难，需要有关方面在下一阶段的绿色经济指标工作中逐渐予以克服。

1. 绿色就业指标

第8章专门讲了绿色就业问题，介绍了相关的定义和统计方式。但是，绿色就业毕竟是一个新的领域，迄今为止，各方尚处于对这一问题的深化认识过程中，往往还没有准确理解绿色就业的核心特征。国际劳工组织关于绿色就业的定义和统计方式，也还没有得到普及。

我们认为，绿色就业强调的是就业的环境功能，而不是就业本身的劳动属性。因此，绿色就业本身并一定是体面的就业，绿色就业本身的工作环境和劳动条件等也不一定是绿色的。绿色就业并非是绝对不对环境产生负面影响的就业，而是指那些对环境产生的负面影响程度显著低于通常水平，从而能够改善整体环境质量的就业。因此，绿色就业可以有“深绿”、“浅绿”等不同级别分类。这个观点可能有悖于国际劳工组织的定义，我们提出来供大家探讨。

此外，我们认为，绿色就业具有动态发展性，评判绿色就业的标准是相对的，与特定背景下的环境标准有关。如发达国家的非绿色就业在发展中国家可能就是绿色就业，目前阶段的绿色就业可能随着经济发展就成为非绿色的就业了。

再有就是绿色就业并非都是完全新创造的就业。大部分绿色就业是现有就业的改造升级，或者是现有就业基础上的创造。这些就业既包括直接创造的就业机会，也包括由此带动的间接就业机会，还包括诱导衍生的就业机会等。这个观点同国际劳工组织的定义是相吻合的。

正是绿色就业以上复杂的内涵与特征决定了在绿色就业指标的确定和数据的收集方面存在挑战。

2. 环境产品与服务

第 7 章讲环保产业，牵涉到环境产品与服务，也谈到相关的指标体系问题，特别是由欧盟统计局制定的、为联合国统计委员会采纳的“环境产品与服务统计标准”。有关的内容包括挑战，我们就不予重复了。在这里，我们主要讲一下和贸易相关的环境产品与服务指标在设计和选择方面的挑战。这些挑战来自于对其定义和标准的争议和分歧。对于什么是环境产品和服务，不同机构、经济体可能有不同的定义和分类，包括亚太经合组织、经合发组织和世界贸易组织等。

亚太经合组织（APEC）于 1998 年提出的环境产品和服务清单从最终用途出发，具体分为空气污染控制、饮用水处理、废水管理、噪声/振动消除、固体/危险废物、热/能管理、可再生能源、监测/分析、其他回收系统、补救与清除十大类。清单共包含 109 个 6 位税号产品。从 2007 年开始，APEC 每年的领导人宣言和部长声明都将发展环境产品与服务、推动环境产品与服务贸易作为促进可持续增长和应对气候变化的重要措施和途径。2012 年，APEC 领导人决定合作制定一个环境产品清单，并且在 2015 年底前将这些产品的实施税率降至 5% 或 5% 以下（李丽萍，2012a）。

经合发组织（OECD）的环境产品与服务清单将环境产品和服务分为三大类，分别是污染管理、较清洁技术和产品、资源管理。每一大类又进行了细分，污染管理包括空气污染控制、废水管理、固体废物管理、治理与清除、噪声与振动消除、环境监测、分析与评价；较清洁技术和产品包括较清洁/资源高效技术、工艺和产品；资源管理包括室内空气污染控制、供水、循环材料、可再生能源、热/能节约与管理、可持续农业和渔业、可持续林业、自然风险评估、生态旅游等。清单共包含 161 个 6 位税号产品。与 APEC 清单相比，有

36个相同税号产品（李丽萍，2012b）。

世界贸易组织（WTO）的环境产品和服务清单分为空气污染控制、可再生能源、废物管理和废水处理及补救、环境技术、其他几个部分。清单共包含408个6位税号产品，后来世贸组织秘书处又据此压缩成一个仅包含153个6位税号产品的清单（李丽萍，2012b）。

APEC中目前有10个经济体提出了各自的环境产品和服务清单。例如美国提出的清单分为大气污染控制产品、饮用水/废水处理和输送产品、固体废物与危险废物管理产品、土壤修复和渗水处理产品、自然资源保护技术产品、气候变化减缓产品、环境友好产品、环境监测分析和评价设备等。日本提出的清单包括大气污染控制产品、废水管理与饮用水处理设备、固体废物和有毒废物管理与循环系统设备、噪声和振动消除设备、土壤和渗水的清洁和修复产品、环境监测分析和评估设备、环境风险管理设备、自然资源保护设备、可再生能源设备、热能管理设备、环境友好产品、更加清洁或资源有效的技术和产品等。加拿大、韩国、新西兰的环境产品和服务分类与日本大致相同。俄罗斯将环境产品与服务分类为大气污染控制、废水管理、环境噪声技术、废物管理与渗水处理、环境监测技术、环境风险治理技术、可再生能源设备等。各经济体提出的环境产品清单既有共同部分也各有差异，7个以上经济体涵盖的产品有332个6位税号（李丽萍，2012c）。

现有国际机构组织制定的环境产品和服务清单具有很强的经济和贸易属性，而较少具有环境特质；清单制定只是从供给出发，而非需求；清单本身既没有考虑生产过程是否有污染，也较少考虑消费中的排放，更多考虑的是流通中的利益。

3. 有害于环境的补贴

在绿色经济指标体系中，多数采用的是对环境、经济和社会起正面作用的政策干预指标。实际上，无论是理论研究还是具体实践都表明，减少有害于环境的补贴是推动绿色经济的重要方式和途径。但是，有害于环境的补贴政策涉及的范围太广，在具体的绿色经济指标设计中还存在一些政治和技术等方面的障碍。

对有害于环境的补贴政策有两种有代表性的定义。OECD认为，有害于环境的补贴，其目的虽然是提高某特定产品、制造工艺或地区的竞争力或为了帮助低收入群体，但却导致环境品质受损。另一种观点认为，有害于环境的补贴是政府向个人或企业的支付，但这种支付却增大了私人成本（收益）与社会成本（收益）的背离。

在具体的政策操作中，有害于环境的补贴主要是按经济部门分类。从世界范围看，有害于环境的补贴主要集中在农业、能源、公路运输业、水资源等部门，而这些部门也恰恰是温室气体排放、环境污染等最严重的部门。

尽管有害于环境的补贴政策对环境的负面影响显而易见，但是改革这些政策存在着政治、技术和观念等方面的障碍。在政治方面，特殊利益集团的寻租行为、补贴政策承载的政治性目标、补贴政策改革可能带来就业和收入等社会福利变化、补贴政策改革可能降低本国产业竞争力等原因，使得改革有害于环境的补贴政策在现实中难以实现。在技术层面，现实中包括直接补贴和间接补贴的相关数据都难以获取，而且补贴所产生的环境和经济影响的定量化估计较难。在观念层面，尽管有害环境的补贴政策对环境有不利影响，但是这些政策通常被认为是解决社会经济问题的政策选择之一，这经常使得人们对这些有害于环境的补贴政策改革存在错误认识而阻滞改革。

9.3.2 指标的技术障碍

从本章介绍的国际和国内的相关指标体系可以看出，绿色经济目前已经得到了大部分国际机构和很多国家的重视，很多环境经济方面的专家在研究及项目开发上面投入了很多努力，指标体系的建立也因为这些工作的开展而逐渐成熟和完善。随着这些指标在不同项目中的逐渐运用，其中存在的一些技术障碍和挑战也随之显现。“绿色增长知识平台”就目前指标框架存在的问题进行了一个比较全面的总结，认为目前主要存在以下五个方面的障碍（GGKP，2013）：

1. 指标定义及计量方法的统一

指标的主要目的是量化发展的情况，那么国家间的比较是必不可少的。只有指标的定义和计量方法统一了，比较才可能实现。由本章国际上现有的指标体系介绍可以看出，每个机构的指标体系都有着自己的分类和定义，如果各国采用不同体系，那么国家间的数据将没有可比性。另外，各国数据采集标准及方法也不同。解决数据挑战的一个办法是鼓励各国采用由联合国统计司开发的环境经济合算体系（SEEA）来统一各国的环境经济统计框架。

2. 能力限制及私营部门参与

统计数据的采集通常会需要相当规模的资金及人力的支持，同时对统计部门的监督、收集和分析能力有着一定的要求。环境经济统计比单纯经济统计要复杂很多，这对于很多发展中国家来说是一个相当大的挑战。另外，私营部门在环境统计中不应该仅局限于被动地提供数据，而应受到鼓励更主动地披露自身经营活动中的环境信息。目前一些投资者已经开始通过分析一个公司的环境信息来了解该公司的潜在经营风险。鼓励企业将环境成本反映在资产负债表上的倡议应该得到推广。

3. 指标建立的技术挑战

由于绿色经济指标需要同时体现至少环境和经济两方面的信息，并且在很多情况下，环境指标的经济价值及社会影响存在着很多不确定性，这使得指标的设计面临着很多挑战。构建指标中一个重要的问题为理解一种类型的资产在多大程度上可以取代另一种资产，这涉及自然资产对另一种资产类型（如人力或生产资本）造成的可持续性方面的影响，以及对自然资本本身可持续性的影响（见第 2 章和第 5 章的相关讨论）。另外，很多与环境相关的影响是非线性的，并且通常与一些门槛相关联，即使这些非线性及门槛类影响可以被解释，很多情况下它们还是很难被恰如其分地反映到指标当中。环境问题是全球问题，它需要国家间的协作来应对，但是每个国家有自己的特殊情况及发展优先领域，这使得数据标准变得很难统一，比如在自然资本的价值评估方面就存在这样的问题。

4. 指标的透明度

如果希望指标可以被决策者、媒体、商界以及广大公众所理解和信赖，指标所用的数据应出自公开透明的来源以及收集方式。这对于综合指标（如比例、分数或总量），特别是对复杂的以及那些具有不确定性的指标来说，尤其困难。

5. 指标的诠释及沟通

绿色经济指标是推动绿色经济在政策中发挥主流作用的先决条件，因此，指标需要得到相应的重视并且为政策反应提供准确的基准信息。

未来发展的不确定性是指标诠释的主要挑战之一。指标应该在多种情况组合中进行反复测试，明确各种情况的假设条件，并且提供每种情况下的指导，包括什么样的信息可以或不可以从指标中得出。另外一个挑战是如何利用指标来鼓励在区域以及全球绿色经济问题上的跨国合作。指标的诠释还应该在机遇和挑战这两方面进行平衡。如果只着重指标所表达的有关风险和挑战的信息，那么我们设计出来的政策很有可能会被动地去避免风险而不是主动地去创造机会。

9.3.3　展望：绿色经济指标与可持续发展目标

在第 1 章的最后提到了目前正在全球层面谈判的可持续发展目标（一级）以及每个目标下面的具体目标（二级）和指标（三级）。本节具体讨论绿色经济指标和可持续发展目标指标（三级）之间的关系。

根据目前谈判的趋势看来，在可持续发展目标（一级）确立后，每个目标下面的二级具体目标也会随之公布，这些二级具体目标的实现需要一系列三级目标指标的帮助。由于可持续发展的一级目标尚未最后确定，目前联合国在具体指标（三级）方面的工作也未正式开始，但是“可持续发展解决方案网络”（Sustainable Development Solution Network①，简称 SDSN）已经提前开展了一些研究。SDSN 在 2014 年 5 月发布的一份报告中表示，可持续发展目标下的具体指标（三级）的主要作用为两方面：首先，这些指标应该是一个管理工具，它能够帮助各国实现可持续发展目标并且监测其进展；其次，它还可以被看作一个成绩单，能够确保政府和其他利益相关者在实现目标中的责任和义务（SDSN，2014）。

由于绿色经济在“里约 +20”峰会上被认定为实现可持续发展的一个重要工具，那么按照同样的逻辑，绿色经济指标也可以被看作是帮助实现可持续发展目标指标（三级）的一个工具。具体来说，绿色经济可以为实现可持续发展目标提供政策建议。按照环境署的方法，绿色经济指标可以从设计政策的一开始就和可持续发展目标指标（三级）挂钩，从而确保政策从设计到实施到监测评估的每一个阶段都为实现可持续发展的具体目标（二级）服务。另外，作为工具，绿色经济可以给可持续发展目标提供实施方案，比如通过技术创新、能力建设、产业政策改革等等，那么在这些方面的绿色经济指标也同样地可以监测目前的技术、能力和政策是否在为达到可持续发展目标的三级指标（indicators）、可持续发展目标的二级目标（targets）以及最后的可持续发展的一级目标（goals）服务。

那么，在可持续发展目标指标（三级）还没有出炉之前，绿色经济指标

---

① 由联合国秘书长潘基文于 2012 年 8 月发布，该网络和很多联合国机构、多边金融机构、私营部门以及社会团体有着广泛合作，旨在调动和利用网络中的科学技术专长在国际、国家和地区层面支持可持续发展。更多信息请参考：http：//unsdsn. org/。

可以为可持续发展目标做些什么贡献呢？从目前的17个一级目标（见第1章专栏1－7）可以看到，里面有很多领域在本章介绍的绿色增长指标框架中都有所提及。比如目标3中的让所有人得到健康生活（框架中的环境生活质量指标），目标6中的水资源和卫生设施以及目标14中的海洋资源和目标15中的生态系统（框架中的自然资本存量），还有目标4中的教育和终身学习机会（框架中的财富核算）。框架可以给可持续发展目标提供基线和成绩单，也就是说，在可持续发展目标实行前，各国以及全球可持续发展的水平如何，以及推动可持续发展目标的政策实施后可持续发展的水平如何。当然，绿色增长指标框架并不包含全部的可持续发展目标领域，比如目标9中的可持续基础设施和工业化，以及目标10中的减少不平等。所以框架提供基线和成绩单的作用还是有限的，目前只存在于和环境相关的领域。

另外，之前提到，在环境署的绿色经济指标方法下面，我们搞绿色经济不一定以环境问题为出发点，非环境问题也同样可以启动绿色经济。由此看来，运用环境署的方法可以比较全面地涵盖可持续发展的目标领域。当可持续发展的具体目标确定后，运用环境署的方法就可以帮助各国设计对应的政策，在总供给方面强调新一代资本的积累，在总需求方面强调投资和消费的转型，利用动态指标随时监测政策的效果和影响，以便随时调整。

在可持续发展目标指标（三级）的构建中，环境署的方法也可以起到支持作用。比如通过分析某一个目标中所涉及的不同参与者和影响因素，该方法可以帮助确定什么样的因素在实现可持续发展目标中起到关键作用，从而制定相应的指标来衡量进展。借用第1章最后一段的案例，如果一个低收入国家的优先目标是减贫和减少饥饿，那么单纯依靠扩大耕地面积来改善的效果并不会明显，通过环境署的方法来分析环境、经济和社会三方面的因素，或许通过对森林、水资源、土壤保护和农业科技方面的投资来推动发展会更有效。这样的投资不光可以通过增加就业和收入达到短期减贫的目的，还可以通过对自然资源的保护确保这样的改善是长期的、可持续的。

思考题

1. 衡量绿色经济进展应主要反映哪些核心内容？
2. 构建衡量中国绿色经济进展的指标体系应重点关注哪些问题？
3. 绿色经济指标与可持续发展指标如何相互支持？

参考文献

1. Anderson V. , Alternative Economic Instrument. London: Routledge, 1991.

2. GGKP, Moving towards a Common Approach on Green Growth Indicators, 2013.

3. OECD, Environmentally Harmful subsidies: Policy Issues and Challenges, Paris, 2003.

4. OECD, Environmentally Harmful subsidies: Challenges for Reform, Paris, 2005.

5. OECD, Towards Green Growth: Monitoring Progress. OECD Indicators, 2011.

6. OECD, Green Growth Indicators 2014, OECD Green Growth Studies, OECD Publishing, 2014.

7. SDSN, Indicators for Sustainable Development Goals, Working draft, 22 May 2014.

8. Statistics Netherlands, Green growth in the Netherlands, 2011.

9. UN, The Future We Want, 2012.

10. UNEP, Integrated Policymaking for Sustainable Development, 2009. http: //www. unep. ch/etb/publications/IPSD% 20manual/UNEP% 20IPSD% 20final. pdf.

11. UNEP, Towards a Green Economy: *Pathways to Sustainable Development and Poverty Eradication*, 2011. www. unep. org/greeneconomy.

12. UNEP, Green Economy Developing Countries Success Stories, Geneva, 2010.

13. UNEP, Measuring Progress towards an Inclusive Green Economy, 2012.

14. UNEP, A Guidance Manual for Green Economy Indicators, 2014.

15. UNEP (forthcoming), Green Economy Indicators for Mauritius.

16. UNU - IHDP and UNEP, Inclusive Wealth Report 2012, Measuring progress towards sustainability, Cambridge: Cambridge University Press, 2012.

17. World Bank, Where is the wealth of nations, 2006.

18. World Bank, Adjusted Net Saving, 2010, available at: http: //

web. worldbank. org/WBSITE/EXTERNAL/TOPICS/ENVIRONMENT/EXTEEI/0, contentMDK：20502388 ~ menuPK：1187778 ~ pagePK：210058 ~ piPK：210062 ~ theSitePK：408050，00. html.

19. 北京师范大学：《2010 中国绿色发展指数年度报告》，北京师范大学出版社 2010 年版。

20. 北京师范大学：《2014 人类绿色发展报告》，北京师范大学出版社 2014 年版。

21. 福建师范大学课题组：《全球环境竞争力报告（2013）》，社会科学文献出版社 2013 年版。

22. 经济与合作发展组织：《绿色增长战略中期报告：为拥有可持续的未来履行我们的承诺》。

23. 李丽萍："环境产品清单制定应遵循哪些原则"，《中国环境报》，2012 年 8 月 14 日。

24. 李丽萍："环境产品缘何受 APEC 关注?"，《中国环境报》2012 年 9 月 11 日。

25. 李丽萍：《环境服务贸易发展报告》，中国环境科学出版社 2012 年版。

26. 中国国际经济交流中心、世界自然基金会：《超越 GDP—中国省级绿色经济指标体系研究报告》，2012 年。

27. 中国国家统计局、国家环境保护总局、世界银行：《2006 中国绿色 GDP 核算报告》。

第 10 章
绿色金融

孙铁颋　蔡梦奇[①]

本章主要讨论绿色金融的理论、实践和案例，旨在让读者了解金融机制和产品的创新在推动绿色经济中的作用。其中 10.1 节阐述绿色金融的重要性、定义和标准，以及它在绿色经济中的新含义；10.2 节介绍公共部门、私营部门和多方参与的绿色金融模式；10.3 节展望绿色金融的发展前景和主要挑战。

10.1　绿色金融简介

10.1.1　绿色金融的重要性

第 1 章说，绿色经济不仅是指“同自然环境相匹配的经济体系，是环境友好的，生态的，……公平的”，更是指通过“对环境产品和服务的投资来不断驱动经济的增长和就业机会的创造”。

投资于环境产品和服务需要大量的资金投入，这已形成国际共识。以绿色经济中受到广泛关注的低碳产业为例，联合国环境规划署在其《迈向绿色经济：实现可持续发展和消除贫困的各种途径》指出，“国际能源署（IEA）发布的解释性估算数据显示，为实现 2050 年全球 CO_2 排放量减半的目标，在 2010 年到 2050 年间每年所需额外投资额将达到全球 GDP 的 1% ~2.5%”（环境署，2011）。世界自然基金会（WWF）和瑞士信贷（Credit Suisse）在 2011

① 孙铁颋：见第 5 章。
蔡梦奇：联合国环境规划署金融倡议部门亚太地区项目官。参与 2010 和 2011 世界投资报告、第四届世界最不发达国家会议、2010 世界投资论坛等。曾就职于联合国贸易和发展组织投资与企业司，任助理经济事务顾问。毕业于澳大利亚莫纳什大学，获得国际发展与环境分析硕士学位。

年的一项研究中也得出了同样的结论，从 2010 年至 2020 年的 10 年中，全球减缓和适应气候变化所需的年度投资额约占全球 GDP 的 1%，达 7 000 亿 ~ 8 500亿美元。

而目前对低碳产业的投资额明显不足，资金缺口近半。WWF 和瑞士信贷估计（WWF and Credit Suisse，2011）全球目前在低碳方面的资金每年尚需约 3 000 亿 ~4 000 亿美元。而中国国务院发展研究中心金融研究所和加拿大国际可持续发展研究院最新发布的报告（谢孟哲、张承惠，2014）提出，“中国自身在 2020 年以前就需要每年多融资 2 430 亿美元”。

如能有效通过政策支持、产品创新和机制协调来优化金融资源配置，以资金导向影响政府、企业和大众的投资方向和消费行为，加大对绿色产业的投资力度，减少对自然资源的过度消费，将会助推绿色经济的快速发展，这就是强调绿色金融的原因。

10.1.2 绿色金融的定义和标准

目前有许多与绿色金融相类似的概念，如可持续金融、低碳金融、碳金融、环境金融、气候金融、生态金融等。它们在内容上各有侧重，如有关注金融活动中的环境和社会风险管理的，有关注投资的生态保护和环境影响的，有关注气候变化和适应的，也有关注排放权交易市场的。尽管如此，它们在本质上是一致的，即通过金融政策和产品创新来支持绿色经济。因此我们把所有既支持“同自然环境匹配的经济体系”，更支持“对环境产品和服务的投资”的金融制度和活动统称为绿色金融。

绿色金融目前在国内外广受关注，并呈现各相关利益方共同参与和推动的趋势。国际机构、非政府组织以及研究团体纷纷开展相关研究和讨论，并提出一系列国际规范、标准和倡议，以鼓励绿色投资，规范金融机构的环境和社会表现。

按内容，绿色金融的标准可分为四类：（1）防范和管理金融活动中的环境和社会风险，目前的标准大多针对这个内容；（2）鼓励向绿色经济产业和项目投资和授信，这是本章所重点关注的内容；（3）降低自身运营过程中的能源消耗和环境影响，我们称为“碳足迹”或“生态足迹”；（4）加强金融机构在可持续方面的公司治理、信息公开和社会参与。

按制订标准的机构，绿色金融的标准可分为：（1）国际机构制订的标准，如联合国全球契约（Global Compact）、联合国环境规划署金融行动机构（United Nations Environment Programme Finance Initiative，简称 UNEP FI）的相关承诺等；（2）由国际或地区性开发金融机构制订的标准，如世界银行的《环境、健康与安全指南》、世界银行集团国际金融公司（International Finance Corporation，简称 IFC）的《环境、社会和治理绩效标准》等；（3）由行业组织或金融机构发起制订的标准，如项目融资的环境国际规范《赤道原则》（Equator Principles）等；（4）由各国政府或其监管部门制订的并具有一定强制力的绿色金融国家标准，如中国、巴西、尼日利亚、肯尼亚、越南、蒙古等制订的国家标准。专栏 10.1 介绍中国的绿色信贷政策和标准。

专栏 10.1 中国绿色信贷政策和标准

中国银行业监督管理委员会（以下简称“中国银监会”）在总结和提升从 2006 年以来推进“绿色信贷”工作的基础上，于 2012 年 2 月颁布实施了《绿色信贷指引》（银监发［2012］4 号），要求中国银行业金融机构从战略高度推进绿色信贷，加大对绿色经济、低碳经济、循环经济的支持，防范环境和社会风险，提升自身的环境和社会表现，并以此优化信贷结构，提高服务水平，促进发展方式转变。作为落实《绿色信贷指引》的具体措施，2013 年 7 月，银监会办公厅发布了《绿色信贷统计制度》，要求 21 家主要银行业金融机构报送在绿色农业开发项目、绿色林业开发项目、工业节能节水环保项目、自然保护生态修复及灾害防控项目、资源循环利用项目、垃圾处理及污染防治项目、可再生能源及清洁能源项目、农村及城市水项目、建筑节能及绿色建筑、绿色交通运输项目、节能环保服务、采用国际惯例或国际标准的境外项目等 12 大类绿色产业的贷款。2014 年 6 月，中国银监会下发了《绿色信贷指引关键绩效指标》，对银行在组织管理、政策制度、能力建设、流程管理、内控管理、信息披露、监督检查等各方面落实绿色信贷提出具体要求，并将据此对银行的工作进行监督和评估。

从本案例看，要使政策和标准得以有效实施，有三条经验可以借鉴。第一，要具有权威性或一定强制力，如由中国银监会这样的政府监管部门制订。这是发展中国家推行绿色金融的重要经验。第二，要符合金融活动的实际情况和运作规律。标准制订必须要实事求是，不可主观臆断和脱离实际。例如中国银监会在制订《绿色信贷统计制度》时，召开了数次座谈会，听取了政府部门、金融机构、国际组织、行业专家等意见，并选择部分银行进行了试填报，以期最大程度地反映实际情况和社会上的不同意见。第三，要有配套的实施细则和激励机制，因为任何政策和标准贵在执行和监督。中国银监会在颁布《绿色信贷指引》后，又陆续制订了相应的统计制度和关键绩效指标。这样既有助于银行实施指引，又便于银监会的监管。

10.1.3 绿色金融在绿色经济中的新含义

绿色经济的具体行动领域，如第3章所提出的，包括绿色导向的新型工业化、绿色导向的新型城市化和绿色导向的新消费模式。投资于这些领域，对于经济的驱动和就业机会的创造，是难以从单个项目的投资规模和价值评估来衡量的。这需要一个更高层面和更宽视野的投资概念，即本教材第1章提出的"宏观经济意义上的投资"——宏观经济范畴的总需求中投资、消费和政府支出并列的投资需求。

这一提法将绿色金融从主体、内容和模式上都进行了提升。首先，从行为主体上看，绿色金融已不再是纯粹的金融机构业务活动了。它更强调政府和其他利益相关方在推动绿色金融中所发挥的直接和间接作用。其次，从内容上看，绿色金融也不局限于绿色信贷、绿色保险、绿色证券、绿色投资等市场行为，还包括税收补贴、由财政资金设立的绿色投资基金、由公共资金主导的绿色投资银行及其国内和国际开发性金融机构的相关业务。最后，从模式上看，绿色金融更强调政府、金融机构和企业的多方共同参与，更强调公共资金对私营部门资金的引导和撬动作用，如政府和社会资本合作（Public - Private Partnership，简称 PPP）模式等。

因此，下节我们将从公共部门的绿色金融、商业机构的绿色金融和多方参与推动绿色金融三个方面介绍绿色金融的实践案例。

10.2 绿色金融的主要模式

10.2.1 公共部门绿色金融的实践与创新

绿色金融有别于传统的金融业务之处就是要真实反映投资项目的环境收益和成本，在决策中对环境外部性进行考量，而这仅仅依靠市场机制是不够的。

政府对绿色产业的扶持和对环境问题的监管，是推动绿色金融发展的重要保障。联合国环境规划署提出，政府要鼓励有利于绿色经济的投资和消费行为、克服环境外部性和市场机制失灵、限制过度消耗自然资源领域中的政府投入、建立健全监管机制等。

公共部门的绿色金融可以分为三类：由政府的财政和产业政策所激发的绿色投资；由政府通过开发性和政策性金融机构或专门建立的绿色投资银行和绿色基金所进行的直接投资；通过国际合作开发的绿色金融业务。以下分别予以介绍。

1. 激发绿色投资的公共政策

政府通过产业政策和财政手段，直接推动绿色经济，促进绿色金融的发展，是最常见也是相当有效的举措。主要有产业政策、财政政策和政府采购政策三种。这些政策在第 11 章里有介绍。这里我们把这些政策同绿色金融直接挂起钩来看。

（1）产业政策。国家从战略层面加强对绿色产业的政策支持力度，如中国在《国民经济和社会发展第十二个五年规划》及战略新兴产业规划中针对可再生能源、电动汽车、环保节能等产业的扶持政策等。同样，韩国在 2008 年出台了《低碳绿色增长战略》（Low Carbon & Green Growth Strategy），并在 2010 年通过了《低碳绿色增长框架法》（Framework Act on Low Carbon, Green Growth），提出为绿色技术和绿色产业提供公共信用担保、发展长期低息的绿色债券、建立绿色私募股权基金等政策（环境署，2010）。自 2008 年起，美国总统气候行动计划（Presidential Climate Action Plan）的出台为美国减少二氧化碳排放提出了一系列方案，其 2013 年的报告明确指出，将为清洁能源的研究、开发以及应用提供约 79 亿美元的资金以保证美国在该领域的领先地位，并确保对这一领域的长期投资（Executive Office of the President, 2013）。欧盟在 2008 年发布的总额为 2000 亿欧元的经济复苏计划中，强调可持续发展，希望通过“明智的投资”（Smart Investment）撬动公共—私有部门的合作来为环境友好的项目融资。这其中的“绿色汽车倡议”计划提供总额超过 50 亿欧元的资金为“绿色汽车”的研究进行融资，旨在通过“绿化”现有交通体系来促进绿色经济增长（European Commission, 2008）。

（2）财政政策。财政政策往往与产业政策配套实施，如对绿色产业项目给予贴息、免税和价格补贴，引导生产和消费。财政手段在绿色建筑、工业节能等领域的使用相当普遍。如中国财政部、住房和城乡建设部在 2012 年联合下发的《关于加快推动我国绿色建筑发展的实施意见》（财建［2012］167号）中明确提出，给二星级及以上的绿色建筑予以奖励，奖励标准将根据技术进步、成本变化等情况进行调整。2012年奖励标准为：二星级绿色建筑45元每平方米（建筑面积），三星级绿色建筑80元每平方米（建筑面积）。而美国俄勒冈州的波特兰市则设立鼓励发展绿色建筑的“碳综合税制”（Feebate），即向新建设项目征收建筑许可费（碳费），但是如果建筑的效能超过了该州的最低效能标准，所收取的碳费则相对减少。英国则对节能绿色住宅给予印花税减免的优惠，并通过财政补贴对低收入、残疾人和老年人家庭的旧房改造提供资金支持。日本政府对开发节能建筑项目和购买、安装和使用节能设备提供贷款贴息和贷款担保，并提供一定比例的税收减免优惠和提取特别折旧优惠，对科研机构开发节能技术和国民购买节能产品提供高额补贴。

（3）政府采购政策。通过政府支出和公务消费带动绿色产业。根据中国财政部公布的数据，2013年中国在节能环保产品政府采购方面，全国强制和优先采购节能、环保产品规模分别达到1839.1亿元和1434.9亿元，占同类产品的86%和82%，比上年同期分别增加558.4亿元和495.3亿元，增幅达43.6%和52.7%。政府采购节能产品清单和环境标志产品清单范围也进一步扩大。欧盟明确地提出了绿色公共采购（Green Public Procurement），鼓励成员国政府机构50%以上的采购应当购买绿色产品，签订绿色合同。而美国在2005年就颁布了联邦采购规则，强调绿色采购。

2. 政府直接绿色投资

政府对绿色经济的直接投资可通过国家政策性或开发性银行、绿色投资银行、绿色投资基金等形式实现。这些模式既可维护商业利益，又注重社会和环境的发展，其项目在带动绿色经济中所起到的示范引领作用及其资金在撬动私营部门向绿色项目投资中的作用潜力非常巨大。

（1）开发性和政策性金融机构的绿色金融业务。

在中国，国家开发银行（以下简称“国开行”）具有开发性金融机构的显著特征，政策性银行指中国进出口银行和中国农业发展银行。这三所金融机构主要服务于国民经济发展和国家的宏观政策落实。

在绿色金融方面，国开行积极支持水污染防治、大气污染防治、循环经济、工业节能等社会重点领域项目。国开行的绿色金融业务以中长期贷款为主，并结合投资、租赁、债券、投行业务，包括碳排放权交易咨询、排污权质押贷款、建筑节能融资、规划贷款（支持清洁能源项目的前期规划）、融资租赁（支持节能环保设备租赁）、项目投资（风电项目建设）、短期融资券（节能环保类运营企业）等。截至2013年9月末，国家开发银行在绿色信贷重点领域项目中的贷款余额为9 210亿元，占同期人民币贷款余额的17%。专栏10.2介绍国开行在巢湖进行治理投资的案例。

中国进出口银行则形成了以转贷款为先导，以进口信贷固定资产贷款、出口卖方信贷为支撑，以其他创新类产品为补充的多位一体的支持节能环保信贷产品体系。中国进出口银行还与日本国际协力银行和瑞穗银行于2013年11月发起设立了中日节能环保投资基金。基金首期规模10亿元人民币，将重点投资于中日两国节能环保领域的合作项目，主要通过引进日本的先进设备、材料、技术、研发成果以及企业管理模式等方式，促进节能减排目标的实现。（赵晓辉等，2013）

专栏10.2 国家开发银行巢湖治理投资

2011年，国家开发银行参与了《合肥市城市空间发展战略及环巢湖地区生态保护修复与旅游发展规划》编制工作，并提供规划贷款，参与编制巢湖流域生态保护修复方案和投融资方案。针对流域治理项目小、散、乱、杂、难的问题，国开行与合肥市政府按照“先易后难、分期实施”的原则，对巢湖治理按项目性质分期进行融资支持，将拟实施的项目进行梳理，在为项目的开发、评审工作把好第一道关的同时，形成包环湖生态修复工程、“引江济巢”、污染源防治、航运旅游等四期工程。以湖泊治理为契机，在生态治理的同时，做好河道两岸居民的拆迁及保障性安居工程建设工作，配套建设污水设施，提升环巢湖流域的承载能力，改善水运环境，并通过发展旅游业、流域企业改造搬迁，助力产业转型升级，为两岸居民提供就业机会。

从这一案例看，开发性和政策性金融机构可支持部分不适合商业银行单独授信的项目，如先期资金投入巨大、回收期长、风险高的基础设施建设项目，纠正“市场失灵”，并提供期限长、利率低、偿还计划灵活的资金。同时，它们的资金使用灵活，可以股权、债权、担保等多种形式投资，既可以直接向项目投资，也可以通过其他途径间接投资。尤为重要的是，开发性和政策性金融机构往往不仅向项目提供资金，更为所投资项目提供经济、社会、环境发展的技术支持和专业意见。

（2）绿色投资金融机构。

作为公共部门资金支持绿色经济的创新，近年来英国、荷兰、澳大利亚等国以财政注资成立了专注投资绿色产业的金融机构，并以此吸引私有部门的资金投入。2011 年 10 月，荷兰宣布成立绿色投资公司（Green Investment Corporation，简称 GIC），旨在通过对建筑节能和可再生能源的投资，推动荷兰经济的可持续增长并创造就业机会。2013 年 7 月，澳大利亚政府成立了清洁能源金融公司（Clean Energy Finance Corporation，简称 CEFC），加大对可再生能源、能效和低排放技术项目的投资。2013 年 6 月，日本环境省宣布建立日本绿色基金（Japanese Green Fund），初始规模为 14 亿日元（Watanabe，2013），旨在投资解决全球变暖与削减碳排放的商业活动。日本绿色基金将会投资那些私人投资占一半的项目，以支持由本地公司和金融机构发起的项目。而美国纽约州则在 2013 年 9 月设立了纽约绿色银行（New York Green Bank，简称 NYGB），希望通过与私有投资部门的合作来解决清洁能源融资市场的障碍以及通过如信用增级、项目整合以及证券化等方法增加清洁能源市场的整体可利用资本（NYGB，2013）。英国绿色投资银行（UK Green Investment Bank，简称 GIB）是目前广受关注的绿色金融创新模式（见专栏 10.3）。

中国正对绿色投资银行的机制进行国际交流和探索研究。2014 年 7 月，中国人民银行研究局首席经济学家马骏建议成立绿色银行，以绿色债券为主要融资来源，推动绿色投资增长，实质性地缓解环境污染问题。绿色银行将会专注于特定行业和项目的融资，主要投资领域包括大型的环保、节能、新能源和清洁交通（包括地铁）项目等（霍侃，2014）。

专栏 10.3　英国绿色投资银行（GIB）

英国绿色投资银行成立于 2012 年，是一家由英国政府发起并注资的金融机构，为绿色项目提供债务融资、夹层融资（Mezzanine）、股权投资、担保及开发新产品等方面的金融服务。英国绿色投资银行计划将 80% 的资金投入三个主要投资领域，包括海上风电项目、商业及工业垃圾处理及转废为能项目、提高能源利用效率项目等。在得到欧盟国家援助批准的情况下，其余的 20% 资金也可投入如交通工具的生物燃料、碳捕捉和存贮、海洋能源以及可持续热能等领域。在评估投资机会的过程中，银行将用如下三个关键准则进行评估：良好的银行原则、吸引私营部门投资的能力以及项目所产生的绿色影响（GIB，2012）。自运营以来，英国绿色投资银行已经直接投资了 27 个项目，并注资了 5 个基金。其投资总额达到了 13 亿英镑，并预计撬动总计达 46 亿英镑的资金。这也就是说其产生的“挤入效应”（Crowding In）达到了 1 比 3，即 1 英镑来自绿色投资银行的资金，可带来 3 英镑来自私营资本的投资（GIB，2014）。

通过此案例，我们可以看到绿色投资银行的一些特点：一是绿色投资银行“公共”的属性，政府是其主要股东；二是银行本身必须独立于政府而运作，强调“双重底线”（Double Bottom Line），即强调其投资所产生的环境和社会影响（绿色底线），又实现其盈利的目标（财务底线）；三是其投资的“额外”性，银行的投资不能取代和挤占私营部门的投资，即产生“挤出效应”（Crowding Out），而是要通过投资来纠正“市场失灵”，从而吸引更多的私营投资者，即产生“挤入效用”（GIB，2012）。

3. 通过国际合作创新绿色金融业务

传统的国际开发性金融机构，如世界银行及世界银行集团的国际金融公司、亚洲开发银行、非洲开发银行、泛美开发银行等，都以帮助发展中国家经济增长和消除贫困为主要目的，既提供资金又给予技术援助。以世界银行（以下简称“世行”）为例，世行向发展中国家提供低息贷款、无息贷款和赠款，用于支持对教育、卫生、公共管理、基础设施、金融和私营部门发展、农业以及环境和自然资源管理等诸多领域的投资。部分世行项目由政府、其他多边机构、商业银行、出口信贷机构和私营部门投资者联合融资。

与国际开发性金融机构开展绿色金融合作，不仅可以获得资金和担保，还可以获得技术支持，更重要的是引进了国际上的最新理念和产品创新。中国银行业已广泛地开展了这方面的探索，如交通银行与世行天然气温室气体减排交易项目合作，在广东、山西探索开展 CDM[①] 碳交易权无追索保理业务；上海浦东发展银行与亚洲开发银行合作的建筑节能特色融资产品，与世行合作在上海长宁区开展的建筑节能改造项目；华夏银行利用全球环境基金（GEF）赠款支持节能设备制造商、节能项目施工企业、节能服务公司、耗能企业的减排项目；招商银行与法国开发署（AFD）合作开展能效与可再生能源绿色中间信贷

① CDM，Clean Development Mechanism，联合国清洁发展机制。有关 CDM 和碳排放权交易的内容参见第 5 章和本章后的参考阅读。

项目等。专栏 10.4 介绍世界银行集团国际金融公司的中国节能减排融资项目。

而即将成立的金砖国家开发银行（以下简称“金砖银行”）和亚洲基础设施投资银行（以下简称“亚投行”），也将在推动绿色经济的国际合作方面发挥重要作用。在 2014 年 7 月 15 日举行的金砖国家（指巴西、俄罗斯、印度、中国和南非）领导人第六次会晤期间，五国财政部长签署了成立金砖国家开发银行的协议，以支持金砖国家及其他新兴市场和发展中国家的基础设施建设和可持续发展。银行的核定资本为 1000 亿美元，初始认缴资本为 500 亿美元并在金砖国家之间平均分配（财政部，2014）。同时，在中国政府倡导下，于 2014 年 10 月成立了亚洲基础设施投资银行，为亚太地区的发展中国家、特别是低收入发展中国家的发展提供融资渠道。为此，中国已经成立了亚投行筹建工作组，与相关亚洲国家就筹建方案交换了意见，并签署了《亚投行筹建政府间框架备忘录》。中国财政部亚投行筹备组负责人公开表示，亚投行将成为“一个高水准的银行，遵循国际标准，在项目评估、环保、保护当地文化、促进持续性经济发展、提高人民生活水平等方面做到最好”（吴雨，2014）。金砖银行和亚投行如能对与基础设施建设相关的绿色产业（如绿色建筑、低碳交通、智能电网、生态旅游、环境治理等）加大投资力度，将推动所在区域绿色经济发展和人民福祉的提升。

专栏 10.4　世界银行集团国际金融公司的中国节能减排融资项目

2006 年 5 月，世界银行集团国际金融公司（以下简称 IFC）与兴业银行合作开展了“中国节能减排融资项目”（以下简称“CHUEE 项目”）。根据项目的损失分担机制，IFC 向兴业银行提供 2 亿元人民币的本金损失分担，以支持上限为 4.6 亿元人民币的贷款组合。根据双方签订的《损失分担协议》，如果贷款组合不良贷款比例超过 10%，超过部分由 IFC 承担损失的 40%；如果不良贷款比例在 10% 以内，IFC 则承担损失的 75%。IFC 为兴业银行的授信项目提供技术支持和业绩激励，而兴业银行则以 IFC 协助认定的节能环保型项目为基础发放贷款。推出之后，该产品的表现超出预期，2007 年 3 月 21 日首笔能效贷款在兴业银行济南分行成功落地，一期合作的 4.6 亿元的贷款额度在短短几个月内全部用完。2008 年兴业银行与 IFC 签署了二期合作协议，双方不仅扩大了贷款额度，还拓展了融资适用范围。在这个项目的第三期，贷款已从一般企业发展到重点支持中小型企业，从能效项目扩展到水效项目，取得了新的成绩和动力。

从以上案例看出，通过与 IFC 的国际合作，兴业银行获得了三个方面的收益：一是获得 IFC 资金支持建立了“损失分担机制”，这是 CHUEE 项目最大的亮点；二是获得 IFC 专家给予的培训和在项目评审时的技术指导，这是 CHUEE 项目最受中国银行业欢迎的内容；三是获得了国际视野，不断开拓新的业务领域，从原先的能效项目融资，到后来的中小企业能效项目融资和水效项目融资等。同时，兴业银行在与 IFC 开展 CHUEE 项目的过程中，也引入了 IFC 的《环境、社会和治理绩效标准》，使其成为中国第一家加入“赤道原则”的金融机构。

10.2.2　商业性金融机构的绿色金融业务

1. 商业银行信贷业务

商业银行开展绿色金融业务，如绿色信贷，起因是银行日益受到环境和社会问题给其经营和声誉带来的影响。例如，花旗银行作为秘鲁 Camisea 燃气工程项目的资金支持方，遭到国际雨林行动网络等众多环保组织的强烈指责。瑞士信贷支持的俄罗斯萨哈林 2 号石油天然气项目，因威胁到濒临绝种的珍稀鱼类和鸟类的栖息地而被俄罗斯的环保组织告上法庭。这些问题促使商业银行于 2003 年发起制订了项目融资的国际环境和社会标准——“赤道原则”，并不断在银行的发展战略、授信流程、风险管理、产品开发、信息披露等各方面都嵌入了环境和社会考量。

近年来，越来越多的商业银行不仅仅把绿色金融局限在风险管理和社会责任层面，而将其作为在绿色经济下的商业机遇和业务增长点，并大胆地进行了金融创新。从国际经验看，绿色金融产品和服务创新已延伸到商业银行业务的各个领域。在以个人、家庭及中小企业为主的零售银行业务中，绿色金融产品主要集中推广绿色低碳的消费理念和生活。如通过提供住房抵押贷款、商业建筑贷款、房屋净值贷款等产品，鼓励消费者购置符合环保标准或经过节能认证的住房、在家庭中使用可再生能源、进行节能改造等。又如通过提供汽车贷款和运输贷款产品，推广电动汽车、混合动力汽车和节油技术。而低碳信用卡和绿色存款业务的推出，不失为对公众进行环保教育的有效方式。在企业银行或批发银行业务中，国际银行业主要为清洁能源和可再生能源、节能环保项目提供项目融资、部分担保、设备租赁等服务，或参与碳融资与排放权交易。通常这些银行业务还会与债券、资产证券化等结合，为绿色产业提供结构性融资服务。在资产管理业务中，银行也积极将财政绿色基金、商业绿色基金、巨灾债券基金、碳基金等绿色金融产品推荐给客户，使其成为他们投资组合中的重要部分。

中国银监会的《绿色信贷指引》要求银行业金融机构“应当建立有利于绿色信贷创新的工作机制，在有效控制风险和商业可持续的前提下，推动绿色信贷流程、产品和服务创新”。中国银行业目前可持续金融产品主要集中在对清洁技术、可再生能源和能效提供融资；碳汇销售、交易和发起；环境基础设施建设基金；环境和（或）社会责任投资基金；社会金融、环境保险和可持续产品或服务的咨询业务。其中比较有特点的是兴业银行和上海浦东发展银行。

兴业银行开发了多种绿色金融业务模式，如项目企业融资模式、EMC（节能服务商）模式、金融租赁模式、CDM 项目下信贷模式、节能减排设备商增产信贷模式、节能减排设备供应商买方信贷模式、公共事业服务商信贷模式等。专栏 10.5 介绍兴业银行碳权质押贷款的案例。而上海浦东发展银行则开发了十大绿色金融特色产品，分别是国际金融公司能效贷款、法国开发署绿色中间信贷、亚洲开发银行建筑节能融资、合同能源管理未来收益权质押贷款、合同能源管理保理融资、碳交易（CDM）财务顾问、国际碳保理融资、排污权抵押贷款、绿色 PE 和绿色债务融资工具，并形成能效融资（工业和建筑能效）、清洁能源融资、环保金融、碳金融和绿色装备供应链融资五大板块。

作为中国最大的商业银行，中国工商银行在绿色金融方面开展了南南合作的尝试。2013 年 4 月，中国工商银行与南非标准银行签署 200 亿兰特（1 美元约合 9 兰特）协议，联合支持南非开发可再生能源项目。两大银行将联合向获得南非可再生能源独立发电商项目优先竞标人资质公司提供贷款，帮助其解决资金流动性的困境。

尽管各商业银行开展绿色金融业务各有特色，但它们都拥有共同的特征，如均得到银行管理层高度重视和大力支持；从战略高度看待绿色金融业务，将其作为银行发展和市场竞争的重要内容；将绿色金融纳入主营业务序列，并与员工的绩效考核和奖惩晋升相挂钩等。

专栏 10.5　兴业银行碳权质押贷款案例

碳权质押贷款是一种有效的绿色信贷创新模式，是指具有 CDM 项目的企业，在其项目获得注册的前提下，将核证减排量（Certified Emission Reductions，简称 CERs）作为抵押品进行贷款，并将 CDM 项目获得签发后的碳交易所得资金作为还款保障。2010 年 11 月，兴业银行开发了碳资产质押授信业务，以 CDM 注册项目产生的核证减排量作为抵押物提供短期流动性贷款。2011 年 4 月，兴业银行向福州市闽侯县兴源水力发电有限公司提供了一笔基于一个 20 兆瓦小水电项目的碳权资产抵押贷款。该项目在 2010 年 6 月获联合国 CDM 理事会注册，预计产生年碳减排量为 4.36 万吨。公司同时与瑞典碳资产管理有限公司签订了减排购买协议，则公司每年将获得一笔基于项目实际碳减排量的收入。作为首笔该类型贷款，其对贷款以及借款方都大有裨益。对借方而言，其碳收入取决于每年实际产生的碳减排量，而碳收入又可作为抵押物而获得银行更大的信贷支持，这样可激励企业通过不断的技术创新和运营优化来提高减排能力。对贷方而言，由于该项目已经获联合国 CDM 理事会注册并找到了碳减排量的买家，因此即可简化贷前审核程序，又保证了贷款的安全性。

资料来源：胡美东，2011。

这个案例有三个亮点：一是兴业银行充分利用外部有利环境——《京都议定书》框架下的清洁发展机制，开发了与排放权相关的业务。中国在七个省市正在试行的碳排放权交易和将要试行的水权交易，都将给绿色金融业务提供新的机遇。二是兴业银行大胆地将碳资产作为合格抵押物进行贷款。在绿色金融创新中，银行通过将未来收益权、排放权、知识产权、林权、特许经营权等作为抵押物进行贷款是广泛使用的方式。三是兴业银行也充分注意到了金融创新中的风险防范，项目与瑞典碳资产管理有限公司这样的买家签约也是授信决策中的重要考量。

2. 绿色债券

从广义上说，绿色债券可被定义为“政府、银行或者企业为低碳和抵御气候变化等类型的绿色项目筹集资金而发行的固定收益证券”（Croce，Kaminker and Stewart，2011）。可主要分为（Inderst，Kaminker and Stewart，2012）：资产抵押型，如与特定的绿色基础设施建设项目绑定；绿色企业债券，由金融机构为绿色项目筹资而发行，如世界银行、亚洲开发银行、欧洲复兴开发银行以及国际金融公司等发行的绿色债券；由主权国家或地方政府发行，如美国清洁可再生能源债券。与此同时，绿色债券的主要投资者也从公共部门（资产拥有者，如养老金）转向了资产管理者（Asset Managers）。

为提高绿色债券发行的透明度，鼓励投资者的参与，13 个商业和投资银行于2014年1月发表了一份共同声明支持《绿色债券原则》（Green Bond Principles），其包括四个主要组成部分：（1）所得款项用途：原则认定了几类潜在可通过债券募集资金投资的绿色项目，如可再生能源、能源利用效率、可持续的垃圾处理以及土地使用和清洁交通运输等；（2）项目评估和筛选：绿色债券的发行方应公开其投资决策过程，以保证其每笔投资的合理性；（3）募集资金管理：绿色债券所募集资金应转移到其预定的子投资组合，并邀请外部审计公司或第三方机构对筹集资金的管理进行审计以加强该债券的环境表现；（4）报告：绿色债券的发行方应至少每年发布相关报告。

绿色债券自2008年由世界银行首发以来，日益受到市场和投资者的关注。2013年11月，法国电力集团成功地通过绿色债券筹集了14亿欧元。这不仅是第一个以欧元发行的企业绿色债券，也标志着企业成为绿色债券的主要发行方（经济学人，2014）。日本丰田汽车公司为其混合动力和纯电力汽车的汽车贷款而融资的债券更是被大幅超额认购，成功筹集了1.75亿美元。专栏10.6介绍韩国进出口银行的绿色债券案例。

2014年6月17日，第一笔人民币绿色债券由IFC在伦敦证券交易所挂牌，发行总额为5亿元人民币，收益率为2%，由汇丰银行担任独家主承销商。这是多边机构首次在离岸市场发行绿色债券。该绿色债券筹得资金用于支持新兴市场的气候友好投资，尤其是支持中国绿色资本市场发展，解决私营企业特别是中小企业融资难问题。IFC的绿色债券支持温室气体减排项目，如电厂和输电设施改造、太阳能和风力发电，以及为高效发电和节能技术提供融资。IFC绿色债券的用途标准由奥斯陆大学独立的国际气候与环境研究中心认证（世界银行，2014）。

2014年5月12日，中国第一笔由绿色债券和碳排放权交易相结合的碳债券——中广核风电附加碳收益中期票据在银行间交易商市场成功发行。该笔碳债券的发行人为中广核风电有限公司，发行金额为10亿元，发行期限为5年。主承销商为上海浦东发展银行和国家开发银行，由中广核财务有限责任公司和深圳排放权交易所担任财务顾问。债券利率采用“固定利率+浮动利率”的形式，其中浮动利率部分与发行人下属5家风电项目公司在债券存续期内实现的碳资产（中国核证自愿减排量，简称CCER）收益正向关联。根据评估机构的测算，CCER市场均价区间为8元/吨~20元/吨时，上述项目每年的碳收益都将超过50万元的最低限，最高将超过300万元（中广核，2014）。

绿色债券有望成为绿色产业融资的新渠道，它具有融资用途明确、筹资方绿色投资资质强、权威机构认证等特点，中国在政策条件许可的情况下应积极尝试。当然，加强对绿色债券的市场监管和信息透明是相当重要的，如能同时引入信用评级体系则将给市场更强的信心。

专栏 10.6 韩国进出口银行绿色债券

韩国进出口银行（Korea Export - Import Bank，简称 KEXIM）是一家以支持韩国企业开展海外业务为目标，提供完整进出口信贷和担保的官方金融机构。KEXIM 于 2013 年 2 月推出了在美国证券交易所注册总额为 5 亿美元的绿色债券。作为首个由非社会保障机构发行的基准绿色债券，其不仅仅是首个亚洲发行方发行的绿色债券，还拓宽了各发行方对绿色债券的理解和操作，也标志着绿色债券的主流化。

该债券具体信息如下：

发行日期：2013 年 2 月。

总额：5 亿美元。

期限：5 年。

承诺回报：1.75%。

绿色债券说明：该债券所得款将会被用于诸如清洁能源、减少碳排放、降低对化石能源依赖以及可持续的垃圾处理等“低碳和适应气候变化”的项目。奥斯陆国际气候和环境研究中心将会对该债券所投项目进行审查。

信用评级：AA3。

需求：该债券共收到了约 100 余家投资机构、总额为 18 亿美元的申购请求。

绿色溢价：尽管在信用特征上没有明显差别，绿色债券的溢价要高于 KEXIM 普通 5 年期债券 9 个基点，超过 5 年期美国国债 95 个基点。

投资者分布：该债券有 47% 的投资者来自美国，32% 来自欧洲，21% 来自亚洲。其中 55% 为资产管理者，31% 为银行，5% 来自保险和养老基金，4% 为企业，5% 为其他类型投资者。

在本案例中，KEXIM 的操作符合《绿色债券原则》，遵循了严格的审查程序，包括：（1）绿色项目的认定，如本案例中绿色债券项目至少满足经济合作发展组织绿色项目指引、韩国低碳绿色增长法案中绿色鉴定体系或韩国新能源与可再生能源法案；（2）对满足条件的项目同时进行环境尽职调查和财务可行性评估；（3）如有必要，对项目进行气候影响评估（该评估根据如联合国气候变化框架公约等组织提供的国际标准）来测算项目的减排潜力；（4）项目贷款将通过一个单独的“绿色账户”进行发放，以便贷后审核。

3. 绿色保险

从全球来看，保险行业投保总额超过了5万亿美元，同时保险业管理的资产总额更是达到了20万亿美元。保险业的收入来源于其保险业务和投资业务，也意味着审慎并有严格要求的风险管理、保费以及投资管理是该行业保持利润和创造长期价值的关键步骤（环境署金融行动机构，2009）。基于此，本小节将着重介绍与保险业务相关的绿色做法和产品。

绿色保险最先是作为企业环境风险管理工具而出现的，其中最常见的是环境污染责任保险（以下简称“环责险”）。环责险是以企业发生污染事故对第三者造成的损害依法应承担的赔偿责任为标的所开展的保险业务。根据中国环境保护部和中国保险业监督管理委员会（以下简称“保监会”）于2013年月1月联合下发的《关于开展环境污染强制责任保险试点工作的指导意见》（环发［2013］10号），环责险实际上是形成一种政府、企业和保险公司共同对环境风险进行防范的机制。

但目前世界各国都正对保险业务创新推动绿色经济产业进行着积极的探索和尝试，提供的产品包含保险费与汽车使用挂钩、为美国LEED（Leadership in Energy and Environmental Design）认证的建筑承保、为碳中和住房/汽车保险、为易受环境影响的中小企业承保、为价格波动及京都议定书项目承保、为减排信贷担保承保以及为可再生/清洁能源项目提供的特定保险产品等（环境署金融行动机构，2007）。

以风电保险为例，国际风电保险市场发展较为成熟，保险产品种类相对全面，并开发了一些创新型的保险产品和服务，如气候和风资源衍生类保险产品、风电CDM项目保险产品等。根据由WWF、英国皇家太阳联合保险集团（RSA）、中国可再生能源学会风能专业委员会等机构于2011年发布的《中国风电保险发展现状及面临的挑战》分析，风电保险以“干中学”的方式，根据多年积累的行业数据和实践经验对风电保险产品和服务进行不断调整和修正。在介入风电行业初期，保险业主要是参考其他能源或电力行业的保险经验提供传统型保险产品或根据市场需求提供保险产品。在风电设备的批量故障频发时，保险业会与技术支持方开展合作，参与讨论和制订风电设备的质量标准，并逐步设立专门的可再生能源保险业务部门。在国际碳交易市场兴起后，保险业以碳市场的需求优化业务，对风资源的减排能力进行评估并开发相关保险产品。在海上风电和大型风电机组发展后，保险业的业务又拓展到监测和评估海上风电运行状况，推行风电设备质量认证及标准控制。

中国政府也日益重视保险在绿色经济中所应发挥的积极作用。2013 年 8 月，中国保险监督管理委员会（保监会）发布了《关于保险业支持经济结构调整和转型升级的指导意见》，提出要“充分发挥保险长期资金优势，紧紧围绕城镇化和服务民生的国家战略，重点支持基础设施、能源资源、医疗健康、养老服务、绿色环保、现代农业等领域和产业的发展”。2014 年 4 月保监会在《保险业服务新型城镇化发展的指导意见》中又进一步要求“保险业要在服务开放型经济发展、改善小微企业融资环境、为技术创新提供保险保障、服务低碳经济等方面提出要求，推动城市产业结构优化升级”。

10.2.3　绿色金融中的多方参与和模式创新

尽管绿色金融的主体是金融机构，但金融机构还是需要在风险可控、商业可持续的前提下开展相关业务。因此，推动绿色金融的发展仅仅依靠银行和投资机构的金融产品创新是远远不够的，政府的体制机制创新和企业的商业模式创新也是关键因素。

1. 推动绿色金融的体制和机制创新——政府和社会资本合作（PPP）模式

绿色产业，特别是可再生能源、绿色建筑、低碳交通、智能电网等，均属于投资量大、回收期长、风险大、资金缺口大的基础设施项目。要吸引私营部门资金的投入，PPP 模式是一个有益的尝试。中国财政部部长楼继伟 2013 年 9 月在“第 20 届亚太经合组织财长会议”上表示，在当前私营部门修复资产负债表，公共部门财政困难的情况下，应通过 PPP 等方式积极调动私人资本参与基础设施发展。（中华人民共和国财政部国际财金合作司，2013）

从国际经验看，在 PPP 模式下，政府将基础设施建设的投资与服务提供绑定为一个长期合约，交由私营部门执行。私营部门负责管理项目的投资和建设，然后在一个较长的时间内（通过 20 ~ 30 年）维护和运营项目，并以项目收入偿还其投资额和维护运营费用，最后在合约到期后将项目交还给政府。PPP 模式中通常会成立特殊目的实体（Special Purpose Vehicle，简称 SPV），由机构或私人股权投资者经营管理。PPP 模式下的融资方式在项目的生命周期各阶段是不一样的，包括股权投资、银行贷款和长期债券，并根据项目风险的变化而改变。

PPP模式下的公共部门（政府）和私营部门的定位和责任是十分明确的：

（1）PPP中SPV成立和项目建设的出资者是私营部门，出资方式主要是股权投资，辅以贷款和债券，政府很少投入。PPP是要以政策支持和少部分的公共资金来撬动私营部门资金，鼓励社会向项目投资。

（2）SPV为政府提供基础设施建设和市政服务，政府优先采购其服务产品并支付服务费用和给予适当补贴，两者之间属于纯粹的合约关系。合同期满后，私人收回投资，项目所有权转给政府。实施PPP，要求政府的行政管理职能和社会服务功能分离，鼓励私营部门投资并提供社会服务，政府再向社会购买服务。

（3）SPV是经营主体，项目的融资、建造、运营、管理等均由其承担。SPV收入来自政府的服务费和其他用户所支付的使用费，一切债务由其自行承担，收益与责任、风险相当。PPP的经营主体是自主经营、自负盈亏，独立于政府之外，更不会以财政资金作为担保。

因此，PPP模式成功的前提是政府体制和机制的创新，即政府职能的转变、政府融资模式的多元化和市场机制充分发挥作用等。2014年12月4日，国家发展和改革委员会发布了《关于开展政府和社会资本合作的指导意见》，就在中国国情下开展PPP模式提出了实施意义、主要原则、项目范围及模式、工作机制、管理方法、政策保障和工作步骤等，为中国全面开展PPP工作提供了政策导向。专栏10.7介绍在北京地铁建设方面运用的PPP模式。

专栏10.7　北京地铁四号线PPP建设模式

2005年2月7日，北京市政府与香港地铁有限公司和北京首都创业集团有限公司组成的联合体达成了北京地铁4号线的特许经营协议，成为中国在轨道交通领域首个以PPP模式进行的项目。地铁4号线的特许经营期初定为30年，总投资额约153亿元人民币。根据协议，北京市政府和由联合体为该项目而成立的特许公司按照7∶3的比例进行投资。北京市负责征地拆迁和土建工程的投资建设，特许公司则负责4号线的车辆、通信等主要设备的投资建设，并在30年特许经营期内负责4号线的运营和管理。特许经营期结束后，特许公司将项目的设备无偿移交给北京市政府。按照PPP方案，北京市政府无需对4号线运营提供财政补贴，只需对所承担的土建部分进行投资并还本付息，从而大大节约了政府的财政投入。此外，由商业化运作所带来的地铁服务水平的提升必将吸引更多客流，增加特许公司的营业收入，4号线公司将获得更多租金，从而进一步减轻政府的财政支出。

资料来源：北京市发展和改革委员会，2005。

这是一个非常典型的PPP模式的项目。这个案例值得关注的内容是：（1）这是一个低碳交通项目——地铁，可持续基础建设项目是PPP最适用的领域；（2）北京市政府不直接参与经营活动，而通过特许经营合约和专门成立的特许公司来运作；（3）北京市政府的投入是先期投资（征地拆迁和土建工程方面的投资建设）和向社会购买服务（地铁运营），而撬动的是私营部门的投资和30年专业化的经营。

2. 推动绿色金融的商业模式创新

推动绿色金融，政策支持和金融创新固然重要，而绿色产业中的企业和项目才是真正的源动力。金融是为实体经济服务的，投资和授信决策也几乎取决于项目的盈利能力和市场前景。因此，企业应充分运用绿色产业扶持政策，创新盈利模式，拓宽市场渠道，并与金融机构和资本市场紧密结合，充分运用合同能源管理、资产证券化、结构融资等方式，以不断获得新的资金支持。在这方面，美国的光伏企业Solarcity的经营和融资模式非常值得借鉴（见专栏10.8）。

专栏10.8 Solarcity模式

美国联邦和各州政府对光伏产业有诸多扶持政策，其中最主要的是投资税负优惠（Investment Tax Credit，简称ITC），即2016年年底前的光伏项目可按照光伏项目投资额的30%抵扣应纳税；成本加速折旧（Modified Accelerated Cost Recovery System，简称MACRS），即2015年12月31日以后的光伏系统可以采用成本加速折旧法。Solarcity为充分利用ITC和MACRS带来的税收抵扣和税项资产，开展了光伏租赁业务。公司通过将屋顶光伏发电系统租赁给用户，并为用户提供光伏系统的设计、安装和维护，收取客户的租赁费或者和用户签订售电协议收取电费，在未来20年内获得持续稳定的现金流。而在融资环节，Solarcity与Google、产业资本等投资的基金通过合资、转租和返租的形式，解决了租赁模式初期高投入导致的资金短缺问题，从2008年到2013年Solarcity共募集了15.7亿美元的基金用于屋顶光伏的项目建设。同时，在运营环节，用户以出让屋顶为代价可获取低电价的优惠，电力公司也能获得电价差的效益。在获得用户的长期租赁或售电协议后，Solarcity又成功地将长期合约打包后在资本市场上发行了面值为5 442.5万美元的资产支持型证券（ABS），从而开创了光伏项目资产证券化的创新模式。

资料来源：中国民生银行，2014。

这个案例给我们的启示有：（1）企业不仅仅要享受产业扶持政策，更重要的是要利用政策形成新的商业模式并开拓新市场，如Solarcity；（2）企业不要坐等银行上门，也不要把融资等同于银行借款，而应该拓宽融资渠道，考虑各种机构投资者，并与资本市场运作结合起来，实施“战略融资”，如Solarcity就通过与产业基金合作、发行ABS等方式成功融资；（3）企业经营业绩是成功融资的关键，根据瑞士信贷的测算，对于每瓦公允市值5.75美元的Solarcity光伏系统，投资人可以通过相关财政和税收政策获得每瓦2.98美元的收益。各类基金在合作中亦可享有政府补贴及项目的投资收益，投资积极性非常高。

10.3 绿色金融的前景和挑战

经过多年的努力，绿色金融的理念已经引起了国际上大多数金融机构的关注。很多国际主要金融机构已加入一个或多个相关的倡议或原则来规范其日常业务，并依此作出投融资决策判断。其中尤为引人注目的是由环境署与金融机构共同发起的金融行动机构（UNEP FI），其已得到全球超过230家金融机构的支持，并签署加入该机构。由UNEP FI支持并发起的如“负责任的投资原则”（Principle for Responsible Investment，简称PRI）和“可持续的保险原则”（Principle for Sustainable Insurance）、“赤道原则”以及“可持续证券交易所倡议”（Sustainable Stock Exchange Initiative）已经分别得到了900余家机构投资者、50余家国际主要保险机构、70多家银行以及包括纽约、纳斯达克和伦敦证券交易所在内的15家交易所的支持。

然而，一份由麦肯锡咨询公司于 2010 年发布的调查报告显示，尽管全球一半以上的金融机构高层都认为可持续性对于其机构极其重要，但只有约四分之一的高层把贯彻绿色和可持续的做法作为其工作的重点。具体来说，各金融机构如何有效地实践各种自愿加入的标准和倡议，建立健全独立的监测和评价体系，以及其他类型的金融机构，如证券交易所、信用评级机构等，如何采纳类似的绿色金融的标准和原则都是绿色金融在全球范围内所面临的挑战（Gerster，2012）。

在中国，随着全球绿色经济的发展和人们对气候变化和生态环境等问题的日益关注，特别是在中国政府提出了“生态文明”的理念后，绿色金融将呈现多元化和专业化的发展趋势。主要特点有：

（1）参与主体的多元化。绿色金融不仅仅局限在金融机构，其发展需要由政府部门、金融机构、企业单位、科研院校、公民社会等各利益相关方建立合作协调机制，通过政策工具、金融手段和市场机制来共同实现。

（2）经营模式的多元化。绿色金融不能光靠金融机构，其发展需要公共部门和私营部门的合作，用公共资金撬动私有资金；政策银行和商业银行的合作，用开发性的项目带动商业化运作；投资银行、商业银行和保险公司的合作，用不同操作模式和风险偏好的金融机构设计出理想的产品组合；中国金融机构和国际银行的合作，实现“国际视野、本土经验”。

（3）金融产品的多元化。绿色金融将从银行传统的信贷业务，扩展到信贷、保险、债券、股权、金融衍生商品、碳排放权交易商品、指数等多样的金融产品和融资工具。

（4）运行团队的专业化。金融机构建立专职的绿色金融团队是发展绿色金融的重要举措。兴业银行是最早成立绿色金融专业部门的金融机构，它于 2009 年成立国内首家可持续金融业务经营管理专门机构——可持续金融中心，2012 年升格为可持续金融部，2013 年改为环境金融部，下设项目融资、碳金融、市场研究、技术服务和赤道原则 5 个团队。兴业在所有分行均设置了绿色金融业务推动部门，并设置绿色金融专职产品经理。

（5）绿色金融人才的专业化。绿色金融的人才储备和能力建设是目前金融机构急需解决的问题，目前各机构均有相关培训课程，如中国银监会的绿色信贷系列培训、中国银行业协会的绿色信贷培训、联合国环境规划署金融行动机构的环境和社会风险管理网上培训等。而绿色金融在高校中的课程开发、专业设置甚至学位授予及绿色金融人才的资格认证也是要关注的方向。

尽管绿色金融在中国已成为各方关注的热门议题，但目前仍停留在意识提升和课题研究阶段，尚未真正进入多数金融机构的战略发展和主营业务中。究其原因，以下几点需特别关注：

（1）绿色产业需形成稳定成熟的商业模式。绿色金融得不到金融机构战略重视，首先与绿色产业尚缺乏成熟的商业模式有关。绿色产业，如可再生能源、新能源汽车等，往往是新兴产业，存在着技术不成熟、投资风险大、市场前景不明等问题。同时，金融机构对绿色行业的知识积累和人才储备尚有一个过程，因而对绿色金融业务缺乏热情。要解决这个问题，一方面有待绿色产业的进一步发展和成熟，并加强企业和金融机构之间的交流；另一方面需发展专业咨询和鉴证服务，为金融机构开展相关业务提供技术支持。

（2）环境成本和社会成本计入资源、资产价格要反映其真实成本。出于对传统产业的扶持和对民生问题的关注，中国对关键资源进行价格管控，这是可以理解的。但由于目前执行的资源价格未能反映环境、生态和社会的收益或损失，造成部分资源的价格不合理。在这个问题上，国家要综合考虑有关因素，调整部分资源的价格，减少对化石能源的补贴，开征资源和环境税种，给市场提供完整的价格信号。同时，对于金融机构来说，如果不将环境成本和社会成本进行经济量化，并作为融资定价的重要组成部分，则很难有效地发挥金融体系的“金融中介”作用，并对有着不同环境和社会影响的企业和行业通过诸如差异化利率机制等方法进行奖优罚劣（王和，2014）。

（3）国家需对开展绿色金融业务的机构给予奖励。绿色金融业务奖励机制的缺失、与业绩考核脱节也是影响金融机构开展相关业务积极性的重要原因。国家可考虑从两个层面加大对绿色金融业务的支持：一方面可以将绿色金融作为国家的战略重点领域给予扶持，参照如支持小微企业融资的方式，制订促进开展绿色金融业务的激励措施；另一方面，中国人民银行、财政部和银监会等部委可考虑给予绿色信贷开展得出色的金融机构以贴息、减免营业税、降低准备金率等奖励，从而激发金融机构开展绿色金融业务的积极性。同时，监管部门要对造成重大环境和生态问题的生产企业和金融机构加大处罚力度。

（4）金融机构应支持绿色产业和防范环境和社会风险并重。金融机构在通过产品和服务创新支持绿色经济产业的同时，也应防范投资和信贷业务中的环境和社会风险，主要做法包括：制订环境和社会风险管理政策和敏感行业的授信指引，如能源（主要是油气与核能）、采掘（矿产与金属业）、林业、淡水、气候变化等行业；根据客户的环境和社会表现及所处行业对环境和社会的敏感程度进行分级管理，揭示其环境和社会风险并发掘绿色信贷市场的机会和潜力；将环境和社会风险管理纳入银行流程中，并配有专业团队；采纳并遵循国际规范和标准等。

（5）建立健全专业的绿色金融中介、咨询以及认证服务机制。发展绿色金融涉及对环境和社会影响的量化、对绿色行业的评估和判断以及对相关政策制度的合规和实施。因此，鼓励专业性的金融中介、咨询及认证等机构参与到绿色金融业务中来，并建立完善相关制度，可有效地降低金融机构交易成本和风险，以促进绿色金融业务的开展。例如，在 2012 年之前较长时间内，国内的碳排放审定核定机构只有两家，而且各方使用的评价标准不一样，这就给中国的自愿减排交易带来了相当大的困难（王元龙等，2011）。

面对巨大的环境和社会压力，中国通过向绿色经济的转变，建设生态文明和美丽中国的目标已然是不可逆转的。同时，中国也不断增加在国际社会应对气候变化上的承诺。国家主席习近平在 2014 年 11 月北京举办的亚太经济合作组织领导人峰会上承诺中国将二氧化碳排放的峰值控制在 2030 年左右，并于此前将非石化能源在一次性能源消费中的比例提高至 20%。2015 年，各国将在《联合国气候变化框架公约》缔约方大会上尝试签署具有法律效力的国际减排协议。为实现上述目标，一个绿色金融体系是中国成功实现自身目标，履行国际义务中不可缺少的一环。因此，我们在对绿色金融前景充满信心的同时，要承认并认真面对挑战，建立各利益相关方的合作协调机制，通过政策工具、金融手段和市场机制来发展绿色金融，支持绿色经济。

思考题

1. 有人认为金融机构开展绿色金融业务是出于企业社会责任，有人认为是为了合规性要求，有人认为是出于企业形象和公关需求。从绿色经济的角度，你认为金融机构开展绿色金融业务的驱动力是什么？哪些机制能激励金融机构开展绿色金融业务？
2. 英国的绿色投资银行成立运行后受到了各方关注。目前中国也有不少人提议建立类似的机构。你认为英国绿色投资银行有哪些经验值得中国学习？中国建立类似机构可行吗？要注意什么问题？
3. 中国正在力推政府和社会资本合作（PPP）模式。你认为 PPP 模式与其他模式相比，有什么优势和缺点？要成功运行 PPP 模式，关键需要有哪些机制？

参考文献

1. Chisaki Watanabe, Japan Government Green Fund Wants to Set Local Investment Model, Bloomberg Sustainability, 2013. http://www.bloomberg.com/news/2013-11-06/japan-government-green-fund-wants-to-set-local-investment-model.html.

2. Della Croce, R. D., C. Kaminker and F. Stewart, The Role of Pension Funds in Financing Green Growth Initiatives, OECD Working Papers on Finance, Insurance and Private Pensions, No. 10, PP31, OECD Publishing, 2011. http://dx.doi.org/10.1787/5kg58j1lwdjd-en.

3. European Commission, Green Cars Initiative, 2008. http://ec.europa.eu/research/transport/road/green_cars/index_en.htm#eu_funds.

4. Executive Office of the President, The President's Climate Action Plan, 2013. http://www.whitehouse.gov/sites/default/files/image/president27sclimateactionplan.pdf.

5. GIB, Mission, Mandate, Purpose and Strategy, 2012. http://www.greeninvestmentbank.com/userfiles/files/Our-Investment-Approach.pdf.

6. GIB, Official Website: http://www.greeninvestmentbank.com/.

7. GIB, Transactions to Date, 2014. http://www.greeninvestmentbank.com/userfiles/files/Presenting-our-investments-3Apr_PUBLIC.pdf.

8. How companies manage Sustainabilty: Mckinsey Global Survey Results, 2010 年. http://www.mckinsey.com/insights/sustainability/how_companies_manage_sustainability_mckinsey_global_survey_results.

9. Inderst, G., Kaminker, Ch., Stewart, F., Defining and Measuring Green Investments: Implications for Institutional Investors' Asset Allocations, OECD Working Papers on Finance, Insurance and Private Pensions, No. 24, OECD Publishing, PP26, 2012.

10. NYGB, Official Website: http://greenbank.ny.gov/About-NY-Green-Bank.aspx.

11. Presidential Climate Action Project, Building an Advanced Energy Economy, 2012. http://www.climateactionproject.com/docs/PCAP_Report_2012.pdf.

12. Richard Gerster Sustainable Finance: Achievements, Challenges, Out-

looks, Gerster Consulting, 2012. http://www.gersterconsulting.ch/docs/sustainable_finance_final_11.02.10.pdf.

13. Spring in the air: Bonds tied to green investments are booming, Economist, 2014. http://www.economist.com/news/finance-and-economics/21599400-bonds-tied-green-investments-are-booming-spring-air.

14. UNEP Finance Initiative: The Global State of Sustainable Insurance, 2009. http://www.unepfi.org/fileadmin/documents/global-state-of-sustainable-insurance_01.pdf.

15. UNEP, Overview of the Republic of Korea's National Strategy for Green Growth, prepared by UNEP as part of its Green Economy Initiative, 2010. http://www.unep.org/PDF/PressReleases/201004_unep_national_strategy.pdf.

16. WWF and Credit Suisse, Transition to a Low Carbon Economy: The Role of Banks, 2011. http://www.longfinance.net/images/reports/pdf/cs_lowcarbon_2012.pdf.

17. 北京市发展和改革委员会："PPP：地铁 4 号线首开特许经营"，2005 年。http://www.bjpc.gov.cn/zt/sheshi/anli01.htm。

18. 财政部："2013 年全国政府采购规模"。http://www.mof.gov.cn/zhengwuxinxi/caizhengxinwen/201407/t20140715_1112991.html。

19. 财政部："金砖国家签署成立金砖开发银行的协议"，2014 年。http://gjs.mof.gov.cn/pindaoliebiao/gongzuodongtai/201407/t20140716_1113599.html。

20. 环境署：《迈向绿色经济：实现可持续发展和消除贫困的各种途径》，2011 年。http://www.unep.org/greeneconomy/Portals/88/documents/ger/GER_summary_zh.pdf。

21. 环境署金融行动机构："绿色金融产品和服务：北美市场目前趋势和未来机遇"，2007 年。http://www.unepfi.org/fileadmin/documents/greenprods_cn.pdf。

22. 胡美东：兴业银行首笔碳资产质押授信业务落地福州，《中国日报》2011 年 4 月 14 日。http://www.chinadaily.com.cn/dfpd/2011-04/14/content_12327683.htm.

23. 霍侃："央行马骏建议成立'绿色银行'"，2014 年。http://finance.caixin.com/2014-07-09/100701375.html。

24. 世界银行："IFC 发行第一笔人民币绿色债券，支持中国资本市场和气候友好投资"，2014 年。http：//www. shihang. org/zh/news/press - release/2014/06/17/ifc - issues - first - renminbi - denominated - green - bonds - supporting - chinas - capital - markets - and - climate - friendly - investments。

25. 王和："绿色金融要做好顶层设计"，《新浪财经》，2014 年。http：//finance. sina. com. cn/zl/insurance/20140224/132218310829. shtml。

26. 王元龙、马昀、王思程、刘宇婷、叶敏等："构建中国绿色金融体系的战略研究"，《经济研究参考》，2011 年。

27. 吴雨："亚投行筹备组组长：亚洲基础设施投资供求不匹配"，《新华网》，2014 年。http：//news. xinhuanet. com/fortune/2014 - 06/29/c_1111368289. htm。

28. 谢孟哲、张承惠："绿色中国的金融体系初步探索"，2014 年。

29. 赵晓辉等："中日节能环境投资基金正式投入运营"，《新华网》，2013 年 11 月 20 日。http：//news. xinhuanet. com/2013 - 11/20/c_118224366. htm。

30. 中广核：" 中广核风电成功发行国内首单'碳债券'"，2014 年。http：//www. cgnpc. com. cn/n1302/n1303/c625491/content. html。

31. 中国绿色建筑与节能委员会绿色建筑政策法规学组："国外绿色建筑政策法规及评价体系分析"，《绿色科技》，2011 年第 6 期。

32. 中国民生银行："SolarCity 创新光伏商业模式的五个方面"，2014 年。http：//news. hexun. com/2014 - 05 - 04/164472332. html。

33. 中华人民共和国财政部国际财金合作司：第 20 届亚太经合组织财长会议在印尼巴厘岛举行，2013 年。http：//gjs. mof. gov. cn/pindaoliebiao/gongzuodongtai/201309/t20130920_991098. html。

第 11 章
绿色经济政策

张永亮　郭江汶　俞海[①]

本章介绍推动绿色经济发展的主要政策。共包括四节内容，其中 11.1 节简述欧盟、中国、蒙古国、莫桑比克等在战略层面的例子；11.2 节讲解绿色财政税收和价格政策；11.3 节讨论产业转型、绿色科技和行业政策；11.4 节分析绿色贸易和外资利用政策。

11.1　一些国家的绿色经济战略举措

自 2008 年联合国环境规划署（UNEP）提出“绿色新政”和“绿色经济”倡议以来，推动经济的绿色转型、促进绿色发展已成为各国实现可持续发展的一个重要途径。2012 年，“在可持续发展和消除贫困的背景下发展绿色经济”成为里约热内卢联合国环境与发展会议（即“里约 + 20”会议）的两个主题之一。与 1992 年里约热内卢联合国环境与发展会议正式提出可持续发展概念时的情况类似，发展绿色经济的理念一经提出便迅速得到众多国家和组织的响应。下面我们举几个例子。

2010 年，欧盟委员会公布了未来十年的欧盟经济发展计划，即“欧盟 2020 战略”，旨在加强各成员国间经济政策的协调，在应对气候变化的同时促

---

① 张永亮：就职于环境保护部环境与经济政策研究中心，主要从事环境战略与管理、环境政策分析、绿色经济等领域的研究工作。近年来，参与完成了国合会“中国绿色转型进程评估与展望”、联合国环境署“中国绿色长征”等绿色经济课题研究。博士毕业于南京大学。

郭江汶：全球绿色增长研究所高级项目官员，在可持续发展和气候变化领域具有丰富经验，领导和从事众多国内外政府和研究机构的可持续发展、能源效率及排放贸易项目的政策研究、试点和实践工作。

俞海：见第 9 章。

进经济增长、扩大就业。根据该项计划，欧盟在2010～2020年间将重点关注科技创新、研发、教育、清洁能源及劳动力市场自由化。为此，欧盟委员会在欧盟发展战略中设定了一系列绿色目标：二氧化碳排放量在1990年基础上削减20%，可再生能源比重达到20%，能耗下降20%。

绿色创新是绿色经济发展的重要驱动力，2011年，欧盟委员会推出了绿色创新行动计划（EcoAP），围绕“欧盟2020战略”确定的目标，对欧盟第7研发框架计划（FP7）、创新与竞争力框架计划、欧洲绿色创新基础平台、欧盟委员会环境行动计划、欧盟农业政策乡镇可持续发展基金和欧盟区域发展政策融合基金等研发计划进行了整合，同时要求欧盟成员国、区域及地方制定相应的政策行动计划，积极支持绿色创新研发活动（张志勤，2013）。

作为世界经济体系的重要组成部分和最大的发展中国家，中国也表现出了经济绿色转型的强烈意愿并已付诸行动。在战略安排上，从提出科学发展观，到建设“资源节约型、环境友好型”社会，再到十八大报告把建设生态文明提升到“五位一体”的战略地位，都为发展绿色经济创造了充分的条件。在具体行动上，中国近年来在节能减排、发展循环经济、推动低碳经济、经济刺激方案中的环境保护投资、建立环境经济政策体系等方面付出了巨大努力。这些行动和实践都与绿色经济的倡导和理念不谋而合，并且取得了积极成效。

《中华人民共和国国民经济和社会发展第十二个五年规划纲要》（以下简称“十二五”规划）首次以“绿色发展”为主题，专篇论述“建设资源节约型、环境友好型社会”，明确提出：“面对日趋强化的资源环境约束，必须增强危机意识，树立绿色、低碳发展理念，以节能减排为重点，健全激励与约束机制，加快构建资源节约、环境友好的生产方式和消费模式，增强可持续发展能力，提高生态文明水平。”绿色发展战略也形成了六大支柱，为此“十二五”规划分六章专门论述：积极应对全球气候变化；加强资源节约和管理；大力发展循环经济；加大环境保护力量；促进生态保护和修复；加强水利和防灾减灾体系建设。

中国的“十二五”规划更加凸显了绿色发展指标，绿色指标的比重大幅度上升。不包括人口指标，资源环境指标由“十一五”规划中的7个提高到“十二五”规划中的8个，占总数的比重由27.2%提高至33.3%。国务院关于“十二五”规划实施的中期评估报告显示，2011～2012年，单位国内生产总值能源消耗累计降低5.54%，单位工业增加值用水量累计降低20%，化学需氧量、二氧化硫、氨氮排放总量分别累计下降5.0%、6.6%、4.1%，单位国内生产总值二氧化碳排放累计下降6.6%，非化石能源占一次性能源消费的比重由2010年的8.6%提高到2012年的9.4%，各项指标均取得了积极进展。

在2013年举行的世界环境日大会上，蒙古国正式成为联合国"绿色经济行动伙伴"（见第1章）的首个项目参与国。2014年6月，蒙古国出台了2014~2030年绿色发展战略，识别了其面临的高贫困率、收入不均、经济结构失衡、资源利用效率低下、气候变化问题加剧等风险和挑战，提出通过绿色发展实现环保、低排放和具有社会包容性的经济增长并提高人民生活水平，以及促进资源高效利用、降低碳排放和减少废弃物，维护生态平衡和减少环境退化，促进环境保护投资和清洁技术发展，利用税收和绿色金融政策推动绿色经济，发展绿色就业和促进绿色消费等具体战略目标。针对不同目标，该战略还提出了一系列指标和政策措施。例如，到2030年，通过提高能源效率降低20%的碳排放；到2020年和2030年可再生能源占能源消费的比重分别达到20%和30%；对60%的水域进行保护和修复，到2020年和2030年特殊保护区域分别达到25%和30%等（SGKR，2014）。

莫桑比克总统Armando Guebuza在2012年的"里约+20"会议上公布了莫桑比克绿色经济发展的路线图，提出将绿色经济的各项原则应用于莫桑比克的城市、农业和能源发展计划之中，增加对莫桑比克极具代表性的陆地和海洋保护网络的绿色投资，以保护和增加其自然资本。莫桑比克将和包括巴西政府在内的关键合作伙伴共同开发和实施该计划。为了推动路线图实施，莫桑比克环境部于2013年制定了"绿色经济行动计划（转型阶段）2013~2014"，提出了更为具体的行动措施，以加快推动绿色经济发展（MCEA，2013）。

综上所述，无论是在发达国家和地区，还是在发展中国家和地区，绿色经济的理念都已经转化为具体的战略、政策和措施，并且已经取得了成效和进展。通过一系列财政、税收、价格和产业等政策的绿色化改革，世界各国正在努力实现一个资源节约、绿色低碳、社会包容、可持续的未来。

11.2　绿色财政税收和价格政策

11.2.1　政府环境保护投入

发达国家的绿色经济经历了从社会共识到政府引导，再到法律政策推动和公众广泛参与的发展阶段。在这一过程中，政府对环境治理的投资逐年增大。大量的环境保护投入带动了环境保护产业的蓬勃发展，已经成为一些国家推动绿色经济增长的重要动力。以美国为例，美国环保局的环保财政支出主要涉及5个领域：清洁空气和全球气候变化、清洁水和安全水、土地保护和修复、健康的生物群落和生态系统、相关的服务功能和环境效益。联邦与州政府通过绿色环境税收、环境保险等政策筹集环保专项基金，对中小企业提供少量的补助和优惠贷款，建立污染治理资金的援助机制，保障企业正常运行。20世纪70年代，美国联邦环保财政支出的一半以上用于支持污水处理设施，建立了清洁水州立滚动基金。1987～2001年，这个基金共向10900个清洁水项目提供了343亿美元的低息贷款。1977年，美国的环保投资占GDP的比重已达到1.5%，2000年增长至2.6%（贾蕾，2014）。又例如，欧盟近期将投资1050亿欧元用于绿色技术、改善水质、废弃物处理、排放控制和可再生清洁能源，减少20%的煤、石油、天然气等一次性能源的消耗量。

生态和环境保护领域的政府公共投入也是中国拉动绿色经济增长的重要动力。“十一五”以来，中国制定了一系列以“绿色发展”为主题的规划，包括以优化国土空间布局和开发利用为目标的《全国主体功能区规划》、以“绿色发展”为导向的经济和社会发展规划、以资源节约和环境质量改善为目标的节能减排和环境保护规划，以及具体的节能、环保和新能源产业发展规划等。在这些规划中确定了一系列需要实现的绿色发展目标，而推动这些规划实施和目标实现的主要动力便来自于公共财政的投入。中央政府增加了环境整治与生态保护的专项资金，省级财政也设立了相应的生态环境建设与保护专项资金。

环境保护投入尤其是环境保护基础设施的投入，在金融危机之后中国的4万亿元人民币（约合5700亿美元）① 投资计划中占有了举足轻重的地位（UNEP，2013）。据估计，4万亿元投资计划中的5%，约2100亿元直接投向了环境基础设施领域（WWF and DRC，2010）。目前，中国涉及政府环境保护投入的统计指标主要有两项：一是环境保护部门每年在环境统计公报中公布的环境污染治理投资总额；二是财政部门每年向全国人大汇报的财政预算和执行报告中的节能和生态环保财政支出项目总额。其中，环境污染治理投资是全国各级政府对环境污染治理财政投入的总和，包括老工业污染源治理、建设项目

① 以2009年汇率计价。

“三同时”[①]、城市环境基础设施建设三个部分，“十一五”期间总额达到2.16万亿元，较“十五”期间增长157.4%，占GDP的比重达到了1.44%，较“十五”期间增长了0.26%（逯元堂等，2012）。此外，2008～2012年全国财政用于节能环保的投入累计达到了1.14万亿元，年均增长24.1%（财政部，2013）。

根据“十二五”规划中提出的绿色发展目标估计，“十二五”期间中国的环境保护投资将达到65300亿元人民币，约合10620亿美元（王金南等，2009），其中用于环境污染治理领域的约为15300亿元，用于生态保护领域的约为12000亿元，用于节能和新能源发展领域的约为25000亿元（见表11－1）。而根据《2012年环境统计年报》，仅2012年，中国环境污染治理投资总额便达到8253.6亿元，占GDP的1.59%，占社会固定资产投资的2.20%，比2011年增加37.0%。其中，城市环境基础设施建设投资5062.7亿元，老工业污染源治理投资500.5亿元，建设项目“三同时”投资2690.4亿元，分别占环境污染治理投资总额的61.3%、6.1%、32.6%（环境保护部，2013）。

表11－1　“十二五”规划中涉及的环境保护投资估计

领域	投资（亿元人民币）	投资（亿美元）
环境管理	15 300	2 490
生态和多样性保护（包括退耕还林、退耕还草、退耕还湖等）	12 000	1 950
可再生能源	15 000	2 440
节能量	5 000	810
城市交通	1 400	2 280
绿色建筑	4 000	650
共计	65 300	10 620

资料来源：王金南等，2009。

11.2.2　财政补贴

政府在环境领域的财政补贴体现在正反两个方面。一方面是绿色补贴或称环境补贴，是指为了保护环境和自然资源，各国政府采取干预政策对本国企业

① 根据《环境保护法》第四十一条，“建设项目中治理污染的设施，必须与主体工程同时设计，同时施工，同时投产使用”。

在治理环境、改善产品加工工艺方面的投入进行补贴，以提高本国产品竞争力。对于绿色经济来说，这种补贴是正面的、良性的，有利于激励企业削减污染物、促进社会资金投向环境保护和绿色产业相关领域，有利于绿色经济的发展。另一方面是对化石能源和其他能源资源（如水资源）利用的不良补贴。对于绿色经济来说，这种补贴是负面的，它激励了人们对化石能源和其他不可再生资源的过度消耗，进而增加了污染物排放和生态环境破坏，不仅不利于能源利用方式的转型和资源利用效率的提高，更不利于推动绿色经济。

绿色补贴的目的或是鼓励削减污染，或是为削减污染所必须的措施提供资助，如给予企业安装污染控制设施的补贴等。综合分析来看，绿色补贴是政府以某种形式给予企业的、激励其进行环境保护或污染削减活动或从事绿色产业的财政支付（何娜，2009）。例如，2007 年，中国开始针对火电企业实施脱硫电价补贴政策。火电企业安装脱硫设施后，其上网电量在现行上网电价基础上每千瓦时加价 1.5 分。这一政策对二氧化硫减排发挥了巨大作用，“十一五”期间，全国燃煤电厂脱硫机组比例由 2005 年的 14% 提高到 2012 年的 90%，二氧化硫排放量下降 14.3%。2012 年，中国又开始实施脱硝电价补贴政策，按照脱硝电量每千瓦时补贴 8 厘，年脱硝电价补贴超过 100 亿元。2009 年，中国开始实施光伏光电建筑应用示范项目（金太阳工程），2012 年财政部明确了用户侧光伏发电项目的补助标准为 5.5 元每瓦。2012 年财政部、国家发展改革委、工信部正式启动节能家电补贴。同年，财政部与国家能源局联合下发了《关于出台页岩气开发利用补贴的通知》，2012～2015 年的补贴标准为 0.4 元每立方米；国家发展改革委、国家电监会联合下发了《关于可再生能源电价补贴和配额交易方案（2010 年 10 月—2011 年 4 月）的通知》，全国 800 多个风电、太阳能、生物质以及地热发电项目将获得国家百亿元补贴（环保部政研中心，2014）。

绿色补贴主要有保护资源环境和应对绿色壁垒两个作用。一方面，环境问题的根本原因是没有形成一个对环境资源的合理定价机制，进而难以形成一个完善的环境资源市场来合理地配置环境资源。因此，必然需要政府来调控市场失灵。绿色补贴政策是一种基于经济主体行为的经济激励政策，借此来调整外部性导致的价格信号失真和资源配置低效问题。具体来说，通过内部化外部收益或补偿外部成本削减，激励生产者持续地提供正外部性或减少负外部性，使得环境资源或服务的价格尽量逼近其真实价格，从而实现环境资源的有效配置，达到社会最优的环境服务水平和环境污染水平。

另一方面，绿色壁垒对发展中国家企业对外贸易的影响越来越大，许多企业出口的商品由于达不到发达国家较高的环境技术标准和要求而被拒之门外，丧失了大量的市场份额，经济利益遭受巨大损失。绿色补贴曾是一种不可诉补贴（虽然在操作层面不易划界），WTO 成员方不得提出申诉或采取反补贴措施。因此，实施绿色补贴既能促进产业升级和节能降耗，又能突破绿色壁垒，增强企业在对外贸易中的竞争力，使某一国家在绿色经济发展的竞争中取得优势地位。然而，该不可诉补贴条款的适用期为五年（自 1995 年 1 月 1 日 WTO 协定生效起计），由于 2000 年期满前 WTO 成员未就延期达成协议，因此自 2000 年起绿色补贴变为可诉补贴。

在采取适当的绿色补贴的同时，缩减、取消或淘汰陈旧的不良补贴也是推动绿色经济的重要政策手段。

首先，不良补贴人为地降低商品价格，其实就是鼓励低效、浪费和过度使用，导致宝贵的有限资源过早衰竭，或可再生资源和生态系统的退化。例如，全球的渔业补贴每年估计为 270 亿美元，其中至少 60% 已被认定是有害的。据估算，由于渔业资源枯竭，每年的经济损失大约为 500 亿美元，超过全球海产品贸易值的一半。很明显，渔业补贴对国家经济和社会福利所造成的破坏远远超过了长期收益。

其次，补贴会降低绿色投资的盈利。当补贴人为地降低不可持续活动的成本或风险时，就会造成市场不利于绿色投资。2008 年，全球矿物燃料消费补贴估计为 5570 亿美元，另有生产补贴 1000 亿美元。此类补贴人为地降低了矿物燃料的使用成本，抑制消费者和公司采用节能措施，而如果没有补贴，节能措施原本会具有成本效益。这种扶持严重妨害了世界各国的能源结构由以利用化石能源为主向以利用可再生能源为主的过渡。而据估算，在 2020 年之前，逐渐取消矿物燃料消费和生产补贴，可促成全球一次性能源需求降低 5.8%，温室气体排放降低 6.9%（UNEP，2011）。

综上所述，在财政补贴政策领域，增加具有公共利益特点或正面外溢效应的补贴可以成为实现绿色经济转型的强大动力。而同时，限制政府对耗竭自然资本的领域的支出、实施补贴改革也是必要的。逐步取消这些不良补贴，并对能源和自然资源征税可以提高效率，同时加强公共财政并腾出资源进行绿色投资。其中，仅取消能源、水资源、渔业和农业四个行业的补贴就可以节省每年全球生产总值的 1% ~2%（UNEP，2011）。

在充分关注最贫困群体的前提下，循序渐进地开展补贴改革是可行的且已有成功范例。例如，印尼政府于2005年10月降低其能源补贴并提高燃油价格，并制定了每个季度向1550万贫困家庭无条件发放30美元的一年计划。2008年5月燃油价格上提时，又向低收入家庭发放了15.2亿美元的现金拨款。在加蓬，人们运用补贴改革所释放的款项为小额信贷计划融资，帮助农村弱势妇女，以此抵消补贴改革的影响（UNEP，2011）。当加纳改革其燃油补贴时，小学和初中的学费被取消，政府还增加了贫困地区基本医疗保健计划的经费（IMF，2008）。

11.2.3 政府绿色采购

政府采购在世界各国的公共总支出中均占很大比例。例如，在南非和巴西这一比例分别是国内生产总值的35%和47%（IISD，2008）。如果政府采取可持续的采购方式，能够向企业发出信号，使企业作出更长期的创新投资，让生产商实现规模经济并降低成本，进而扩大绿色商品和服务的商业化，为绿色商品和服务创造大量长期需求。因此，政府绿色采购作为全球绿色消费活动的重要一环，因其庞大的采购计划以及突出的示范意义，对促进可持续消费有着举足轻重的作用。

进入20世纪90年代以来，政府绿色采购蓬勃兴起，并成为引领可持续消费的首选手段。世界各国尤其是发达国家，如英国、美国、加拿大、日本、丹麦、荷兰、德国、韩国等，纷纷通过专门立法或政府令的形式强制推行或鼓励政府绿色采购，并且取得了积极效果。例如，在奥地利、丹麦、芬兰、德国、荷兰、瑞典和英国，可持续的公共采购计划将采购的二氧化碳足迹平均降低了25%。政府采购在欧洲也已帮助开启有机食品和饮料、节能汽车和可持续木材产品的市场（Pricewaterhouse Coopers，Significant and Ecofys，2009）。

各国推动政府绿色采购的方式大致可分为两种模式。一种是由国家政府确立政策方向，指导次一级政府进行采购。如日本、丹麦等由国家推出的可持续采购国家政策。另一种是指导地方政府与民间的组织和团体推动绿色采购，即以地方团体自发的绿色采购行动为主导，政府仅属于辅导协助的地位。如瑞士以民间参与为主的、负责协调建筑业采购的联邦建筑物组织会议。

此外，各国采购机制也有所不同，如以英国为代表的集中采购和以德国为代表的独立采购，前者由专设的采购部门执行政府的绿色采购、或由几个政府部门实施联合采购以取得批量采购的价格优势，后者通过各级地方政府的独立采购，在选择产品时更具有灵活性和竞争性。根据欧盟委员会2001年公布的

《集成产品政策绿皮书》，为了推行其环保政策可持续发展战略，在售后采取税收政府补贴、产品环保回收、环境责任、环境标签、政府采购、产品环保设计、产品环境标准等一系列措施，促进环保产品的生产与消费，最大限度地减少产品在其生命周期内对环境的影响，这些措施被统称为集成产品政策（COM，2006）。可见，在实施政府绿色采购过程中如何明确办公采购和采购标的，进而通过公开招标、选择性招标、限制性招标和谈判式采购等采购形式，充分体现国民待遇原则，是各国政府推行其国内政府绿色采购时关注的重点。

尽管政府绿色采购在各国政府都得到了积极响应，然而在具体的执行过程中仍然普遍存在着诸如信息处理、价格因素、法规建设以及无法保障稳定的绿色产品供应链等技术障碍。各国还需进一步有针对性地通过制定鼓励绿色采购的法令、实施教育培训、推行环境管理体系、创造绿色产品等方式来消除这些不利因素，不断改进和更新政府采购的方式，以期更好地推动可持续消费的发展。专栏 11.1 介绍主要发达国家和中国在绿色采购方面的案例。

专栏 11.1 政府绿色采购案例

1994 年，日本制定实施了绿色政府行动计划，拟定了绿色采购的基本原则，鼓励所有中央政府管理机构采购绿色产品。为推动此项行动计划，1996 年日本政府与各产业团体组成了日本绿色采购网络组织（GPN），参与该组织的会员团体承诺将通过购买环境友善物品及服务，减少采购活动对环境的不良影响。GPN 的活动主要包括颁布绿色采购指导原则、拟定采购指导纲要、出版环境信息手册、进行绿色采购推广活动等。这种由政府部门、民间企业、社团组织共同组成的绿色采购团体和联盟，在宣传绿色采购观念、提供绿色采购信息以及会员间的信息交流等方面起到了很好的作用。2000 年，日本颁布了绿色采购法，这是日本为建立循环型社会颁布的六个核心法案之一。绿色采购法规定，所有中央政府所属的机构都必须制定和实施年度绿色采购计划，并向环境部长提交报告；地方政府要尽可能地制定和实施年度绿色采购计划。截至 2008 年，日本 83% 的公共和私人组织实施了绿色采购。

美国从 20 世纪 90 年代初开始已经先后制定并实施了采购循环产品计划、能源之星计划、生态农产品法案、环境友好产品采购计划等一系列绿色采购计划。美国政府尽管还没有制定绿色采购法，但政府采购法第 23 章专门作了规定，该章的名称是“环境、自然保护、劳动安全和无毒的工作场所”，主要内容就是绿色采购规定。如 23.904 款明确指出，采购那些对人民健康和环境影响最小的产品和服务是政府的采购政策。美国政府主要以联邦法令与总统行政命令作为推动政府绿色采购的法律基础，如美国总统第 13101 号行政命令（“透过废弃物减量、资源回收及联邦采购来绿化政府行动”），以及美国资源保护与回收法（RCRA）。

德国自 1979 年起推行环保标志制度，国家规定政府机构优先采购环保标志产品，规定绿色采购的原则包括禁止浪费、产品必须具有耐久性、可回收、可维修、容易弃置处理等条件。1994 年 9 月 27 日通过的循环经济法第 37 章对政府采购循环经济产品作出了原则规定，明确规定政府有关机关应拟定工作计划，采购、使用有关物品；拟定建设计划，采购和使用满足一定的耐用性、维修保证、可再利用性等规定的环境友好型产品和服务。

2004 年 8 月，欧盟委员会发布了《政府绿色采购手册》。该手册主要用于指导欧盟各成员国如何在其采购决策中考虑环境问题。为此欧盟委员会还建立了一个采购信息数据库。到 2006 年信息库中已有 100 多类产品的信息，包括产品说明书、生态标签信息等，还提出了一般采购建议。

中国的政府采购法已明确规定，政府采购应当有助于实现国家的经济和社会发展政策目标，包括节约能源、保护环境等。为了发挥政府机构节能节水、保护环境的表率作用，促进循环经济发展和可持续发展，国务院有关部门先后印发了《节能产品政府采购实施意见》及节能产品政府采购清单，出台了《关于环境标志产品政府采购实施的意见》及“绿色采购清单”——环境标志产品政府采购清单。

资料来源：郑小玲，2007。

11.2.4 税收政策

价格的严重扭曲会阻碍绿色投资，或造成无法扩大此类投资。在交通等许多经济行业，污染、健康影响或生产率损失等负外部性通常未反映在成本之中，企业缺乏提供可持续的商品及服务的压力和动力。解决这一问题的一种办法是，通过纠正性征税把外溢效应的成本纳入商品或服务的价格（UNEP, 2011）。与环境相关的税赋，可大致划分成两大类：一类是“污染者付费”，侧重向制造污染物的生产商或消费者收税；一类是“使用者付费”，侧重对开采或使用自然资源者收税。

虽然环境税的思想提出较早，但环境税直到 20 世纪 80 年代才在实践中获得重视并得以应用。对于环境税的概念，也因为有各种认识而形成了不同的定义，同时环境税的定义也随着研究的深入在不断地发展。OECD 认为环境税的构成包括排污税、产品税、使用费和税收减免等，并将环境税定义为："以对环境具有一定的负面影响的事物的实物单位（或替代物）作为税基的税种。"该定义强调对征税对象的价格的影响，即某一税种的环境效应主要来自于对环境相关产品和活动的相对价格的影响，并考虑相关的价格弹性（OECD，1996）。

国内对环境税有广义和狭义两种看法。广义环境税是指为实现特定的环境保护目标、筹集环境保护资金而征收的具有调节与环境污染、资源利用行为相关的功能的各个税种及相关税收特别措施的总称。其范围相当宽泛，只要是政府影响某些与环境相关的经济活动的性质和规模的税种及税收政策，都属于广义环境税的范围。广义环境税既包括狭义环境税，也包括与环境和资源有关的一般性税种及有关环保的具体税收政策，例如资源税、消费税、车船税等税种以及增值税和企业所得税等税种中一些与环境保护相关的税收规定。因此，其一般被称为环境税收制度或环境税收体系。狭义环境税则是指以环境保护为目的，针对污染和生态破坏等行为课征的特别或独立税种。其范围相对较窄，是直接针对各种不利于生态环境的行为进行征收、与生态环境的保护密切相关的一些税种，如硫税、碳税、能源税等，也称为独立环境税（苏明和许文，2011）。

由于对环境税的定义和范围界定不同，其分类也存在很大差别。一般是根据税基或征税对象对环境税进行划分。欧盟统计局根据税基将环境税划分为能源税、交通税、污染税和资源税。其中，能源税的税基为能源产品，最重要的能源产品是汽油和柴油，也包括其他燃料油、天然气、煤炭和电力。由于碳税与能源产品的密切联系，碳税也被认为属于能源税的范畴，而不属于污染税。交通税主要是指与机动车的保有和使用相关的税种，既包括对交通工具的征收，也包括对交通服务的收费。污染税是对废气、污水、固体废弃物和噪音的实际排放量或估算排放量进行征收的税种，如 SO_2 税。资源税主要是指对取水、森林或原材料征收的税种。国内一般将环境税划分为污染排放税、污染产品税、碳税等。其中，污染排放税是对污染物排放征收的环境税种；污染产品税是对有潜在污染的产品征收的环境税种；碳税是对产生二氧化碳的煤、石油、天然气等化石燃料征收的环境税种（苏明和许文，2011）。

此外，在不增加新的环境税种的情况下，对现有税收进行调整也可以起到激励绿色经济投资的作用。此类激励政策可以商品或服务的消费或生产为目标。例如，印度的一些城市已经为太阳能热水器的使用者降低了房产税。在有些情况下，这一减税幅度达到房产税的6%～10%。加速折旧是另一种减税方式，也经常用于鼓励生产可再生能源。它允许投资者按较高的折旧率对符合条件的固定资产实行折旧，从而减少投资者的应纳税所得。在墨西哥，自2005年以来，环保型基础设施的投资者已经获益于加速折旧（UNEP，2011）。近年来，中国也陆续出台了一些针对环保企业的税收优惠政策，例如“三免三减半”税收优惠政策，即企业从事符合条件的环境保护、节能节水项目的所得，自项目取得第一笔生产经营收入所属纳税年度起，第一年至第三年免征企业所得税，第四年至第六年减半征收企业所得税。符合条件的环境保护、节能节水项目包括公共污水处理、公共垃圾处理、沼气综合开发利用、节能减排技术改造、海水淡化等（环保部政研中心，2014）。

11.2.5 资源有偿使用政策

资源有偿使用实际上是一种通过价格机制赋予资源合理价格，从而体现资源稀缺性、促进资源高效配置的环境经济手段。中国共产党十八届三中全会提出：“要健全自然资源资产产权制度和用途管制制度，划定生态保护红线，实行资源有偿使用制度和生态补偿制度。”在这里，我们主要结合三中全会的要求和中国的情况进行讨论。这里所指的资源有偿使用，不仅包括水、矿产等自然资源的有偿使用，还包括可供纳污的水环境、大气环境等环境资源的有偿使用。合理确定资源和环境物品、服务的价格，使得资源环境价格能够体现出其稀缺性，是利用经济手段解决环境问题的治本之策。

自然资源有偿使用主要是指消费者通过付费形式获取自然资源使用权利和相应的公共服务的制度安排。近年来，中国通过逐步提高自然资源价格，稳步推进资源价格体系改革。国家发展和改革委员会先后出台一系列文件，逐步提高自然资源价格以体现自然资源的价值，反映其稀缺程度以及开发利用和保护的成本。具体包括水价改革、电价改革以及成品油、天然气和煤炭价格改革等。在水价改革领域，主要包括开征水资源费并且逐步扩大征收范围、大幅提高水利工程水价、对城市供水管网实行“一户一表”改造、推行居民生活用水阶梯式水价和非居民用水超定额加价制度等；在电价改革领域，主要包括对高耗能行业实行差别电价、新（扩）建燃煤机组必须按照环保规定同步建设脱硫脱硝设施等；在成品油、天然气和煤炭价格改革领域，主要包括推动石油价格与国际市场接轨、成品油价格实行政府指导价并根据国际市场价格变化相应调整、推行天然气价格和可替代能源价格的挂钩机制、推动市场竞争形成煤炭价格等（环境保护部环境规划院，2008）。

然而，从总体上看，中国自然资源的市场化程度依然不高、价格较低，仍然不能真实地反映自然资源市场的供求关系和稀缺程度，资源性产品生产过程中资源破坏和环境污染的治理成本还没有完全体现在价格中，需要进一步加大改革力度。

环境资源有偿使用主要是指排污权的有偿使用，即有偿获得初始排污权或者排污指标的有偿分配，同时为向环境中实际排放污染物付费的制度安排。前者是排污权的有偿占用，后者是环境资源的付费使用，而排污交易是提高排污权有偿配置效率的重要手段。在国外，污染物排放指标称为“排污权”或“排污许可”，由于这些排污指标十分有限，因此，美国等发达国家把排污许可的初始分配，逐渐从无偿分配转向拍卖和奖励等有偿使用措施。同时，为了使这些初始分配的排污指标在市场上能够正常流转，还出台了排污许可（排污权）交易的有关政策，从而使这些排污指标像商品一样被买入和卖出。上述政策有力地促进了美国等国家一些区域环境质量的改善，降低了污染削减的社会成本（环境保护部环境规划院，2008）。

中国从 20 世纪 90 年代起就开始引入排污权有偿使用制度，江苏、浙江、天津、湖北、湖南、山西、内蒙古、重庆、河北、陕西 10 个纳入国家排污权交易试点的省份（自治区、直辖市）已取得了阶段性的进展，河南、广东、辽宁等地也在排污权交易框架设计及机构建设等方面取得突破（许艳玲等，2014）。但是，由于国家层面没有出台政策和文件，地方省份在排污权有偿使用和交易的制度设计和实施机制方面存在很大差异，试点工作还存在着问题和不足（王金南等，2011），例如与其他环保制度衔接不畅、不同地区的有偿使用价格差异较大等问题（许艳玲等，2014）。

11.3　产业转型、绿色科技和行业政策

11.3.1　产业转型政策和绿色科技

产业转型目前有两种解释。一种是较宏观的，是指一个国家或地区在一定

历史时期内，根据国际和国内经济、科技等发展现状和趋势，通过特定的产业、财政金融等政策措施，对其现存产业结构的各个方面进行直接或间接的调整。也就是一个国家或地区的国民经济主要构成中，产业结构、产业规模、产业组织、产业技术装备等发生显著变动的状态或过程。从这一角度说，产业转型是一个综合性的过程，包括了产业在结构、组织和技术等多方面的转型。另一种解释是指一个行业内，资源存量在产业间的再配置，也就是将资本、劳动力等生产要素从衰退产业向新兴产业转移的过程。要推动传统产业向绿色产业转型，在宏观层面需要对产业结构进行绿色化的调整，而在微观层面，则需要推动资本和劳动力等生产要素由传统产业向绿色产业转移。

以中国为例，为了推动经济的绿色转型，围绕发展绿色经济的整体战略和具体规划，制定了一系列的政策措施。这其中最为重要的包括：通过行政命令手段淘汰和关停落后产能，强化环境准入、从源头调整产业结构，运用价格和补贴等手段促进能源资源节约、调整能源结构，引导新兴产业发展等。补贴方面的情况，前面已经讨论了。下面我们仅举一些通过强制性措施来调整产业结构的例子。

“十一五”以来，中国采取了“上大压小”、淘汰落后产能的政策措施。2005～2011年淘汰落后小火电机组8000万千瓦，每年可由此节约原煤6000多万吨；累计关停小火电装机容量7683万千瓦；淘汰落后炼铁产能1.2亿吨、炼钢产能0.72亿吨、水泥产能3.7亿吨。

中国提高了“两高一资”项目的环境准入门槛，仅2006～2007年，环保部便通过项目环评叫停了377项、涉及2200亿美元的“两高一资”型项目；2008～2009年，约223项、涉及1400亿美元的项目被环保部叫停；2012年上半年，对不符合要求的17个项目暂缓审批、退回报告书或不予批复，涉及总投资897亿元。“十一五”期间共对不符合要求的822个国家审批重大项目环评文件作出不予受理、暂缓审批或不予审批等决定，涉及投资3.18万亿元（环境保护部，2012）。

绿色科技在产业转型中起着核心作用。它是指与常规方案相比，能为使用者带来同等或更大利益的技术、产品及服务。这些技术、产品和服务在减少对自然环境负面影响的同时，还能最大限度地实现能源、水及其他自然资源的高效及可持续利用（绿色科技，2013）。绿色科技涉及能源节约、环境保护以及其他绿色能源等领域。高效、节约、环保的绿色科技产业是拉动绿色经济的动力引擎，主要包括绿色产品、绿色生产工艺的设计、开发，绿色新材料、新能源的开发，绿色消费方式的改进，绿色技术和管理的研究等。

世界科技保持快速发展态势，学科交叉和技术融合加快，创新要素和创新资源在全球范围内流动加速，科学技术正孕育着新的突破。新型节能环保技术、新能源技术等加速突破，将推动世界进入绿色、清洁、低碳发展的新阶段。绿色科技将成为发展绿色经济、进一步开展环境保护和生态建设的重要技术保证。国际金融危机影响深远，世界主要国家都开始将绿色科技创新提升为国家发展战略，纷纷大幅增加研发投入，强化核心关键技术的研发部署，竞相争夺科技创新人才，抢占战略性新兴产业发展的先机和主动权。

许多国家的成功经验表明，在像碳捕获、清洁煤、智能电网、低碳汽车等绿色技术上不断创新，加强绿色技术的研发，提高行业产品标准，是绿色经济发展的基础，也能很好地发挥绿色经济在经济发展中的推动作用。例如，英国要求新生产汽车的二氧化碳排放标准要在2007年基础上平均降低40%，以此来推动汽车生产技术的绿色革新。政府还从政策和资金方面向低碳产业倾斜，确保英国在碳捕获、清洁煤等新技术领域处于领先地位。

绿色科技创新是现代科技发展的必然方向，虽然中国的绿色科技创新已取得一定成果，例如电动汽车的推广使用、各种环保能源的开发、建筑的节能减排等，但是绿色科技创新工作的不足之处还有很多，远无法达到可持续发展的要求。例如，中国对绿色科技创新的投入十分有限，据有关资料显示，中国绿色科技创新资金占国民生产总值的0.7%，远低于发达国家水平；一些企业缺乏资金进行创新研究，负担沉重，阻碍了绿色科技创新的发展（李蕊英，2013）。

绿色科技创新不仅需要企业有绿色化的经营战略，追求经济效益、环境效益和追求长期利润的最大优化目标，营造绿色的企业文化，使用绿色工艺生产绿色含量高的产品，还需要科研机构和人才的技术支持和理论创新。同时，公众的绿色意识、绿色消费更是支持绿色科技创新走下去的重要动力，只有在公众中大力宣传绿色文化，形成一种绿色心理，并养成绿色消费的习惯，才能支持绿色科技创新的发展、绿色企业的生存、环境的保护和可持续发展的推进。而这些因素当中，政府的作用尤为凸显。

未来一段时期，中国绿色科技政策的制定和实施应当包括两个方面。首先是制定和完善推动绿色科技发展的市场政策。主要包括完善税收的调节机制，采取补贴政策支持企业研发，通过财政投入投资重点领域，发展绿色科技集成度高、市场前景好、经济效益大的产业和项目并引导民间资金进入绿色科技创新企业等。其次是制定和完善推动绿色科技发展的法律法规。主要包括推动相关法律的绿色化改造，建立完善的绿色科技法律体系，在涉外绿色壁垒问题上加紧立法，在制定和完善相关立法的过程中注重健全科技激励机制等（李蕊英，2013）。

11.3.2 绿色建筑政策

在行业政策方面，绿色建筑是一大块。它是指在建筑的全寿命周期内，最大限度地节约资源（节能、节地、节水、节材）、保护环境和减少污染，为人们提供健康、适用和高效的使用空间，与自然和谐共生的建筑（建设部，2006）。目前，能源消耗的3大板块分别是工业、交通和建筑。从世界平均水平来看，能源消耗结构中工业占37.7%，交通占29.5%，建筑占32.8%。而中国建筑能耗占26%，交通能耗占10%，工业占60%~70%。按照当前的发展趋势，工业能耗占比随着经济社会发展将会降到1/3左右，而建筑和交通能耗将会进一步上升。欧盟的测算标准表明，建筑全过程对全球资源和环境的影响，在资源消耗方面：能源为50%，水资源为42%，原材料为50%，耕地为48%；在污染方面：空气污染为50%，温室气体排放为42%，水污染为50%，固体废物为48%，氟氯化物为50%。可以看出，建筑全过程消耗了大量的资源和能源，产生了等量的污染和排放。因此，建筑节能将是应对气候变化的主战场之一。绿色建筑因其具有节能、节地、节水、节材、环保的“四节一环保”特征，是当前节能减排最有效的方式之一（仇保兴，2011）。

绿色建筑有四项原则：

一是尽可能地采用适用技术和降低能源消耗的构造。目前，已有不少低成本、简便且适用性强的成熟技术可应用于绿色建筑，如自然通风、遮阳、建筑墙体保温、建筑立面绿化和屋顶绿化等。

二是实行全寿命周期评测。从建材的生产到建筑物的建造和使用，这一过程动用了最大份额的地球能源并产生了相应的废气、废料。因此，绿色建筑不仅体现在建筑设计和建造过程中，还应关注建筑运营中的节能减排和建筑寿命终结后的循环利用等问题。

三是营造健康环保的室内环境。发展绿色建筑不仅能使建筑能耗大为减少，而且能带来健康、生态环保的室内环境，使在绿色建筑里的人接受并热爱这样的生活和工作环境，有利于保持身体健康和激发工作热情，由此发挥更大的生产潜力和创新潜力。

四是充分利用可再生能源。建筑是能源使用的载体，我们现在可以通过现代技术，将太阳能、风能、地热能、电梯下降的势能以及人活动产生的热能等都收集起来，使建筑也可以成为一个能源的发生器，从而达到节能减排的目的（仇保兴，2011）。

从国际经验来看，国际社会主要是通过制定绿色建筑标准推动绿色建筑发展。一些国家还将政府公益性住房的建设与绿色建筑结合起来，以较小的生态环境代价解决大规模的住房需求。例如，在巴西，住房建设部门在廉租房的建设过程中融入了可持续原则，尽可能地采用高效节能材料和绿色设计，以降低城市建设对生态环境的影响。随着明哈卡萨、明哈维达等城市 100 万套廉租房（将进一步扩大到 200 万套）建设补贴计划的实施，巴西在解决大规模住房需求、刺激经济发展并创造就业、降低环境影响并提高社会福利等方面找到了平衡点（World Bank，2011）。

在中国，主要是出台强制推广与激励先进相结合的绿色建筑政策。2004 年 9 月，原建设部“全国绿色建筑创新奖”的启动标志着中国的绿色建筑进入了全面发展阶段。2005 年 3 月召开的首届国际智能与绿色建筑技术研讨会暨技术与产品展览会，公布了“全国绿色建筑创新奖”获奖项目及单位，同年发布了《建设部关于推进节能省地型建筑发展的指导意见》。2006 年，原建设部正式颁布了《绿色建筑评价标准》。2006 年 3 月，科技部和原建设部签署了“绿色建筑科技行动”合作协议，为绿色建筑技术发展和科技成果产业化奠定了基础。

2007 年 8 月，原建设部出台了《绿色建筑评价技术细则（试行）》和《绿色建筑评价标识管理办法》，逐步完善了适合中国国情的绿色建筑评价体系。2008 年，住房和城乡建设部组织推动了绿色建筑评价标识和绿色建筑示范工程建设等一系列措施。2008 年 3 月，中国成立中国城市科学研究会节能与绿色建筑专业委员会，对外以中国绿色建筑委员会的名义开展工作。2009 年，中国建筑科学研究院环境测控优化研究中心成立，协助地方政府和业主方申请绿色建筑标识。2011 年，中国绿色建筑评价标识项目数量得到了大幅度的增长，绿色建筑技术水平不断提高，呈现出良性发展的态势。截至 2011 年底，中国取得绿色建筑标志的项目达 353 项，共 2647 栋建筑，3488 万平方米。其中，设计标识项目 330 项，建筑面积为 3272 万平方米；运行标识项目 23 项，建筑面积为 216 万平方米。仅 2011 年，全国获得绿色建筑标志的项目就达 241 项，共 1950 栋建筑，建筑面积为 2504 万平方米。

2012 年 5 月，财政部发布了《关于加快推动中国绿色建筑发展的实施意见》。2013年1月6日，国务院发布了《国务院办公厅关于转发发展改革委、住房城乡建设部绿色建筑行动方案的通知》，提出“十二五”期间完成新建绿色建筑10亿平方米；到2015年末，20%的城镇新建建筑达到绿色建筑标准要求；同时还对“十二五”期间绿色建筑的方案、政策支持等予以了明确。

未来中国绿色建筑政策的发展方向是：以政府投资的建筑为突破口，包括保障性住房、廉租房、公益性学校、医院、博物馆等建筑，规定必须达到绿色建筑标准要求，起到引领示范作用；在部分有积极性、有工作基础的地方试点，强制推广绿色建筑标准，要求新开发的城市新区新建建筑必须全部满足绿色建筑技术标准要求，将发展绿色建筑纳入各级政府节能减排考核体系；大力推进供热计量收费制度，加快供热体制改革；研究出台绿色建筑财税激励政策，制定财政资金扶持鼓励绿色生态小城镇与绿色生态示范城区建设的实施方案（仇保兴，2011）。

11.3.3 绿色交通政策

行业政策的另外一大对象是绿色交通。绿色交通广义上是指采用低污染、适合都市环境的运输工具，来完成社会经济活动的一种交通概念；狭义上是指为节省建设维护费用而建立起来的低污染、有利于城市环境多元化的协和交通运输系统。从交通方式来看，绿色交通体系包括步行交通、自行车交通、常规公共交通和轨道交通。从交通工具上看，绿色交通工具包括各种低污染车辆，如双能源汽车、天然气汽车、电动汽车、氢气动力车、太阳能汽车等。绿色交通还包括各种电气化交通工具，如无轨电车、有轨电车、轻轨、地铁等。

绿色交通是一个全新的理念，它与解决环境污染问题的可持续性发展概念一脉相承。它强调的是城市交通的“绿色性”，即减轻交通拥挤，减少环境污染，促进社会公平，合理利用资源。其本质是建立维持城市可持续发展的交通体系，以满足人们的交通需求，以最少的社会成本实现最大的交通效率。这种理念是三个方面的统一结合，即通达、有序；安全、舒适；低能耗、低污染。

在能源、土地资源紧缺与城市空气质量、生态环境不断恶化的多重压力下，高效土地利用与生态宜居的城市布局成为国际推崇的可持续城市发展模式。强化交通与城市空间布局、环境保护、土地高效利用的整合，继而实现“绿色交通引导城市发展”已成为国际趋势。欧盟以及许多欧美国家政府通常通过规划、土地利用和污染治理等方面的法规和指南，来鼓励和促使地方政府采取行动。欧盟发布《“可持续城市移动性计划”制定与实施指南》（Guidelines on Developing and Implementing a Sustainable Urban Mobility Plan)，指导欧盟国家制订与可持续城市发展目标相一致的区域综合交通规划。“可持续城市移动性计划”是一个战略规划，它将“确保面向所有人和物的交通可达性，提高安全，降低空气污染、碳排放和能源消耗，提高人和物的运输效率、提高城市环境和城市设计的质量和吸引力”作为规划目标，使得城市综合交通规划特别是大容量公交走廊规划在都市圈与城市总体规划中逐步建立起引导地位（中国环境与发展国际合作委员会，2013）。

“公共交通 + 自行车 + 步行”构成的绿色交通系统在改善空气质量、缓解交通拥堵、建设可持续城市方面正发挥着越来越积极的作用，因而成为全球公认的未来城市交通发展主流模式。欧盟通过“空气质量行动计划”来监督、引导建立“公共交通 + 自行车 + 步行”的城市绿色交通系统。在欧盟政策与国家交通发展战略引导下，欧盟国家继续坚持优先发展公共交通，不断改善公共交通系统服务品质。法国的《大气保护与节能法》制定了大都市区或城市交通规划编制的 6 条要求，第 1 条和第 2 条要求的分别是“降低小汽车交通出行量”和“发展公共交通等低污染的节能型交通方式特别是步行和自行车”。法国、瑞典、英国等欧盟国家一直拥有世界一流的城市公共交通系统。巴黎、伦敦等城市在街道狭窄的老城区，也尽可能加宽步道，设置自行车专用道，引导市民选择步行与自行车出行。除此之外，欧美城市还将公交换乘、多种交通运输方式的无缝衔接及一体化发展纳入规划、体制机制设计与运输组织管理中，以提高城市综合交通系统的运行效率，进一步减少交通污染排放与能源消耗（中国环境与发展国际合作委员会，2013）。

“中央引导、大区主导、城市主责”的财税政策是国际上推动绿色交通发展的主要政策。世界上很多国家（地区）通过国家法律明确了城市交通发展的资金来源，并建立了合理的政府间财政资金保障机制。巴黎市设立公共交通税，收入用于弥补公共交通企业运营亏损；伦敦、斯德哥尔摩等城市实施交通拥堵费、差异化停车收费等，部分收入用于改善公共交通基础设施。许多国家建立了合理的票价调节机制，柏林、纽约等城市均将票价水平与经济发展、社会平均工资等的增长挂钩。进入 21 世纪，欧美国家倾向于把城市交通投融资权力下放给地方，中央政府主要提供一定比例的资金，用于引导地方政府的投资行为。如美国的《清洁空气法案》（the Clean Air Act）规定了交通发展与空气质量目标一致性的规则，要求保证美国交通运输部公共交通管理局（FTA）批准和提供资金的公共交通建设项目与运营活动必须符合改善空气质量的目标。

通过经济手段调节控制小汽车的保有和使用以达到缓解城市交通拥堵、降低交通污染排放的目的，已经成为国际上通行的重要政策。国际上普遍认同市民具有平等使用城市不同交通模式的权利，包括小汽车拥有和使用。但当城市拥堵和污染时，应把优先权给予高效、低污染的绿色出行方式。一些欧盟国家规定，将交通需求管理作为区域或城市交通规划必须涵盖的内容，瑞典等国家还从法规层面确立了拥堵收费的合法性以及拥堵收费所得的用途。差异化停车政策、低排放区设立、拥堵区域收费等措施在欧盟很多国家、城市都得到了有效实施并取得了很好效果，未来各种交通需求管理措施将在世界范围得到更广泛的实施。此外，欧盟的交通政策还将公众参与的重要性放到前所未有的高度。邀请公众参与公共交通规划以及交通需求管理政策制订，不仅减轻了政府决策制订与实施的压力，还能增强城市居民绿色出行的自觉性与积极性。

随着中国现代化、城镇化进程的快速推进，机动车保有量快速增长，大城市尤其是特大城市陆续“感染”上交通拥堵、空气污染等“城市病”，并迅速向中、小城市蔓延，对民众基本出行与生活质量、城市经济运行以及国家能源安全等造成严重危害，成为社会关注的重大热点问题。国务院《关于城市优先发展公共交通的指导意见》（国发〔2012〕64 号）明确提出：“按照资源节约和环境保护的要求，以节能减排为重点，大力发展低碳、高效、大容量的城市公共交通系统，……倡导绿色出行。”近年来，相关部门和各级政府已经开始采取一系列政策措施推动绿色交通发展。然而目前，中国的绿色交通还存在法律法规和总体规划等顶层设计缺失、差异化收费等交通需求管理不足、各级政府的财税支持力度不够、政策制定和执行的绩效考核与公众参与制度不完善等政策性问题。

11.3.4 绿色能源政策

在绿色行业政策中带有根本意义的应该就是绿色能源政策。绿色能源也称清洁能源，可分为狭义和广义两种概念。狭义的绿色能源是指可再生能源，如水能、生物能、太阳能、风能、地热能和海洋能。这些能源消耗之后可以恢复补充，很少产生污染。广义的绿色能源则包括在能源的生产及其消费过程中，选用对生态环境低污染或无污染的能源，如天然气、清洁煤和核能等。本节主要讨论的是狭义的绿色能源。

人类每一次能源时代的变迁，都伴随着生产力的巨大飞跃和人类能源观念的变革。两次工业革命带来的不仅是经济社会的巨大进步，同时伴随着传统化石能源的大量消耗和生态环境的破坏，世界范围内先后兴起的人类中心主义思潮、自然价值主义思潮和生态中心主义思潮对各国能源政策的制定和实施产生了深远影响。气候变化影响以及生态中心主义思潮的兴起，直接批判了近代科学主义世界观对自然界的漠视和掠夺，促使人们采取更加有效的手段来维护生态环境的平衡和发展。越来越多的国家和地区开始制定切实可行的政策来应对气候变化，提出了包括发展绿色能源等在内的一系列技术设想。

当前，世界各国在发展绿色能源方面的政策措施各具特色，侧重点不尽相同，但也有许多共同之处。首先是注重能源安全，强调能源来源多元化。各国制订新能源政策的最主要目的是减少对化石能源的依赖，通过大力发展风能、太阳能、水能、生物能、核能、地热能和海洋能等新能源，逐步降低一次性化石能源在能源消费结构中的比重。2011 年的日本核危机事件使全球各国深刻认识到核能是一把“双刃剑”，开始更加注重发展可再生能源，可再生能源或将接替核能成为今后世界新能源格局中的主力军。例如，德国从 2011 年开始关闭核电站，大力发展绿色能源，推动能源转型（见专栏 11.2）。按照英国政府的计划，到 2020 年可再生能源在能源供应中要占 15% 的份额，其中 40% 的电力来自绿色能源领域，这既包括对依赖煤炭的火电站进行“绿色改造”，更重要的是发展风电等绿色能源。

其次是注重节能减排，试图减缓全球气候变化影响。20 世纪 90 年代后，各国能源政策的一个新亮点就是将应对生态危机和气候变化作为制定能源政策的主要目的。例如，英国议会 2008 年 11 月通过了《气候变化法案》，率先在世界上建立了减少温室气体排放、适应气候变化的法律约束性长期框架。

最后是注重技术创新，着力抢占未来新能源技术的制高点。世界主要发达国家非常重视新能源技术的研发和应用。欧盟于 2010 年 3 月发布了《欧盟 2020 年战略——为实现灵巧增长、可持续增长和包容性增长的战略》，提出发展智能、现代化和全面互联的运输和能源基础设施等措施，以实现资源效率更高、更加绿色、经济竞争力更强的目标（王衍行等，2012）。

专栏 11.2　德国的能源转型

德国是能源消费大国，能源消费结构以油气为主。2012 年，德国原油净进口量占到其国内原油供应的 97.7%，天然气占 86.0%。2011 年福岛核事故发生后，德国政府作出了永久放弃核电的决定，并正式提出将“能源转型”作为其能源政策的主导方针。其核心是通过发展可再生能源和提高能效，建设可靠、清洁和经济的能源供应系统，确立可再生能源在能源供应中的主导地位，并逐步替代核能和传统化石能源。

一是加强能源转型的顶层设计。德国先后出台了一系列战略规划、政策方针和行动计划，就能源转型实现路径进行合理部署，有效地推动了能源转型的顺利进行。

二是通过立法手段明确能源转型的地位。1991年，德国制定了《电力入网法》，从法律层面启动了可再生能源发电市场；2000年，德国颁布了《可再生能源法》，奠定了发展可再生能源的法律基础，并要求在公共项目招标中将能源效率作为重要指标。此外，还出台了《生物质条例》、《能源节约条例》等一系列法律法规，为可再生能源的发展及节能措施的实施提供了有效的法律保障。

三是通过信贷和税费制度的调整激励能源转型。在建筑领域，德国不断提高建筑物节能标准，由政府出资设立了18亿欧元的建筑物减排改造基金，为建筑物的节能改造和节能设备购置安装提供低息贷款，并采取颁发能效标识的手段鼓励建筑节能；在交通领域，通过费税制度的调整鼓励发展电动汽车等新能源汽车；在工业领域，德国通过完善能源管理体系以及为节能先进企业减税等方法，刺激企业为提高经济效益而主动采取节能措施。

资料来源：郭基伟、汪晓露，2007。

近年来，中国也出台了一系列的政策推动绿色能源发展。

一是通过立法和制度建设，确立了节约能源的基本国策，促成了发展绿色能源制度环境。例如，出台了《可再生能源法》等法律法规，制定了风电与光伏发电标杆上网电价制度，建立了可再生能源发展基金等（国务院新闻办公室，2012）。

二是通过整体性规划和政治承诺，明确了能源发展的具体目标。通过各项专项规划，明确了能源发展不同领域的具体任务和措施。例如，“十二五”规划提出到2015年非化石能源占一次性能源消费的比重达到11.4%。2012年，国务院通过并印发了《能源发展“十二五”规划》，工信部印发了《太阳能光伏产业“十二五”发展规划》，国家能源局印发了《可再生能源发展“十二五”规划》和水电、风电、太阳能、生物质能四个专题规划，科技部发布了《太阳能发电科技发展“十二五”专项规划》和《风力发电科技发展“十二五”专项规划》等。

三是通过经济杠杆，尤其是补贴和价格政策激励企业发展节能和新能源产业，鼓励公众节约能源。例如，2009 年中国开始实施光伏光电建筑应用示范项目（金太阳工程），2012 年金太阳示范工程总规模为 1709 兆瓦，用户侧光伏发电项目的补助标准为 5.5 元每瓦。2010 年国家发展改革委、国家电监会联合下发了《关于可再生能源电价补贴和配额交易方案（2010 年 10 月～2011 年 4 月）的通知》，全国 800 多个风电、太阳能、生物质以及地热发电项目获得国家百亿补贴。

11.4 外资利用与绿色贸易政策

11.4.1 外资利用政策

利用外资是以特定方式获得并运用国外资金发展国民经济的一种形式。它是金融市场国际化的产物，是以货币为媒介的对外经济关系。利用外资的方式大体有两种：一是吸引国外的直接投资，二是吸收国外贷款。吸引国外直接投资是吸引外资的重要形式，包括合资经营、合作经营、外商独资经营、来料加工、来件装配、来样生产和补偿贸易等。利用这种外资不构成国家的对外债务。吸收国外贷款是国际间的信贷关系，包括外国政府和国际金融组织的贷款，以及民间商业贷款和对外发行债券等形式，这种贷款构成国家的债务负担。从实践上看，利用外资的这两种方式都存在着一个“适度”的问题，掌握好这个“度”是利用外资推动本国经济发展的一个必要条件。

随着经济全球化的进展，外资对投资接受国（东道国）经济的积极作用已得到了越来越多的肯定。一些学者认为经济增长的决定因素在于技术进步，发展中国家通过开放市场和引进外商直接投资可以达到提高技术水平实现经济增长的目的。针对许多发展中国家的实证分析也证明了外商直接投资的积极作用，在新加坡、马来西亚等东南亚国家和中国香港及台湾地区的发展过程中，外资的积极作用不仅在于增加了这些国家和地区的储蓄、刺激了出口，而且还在于它为这些国家和地区带来了技术，导致这些国家和地区产业结构发生变化，使这些国家和地区国际竞争力加强（于津平，2004）。进入 21 世纪以来，日本等发达国家也开始放松对外资的限制，包括俄罗斯在内的一些欧洲国家纷纷制定吸引外资的优惠政策，旨在利用外资带动本国的经济发展。在中国，地方部门为了能够吸引外资，通过设立开发区、减免税、无偿提供土地使用、低价转让国有资产的权益等手段，将国家的外资优惠政策用到了极限，对于推动经济快速发展起到了巨大作用（于津平，2004）。

外资利用政策不仅有利于推动经济发展，通过对利用的领域和方向的引导和调整，还可以促进产业结构的升级。例如，韩国在20世纪50年代的经济恢复阶段开始利用外资进行以消费品进口替代工业为中心的第一次产业结构调整；进入20世纪60年代，韩国以对外借款为主开始了以轻纺工业出口为中心的第二次产业结构调整；进入20世纪70年代，韩国以对外借款为主、外国直接投资为辅推行以重化工为中心的第三次产业结构调整；20世纪80年代，韩国对外商直接投资的利用力度明显加大，实施了以技术立国和经济稳定增长为中心的第四次产业结构调整；20世纪90年代至今，韩国将其产业政策的目标定为向技术知识密集型产业倾斜。由于其国内的研究开发能力有限，引进外国的专利技术又缺乏尖端性，所以开始选择通过外国直接投资的渠道引进先进技术，促进技术进步（马常娥，2001）。

中国商务部于2010年便指出："高端制造业、新能源新材料新技术、低碳节能环保技术以及现代服务业为代表的绿色经济产业，将成为国际投资的重点领域。"同时提出，要进一步完善外商投资产业指导目录，将绿色产业、战略性新兴产业和节能环保产业作为中国吸收和利用外资的重点领域，合理引导外资流向。积极支持跨国公司和科研机构在中国设立研发机构，开展绿色经济方面的科研活动。积极探索建立各种以绿色经济为代表的特殊功能区，制定相应配套政策，努力打造绿色经济和绿色技术的政策高地。不断优化出口商品结构，在继续限制"两高一资"产品出口的同时，鼓励和扩大拥有自主知识产权、自主品牌和高新技术的产品出口，实现外经贸可持续发展（上海证券报，2010）。2011年修订的《外商投资产业指导目录》（见专栏11.3），也突出了新能源等战略新兴产业，更加重视环境保护、节能减排和绿色经济。可见，合理利用外资，引导外资进入绿色经济领域已经成为世界各国尤其是发展中国家推动绿色经济发展、促进产业升级、实现技术进步的重要手段。

专栏11.3 中国《外商投资产业指导目录》(2011年修订)关于绿色投资利用的内容示例

农、林、牧、渔业:绿色、有机蔬菜(含食用菌、西甜瓜)、干鲜果品、茶叶栽培技术开发及产品生产;农作物秸秆还田及综合利用、有机肥料资源的开发生产。

采矿业:提高矿山尾矿利用率的新技术开发和应用及矿山生态恢复技术的综合应用。

制造业:采用先进节能减排技术和装备的高档织物面料的织染及后整理加工;符合生态、资源综合利用与环保要求的特种天然纤维(包括山羊绒等特种动物纤维、麻纤维、蚕丝、彩色棉花等)产品加工;环保用无机、有机和生物膜开发与生产;节能、环保、利废、轻质高强、高性能、多功能建筑材料开发生产;农用废物的资源化利用及规模化畜禽养殖废物的资源化利用设备制造;新能源汽车关键零部件制造,能量型动力电池(能量密度≥110Wh/kg,循环寿命≥2000次,外资比例不超过50%),电池正极材料(比容量≥150mAh/g,循环寿命2000次不低于初始放电容量的80%),电池隔膜(厚度15~40μm,孔隙率40%~60%);电池管理系统,电机管理系统,电动汽车电控集成;电动汽车驱动电机(峰值功率密度≥2.5kW/kg,高效区:65%,工作区效率≥80%),车用DC/DC(输入电压100V~400V),大功率电子器件(IGBT,电压等级≥600V,电流≥300A);插电式混合动力机电耦合驱动系统。

科学研究、技术服务和地质勘查业:节能技术开发与服务;资源再生及综合利用技术、企业生产排放物的再利用技术开发及其应用;环境污染治理及监测技术。

水利、环境和公共设施管理业:污水、垃圾处理厂,危险废物处理处置厂(焚烧厂、填埋场)及环境污染治理设施的建设、经营。

11.4.2 环境贸易政策

环境是贸易中不可或缺的因素。贸易是商品和服务的交换,而商品又直接或间接地来自自然环境,许多的服务(如旅游业)也和环境因素有关。贸易和环境的关系是相互依存、相互作用的。健康的贸易将促进自然资源在更大范围内进一步地合理配置和有效利用，而自然资源的优化配置和高效利用也会保证贸易得以稳定地可持续发展。反之，以破坏生态平衡、无视环境污染的危害而强行的贸易，最终必将受到环境的惩罚，不仅制约贸易的发展，而且会造成生活质量的下降和经济增长的停滞（董培姗，2009）。

所谓环境贸易，是指以环境产业提供的产品和服务为交易物品开展的贸易活动（有关环保产业总的情况见第7章）。总结起来，环境贸易主要包括两个部分：一部分是环境产品贸易，包括末端污染控制设备、环境监测设备、节能和可再生能源利用设备、资源综合利用与清洁生产设备、生态环境保护设备以及环境友好产品等；另一部分是环境服务贸易，包括环境技术服务、环境咨询服务与环境金融服务、生态旅游、环境工程等（赵冬初，2005）。

环境贸易作为一个服务部门在相关贸易中被正式提及最早出现于1991年关贸总协定（GATT）服务部门分类名录（MTN. GNG/W/120）文件中。该文件首次将环境服务单独列出，使其成为与商业服务、通信服务、运输服务等并列的12个服务部门之一。W/120文件不但是世界贸易组织（WTO）关于部门分类的重要参考文件，也是成员开展服务贸易谈判和制作承诺减让表的重要依据（李丽平等，2012）。由于对环境产品进行界定存在很多困难，WTO各成员国对环境产品的概念仍没有达成统一的认识，目前各成员国大多采用的是OECD（经济合作与发展组织）和APEC（亚太经济合作组织）的环境产品清单方法，包含了HS6位码中的153个产品，也有成员国采用世界银行报告中提出的43个品目（倪月菊，2012）。2012年APEC领导人峰会通过了54个环境产品清单，并承诺在2015年将有关产品关税降低到5%以下。

环境贸易在推动经济增长、提高资源配置效率、加强技术交流与合作、显著改善环境质量等方面具有重要促进作用，在抢占全球新一轮经济发展制高点中也具有重大战略意义。20多年来，环境贸易作为一种新的经济形态，正在环境保护、经济发展、社会进步和国际竞争等各个方面发挥着越来越重要的作用（李丽平等，2012）。

环境产业是环境贸易发展的基础，而国际环境贸易也提高了环境产业的经济价值。一方面，一个国家环境产业发展得越成熟、越发达，其环境产品的出口也就能越快得到实现，环境贸易的发展也就相应会越活跃。相对发展中国家来说，发达国家对环境保护和环境产品开发比较重视，并且掌握了大量先进的环境保护技术，使得发达国家的环境产业在20世纪90年代初就已经比较成熟，因此很快就实现了环境产品的出口。大多数发达国家都已成为国际环境贸易的出超国，在国际环境贸易市场中占有主要地位。另一方面，当环境产品特别是末端污染控制设备用于本国的环境消费时，它属于抑制性支出，只是克服经济活动引起的环境破坏，并不真正提高人们的财富与福利。而当它们用于出口时，就成为提高出口国财富和福利的产品，成为直接推动国家经济增长的巨大动力。

因此，环境贸易是推动一国环保产业发展、促进绿色经济发展的重要手段。也正因为如此，世界各国特别是发达国家对环境贸易给予了特别关注，现在已有越来越多的国家把“出口导向”作为发展环境贸易的重要战略，在发达国家中，环境贸易市场年增长率都超过了各自国家的经济增长率（董培姗，2009）。2007年和2009年环境产业贸易额占全球环境产业总产值的比重分别为16%和17%，呈逐渐上升趋势，环境服务业贸易额占环境产业贸易额的比重约为11%。美国环境产业出口收入占国内环境产业总产值的比重已由1994年的6.7%增长到2009年的13.9%。根据美国EBI公司的数据，2010年美国环保产业产值占全球环保产业产值的40%，是最大的环境服务贸易顺差国；2009年环保产业出口额达405亿美元，占全球环保产业贸易额的31%，其中环境服务企业达43 690家（李丽平等，2012）。

近年来，中国出台了《“十二五”节能环保产业发展规划》、《太阳能光伏产业“十二五”发展规划》等一系列规划政策推动绿色环保产业发展，不断提高环保产品和服务的市场与贸易份额。第四次全国环境保护相关产业调查显示，以2011年为数据基准年，当年全国环境保护相关产业从业单位23 820个，从业人员319.5万人，营业收入30 752.5亿元，营业利润2 777.2亿元，出口合同额333.8亿美元。而在2004年，全国环境保护相关产业从业单位仅为116 23个，从业人员159.5万人，营业收入4 572.1亿元，营业利润393.9亿元（环境保护部等）。

与环境贸易相伴的概念是国际间的绿色贸易壁垒，即一国借环境保护之名，对他国商品制定过高的环境标准，或者对他国商品和本国商品实行“双重标准”，目的是限制别国商品进口，保护本国贸易，是一种新型的非关税措施。发达国家利用发展中国家较低的环境标准将严重污染环境的产业转移到发展中国家，以降低本国的环境成本，而发展中国家的环境成本却因此提高。发展中国家绝大部分企业本身无力承担治理环境污染的费用，为此一些国家给予企业一定的环境补贴，以达到保护国内产业、协调发展与环境目标的关系的目的。然而，发达国家却认为发展中国家的“补贴”违反WTO的《补贴与反补贴措施协议》，从而限制发展中国家产品的出口。例如，美国就以环境保护补贴为由，对来自巴西的人造橡胶提出了反补贴起诉。

对于中国来说，绿色贸易壁垒是一把“双刃剑”。一方面绿色贸易壁垒造成中国国际贸易市场份额的减少，削弱了中国产品的市场竞争力；但另一方面，这些壁垒的存在也推动了产品和技术的创新，加速了技术改造和产品的升级换代，提高了国民的环境意识，扩大了环境产品的出口。因此，积极发展环境贸易、提高产品出口的技术和绿色含量，是解决绿色贸易壁垒的一个重要措施。也正因为绿色贸易壁垒的存在，中国更需要加快推动环境贸易，不断提高国家绿色产业和绿色经济在传统产业和经济中的比重、不断增加环境贸易的全球份额，从而突破绿色贸易壁垒并在新一轮的经济增长中占据制高点。

思考题

1. 主要国家的绿色经济战略和政策有哪些共同点和差异?
2. 推动绿色经济发展应当优先制定和完善哪些领域的政策?
3. 如何提高不同政策间的系统性和协调性?

参考文献

1. COM, Green Paper: A European Strategy for Sustainable, Competitive and Secure Energy, 2006. http://ec.europa.eu/energy/green-paper-energy/doc/2006_03_08_gp_document_en.pdf.

2. Government of Mozambique, Towards a Green Economy: Roadmap for a Green Economy in Mozambique: accelerating sustainable economic, social, and environmental development, 2012.

3. IMF, Fuel and Food Price Subsidies: Issues and Reform Options, 2008.

4. IISD, Building Accountability and Transparency in Public Procurement, 2008.

5. Ministry for the Coordination of Environmental Affairs, Green Economy Action Plan (Transition Period) 2013-2014, 2013.

6. OECD:《环境税的实施战略》，中国环境科学出版社 1996 年版。

7. PricewaterhouseCoopers, Significant and Ecofys, Collection of Statistical Information on Green Public Procurement in the EU: Report on Data Collection Re-

sults, 2009.

8. State Great Khural Resolution, Green Development Strategy, Annex to the State Great Khural Resolution No. dated June 13, 2014.

9. UNEP, China's Green Long March, 2013. http://www.unep.org/greeneconomy/Portals/88/Research%20Products/China%20synthesis%20report_FINAL_low%20res_22nov.pdf.

10. UNEP, Towards a Green Economy: Pathways to Sustainable Development and Poverty Reduction, 2011. http://www.unep.org/greeneconomy/Home/test/tabid/29808/Default.aspx.

11. World Bank, Green Cities: Sustainable Low - Income Housing in Brazil, 2011. https://openknowledge.worldbank.org/handle/10986/12786 License: CC BY 3.0 Unported.

12. WWF and Development Research Centre of the State Council, Climate and Energy Impacts of China's Stimulus Package, 2010. http://awsassets.panda.org/downloads/stimulus_final_en_lr_edit_fin.pdf.

13. 财政部："关于 2012 年中央和地方预算执行情况与 2013 年中央和地方预算草案的报告"，2013 年。http://www.mof.gov.cn/zhengwuxinxi/caizhengxinwen/201303/t20130305_754202.html。

14. 董培姗："我国环境贸易发展战略研究"，华侨大学硕士论文，2009 年。

15. 国务院："国务院关于《中华人民共和国国民经济和社会发展第十二个五年规划纲要》实施中期评估报告"，2011 年。

16. 国务院新闻办公室：《中国的能源政策（2012）白皮书》。

17. 国务院：《中华人民共和国国民经济和社会发展第十二个五年规划纲要》，2011 年。

18. 何娜："我国绿色补贴制度分析及相关政策建议"，《今日南国（理论创新版）》，2009 年第 11 期。

19. 环保部环境规划院："中国环境经济政策设计专题研究报告"，2008 年。

20. 环保部政研中心："中国经济绿色转型政策评估研究"，2014 年。

21. 环境保护部：《2012 年环境统计年报》，2013 年。

22. 环境保护部、发展改革委、统计局："2011 年全国环境保护相关产业状况公报"，2014 年。

23. 环境保护部："环境保护状况"，2012 年。http：//www. gov. cn/test/2012 - 04/10/content_2110072. htm。

24. 贾蕾："环保投资向美国学什么?"，《中国环境报》，2014 年 5 月 8 日。

25. 建设部："绿色建筑评价标准 GBT 50378 - 2006"，2006 年。

26. 李丽平、原庆丹等：《环境服务贸易发展报告》，中国环境科学出版社 2012 年版。

27. 李蕊英："试论政府制定政策法规支持绿色科技创新的发展"，《重庆科技学院学报（社会科学版)》，2013 年第 2 期。

28. 逯元堂、吴舜泽、陈鹏、朱建华："'十一五'环境保护投资评估"，《中国人口・资源与环境》，2012 年第 10 期。

29. 马常娥："韩国的产业结构调整及其启迪"，《世界经济与政治论坛》，2001 年第 2 期。

30. 倪月菊："当前国际贸易的发展现状及新趋势"，《中国经贸》，2012 年第 3 期。

31. 仇保兴："我国绿色建筑发展前景及对策建议"，《住宅产业》，2011 年第 2 期。

32. 上海证券报："国际投资相中绿色经济产业　商务部四招牵线"，2010 年。http：//news. xinhua08. com/a/20101126/110996. shtml。

33. 商务部：《外商投资产业指导目录》（2011 年修订）。

34. 苏明、许文："中国环境税改革问题研究"，《财政研究》，2011 年第 2 期。

35. 王金南、葛察忠、李晓亮："中国绿色经济的发展现状与展望"，《中国环境科学学会 2009 年学术年会论文集（第四卷)》。

36. 王金南、杨金田、严刚：《电力行业排污交易设计》，中国环境科学出版社 2011 年版。

37. 王衍行、汪海波、樊柳言："中国能源政策的演变及趋势"，《理论学刊》，2012 年第 9 期。

38. 许艳玲、杨金田、蒋春来、王彦超："排污权有偿使用和交易的最新进展及问题剖析"，《环境保护》，2014 年第 2 期。

39. 于津平："外资政策，国民利益与经济发展"，《经济研究》，2004 年第 5 期。

40. 张志勤：“欧盟绿色经济的发展现状及前景分析”，《全球科技经济瞭望》，2013 年第 1 期。

41. 赵冬初：“国际环境贸易发展趋势与我国的对策”，《广西社会科学》，2005 年第 3 期。

42.《中共中央关于全面深化改革若干重大问题的决定》，人民出版社 2013 年版。

43. 中国环境与发展国际合作委员会：“中国环境与发展国际合作委员会专题政策研究——促进城市绿色出行”，2013 年。http：//www. cciced. net/zcyj/ztbg/ztzc/201404/P020140409360019746070. pdf。

44. 中国绿色科技：《中国绿色科技报告 2013》。http：//www. pwccn. com/webmedia/doc/635188993595615037_cn_greentech_report_2013_chi. pdf。

第12章 绿色经济规划的制定与实施

唐小丽　李红祥[①]

本章根据国内外的经验，探讨如何制定和实施绿色经济规划，包括作出相关的制度安排。其中12.1节介绍绿色经济规划的含义，包括绿色经济规划同常规经济规划的比较，绿色经济规划的目标以及主要模式；12.2节介绍绿色经济规划的制定方法；12.3节讨论在机构设置和规划实施方面的一些做法。

12.1　绿色经济规划的含义

12.1.1　绿色经济规划与常规经济规划

经济规划是对未来经济的整体性、长期性以及基本问题的思考并在此基础上设计的一整套行动方案。经济发展的总体目标，只有通过具体规划的贯彻落实才能得到实现。比如中国的五年规划，就是对国民经济和社会发展所进行的分阶段的具体安排。规划根据所涉及的地域范围和功能可以有不同的划分。以中国的经济和社会发展规划为例，它按行政层级分为国家级规划、省（区、市）级规划和市县级规划三级规划。按对象和功能类别分为总体规划、专项

---

① 唐小丽：全球绿色增长研究所高级项目官员，在可持续发展领域有显著经验。曾为加拿大政府提供专家咨询和分析社会经济问题，参与安大略省的土地利用总体规划和自然资源管理决策，与许多国家的政府部门及国际组织进行自然资源保护和可持续发展方面的合作。2008年获加拿大多伦多大学博士学位。

李红祥：环境保护部环境规划院助理研究员，2008年在北京化工大学获得环境科学硕士学位。先后主持并参与了中国“十二五”、“十三五”环境保护规划研究，中国“十一五”环境保护规划实施评估研究，环境基本公共服务均等化研究等规划及研究报告的编写。

规划和区域规划三类（中国改革论坛，2014）。

绿色经济规划与常规经济规划就形式上来讲并没有显著差别。以中国为例，绿色经济规划同样可以分为国家级规划、省（区、市）级规划和市县级规划，或者按对象和功能类别分为总体规划、专项规划和区域规划。但是，绿色经济规划的制定需要考虑一些常规规划往往未能充分纳入的因素，如环境和公共产品的外部性以及社会公平等问题。因此，相对于常规经济规划，绿色经济规划会有比较系统的绿色发展目标，包括提高资源使用效率、减少二氧化碳和污染物排放、保护自然资源和生态环境、提高社会环境质量以及创造绿色就业等（关于绿色经济指标，详见第 9 章）。

印度尼西亚政府推动建设“经济走廊”（MP3EI）的过程是一个将绿色要素加入常规规划的典型案例。为实现经济年增长率 7% 的目标，印尼政府于 2011 年推出一个雄心勃勃的计划，鼓励兴建 6 条经济走廊以连接印尼的主要岛屿，通过基础设施建设，自然资源的开采和运输以及加工业的兴起，为经济增长提供动力。但这项计划出台后饱受诟病。国际社会，环保组织和印尼本国的各界团体纷纷对该项目的可持续性表示忧虑。他们担心，大面积的基础设施建设和大规模的自然资源开发，将为这个拥有亚洲最大热带雨林的国家带来难以估算的生态破坏。目前，印尼政府在国际机构和国际智库的帮助下，已经在设法“绿化”MP3EI 计划，对一些投资项目的经济、环境和社会影响进行评估，必要时重新设计投资方案。

一个宏观的经济发展规划无论是在区域、国家、城市或组织层面，都会面对经济发展、社会进步和环境保护领域众多问题的挑战（CDKN，2011）。目前大多数国家的发展规划依然强调经济，而对环境和社会的问题缺乏应有的重视。呼吁“绿色经济”就是唤起人们聚焦环境和社会问题，同时认识到环境和经济社会目标，从根本上来说，并不是相互排斥或相互矛盾的。

国际上一些被笼统称为绿色经济规划的包括国家绿色发展规划（如蒙古国的绿色发展战略），可再生能源发展规划，或者以生态建设和环境保护为目的的规划等。中国的十二五规划也被普遍认为是一个国家级的“绿色规划”，因为它首次将绿色发展目标纳入到规划中，不仅提出“绿色发展”的概念，还将具体的目标和任务以及相应的保障机制用专门的章节写入了规划当中（详见第 11 章）。

在种种绿色经济规划中，有一个共性是政府在绿色发展规划中的主导作用，这一点和常规的经济发展规划也颇为一致。正如联合国亚洲—太平洋经济社会委员会（UNESCAP, 2012）指出的，“只有政府才能快速启动绿色发展。虽然经过一段较长时间的努力，绿色发展最终会由私营部门和市场来推动，然而就短期和中期来看，绿色发展需要政府来推动并管理这一转型的过程。”在这方面最显著的例子是韩国。前总统李明博于 2008 年提出“低碳绿色增长”模式，作为国家发展的首要战略。接着韩国政府公布了以减排、开发可再生能源为目的的《国家能源基本计划》和《低碳绿色增长基本法》。李明博还亲自主持制定了《新增长动力前景及发展的战略》。同时，韩国环境部也提出了加速绿色经济发展的十大绿色技术（GGBP, 2014）。

对许多发展中国家来说，绿色经济规划是一种新的尝试。它们对于怎么来搞绿色经济规划，尚处在研究和探索之中。目前还很难说哪个国家的绿色经济规划非常成功或者是对经济转型已经产生了根本意义上的影响。但这些尝试已经启动了国家的政策机制，改变了以往面对环境和社会问题“头痛医头、脚痛医脚”的片面性和局部性做法，使政策制定者开始系统地应对在经济发展过程中出现的环境和社会问题，包括气候变化的影响以及自然资源的管理。

12.1.2 绿色经济规划的目标

这里，让我们先了解两个相关的概念：愿景和目标。愿景指的是长期发展的方向和目标，是人们为之奋斗、希望达到的前景，是一种意愿的表达。对于一个组织来说，愿景是代表组织成员所共同持有的愿望。只有这样，上下才能朝着同一个方向努力。对一个国家来说，绿色经济的愿景就是这个国家的全体国民为之努力的方向。在政府层面，建立绿色经济愿景有助于在各部门之间就发展方向达成共识。

而目标则是通过执行一系列政策措施所应该达到的效果，一般由具体的指标来衡量。比如，中国十二五规划对控制温室气体排放提出了“到 2015 年全国单位国内生产总值二氧化碳排放比 2010 年下降 17%”的目标，而这一目标要通过多种综合措施，如产业结构调整、发展低碳能源和高排放产品的替代品等来实现。目标的设定能够将宏观的、往往较为抽象的愿景转化为具体的、可操作的步骤，是规划中的重要一环。而政府对绿色发展理念认知的深度和广度将决定国家和地方中长期的发展目标以及所要达到的最终目的。这些理念通常是与 GDP、消除贫困、就业、减排、工业发展和自然资源保护等相关联。

每个国家的绿色发展目标不尽相同。因此，目标的设定应该从本国的具体情况出发。例如，对缺乏传统能源和电力的国家，发展能够可持续利用同时又相对经济的绿色能源产业应该会是重点。对拥有丰富森林资源的国家，绿色发展目标通常会和可持续的土地利用以及减少对森林的破坏息息相关。明确的政策目标有助于在做规划时合理分配有限的资源，并在规划执行过程中对其进行有效的监督和评估。

政策目标通常具有一定的时效性，可分为短期、中期和长期。根据 WRI（2012）对目标时效的定义，10 年以内设定完成的目标被认为是短期目标，而长期目标一般设定在 20～30 年内完成，留下的 10 年到 20 年，自然就是中期了。绿色经济规划通常既要考虑短期的经济社会发展需求，又要反映中长期的可持续发展理念和相应的政策措施。

而发展中国家常常面临的一个问题正是短期目标与长期规划之间的矛盾。例如，政府对大规模基础设施的投入往往和其可持续发展的目标相背离，典型的例子就是对化石燃料生产及消费方面的补贴。国际能源署（IEA）在 2011 年的年度报告中表示，如果不进行改革来抑制化石燃料补贴的话，那么，全球化石燃料补贴预计到 2020 年时将达到 6600 亿美元。这种补贴其实是在变相促进碳排放，而对新的能源技术开发和投资起到负面的影响（见第 11 章中关于补贴问题的讨论）。绿色经济规划可以针对这些问题作出调整，比如消减部分化石能源补贴用来支持新能源的开发和前期投资。

考虑到实现绿色转型是一项长期艰巨的任务，有必要设立长期的绿色发展目标。在朝着长期目标努力的同时，阶段性目标的设定和实现将有助于循序渐进地推动绿色发展。以蒙古国为例，其长期绿色发展目标是“到 2030 年，蒙古致力于成为基于技术及创新的产品来主导经济、成功实现绿色发展目标的发达国家”。在这一长期目标的前提下，蒙古政府又明确了 2020 年所要实现的阶段性目标（见第 11 章中关于蒙古绿色发展战略的介绍）。第 13 章中介绍的崇明绿色经济案例，也讲到将长期目标与阶段性目标相结合的重要性。

在过去的 20 多年里，很多国家根据联合国的倡议，在全球可持续发展的框架下结合自身的发展状况制定出国家绿色经济发展目标。除了沿用第一次里约会议上提出的可持续发展的概念，这些国家层面目标的制定，也是在考虑生物多样性保护公约、联合国气候变化框架公约、千年发展目标等多项联合国倡议的基础上进行的。在研究现有国际经验后，国际环境与发展研究院（IIED）对绿色经济的主要目标进行了以下总结（IIED，2013）：

（1）提高人类生活水平，包括有尊严的工作、健康水平、生计、文化和收入等；

（2）将温室气体排放控制在一定水平（每个国家有自己的量化标准）；

（3）提高社会的公平性，在社会资源和利益的分配上更多地考虑弱势群体和贫困人口，特别是那些更容易因气候变化和资源枯竭而加剧贫困的群体；

（4）可持续的经济领域发展；

（5）自然资源的可持续利用；

（6）提高对气候变化的适应性。

即将出台的后2015可持续发展目标（SDGs）将在千年发展目标的基础上继续与极端贫困作斗争，同时注入了实现绿色发展的目标，包括确保经济增长更平等、实现更高的环境可持续性等，特别是加入了遏制气候变化的危险这一关键目标（详见第1章和第9章中对可持续发展目标的讨论）。

但是，要使绿色经济规划不成为一纸空文，相关的目标需得到最高领导层的认可和重视（GGBP，2014）。如前所述，绿色经济在短期和中期必须依靠政府的推动，而这一过程不可能由市场来自动完成。如果一个国家或地方的领导人不认可绿色经济目标，甚至认为实施绿色经济会减缓或影响国家现有发展目标，那么即使有相应的规划也难以得到有效实施，因为规划中所涉及的资源分配会因缺乏相关政府部门的配合而无法进行。此外，根据GGBP，制定规划还要有清晰的规则供各方去遵循，包括相关的程序和步骤，以及确定在规划实施过程中如出现偏差如何调整等。利益相关方的参与也是规划制定过程中的重要一环。参与的过程也是学习绿色经济政策、改变传统思路的一个过程，参与方还可从不同的角度为规划献计献策。当绿色规划得到各利益相关方的支持时，它的实施也就会更有保障。

绿色经济规划的目标可以体现决策者的信心和决心以及对未来的展望，但目标一定要符合实际情况。欧盟在2008年制定了生物燃料的发展规划，提出到2020年以粮食为原料生产的生物燃料将占到市场的10%。然而，当时这一目标没考虑到可能为其他发展中国家带来的粮食安全问题，结果引起国际粮食价格的上涨。2013年欧洲议会重新审核了这一目标，把原先设定的10%调整到6%（GGBP，2014）。同时，欧盟计划通过财政和税收手段鼓励和促进第二代生物燃料的发展。相比第一代生物燃料，第二代不用粮食来做原料，而是使用生活垃圾、餐厨废油、苔藻、秸秆、甘蔗渣、稻壳、木屑等废弃的原料来生产生物燃料。这样既不会对发展中国家造成粮食问题，又使废弃物得到有效利用。

12.1.3　绿色经济规划的主要模式

和常规的经济规划一样，绿色经济规划在范围方面并不存在特别的限制。它既可以是针对整个宏观经济领域的战略规划，也可以是针对某个特定行业或领域的规划。在能源和气候变化领域，可以分为“发展优先”和“气候优先”这两种模式。前者是通过绿色经济规划的干预，减少发展过程中对环境的负面影响，并探索新的可持续发展路径。后者则是把社会经济指标纳入应对气候变化的规划下，将应对气候变化的行动变为一个社会经济转型的机会（GGBP, 2014）。

展开来讲，“发展优先”规划在发展经济的前提下，将环境问题的解决纳入发展规划中，通过结构调整来解决问题，在此基础上实现减排的目标。以印尼为例，一系列社会经济目标在 2005 年左右被列入了国家长期发展战略，从延长人民平均寿命到保持经济每年 6.3% ~6.8% 的增长，此外也有计划在 2013 年启动气候预警系统。尽管在发展战略中也提到减排措施，但显然不是重点，甚至没有能够量化的减排目标。在 2010 年的 UNFCCC 进程当中印尼总统苏西洛向国际社会承诺了明确的减排目标，接着印尼政府将相应的减排预算纳入到中央和地方政府的规划中以帮助它们实现这一目标。这一减排目标同时也吸引了国际上特别是 REDD + 方面的大量资金涌入。挪威政府也在 2011 年设立了 10 亿美元的基金，支持印尼政府在应对气候变化方面的努力，重点是保护热带雨林。

“气候优先”规划则一般把重点放在减排政策上，并有明确的减排目标。除了针对碳排放或者碳吸收，“气候优先”规划也考虑如何能产生深远的经济社会影响。例如，墨西哥政府在 2007 年颁布了应对气候变化的特别国家项目，提出从 2007 年开始到 2012 年，每年要减少 50.5Mt 的碳排放。2012 年 6 月，墨西哥政府在现有的气候变化项目上加入了新的目标，包括经济发展规划同现有气候项目的对接，进一步将减排的政策和行动延伸到经济领域。但“气候优先”规划也有一定的缺陷。它对目标国现有的发展结构影响有限，不太容易改变现有的经济模式（van Tilburg et al.，2011）。另外，它也是一种比较昂贵的规划方式（Morita, 2001）。

这两种模式在不同程度上都可以促进绿色经济。比较起来，“发展优先”规划更能让国家领导人思考国家将来的发展模式，并在结构上进行相应的调整以促进发展模式的转变，例如在基础设施建设和土地规划方面进行调整。这些调整均是以发展为前提，即使在发展规划中没有明确的减排目标，它也会带来相关的减排效应。虽然在设计规划的范围时，人们也许会考虑到选择“气候优先”规划还是“发展优先”规划的问题，但这两种模式并非互不相容。人们越来越多地认识到离开发展谈气候是不可行的，而如果不去正视和解决气候变化所带来的问题，人类的发展也不可能长期持续下去。因此更多时候是环境与气候的问题被统筹考虑到发展规划中，或者是发展规划被统筹考虑到环境与气候规划中。

抛开气候变化这一领域，从总体来说，我们还可以把绿色经济规划分为“融入式”和“相对独立式”这两种模式（OECD，2012）。前者将绿色发展目标融入到现有的国家和地方发展规划中，把现有的规划变成一个绿色经济规划。比如中国的十二五规划就是这种模式。采用这种方法的好处是最大限度地利用现有资源，避免了某些重复性的工作，但挑战是相关决策者对绿色经济的认同和支持程度决定了这种融入式规划的可行性。只有在政府拥有较强的决策权力，并且能统筹调度分配社会资源的情况下，“融入式”规划才是可行的（GGBP，2014）。另外，“融入”的程度也是一个问题，目前还没有哪个国家能保证将绿色发展目标完全融入到现有规划中。

后者，即相对独立于现有发展规划的绿色经济规划，似乎更加普遍些。这一模式的好处是，规划具有较大的灵活性，可以最大限度地针对某些特定领域来考虑绿色发展问题，将绿色经济的概念和指标充分体现在规划当中，而不受现有发展规划的限制。例如对能源匮乏的国家，它们的绿色能源规划通常把重点放在未来几年如何可持续地获取价格合理的能源；对有严重空气污染和水污染的国家，政府会制定环境规划并重点考虑对清洁技术和清洁能源的投入以提高人民的健康水平；对森林遭受严重破坏的热带国家，或森林因人类经济活动面临严重威胁的国家，减少毁林及森林退化通常是政府绿色规划的重点。第13章中介绍的关于崇明岛发展绿色经济的案例，就是围绕生态领域建设的专项独立规划。但采用这种规划需要注意配套资金和相关政策的跟进，否则会有“纸上谈兵”的风险。

实际上，这两种模式并不矛盾，更多时候它们是同时存在的。比如在中国，既有在整体层面将绿色发展目标融入的十二五发展规划，也有相对独立的其他绿色规划如可再生能源规划、绿色交通规划、环境保护规划等。这些规划同十二五规划也是有一定的联系的。

12.2　绿色经济规划的制定方法

由于每个国家的政治、经济、文化、自然禀赋各不相同，在制定绿色发展规划过程中并没有固定的程序可以遵循。国际上也没有一个统一的标准程序来指导绿色规划的制定。在这一节，我们根据已有的一些经验，在目标的确定、政策的选取和分析工具的使用方面做些介绍，供参考。

12.2.1　目标的设定

我们在第一节中已经谈到设定绿色经济规划目标的重要性。这里我们主要讨论目标设定的技术方法和过程。在这方面，让我们先弄清三个概念：基线、情景模式和利益相关方。

基线是用来作为参照的标准，确立基线是为了了解规划的进展。基线通常是由一些特定参数来表达的某种量化的程度或水平。它可以反映历史的变动率，如从 1990 年到 2014 年森林覆盖率的变化就是以 1990 年覆盖率作为基线来衡量。同时，它也可被用来对未来的变化趋势作出预测。它的典型用法是对两种情景予以对比：一是所谓的“一切照旧”情景下的发展趋势；另一个是在绿色经济政策干预情景下的发展趋势。

情景模式指的是在不同发展模式下未来可能的发展方向。情景不是预测，情景模式的选择意味着在不同的发展模式和路径下，未来会是怎样的情景（GGBP, 2014）。在绿色发展的研究中，我们通常采用不同的情景模式进行分析和对比，包括“一切照旧”、“绿色情景”（即采用绿色经济政策干预）和“褐色情景”（即依靠自然资源的攫取为主要经济增长点）等。

利益相关方在本章中指的是与绿色经济规划存在利益关系的个人或群体。

绿色经济发展目标的设定可以通过不同的途径。我们这里以在 UNFCC 进程下的温室气体排放目标设定为例，介绍四种方法（Prag et al. , 2013）：

（1）以历史上某一年排放值为基准，采用绝对增加值或减少值来设定目标；

（2）以在某种情景模式下（通常采用“一切照旧”的模式）预测的未来某年的排放值为基准，来设定绝对增加值或减少值为目标；

（3）以某一参数的变动率，如 GDP 单位排放强度或贫困人口比率等来设定目标；

（4）实现某一特指的固定目标，如在一定时间内达到中等国家收入水平，或实现碳排放的平衡等。

绿色经济目标的设定不仅体现领导人的政治意愿，也应该具备可行性和可靠性。它的制定必须有科学的依据，包括合理的假设和严格的分析，而不是想当然的一些数字。要科学地完成绿色经济目标的设定，首先需要建立一系列绿色转型中可以用来衡量这一进展的指标和参数矩阵。正如在第 9 章中所列举的经合组织 2011 年在“绿色增长战略”（2011）中所设计的用来衡量绿色增长的四大类指标，包括：（1）环境和资源的生产率；（2）自然资源储备，包括化石能源、生物多样性和生态系统；（3）环境生活质量；（4）经济机会和政策反应。荷兰就是在这一框架下选取适合本国参考的指标，经过对历史数据以及对未来情景模式的设置的严格计算和分析，设定了未来几年的绿色发展目标（详见第 9 章）。

由于目标的设定涉及多个领域和层面以及多方利益，利益相关方的参与十分必要。这其中包括政府相关部门、社会团体、企业、协会、研究院所等等。它们能从不同角度并根据自己领域的专业知识和经验提供意见，这有助于目标设定的平衡与合理。南非在制定国家长期减排目标时，就由利益相关方组成了 80 人的团队来参与目标设定的过程，使得各方在这一过程中对减排目标达成了高度共识。

GGBP（2014）在总结了许多国家在设定绿色发展目标的经验基础上，认为以下两点值得参考：

（1）在不影响目标有效性的前提下，保证目标的灵活性。目标制定过程中要尽量考虑多方利益的诉求，这样制定出来的目标才能得到广泛的认同和支持。总体目标可以灵活地被分解到各领域和各层面，成为实际可触摸的目标，从而能多方面多层次地推进发展规划。

（2）与商业和消费相关的目标（如新技术的应用）有助于获得商界和广大消费者的认可和支持，通常能产生实际效果。比如欧盟在发展可再生能源和能源效率方面的目标，有力地推动了相关领域的投资。

在操作层面，联合国环境署则提出了以下六个步骤来设定目标，可作参考（见专栏 12.1）。

专栏 12.1　设定绿色经济目标的六个步骤

- 回顾现有的可持续发展（或类似）的目标，包括相关的具体指标、基线和趋势，要理解这些目标是如何产生的，并需要同利益相关者验证这些目标；
- 如果这些目标尚不存在，那就要动员利益相关者开展协商，对可持续发展的主要挑战进行优先排序，进而制定相关的目标、具体指标、基线和趋势；
- 回顾并简要讨论有关的现行政策，如绿色经济（或绿色增长、绿色发展）等战略、国家发展计划以及大规模的基础设施投资等；
- 回顾国家已经签署的国际公约，如多边环境协定以及和劳工有关的公约，彰显其中的主要目标；
- 鉴定利益相关者及其相关的活动；
- 确定优先问题，涉及的部门以及要实现的政策目标等，为后续的分析研究提供材料。

资料来源：UNEP 2014a。

12.2.2　政策的选取

绿色经济政策既包括经济系统内的政策，如创新机制、自然资源定价，也涵盖一些行业如城市发展、交通和农业等的扶持政策（关于推动绿色经济的政策，详见第 11 章）。这些政策主要目的都是促进绿色经济的转型。按照政策设计类型，可以大致把绿色经济政策分为三类：经济转型的激励政策，经济转型的强制政策和经济转型的促进政策（GGBP，2014）。表 12 - 1 中列举了三种政策类型下的相关政策工具。第 11 章概括了其中的多数政策，这里就不予展开了。

表 12－1　　绿色经济政策的类型及工具

	政策类型	经济领域政策工具	行业领域政策工具
经济转型的激励政策	财政和价格政策	环境税（包括碳税） 补贴计划 环保补贴改革 化石燃料补贴改革 环境税收的重新定向 环境服务付费系统	能源、水或燃料的完全成本定价 废物处理税和费 软贷款 上网电价 针对性行业补贴 对清洁能源和其他绿色技术及产品税收抵免
经济转型的强制政策	法规、标准和规范	能效标准 环境标准和污染排放标准 可持续公共采购	能源性能/能效标准 绿色公共采购 土地使用权监管 车辆标准 建筑规范 公用事业、法规，公共交通 可再生能源组合标准
经济转型的促进政策	投资政策 劳动和技能开发政策 创新和研发政策 教育和宣传方案	专项预算拨款，例如绿色基础设施的投资、融资，以及创新和研发 教育、绿色技能和培训计划 提高公众意识的项目	铁路和快速公交系统 水资源利用基础设施 清洁能源、水资源、农业等培训项目 行业特定的产品标签和提高绿色消费意识的举措

资料来源：GGBP 2014。

在政策的选取方面，联合国环境署（2014a）特别强调投资在实现绿色经济目标当中的核心作用，而政策工具应该紧紧围绕撬动绿色投资和促使现有投资的转型来设计。它提出了一个问题清单来指导投资和配套政策方面的分析（见专栏 12.2）。

专栏 12.2　绿色投资和配套政策分析中的重要问题

- 有哪些利益相关方所达成的一致的政策目标？
- 有什么不同的政策途径或技术手段来实现既定目标？
- 这些政策途径或技术手段是否需要投资（如投资于清洁的人造资本、关键的自然资本、掌握绿色技能的人力资本）？如不需要投资，则是否考虑将它们作为配套政策的一部分？
- 各个政策途径或技术手段要实现既定目标所需的资金量（可通过现有资料或通过咨询相关部委和大型企业来估计投资所需的金额）？
- 现行政策如何从正、反两方面影响绿色投资？
- 在何种程度上现有的政策会影响计划中的绿色投资的成效？
- 现有政策需要进行哪些改革以实现必要的绿色投资及其成效？
- 需要引入什么新的政策？
- 谁是政策改变的潜在赢家和输家？
- 需要采取什么“弥补”措施以确保那些可能受到负面影响的群体得到公平、公正的待遇？
- 有哪些社会对话的机制可以缓解绿色经济对一部分人可能带来的不利影响？

资料来源：UNEP 2014a。

最后，在投资和配套政策的选取过程中，必须对不同的方案进行影响评估。环境署提出的主要步骤如下：

（1）列出既定的优先政策、目标和基线；

（2）列出实现每个目标的主要政策途径或技术手段以及相关的投资需求；

（3）列出主要的配套政策；

（4）建立一套指标来衡量投资和政策干预的程度及对经济社会环境的全面影响；

（5）使用数量模型或其他分析工具来预测主要干预措施实施以后可能发生的影响；

（6）不同干预措施之间作比较并同基准（或“一切照旧”）情景作比较。

12.2.3 绿色经济规划中的分析方法

决策者在规划制定过程中常常面临各种选择，需要反复权衡利弊，了解每个方案的可行性和其可能带来的影响。尽管人们普遍相信发展绿色经济会给国家和人民带来种种好处，但决策者必须谨慎对待每一项决定，以保证绿色经济为大多数人的利益服务，与社会发展进程相吻合，贫困和弱势群体得到更好的工作机会，财政收入会被更合理地分配等。

因此，决策者在规划中需要用到政策分析的工具，使他们能从经济、社会、环境等不同方面来考量规划的切入点和范畴，了解当前的情况和最突出的问题，分析和预测未来几年的发展趋势，设定合理的目标，选择优先领域，在不同政策方案中选出最合适的。本书在第2章中已经详细介绍了绿色经济在宏观层面的理论基础和分析方法。本节主要从应用的角度介绍在绿色经济规划中的一些主要的分析工具。

在绿色经济规划当中可以使用的政策分析工具和方法种类繁多，包括定性、定量的分析方法，宏观、微观经济模型等。许多经济学的实证研究模型和方法在绿色经济规划中也都有所应用。国际上并没有统一的标准来选择这些工具，因为这取决于规划所涵盖的范围和所要解决的问题。另外，现有的数据、分析人员的水平、决策者的偏好等也会影响工具的选择。

基本上，我们可以通过“自下而上”（bottom-up）或“自上而下”（top-down）这两种途径来选择这些工具。表12-2显示了在气候变化领域设立绿色经济基线时可供选择的一些模型（GGBP，2014）。

表12-2 在研究制定气候政策规划时可供选择的工具

工具类型	描述	传递信息
碳排放趋势预测模型	使用排放因子来预测未来一段时期的排放趋势	排放趋势
“自下而上”的模型	如能源系统的相互作用、技术成本和环保性能	特定部门的排放和技术部署
“自上而下”的模型	经济被看做一个整体，如“可计算一般均衡”（CGE）模型，模拟一个经济总量和供求平衡的价格机制	污染物排放量，以及经济结构、气候变化政策对宏观经济的影响（国内生产总值、贸易条件）

续表

工具类型	描述	传递信息
混合模型	混合模式同时结合了自下而上的技术细节（例如，在电力部门），以及某种程度的自上而下的经济一体化	技术部署，以及一些经济影响

资料来源：GGBP 2014。

在绿色经济规划阶段，一般需要设定绿色经济的基线（如气候变化领域的碳排放），以作为参考衡量未来发展的目标。现有的很多工具和方法可以用来辅助这一过程，例如行业规划模型、宏观经济模型等。一些定性的分析也可以为这一过程增加信息量。现有的经验表明，模型的选择并非越复杂越好，而是要有针对性，特别是能帮助解决经济规划中的一些瓶颈问题。相对简单的模型能增加决策过程的参与性和透明度，因而可以提高人们对规划过程的信任度。

巴西在设定森林减毁基线时就采用相对简单的方法进行计算（GGBP，2014）。尽管雨林的破坏和消失是由许多复杂的社会、经济活动引起，从技术角度说，影响雨林面积增减的有关参数如当地的基础设施建设、工业采伐、农业用地的增加、人口的增加等等，都应该被纳入到模型中。然而巴西政府并没有采用复杂的模型，而是使用了一个简单的、以时间为参数的线性模型来计算未来几年森林面积的变化趋势。采用这一简单的模型首先是因为缺乏相关数据，以及由于森林生态系统以及人类活动的复杂性，使得复杂的模型也很难准确把握和模拟各项参数之间的相互影响。这一简单的线性模型后来被证实相当有效，在促进各利益群体的沟通和交流方面起了很好的作用。巴西的做法在发展中国家很有代表性。

另一个近年来被广泛应用在绿色投资规划中的工具是“扩展式成本效益分析”（Extended Cost Benefit Analysis，or eCBA）。该工具主要应用在微观或行业层面。传统的成本—效益分析作为一种经济决策方法，是要寻求如何以最小的成本获得最大的收益。eCBA 在传统的方法上进行了扩展，不再单纯从财务乃至经济角度来考虑成本，而是将社会和环境的成本也纳入到分析过程中，为绿色经济的规划提供较为全面的量化分析和参考。在印度尼西亚，eCBA 的应用首先建立在一个可量化的绿色发展框架上。该绿色发展框架根据印尼的社会、经济、政治情况，将绿色发展分为了五个维度（见图 12－1）：（1）温室气体排放；（2）可持续经济发展；（3）健康的生态系统；（4）公平和均衡的发展；（5）社会、经济和环境的恢复能力。在每个维度下都有一套可量化的指标来计算和衡量绿色发展的进程，而这些指标也作为 eCBA 模型的参数用来计算绿色发展模式下的成本和效益（GGGI，2013）。

eCBA 被应用于 MP3EI 规划下的一些投资项目分析，例如在印尼东加里曼丹 Maloy 工业区的规划。分析结果为决策者提供了不同的选择方案，并使决策者了解到每个方案潜在的成本和效益，其中包括社会、环境方面的影响。公共和私营部门的决策者在规划投资项目时都可以考虑使用 eCBA。特别是对私营决策者来说，eCBA 不仅提供常规的成本效益分析，其社会、环境方面的考量将有助于私人投资者与当地政府、社区对项目进行更好的沟通并得到支持。

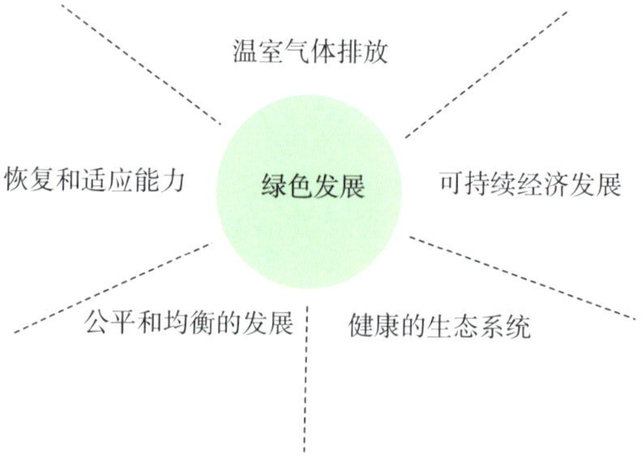

图 12－1　印度尼西亚绿色发展框架

资料来源：GGGI，2013。

以上的两个案例都属于微观模型，适合用于项目层面的分析和评估。如果决策者需要了解绿色经济规划跨行业、跨领域的影响时，或者是当某一行业的绿色经济规划会影响到其他领域时，就需要用到较为复杂的宏观模型。例如全球气候变暖是在较大的不确定性和市场失灵条件下的国际间协调的集体行动问题，涉及面广、跨度长且极其复杂。所以宏观模型在气候经济学领域中得到了广泛应用。另外，由于环境问题影响到不同领域和行业，宏观经济模型也被用来测算环境政策的成本和效益（UNEP，2014）。

目前国际上用于绿色经济规划的模型包括一般均衡（CGE）模型、投入—产出（I/O）模型、系统动态模型和宏观计量模型等。欧盟在区域气候减排规划中就使用了针对欧盟地区设计的CGE模型（GGBP，2014）。系统动态模型也被用来分析发展绿色经济对中国（UNEP，2014b）和南非（UNEP，2013）的影响。

这些宏观模型的使用需要相当完备的数据库支持，同时要求分析人员有较高的专业水平。这对很多发展中国家来说是一个挑战。在气候变化领域，很多发达国家和国际组织为发展中国家在数据建设和研究人员培训提供技术支持。例如GGGI目前在阿联酋与该国政府共同努力建立国家绿色发展数据体系，重点是建立在该国特定条件下的气候数据。这一数据库将同时满足IPCC提供的国际标准，并为以后MRV系统（用于对气候变化方面的努力进行测量、报告和核查的系统）的建立和运行提供数据支持。

需要指出的是，绿色经济规划是一个"迭代反复"的过程。在制定和实施绿色经济规划的过程中，需不断接受反馈，反复调整政策方案以适应当地的发展和回应国家、地方利益相关者的需求。规划者在这一过程中需要依赖和使用以上介绍的这些分析工具，而参与绿色经济规划和决策的人员应掌握以下技能（CDKN，2011）：

（1）有能力来判断外部因素对绿色经济决策的影响。这些因素可以包括竞争力的驱动因素，在当地的政治背景下私人部门对绿色经济政策的反应，筹措资金的能力，对外贸易与资金流动的状况等。参与规划和决策的人员也许不能直接影响这些外部因素，但可以在掌握相关信息的基础上与利益相关者进行协商，从务实的角度考虑并设定本地绿色经济的优先领域。

（2）有能力来了解可以采取的政策选项，包括利用市场与市场以外的手段。市场工具在缺乏财政激励措施时可以解决一部分问题，如可交易的许可证制度等。《京都议定书》就采用了排放权交易的制度，规定各国可以交易减排信用。在中国的环保领域也采用了排污权交易制度，对排污总量进行控制。然而在垄断、外部性和信息不对称（即所谓的"市场失灵"）的情况下，就需要动用非市场化的干预措施，如政府管制、税收、补贴、碳基金等手段。

（3）有能力来识别政策的影响，了解规划执行过程中可能出现的障碍，市场和人们行为的不确定性，行政和交易成本，以及其他财务和非财务风险。评估政策影响还需要跨越多个维度，这超越了传统的以GDP为中心的核算。因此，我们需要使用新的指标来衡量在绿色经济政策的干预下，社会、环境和经济因素在不同时期将会如何发生变化。

但是，政策分析的工具和方法以及参与人员的相关技能本身并不能直接解决发展中所遇到的困难和挑战。以气候变化问题为例，它是一个全球性环境问题，同时它也包含着错综复杂的政治与经济问题。比如，气候变化存在着明显的不均衡性。从温室气体排放量来看，发达国家与发展中国家对温室气体排放所承担的历史责任是不同的。发达国家现期排放量所占比重较大，而发展中国家的排放量随着经济发展可能会逐步大幅增长。这一问题的解决更多地是需要依靠各国领导人的政治智慧和国际间的合作。在这一过程中，不同的工具和模型的应用可以帮助决策者在制定规划时了解每种方案的利弊和可能产生的影响，并以此作为谈判和对话的依据，对现有方案进行优化和调整。

12.3 机构设置和规划的实施

实现向绿色经济的转型对任何一个国家来说都是巨大的挑战。特别是许多发展中国家，它们的社会制度和条件还不成熟，管理能力薄弱，要发展绿色经济，可能会面临更多潜在的成本与风险。如传统制造业部门的绿化和新兴绿色部门产业化所需要的巨额投资、经济部门绿色转型中可能产生的所谓“沉没成本”（即原来的“褐色投资”由于绿色转型而收不回来了）、绿色就业技能培训以及褐色部门转型可能带来的失业等社会成本、绿色市场发展不完全的市场风险等。因此发展中国家要做到社会、经济、环境均衡发展就更为艰难。在这一节，我们主要介绍在绿色经济规划实施方面的一些做法。

12.3.1 机构设置

绿色经济规划和实施是一项复杂的系统工程，涉及不同的部门和领域，单靠某项政策或措施是远远不够的。部门间的配合及整体层面的统筹协调是必要条件。许多国家的做法是成立一个专门的部门牵头负责绿色经济规划，同时成立一个绿色经济委员会，委员会由各相关部门领导组成，以便各部门间的有效协调与合作。

以中国在应对气候变化方面的行动规划为例。它有一套从顶层到基层的工作机制设计以保证国家层面的减排目标能够真正落实到具体的各项工作当中。在中央，有国家应对气候变化领导小组来统一领导、国家发展改革委归口管理。在地方，全国各省（自治区、直辖市）均成立了以政府行政首长为组长的应对气候变化领导机构，建立了部门分工协调机制，明确了应对气候变化的职能机构，部分城市也成立了应对气候变化或低碳发展办公室（国家发改委，2013）。这样就形成了中央机关领导、有关部委和地方分工负责、全社会广泛参与的应对气候变化管理体制和工作机制。

在环境规划领域，中国有专门的部委协调机制，主要通过国务院制定的《环境保护规划重点工作部门分工方案》来实施。首先，国务院将规划的重点任务分别分解到发展改革委、财政部、工信部、交通部、住建部等部委，然后由各部委各司其职，共同推动规划任务落实。在遇到需要具体协调的事项时，则利用环境保护部际联席会议这个平台在联席会议成员单位之间互通信息、相互配合、相互支持、形成合力。中央与地方之间的协调主要是通过将规划目标、规划任务、规划工程等逐级分解到地方政府，地方政府依据国家规划编制地方的环境保护规划，然后中央政府通过年度考核、中期评估、终期考核等来督促地方落实规划。

另外，在第 13 章上海崇明岛绿色经济发展案例中，我们也能看到一个清晰的机构设置。其中上海市委和崇明县政府起着积极的主导和协调作用，加上其他各相关部门（科委、发改委、环保、绿化、水务等）的配合，以及科研机构、私人企业和当地居民的参与，使崇明岛的绿色规划和实施在过去 10 年稳步推进，并取得了良好的生态、经济和环境效益。

许多发展中国家由于体制的限制，中央政府没有足够的资源或权限来保障绿色经济规划的制定和实施，面临的典型挑战就是部门之间和地区之间的协作和沟通。以印度尼西亚为例，中央政府制定了雄心勃勃的绿色经济规划和政策，然而执行起来困难重重。首先各部委之间缺乏统一的协调和任务安排，另外中央政府很难保证地方政府对规划的认同和执行。最近在一些国际组织的提议下，印尼政府由经济规划部门牵头，成立了绿色经济规划指导监督委员会。该委员会包括相关各部委的领导、省一级的规划部门领导、印尼最有影响的商业委员会、关注环境与可持续发展的印尼本地的非政府组织和印尼本国的知名经济学家等。这个委员会的成立将有利于促进部门之间以及地区之间的分工协作，以及对绿色经济规划项目的监督执行。

哥伦比亚的做法在发展中国家也有一定的代表性。哥伦比亚中央政府在一些关键部委，包括能源、金融、农业、运输等派遣专门的政府顾问。这些顾问代表该部负责国家的低碳发展战略，帮助制定和实施各部门的“部门气候减缓行动计划”，并向各部门领导就有关气候变化减缓和适应问题提供咨询。相对印尼政府的做法，这种方法更多依靠专业人员来帮助各部门对行动计划达成共识，并协调统一的行动（GGBP，2014）。

12.3.2 规划的实施：企业参与及国际合作

绿色转型所需要的巨额资金仅仅依靠政府投资是远远不够的。全球和国家私营资本市场所占的主导规模，政策改革产生的最大可能收入，以及许多发达经济体不断增大的财政挑战表明，成功进行绿色经济转型所需的大量资金流，从长远来看主要依赖于私营部门。因此，政策和监管改革必须改变资本市场激励机制和风险状况，使绿色经济融资能在无补贴的情况下具有商业可行性。

私营企业在绿色经济转型中有着不可替代的作用，尤其是在科技创新、产业转型和提供绿色就业机会等方面。但绿色经济的转型需要私营企业和投资市场转变以往的行为方式，比如产品和投资方向的转型，在资本配置时尽可能将外部成本内部化等。这些对私营企业来说都意味着风险、成本和不确定性，也成为它们进行绿色转型的障碍。政府需要运用和制定一系列政策工具来促成私营企业的转型。政府和企业的合作将有助于解决转型过程中信息不对称的问题，增加政策透明度，增进政府对企业的了解，为企业拓展融资渠道，降低投资风险等（World Bank，2012）。

政府公共部门与企业的合作也称为 PPP，是 Public – Private Partnership 的缩写，中文译为公私合作伙伴关系。它兴起于 20 世纪 90 年代，在医疗卫生、教育、交通、环境保护和公用事业等公共产品领域有广泛的应用。PPP 是在政府与私人组织之间，为了提供某种公共物品和服务，彼此之间以各参与方的“双赢”或“多赢”为合作理念而且形成一种伙伴式的合作关系，最终达到比预期单独行动更为有利的结果。这种合作既可以通过签署正式合同来明确双方的权利和义务，实现参与各方的利益要求，同时共同分担风险和承担责任，也可以以协议形式来支持这种合作关系。

第 10 章中对于 PPP 也有介绍，包括北京地铁四号线运用的 PPP 建设模式。这里我们再稍作补充。PPP 基本上有三种不同的形式：政府主导型、企业主导型以及协同治理型（GGBP，2014）。在绿色经济领域，PPP 模式被广泛宣传和推广，它尤其在绿色创新、绿色市场培育、自然资源管理、能效和生产力的提高等方面发挥了很有效的作用。

政府主导型：目标和实现目标的路径都是由政府来决定的。政府和具有相关专业背景和能力的商业机构/企业签订合同，按合同条款完成任务（IMF，2007）。这种模式下典型的例子就是政府采购和基础设施建设项目。这也是传统的 PPP 模式，在一些特定情况下，特别是当这种合作建立在特别明确的目标和任务上时能发挥很好的作用。

企业主导型：企业主导型的合作模式一般由企业发起和引导，政府提供支持与合作，并帮助其扩大规模。在这种合作模式下，企业会从新的市场受益，而政府用较小的干预成本促成企业的转型（Volans，2013）。

企业主导型的模式更多应用在研发和科技创新领域。例如，亚洲金融危机后，韩国自主创新模式开始由政府推动型向企业主导型转变，大量的高新技术和产业技术的研发均由企业来完成，而国家科研院所主要承担国家战略领域的研发，大学主要从事基础理论研究，形成了官、产、学、研协调发展的国家创新体系（KDI，2011）。

协同治理型：如果对面临的问题还没有明确的解决方法时，协同治理型的 PPP 模式就比较合适。在这种合作模式下，私营企业/机构与政府共同制定目标和探讨解决方案。这样私营企业/机构能真正参与决策过程，也会更加积极地发挥其自身优势。这种合作在自然资源领域私人企业的参与尤其重要。没有私营机构的参与和合作，政府几乎不可能单靠政策法规的制定来实现自然资源的保护和管理（WBCSD，2013）。

阿拉斯加可持续的渔业管理就得益于由企业主导、政府支持的合作模式。20 世纪 70 和 80 年代，由于捕鱼业的迅猛发展，造成阿拉斯加的捕鱼船数量激增。美国政府为避免由于过度捕捞导致的鱼类资源枯竭，将捕鱼期由原来的每年 9 个月调整到 90 年代时的每年仅 2～3 天。然而这一政策的执行加剧了捕鱼业主之间的矛盾，也使市场供求关系骤然紧张。在捕鱼业主的提议下，政府和业主一起研究出一套新的更合理的系统，利用捕鱼额度的分配来控制捕鱼数量。目前阿拉斯加的渔业管理被认为是可持续渔业最成功的经验。

中国在 20 世纪 80 年代开始应用 PPP 模式吸收外商对基础设施领域的投资。2002 年以后，市政公用事业的开放政策、投资体制改革政策、特许经营政策的出台和实施，使民营企业和外商等多种资本和力量也开始积极活跃在供排水、垃圾处理领域，主要是以项目融资的方式建设垃圾处理场和垃圾焚烧发电项目（中国国际招标网）。

在实施国家层面的绿色经济规划过程中，国际合作也十分重要。近年来，发达国家积极推动绿色发展促进经济增长，新兴市场国家立足自身优势，在推行绿色发展方面也成效显著。各国在绿色发展领域合作意愿明显增强。欧委会在关于《里约+20：迈向更绿色经济和更好的治理》通告中指出，欧盟必须督促和联合世界各国制定一项促进全球绿色创新发展的国际规则和市场机制，加速绿色创新技术成果在世界范围内的推广应用，加快全球绿色经济的健康发展，造福全人类。在绿色创新方面，欧盟希望加强同世界新兴经济体，如中国、印度、巴西、俄罗斯等国家的合作关系，积极促进新兴经济体成为欧盟的绿色创新伙伴和绿色经济的大市场（张梅，2013）。

发展中国家也在积极寻求技术和资金方面的国际合作。南非政府在推动本国绿色经济的同时，也同时展开与国际社会多方位、多角度的合作，借助外部力量发展本国绿色经济，并依托各种平台展开国际合作与对话，如美南双边能源对话、非欧首脑会议等机制。中国政府也与发达国家在环境保护、气候变化、能源资源节约与可持续利用、防灾救灾等领域基本形成了机制化、定期化的交流与合作。在能源领域，中国与多个发达国家的有关部门签署了建筑节能、绿色建筑和低碳生态城市方面的合作谅解备忘录，并开展了多项合作项目。在环保领域，中国充分利用中国环境与发展国际合作委员会这一平台，研究中国环境发展领域的重大问题，交流、传播国际成功经验（中国可持续发展战略报告）。

除了发展中国家与发达国家之间的合作与交流（或称南北合作）外，发展中国家之间（南南合作）在绿色经济领域也积极提倡优势互补，互利共赢。联合国环境署在其绿色发展综合报告中指出，南南合作能以减低成本，增进信息、专长和技术的流动来促进发展中国家在绿色经济领域的合作（UNEP，2011）。中国气候变化代表团团长解振华也指出“应对气候变化的国际合作，离不开国际制度，也离不开务实合作，而发展中国家之间的南南合作则是推动这两个轮子前进的重要力量”（新华网，2012）。最近几年，发展中国家越来越多地在一些区域和国际高端平台上展开交流与合作，如中国－东盟绿色经济与可持续发展合作论坛，中国－东盟环境保护合作中心，APEC 绿色发展高层会议等。

12.3.3 规划的监测和评估

在规划实施过程中，当发展的环境和条件发生预测之外的变化，或者工作实际推进与规划间出现较大差异时，应按程序对规划加以调整，找出预测与实际发生的差距，作出科学和准确的判断。因此，提供调整的依据和建议，则是规划监测评估的基本内涵和主要任务（Li and Li，2012）。

如何在绿色规划执行中实施有效的监测和评估（M&E）？我们可以先从以下三个问题入手（GGBP，2014）：

第一，哪些指标可以用来监测和评估绿色规划的有效执行？为保证评估的全面性，指标的选取应该涵盖绿色经济发展的各个维度，如以上介绍的印尼的绿色经济框架下的五个维度。同时指标的选取不可过于复杂，这样会加重绿色规划执行的成本。对各项指标的核算所产生的数据和信息，将提供有说服力的证据来表明规划执行过程中的问题，规划是否被有效执行等，这些数据和信息也有助于建立一个公开透明的 M&E 体系。

第二，应该让哪个机构来做监测和评估的工作？为保证 M&E 的公正性和客观性，这个机构应该是独立的（Holvoet et al.，2012，），比如说一些政府间机构如世界银行、联合国开发署、全球环境基金等，都有专门的项目评估办公室。它们在评估过程中直接向该组织的主管部门汇报，而不是向项目执行方汇报。与此同时，政府机构和相关部门也应参与到 M&E 当中，并且在 M&E 系统下有明确的责任。如在澳大利亚温室气体和能源国家报告中规定，工业组织须定期向政府清洁能源监管部门报告温室气体排放量。

第三，如何与有关各方就评估过程和结果进行沟通和交流？监测和评估的目的是为了能及时发现规划执行过程中出现的问题，并进行调整。评估方应与政府决策者、规划执行方和各利益相关方保持及时顺畅的沟通和交流。定期的例会或评估的月报或季报是有效的交流工具，另外媒体和公众也有对评估结果的知情权。

为提高评估的效率和降低成本，绿色规划的 M&E 应该尽量在现有的监测和评估系统下进行。肯尼亚政府在制定绿色 MRV 体系时就特别强调要将这一新的体系建立在已有的政策、规划和人员基础上，充分利用现有资源来完成既定的工作。最初这个系统的管理需要 100 人，但经过协商和重新规划，决策人员认识到 MRV 体系与所涵盖的行业有很多重合的工作部分，后来大部分人员都由现有的相关行业提供来共同完成这一管理（Republic of Kenya，2012）。澳大利亚在建立绿色发展的 M&E 体系时，通过了一个能够协调现有 M&E 系统的精简协议。主管部门会根据该协议协调并共享 M&E 的信息和数据，以避免下游企业和单位在不同 M&E 系统下由于重复汇报而带来的负担和不必要的花费（ANAO，2013）。

公众参与监测将有助于提高 M&E 的效率，这在环境规划领域有许多相关的案例。一份有关环境监测方法的研究报告指出，本地公众和社会团体参与环境监测将大大提高环境数据收集和整理的效率，使管理层能及时有效地根据监测结果作出相应调整（Danielsen et al.，2010）。报告也同时指出公众的参与能力和水平将影响参与的方式和效果。

中国政府高度重视规划的实施评估与考核工作。以环境规划的评估为例，分为年度考核、中期评估和终期考核。对年度考核不合格的地方政府实施区域限批、主要领导约谈等惩罚措施。另外，为了督促地方政府积极落实环保责任，中国环保部建立了包括华南、西南、东北、西北、华东、华北六大环保督查中心在内的“环境监察”体系，六大督查中心分区域对地方政府履行环境保护责任情况进行督查。

近年来，随着公众环保意识的不断加强和对环境问题的持续关注，公众参与在对环境规划的评估中也起到了重要作用。2003 年，中国开始实施《环境影响评价法》。在这部法律中，明确提出环评开展过程中，应进行公众参与工作，这使环评成为当时中国唯一一项开展公众参与工作的管理制度。随后的多年，中国从国家层面和地方层面逐步完善了环评中公众参与工作的操作细则。通过公众参与工作实现了企业、政府和公众的信息交流，公众对各项环保要求有了直观的认识，对如何保护自身权益有了深入的了解。企业负责人对自身职责和义务有了更深切的体会，在落实各项环保要求上更加积极主动。

思考题

1. 如何理解绿色规划与常规规划的相同和不同之处。
2. 在一特定情景或地域范围内，如何有效制定绿色规划的目标。
3. 怎样判断绿色规划是否得到有效的实施。

参考文献

1. Australian National Auditing Office（ANAO）.（2013）. Administration of the NGER Programme. ANAO. Brochure. Available at：http：//www. anao. gov. au/Publications/Audit - Reports/2011 - 2012/Administration - of - the - National - Greenhouse - and - Energy - Reporting - Scheme/Audit - brochure.

2. Climate & Development Knowledge Network（CDKN），（2011）. Green Growth：implications for development growth.

3. Danielsen, F. Burgess D. N. , Jensen, M. , and Pirhofer – Walzi, K. (2010). Environmental Monitoring: The Scale and Speed of Implementation Varies According to the Degree of People Involvement. *The Journal of Applied Ecology*. 47. 1166 – 1168.

4. Donahue, J and R. Zeckhauser, 2012. Collaborative Governance: private roles for public goals in 784 turbulent times, Princeton: Princeton University Press.

5. Green Growth Best Practice (GGBP), (2014), Green Growth in Practice: Lessons from Country Experiences, Available at: http: //ggbp. org/.

6. Green Growth Knowledge Platform (GGKP), (2013). Moving Towards a Common Approach on Green Growth Indicators. GGKP. Scoping Paper. April 2013.

7. GGGI (2013), Prioritizing Investments: Delivering Green Growth. Available at: http: //gggi. org/wp – content/uploads/2013/10/A4 – low – Indonesia – oct. pdf

8. Henry Chesbrough (2006). Open Innovation: A New Paradigm for Understanding Industrial Innovation. Oxford: Oxford University Press.

9. Holvoet, N. , Gildemyn, M. and Inberg, L. , (2012). Taking Stock of Monitoring and Evaluation Arrangements in the Context of Poverty Reduction Strategy Papers: Evidence from 20 Aid – Dependent Countries in Sub – Saharan Africa. *Development Policy Review*. 30: 749 – 772.

10. International Energy Agency (IEA), (2011). IEA Bioenergy Annual Report.

11. International Institute for Environment and development (IIED), (2013). Scoping a Green Economy. September 2013.

12. Korea Development Institute (KDI). Public and Private Parnerships in Korea. 2011.

13. Li, W. and Li, D. (2012). Environmental Information Transparency and Implications for Green Growth in China. Public Administration and Development. 32. 324 – 334.

14. Mark A. Dutz and Siddharth Sharma (2012). Green Growth, Technology and Innovation. Available at: http: //dx. doi. org/10. 1596/1813 – 9450 – 5932.

15. Morita, T. J. , Robinson, A. , Adegbulugbe, J. , Alcamo, D. , Herbert, E. L. , La Rovere, N. , Nakicenovic, H. , Pitcher, P. , Raskin, K. , Riahi, A. , Sankovski, V. , Sokolov, B. , de Vries and Zhou, D. (2001). Greenhouse Gas

Emission Mitigation Scenarios and Implications. In Climate Change 2001 – Mitigation. Report of Working Group III of the Intergovernmental Panel on Climate Change (IPCC). B. Metz, O. Davidson, R. Swart, and J. Pan (ed.). Cambridge University Press: Cambridge.

16. OECD (2011a). Tools for delivering Green Growth. Available at: http: //www. oecd. org/greengrowth/48012326. pdf 814.

17. OECD (2011b). Towards Green Growth – Measuring Progress. Available at: http: //www. oecd. org/greengrowth/48224574. pdf.

18. OECD, 2012. Recommendation of the Council on Principles for Public Governance of Public – Private Partnerships. Paris, OECD.

19. Prag, A., Hood, C. and Martins B. P. (2013). *Made to Measure: Options for Emissions Accounting under the UNFCCC.* OECD/ IEA Climate Change Expert Group Paper No. 2013 (1). OECD and IEA.

20. Republic of Kenya. (2012). National Performance and Benefit Measurement Framework. November 2012. 110 Section A: NPBMF and MRV + System Design, Roadmap and Guidance. Kenya: Ministry of Environment and Mineral Resources.

21. Rio + 20: Ver Une Economie Verte et Une Meilleure Gouvernance, COM (2011) 363 [R]. Brussels: Commission Europeenne, 2011.

22. Republic of Kenya (2012), National Performance and Benefit Measurement Framework, November 2012, 110 Section A: NPBMF and MRV + System Design, Roadmap and Guidance, Ministry of Environment and 111 Mineral Resources, Kenya.

23. UNEP (2011), Global Trends in Renewable Energy Investment 2011 Report, http: //www. unep. org/pdf/BNEF_global_trends_in_renewable_energy_investment_2011_report. pdf.

24. UNEP (2014a). Green Economy: A guidance manual for green economy policy assessment.

25. United Nations Economic and Social Commission for Asia and the Pacific (UNESCAP). (2012). Low Carbon Green Growth Roadmap for Asia and the Pacific, Turning resource constraints and the climate crisis into economic growth opportunities. Bangkok: UNESCAP.

26. van Tilburg, X., Würtenberger, L., de Coninck, H. and Bakker, S.

(2011). Paving the way for low carbon strategies. Energy research Centre of the Netherlands (ECN).

27. Volans Ventures, 2013. Breakthrough: Business Leaders, Market Revolutions. London: Volans Ventures Ltd.

28. WBCSD, (2013). Picking up the pace – Accelerating public policies for positive outcomes. A WBCSD analysis of company case studies on biodiversity and ecosystem regulation, WBCSD.

29. World Bank. (2012). Implementation Completion and Results Report: Sao Paulo Metro Line 4 (Phase 1) Project. Report No. ICR00001735. Washington: The World Bank.

30. World Resources Institute (WRI). (2012). Project on Guidance for Low – Carbon Goal Setting – Baselines Chapter. WRI.

31. 国家发改委："中国应对气候变化的政策与行动 2013 年度报告"，2013 年。

32. 联合国环境署：《迈向绿色经济》，2013 年。

33. 联合国环境署：《中国绿色经济展望：2010 – 2050》，2014 年。

34. 佚名："我国城市水务市场化发展状况及改革模式"，中国国际招标网 [DB/OL]。http://www.chinabidding.com/jksb – detail – 191044.html。

35. 新华网：http://news.xinhuanet.com/world/2012 – 12/05/c _113912642.htm。

36. 张梅："绿色发展：全球态势与中国的出路"，《国际问题研究》，2013 年 9 月 15 日。

37. 中国改革论坛：《国民经济和社会发展规划的问题与改革思路》，2014 年。http://www.chinareform.org.cn/Economy/Macro/report/201410/t20141013_208642.htm。

38. "中国可持续发展战略报告"，2012 年。http://wenku.baidu.com/view/f14247dc6f1aff00bed51e52.html。

第13章
中国上海崇明岛绿色经济案例

郭茹　李风亭　张静[①]

本章通过对中国上海崇明岛的案例介绍，探寻如何在实践中将绿色经济作为通往可持续发展的重要路径。其中13.1节介绍崇明岛选择绿色经济发展崇明岛的背景和历程；13.2节介绍崇明岛的绿色经济发展模式；13.3节介绍崇明岛在生态农业、水资源、低碳能源和生态人居等方面的典型事例。

13.1　崇明岛绿色经济发展的背景和历程

13.1.1　崇明岛概况

崇明岛位于中国东海之滨长江入海口，三面临江，东南濒东海，西、南分别与江苏常熟、太仓、上海市嘉定、宝山等区隔江相望，东、北分别与江苏启东、海门市一衣带水。崇明岛是世界上最大的河口冲积岛，也是中国第三大岛，形似春蚕，东西长，南北狭，岛屿面积1 267平方公里（图13－1），素有“长江门户”、“东海瀛洲”之美誉。全岛地势平坦，土地肥沃，林木茂盛，物

---

① 郭茹：同济大学环境科学与工程学院副教授，毕业于清华大学环境科学与工程系。研究方向为环境规划与管理，城市气候变化缓解与适应。出版专著《上海市能源碳排放2050》、《上海市应对气候变化碳减排研究》等。

李风亭：同济大学教授，环境科学与工程学院副院长，联合国环境规划署－同济大学环境与可持续发展学院副院长，联合国环境规划署－中国科技部非洲水行动专家组组长。长期从事水处理技术、水资源管理与气候变化政策领域研究。2013年获联合国“南南合作特殊贡献奖”。

张静：同济大学环境科学与工程学院讲师，主要从事碳排放以及应对气候变化的环境政策研究。参与组织第三届上海崇明生态岛国际论坛，参与崇明生态岛国际评估，崇明绿色经济示范案例及水环境国际示范工程研究等项目。2010年获德国亚琛工业大学环境科学博士学位。

产富饶，是有名的鱼米之乡。

图 13-1　崇明岛地理位置图

资料来源：全国第三大岛崇明岛将成国际鸟类保护区。http：//www.shzgd.org/renda/zgd/node10741/node10773/u1a1565020.html。

崇明岛的历史可追溯到距今 1300 多年前的唐朝，彼时崇明岛刚刚露出江面，史称东沙和西沙。随后在公元 696 年，也就是中国历史上第一位也是仅有的一位女皇帝武则天在位期间，开始有人在崇明岛上垦殖居住。公元 705 年开始在西沙设镇，取名为"崇明"，"崇"取高义，"明"取清明义，"崇明"意为高出水面而又平坦宽阔的明净平地。

崇明岛地处北半球亚热带，是典型的海洋性气候，温和湿润。崇明独特的地理位置和气候条件孕育了丰富的物种多样性，同时也是重要的生态敏感区。其自然湿地系统沿海岸线分布，为许多野生物种提供重要的生态栖息地。位于崇明岛最东端的崇明东滩湿地是国家级自然保护区，也是亚太地区迁徙水鸟的重要通道，同时是多种生物周年性溯河和降河洄游的必经通道，并于 2002 年被列入"拉萨姆公约"国际重要湿地名录。

崇明岛行政区划隶属于上海市崇明县①。2010 年，崇明岛常住人口已达到

① 崇明县包括崇明岛、长兴岛和横沙岛，三岛陆域总面积为 1411 平方公里。

57.5 万，但城市人口仅占 22%，是上海市内城镇化率最低的区域。2000～2011 年间，崇明岛经济保持持续稳步增长。与此同时，崇明岛也获得了一系列的荣誉，包括国家可持续发展实验区、中国长寿之乡、全国绿化模范县、全国科普示范县、上海低碳经济示范区等。

13.1.2 崇明岛绿色经济发展的背景

现在世界各地都在讲发展，崇明也不例外。崇明岛地处长江入海口，与上海市区隔海相望。按照传统的经济发展路径，崇明岛如果通过引导资本流入高回报行业，如工业、制造业和房地产业等，在短期内就会取得迅速发展，就如同当年的浦东。可是崇明岛没有直接复制浦东的发展模式，而是选择了一条绿色发展道路，将生态建设和自然资本投资作为发展的核心，这是由多重背景决定的。

首先，中国作为世界上最大的发展中国家，正处于工业化和城镇化的快速发展阶段。既面临消除贫困、调整经济结构的艰巨任务，又深受能源、资源和环境因素的制约。资源环境与经济社会发展的矛盾非常突出。在这样的背景下，单纯地依靠增加要素投入、消耗自然资源、追求数量扩张的传统经济发展模式受到了越来越大的挑战，因此，我国已经开始把发展绿色产业作为推动经济结构调整的重要举措。十七大正式提出的“生态文明”概念，在十八大被写入党章，为中国的转型发展提供了政治基础。

其次，上海是中国人均 GDP 最高的城市，是全国的经济、科技、金融、贸易、会展及航运中心，拥有中国大陆首个自贸区“中国（上海）自由贸易试验区”。快速的城镇化和工业化进程使得大量人口涌入上海。2012 年上海市常住人口已达到 2380.43 万，地区生产总值为 20181.72 亿元。上海是否还能长期保持如此快速的经济发展，这是一个很值得人深思的问题。但有一点毋庸置疑，现在的经济增长必须要转型，经济发展已经不仅仅是经济的事情，更与社会、生态紧密相连。上海要寻求新的发展空间，面积广阔而生态资源优良的崇明成为不二选择。在这样一个未被工业文明完全渗透的天然之地，如果能探索出“生态文明建设”的新模式，将为上海转型发展提供极大支持，实现社会－经济－自然协调发展的目标。

最后，崇明岛自然条件优越，但同时需求与挑战并存。由于自然地理和行政管理等多种原因，长期以来崇明经济社会发展缓慢，成为上海市欠发达区域之一。崇明岛土地面积约占上海市的 20%，但地区生产总值只有全市的 1%。

但这也使其免于工业浪潮的席卷，保持着绝佳的自然生态环境。然而，老百姓真正关心的还是经济发展，只有经济发展了生活水平才能提高，但是传统的发展模式又会对原有的自然生态环境带来影响，所以崇明亟需创新发展。绿色经济发展模式无疑是最合适的选择之一。崇明岛保存良好的自然条件和邻近上海大都市的经济区位优势，使其成为绿色经济发展得天独厚的区域。

崇明岛走绿色发展道路，就要充分利用自身优势，将传统产业与新的国际绿色发展趋势相结合，既要“金山银山”，又要“绿水青山”，从而实现经济与生态的双赢。正是在这样的背景下，上海市政府审时度势，将崇明岛定位为“世界级的现代化生态岛”，利用其本身的自然资源，走一条不同于以往的绿色经济发展道路。那么什么是世界级生态岛？根据目前广泛认同的定义来说，世界级生态岛是自然—经济—社会复合岛屿生态系统（曾刚，2014），它的三大主要要素是自然生态健康、人居生态和谐、产业生态高端。世界级生态岛与绿色经济发展遥相呼应。

因此，崇明岛选择绿色发展道路，这是历史的必然。在崇明岛发展绿色经济，既是国家和上海的战略，同时也是崇明自身的愿景。发展绿色经济也体现了崇明岛的科学发展，具有深刻的时代特征和深远的历史意义。但同时，发展绿色经济是一个长期的动态过程，是自然资本不断增值、生活质量不断提高、产业不断升级的发展过程（UNEP，2014）。崇明岛发展绿色经济，具有显著的示范意义，可以为中国乃至世界其他类似区域提供经验借鉴，引领绿色发展新潮流。

13.1.3　崇明岛绿色经济发展历程

崇明岛的生态建设和绿色发展由来已久。1998 年可以说是一个分水岭，在这之前人们是摸索着采用各种措施来实现自身的绿色发展，当时更多地聚焦在资源利用方面，是自下而上的自发性行为。1998 年，《上海市城市总体规划（1999～2020）》正式提出崇明岛战略定位命题，从此把崇明岛的生态建设和绿色发展放到战略层面上。自此以后，上海市和崇明县政府适时出台了相关的规划和政策，并通过开展一系列行动来推进生态建设和绿色发展，这是政策指导下的自上而下的建设行动。本节主要回顾崇明岛绿色经济发展的道路，根据不同时期的发展特点，将崇明岛绿色经济发展划分为五个阶段。

1. 早期探索阶段（1998 年前）

早在 20 世纪 70 年代，崇明东风农场就已经开始牲畜粪便综合利用的生态工程实践，成为“生态农场”的先行者。20世纪80年代，崇明前卫村开始尝试对养猪场的沼气进行综合利用，探索生态农业的发展模式。当时的目的更多地是对资源进行综合利用，使“废物”变废为宝，成为有用的资源，进行循环利用。1997年，季学明等在《上海综合经济》上发表“崇明岛的优势及跨世纪开发的构想”一文，提出要“把崇明建设成具有国际影响的国家级国际化的绿色生态岛”。作为当地人，该文作者之一分析了崇明岛当时的情况，并对崇明的未来提出美好愿景。此时，崇明岛发展绿色经济的理念已经产生了萌芽，只是没有上升到战略层面，还缺一场东风。

2. 战略定位阶段（1998～2001年）

1998年，上海市开始起草《上海市城市总体规划（1999～2020年）》，正式提出崇明岛的战略定位命题，从此拉开了崇明岛发展绿色经济的序幕。2000年，上海市启动《把崇明建设成为上海生态绿岛的研究》的课题，首次把崇明开发的规划起点定于生态建设。同年，上海市市委、市政府到北京向13个部委联席会议汇报上海新一轮规划，会上，所有相关领导都一致认为，崇明必须按照生态岛要求来发展。

2001年，国务院批准并原则同意《上海市城市总体规划（1999～2020年）》，提出“将崇明作为21世纪上海可持续发展的重要战略空间”。同年，上海市政府开始探索崇明岛的生态发展道路，确定了崇明生态岛的定位[①]，这为崇明岛发展绿色经济提供了机遇。崇明生态岛的发展旨在发展绿色经济，在提高当地居民的生活水平的同时，维持岛上独特的生态系统和生物多样性的完整性，在社会、经济、生态三者间达到和谐共赢的状态。此时，崇明岛发展绿色经济的时机已然成熟，接下来要考虑的问题就是该如何发展。

3. 规划先导阶段（2002～2004年）

发展绿色经济的第一步是要形成一个规划。2002年5月，上海市第八次党代会提出要制定崇明岛开发总体规划，随后编制了《崇明岛域总体规划》，提出将崇明建设成上海世界级城市的生态岛区和最优美的“海上花园”。它将集森林花园岛、生态住区岛、旅游度假岛和科技研创岛为一体，目标是成为国内领先、国际一流的人类生态环境与生态活动示范岛区。

2005年，长兴、横沙两岛划归崇明县，《崇明岛域总体规划》相应调整为

---

① Huang, B., Ouyang, Z., Zheng, H., Zhang, H., & Wang, X. (2008). Construction of an eco－island: A case study of Chongming Island, China. Shanghai.

《崇明三岛总体规划》。《崇明三岛总体规划》在明确三岛功能定位的同时，强调要把崇明建成环境和谐优美、资源集约利用、经济社会协调发展的现代化生态岛区。2004 年 7 月，时任中共中央总书记胡锦涛同志视察崇明岛，对崇明岛的功能定位和发展方向给予了充分肯定，并要求崇明以科学发展观为指导，保持生态优势，真正成为一个环境优美、经济发达、文化繁荣、社会和谐的生态岛（马涛等，2011）。这可以说是“五位一体”思想的萌芽，与崇明岛的生态建设和绿色发展不谋而合。

4. 科技引领阶段（2004 ~ 2008 年）

科学技术是第一生产力，也是发展绿色经济最有效的推动力。2004 年 8 月开始，上海市启动了“崇明生态岛建设科技支撑”重大专项的立项组织工作。9 月完成《崇明生态岛建设科技支撑构想》方案，包括三大领域的九大功能，三大领域是指自然生态、产业生态和人居生态，九大功能包括生态平衡、资源循环、生态农业、清洁生产、现代服务、洁净能源、绿色交通、智能信息和人居适宜。这些科技研究都与崇明岛的发展密切相关，得到了国家和上海市的高度肯定。

2005 年 3 月 26 日，市科委与崇明县召开了“崇明生态岛建设科技重大专项”推进会，希望从从国际经验和国内及崇明自身发展需求出发，通过科技支撑建设规划，推进崇明基础设施与人居环境生态化发展，建立崇明岛生态保护、安全、预警保障体系，从而形成生态产业化与产业生态化格局，最终实现崇明岛经济与生态环境的和谐跨越。2005 年起，设立“崇明生态岛建设科技专项”，为崇明生态岛建设提供科技创新与集成应用。在这一阶段，从全岛、城镇、乡村多层面开展了一系列科技项目，也正是这些项目的开展，为崇明岛生态建设和绿色发展保驾护航，提供了技术上的支持。与此同时，2005 年发布的《崇明三岛总体规划》（见图 13 - 2）正式提出要将崇明建设成为现代化生态岛区，强调要以环境优先、生态优先为基本原则，这对发展绿色经济提出了更高的要求。

5. 有序推进阶段（2008 年至今）

2008 年 5 月，时任上海市市长韩正就指出，崇明生态岛建设是一个长远目标，是一个渐进的过程，并提出要通过完整的指标体系来带动项目的开展。于是，从 2008 年到 2009 年 4 月，市科委牵头各委局合作启动了“崇明生态岛建设指标体系研究”。指标体系的研究，对于崇明生态岛建设是非常重要的，不管是崇明岛的规划还是科研项目的布局与建设，都必须要有一套完整的指标

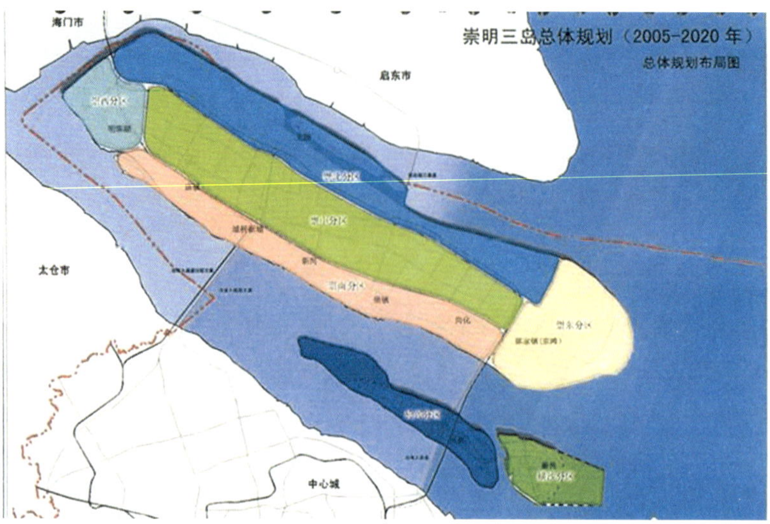

图 13－2　崇明三岛总体规划（2005～2020 年）总体规划布局图

资料来源：上海市人民政府，崇明三岛总体规划 2005－2020，2005。

来指导和调整，这样的指标必须具有高度科学性且能反映区域的社会—经济—生态特征。崇明岛生态建设和绿色发展的目标、方向、行为、进程都必须依靠这套指标。

2010 年 1 月，上海市正式向社会公布《崇明生态岛建设纲要（2010～2020 年）》，提出崇明生态岛建设总体战略，并依托纲要形成《崇明生态岛建设重点推荐项目（2010～2012 年）》，成立崇明生态岛建设推进工作领导小组，完成《崇明生态岛建设三年行动计划（2010～2012 年）》，制定《崇明生态岛建设纲要主要评价指标统计实施办法》，引导生态岛建设进程的有序推进。2010 年 3 月，崇明生态岛被中国批准为国家可持续发展实验区，确立了建设世界级生态岛的目标。2014 年 3 月，联合国环境规划署（United Nations Environment Program，UNEP）发布了《崇明生态岛国际评估报告》，指出崇明岛的生态建设反映了 UNEP 绿色经济理念的核心价值，有望成为绿色经济发展的典型案例。

通过以上回顾，我们可以发现，崇明岛发展绿色经济是政府、科研机构长期工作的结果。崇明岛的绿色经济，从最初的自发性行为到后面的政策规划的引领、科技的保驾护航，这就是一个发展的过程。2001 年《上海市城市总体规划》、2002年《崇明岛域总体规划》、2010年《崇明岛国家可持续发展实践区规划》对崇明岛的定位分别为“21世纪上海可持续发展的重要战略空间”、“上海世界级城市的生态岛区”、“低碳生态实践区”，战略定位也是一个发展的过程，根据建设目标、建设现状不断调整，得到新的战略定位。同时，《崇明生态岛建设科技支撑方案（2005～2007）》、《崇明生态岛建设科技重大专项》、《崇明生态岛建设指标体系研究》都为科技研究指引了方向。只有科技引领的生态岛建设才能更客观地反映现实、强化进程，才能更好地引领生态岛建设的进程。

上海市政府和崇明县政府各相关部门（科委、发改委、环保、绿化、水务等）、高等院校及科研院所（复旦大学、上海交通大学、同济大学、华东师范大学、上海环科院）、外地及当地企业、当地居民等多个利益相关方也积极参与了崇明岛生态建设与绿色经济发展。从政府到科研机构和普通公众，共同推进了崇明生态岛的绿色经济发展与建设。

当然，发展绿色经济绝不是崇明岛自己的事情，尤其是在当今这样一个开放的世界。自2004年以来，崇明县与科技部、意大利环境国土与海洋部、市环保局开展了一系列合作活动，启动“上海崇明岛国际论坛”、成立“中法合作实验室”、与英国签署“崇明东滩生态城”项目备忘录、与联合国环境署合作开展“崇明生态岛建设发展模式及成效评估”项目，以开放的心态与其他国家、组织等展开合作，共同促进崇明生态岛的建设。

目前，崇明岛通过投资于自然资本，其绿色经济发展已初见成效。近年来经济增长速度明显快于上海市平均水平，经济运行质量持续改善，污染型企业数量大幅减少，同时保持其原有生态环境，成为长三角生态环境本底条件最好的区域之一。

13.2 崇明岛绿色经济发展模式

13.2.1 在发展中保护，在保护中发展

传统的经济发展主要通过将资源转换成产品来产生经济效益，但崇明岛选择了绿色发展的道路，就注定了它与传统经济发展之间的差异。崇明的绿色经济发展，注重的是如何更有效地投资于自然资本，带动社会经济效益与生态环

境效益的双赢。

当然，崇明的绿色经济发展，还是以产业经济为基础，但同时结合国际绿色发展的新趋势，通过有针对性的公共支出、政策改革和法规变革来转变投资流向，使投资更多地流向那些能够降低环境污染、提高能源和资源效率、保护生物多样性和生态系统服务的产业，为这些产业提供一个孵化的温床。这些产业，是绿色经济发展的主力。把环境投资作为创造就业和增加收入的驱动力，可以更好地体现民生福祉和社会公平，使民众获得更多的就业机会，从而成为绿色经济模式发展中积极的参与者和贡献者。这样，政策措施就产生了双重红利，既实现社会经济效益，又改善了环境。除此之外，崇明岛的绿色发展，充分考虑结合了当地特点，重点发展生态农业、绿色旅游，将多种资源要素进行整合，可以更好地实现绿色发展。

总的来看，崇明岛的绿色经济发展得益于独特的自然环境、良好的地理区位条件、还有国家和上海市政府高瞻远瞩的政策。在发展绿色经济的过程中，崇明岛形成了自己的模式，并积累了丰富的经验。好的模式可以被推广，成功的经验应该被借鉴，当我们看到崇明绿色经济发展取得成效时，会不由自主地思考崇明岛绿色经济发展模式的核心是什么？

简单地说，崇明岛绿色经济发展模式的核心是在发展中保护，在保护中发展。在这一过程中，崇明岛引导公众和私人资本流向低碳、资源高效途径，实现绿色增长。崇明发展绿色经济的关键是如何通过保持和强化本身固有的绿色资本，实现社会经济和自然环境的协调发展。发展是硬道理，一味地生态保护而不发展经济，老百姓不乐意。但传统的经济发展模式又会给崇明的生态环境带来严重的影响，因此，经济还是要发展，社会也要进步，同时要把生态保护、恢复和重建放在优先突出位置，为未来的发展留足自然生态环境涵养空间，从而引领岛屿的可持续发展和生态示范区创建。崇明岛发展绿色经济的愿景符合对崇明未来发展的定位，因此得到了中国和上海市政府的大力支持。

13.2.2 绿色发展的路径

崇明发展绿色经济的模式也是一个是循序渐进的过程，它最重要的一点是实现对生态环境价值的再发现，确立了“愿景—行动”的发展方式，遵循了“确立共同愿景—摸清现状—设定目标—制定行动方案—实施方案与保障体系—监测和评估成效”的发展路径，如图 13-3 所示。

下面具体介绍崇明岛绿色经济发展的模式：

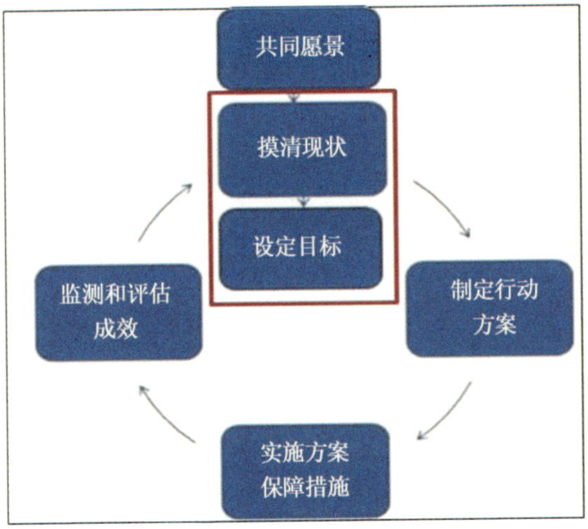

图 13-3　崇明岛绿色发展模式

资料来源：UNEP. Chongming Eco - Island International Evaluation Report. 2014。http://unep-iesd.tongji.edu.cn/index.php?classid=933&action=download&id=539。

1. 确立共同愿景

发展绿色经济是一项复杂的系统性工程，需要各部门的通力协作，把各种资源进行整合，共同推动。因此，一个共同愿景就显得非常重要，这个共同愿景需要获得各部门的共识，将经济、社会、生态等多种要素都考虑进去，而不仅仅是单纯的经济发展。2001 年《上海市城市总体规划（1999～2020）》、2005 年《崇明三岛总体规划（2005～2020）》、2010 年《崇明生态岛建设规划纲要（2010～2020）》，这一系列文件都明确了崇明岛发展绿色经济的目标，从政策上指明了发展方向。

根据上海市政府颁布的相关文件，崇明生态岛发展总体规划愿景为“到 2020 年，将崇明基本建设成为以优美的生态环境为品牌，以闻名的游乐度假为主导，以发达的清洁生产为支撑，环境优美、经济发达、文化繁荣、保障健全、城乡融合的上海世界级城市的生态岛区和最优美的‘海上花园’，成为国内领先、国际一流的人类生态环境与生态活动示范岛区，同时也是上海连接长江三角洲和沿海大通道的北翼纽带。”①

① 上海市科学技术委员会：“科技，支撑崇明生态岛发展”，2011 年。

2. 摸清现状

现状是发展的基础，只有全面掌握现状，才能设定合理可行的发展目标和路径。2007年以来，上海市政府汇聚专家资源，研究确定了崇明生态岛建设指标体系，并于2010年以上海市政府名义向全社会公开发布（见表13－1）。上海市和崇明县通过组织多轮实地调研、专项调查和专家咨询，获得了崇明现状基础数据，涵盖了资源、环境、产业、基础设施和公共服务等各方面。

表13－1　　崇明生态岛绿色经济发展主要评价指标一览表

序号	指标	单位	2020年
1	建设用地比重	%	13.1
2	占全球种群数量1%以上的水鸟物种数	种	10
3	森林覆盖率	%	28
4	人均公共绿地面积	平方米	15
5	生态保护地面积比例	%	83.1
6	自然湿地保有率	%	43
7	生活垃圾资源化利用率	%	80
8	畜禽粪便资源化利用率	%	>95
9	农作物秸秆资源化利用率	%	>95
10	可再生能源发电装机容量	万千瓦	20～30
11	单位GDP综合能耗	吨标准煤/万元	0.6
12	骨干河道水质达到III类水域比例	%	95
13	城镇污水集中处理率	%	90
14	空气API指数达到一级天数	天	>145
15	区域环境噪声达标率	%	100
16	实绩考核环保绩效权重	%	25
17	公众对环境满意率	%	>95
18	主要农产品无公害、绿色食品、有机食品认证比例（其中：绿色食品和有机食品认证比例）	%	90
19	化肥施用强度	公斤/公顷	250
20	农田土壤内梅罗指数	－	0.7
21	园区单位面积产出率	万元/亩	1200
22	第三产业增加值占GDP比重	%	>60
23	人均社会事业发展财政支出	万元	1.5

资料来源：上海市发展和改革委员会，崇明生态岛建设纲要（2010－2020年），2010。

3. 设定目标

崇明岛提出，“力争到 2020 年形成崇明现代化生态岛建设的初步框架”。这一愿景涉及社会、经济和环境的方方面面，因此需要设定多个分目标以衡量是否达到总体目标。生态岛的建设和发展是一项长期项目，需要循序渐进地完成目标。因此，除了长期目标，还需要建立与长期目标一致的阶段性目标。《崇明生态岛建设规划纲要》明确提出了 2020 年长期目标和 2012 年阶段性目标，目标涉及自然资源保护利用、循环经济和废弃物综合利用、能源利用和节能减排、环境污染治理和生态环境建设、生态型产业发展以及基础设施和公共服务六大领域。这样一来，崇明岛就将其长远发展目标细化分解成具体实际可触摸的目标，多方面、多层次地推进崇明岛的生态建设和绿色发展。

4. 制定行动方案

好的行动方案应切实可行，并且可以根据实际情况进行灵活调整，从而实现目标。崇明通过落实生态岛建设滚动推进机制，来制定切实可行的行动计划，结合《上海市国民经济和社会发展第十二个五年规划纲要（2011 ~ 2015)》和《崇明生态岛建设纲要（2010 ~ 2020)》，围绕资源、循环经济、能源、环境、产业、基础设施和公共服务六大行动领域，将行动计划分解落实到 16 个行动子项、95 个建设项目，涉及总投资约 140 亿元，并通过编制新一轮三年行动计划（2012 ~ 2015)，将长远规划与当前的建设情况进行调整、统筹，建立崇明生态岛重大工程项目库，按照滚动模式有序推进生态岛建设。

5. 实施方案及保障体系

为了确保生态岛建设方案的落实，崇明按照滚动推进模式，以三年为一个执行周期，根据执行情况实时调整，为方案的顺利实施提供保障。这是崇明绿色发展模式最重要的环节。绿色经济发展不同于一般的经济发展，而是需要将社会、经济、生态等方面要素都考虑进来，通过科技引领、多方参与等方式来推进。崇明通过科技创新为其绿色经济发展构建了相应的技术支撑体系，全面示范引导农村绿色经济的发展，实现了让科技服务社会，让技术引领发展。陈家镇国际生态社区建设、北七滧现代农业园、超级电容车示范线等都是很好的科技示范点，通过这些示范点带动了周边区域的进一步发展。政府、企业、科研院所与公众是崇明生态岛建设的主体，也是密切合作的利益相关方。此外，通过与国际组织和各国政府的合作，不仅为决策提供了技术支撑和咨询建议，也进一步提升了生态岛建设的国际影响力。

6. 监测和评估成效

在发展过程中，需要进行监测和评估，以此来保证绿色经济的有序发展。崇明岛通过百余次国内外专家研讨和实地调研，总结国内外绿色经济发展经验，结合崇明实际，构建崇明岛绿色经济发展体系。然后建立监测网络系统，对经济发展情况以及其他绿色经济资本进行监测，在此基础上开展系统全面的评估。对于绩效动态评估机制，定期进行评估考核制度以及第三方国际评估。通过评估考核，建立动态反馈机制，及时发现问题，并持续优化崇明岛的绿色经济发展。

13.3 崇明岛绿色发展实例

发展绿色经济是长期的过程，崇明岛通过政策支持、科技引领，不断推进其绿色经济的进程，并涌现出一些值得推广借鉴的典型案例。

13.3.1 生态农业

崇明岛地处上海远郊，是上海农业土地资源最多、分布最集中、农业生态环境最好的区域，农业已成为崇明岛的重要支柱产业之一。从地理位置而言，崇明岛滨江临海，四面环水，天然阻隔屏障，有效阻止外界有害物质对岛内水、土、气、生物的污染，是发展生态农业的宝地。崇明岛生态农业就是以绿色消费需求为导向，以提高市场竞争力和可持续发展能力为核心，大力支撑和促进绿色经济的发展，具有高投入、高产出、高效益与可持续发展的特性，是集约化经营与生态化生产有机结合的现代农业。

目前，崇明农业的发展模式正由传统型向高效生态型变，努力促进农业结构调整，促进经济发展方式转变，发展有机农业、现代农业、特色农业，通过规模化、组织化、标准化经营，大力提高农产品附加值，努力实现“绿色、环保、生态”的可持续发展。2012 年崇明县被中国农业部认定为第二批国家现代农业示范区。2013 年崇明国家生态农业标准化综合示范县顺利通过国家验收。位于崇明岛北部的现代高效生态农业实验区，占地 9.3 万亩，其发展目标是成为崇明高效生态农业的先行区、农业高新技术的集聚区、优质农产品的生产加工区。目前，崇明“寒优湘晴”优质水稻栽培面积达 16 万亩，是上海最大的优质米生产基地。绿化柑橘、庙镇翠冠梨，新河、竖新镇葡萄等一批标准化、规模化经济果林基地已逐步建立。蔬菜种植除了花菜、大白菜、卷心菜等常规品种外，特色蔬菜种植比例不断增加，崇明岛已成为上海市最大的蔬菜基地，为稳定上海市区菜价、保障上海市食品安全作出了巨大贡献。

崇明岛根据“农牧结合、种养结合、生态循环”的理念，逐步试点并建立种养结合的“畜禽－沼气－作物”、“畜禽－肥料－作物”等闭路生态平衡模式，并推广稻田养虾、稻田养蟹等种养结合的生态农业发展模式与技术体系，创建前卫村“四位一体”能源生态模式。这样的模式，一方面循环利用各种资源，促进农业可持续发展，另一方面降低了生产成本，从而促进增收，最终实现农业和环境建设共赢的良好局面。

在农业发展的过程中，崇明农产品绿色营销体系也在逐渐加强，从而可以保障生态农业的高速发展。所谓绿色营销，就是指企业以环境保护观念为经营思想，以绿色文化为其价值观念，以消费者的绿色消费为中心和出发点，力求满足消费者绿色消费需求的营销策略。这里面就包含了绿色技术、绿色市场和绿色经济等理念。这样的一种营销体系，有别于传统的营销模式，它可以更好地反映人类对生态环境的关注，理应成为未来的发展趋势。目前，崇明越来越多的农产品取得有机认证、绿色食品认证、无公害农产品认证。经过多年的发展，崇明岛已成功打造一系列本土农业特色品牌，“崇明老毛蟹”、“崇明白山羊”、“崇明金瓜”等一系列崇明特产获得了农业部农产品地理标志、国家地理标志证明商标、上海市名牌产品等称号。2013 年 5 月，上海生态农业发展有限公司成立，确立了崇明生态农产品在上海市场的品牌效应，全年在市区新开设门店 205 家，带动崇明生态农产品在上海市区销售额 7 亿元。另外，崇明农委也借助这个整合营销资源的契机，以销售提升来“倒逼”农业结构调整，大力发展“订单农业”，促进农业增效和农民增收。

另外，为改变崇明县农业生产方式，推动农业产业化，促进农民增收，崇明县还大力发展农业专业合作社。2007 年崇明首家农民专业合作社——三星柑橘专业合作社成立，此后，合作社队伍犹如雨后春笋般不断壮大。截至 2014 年，崇明已成立合作社 1000 多家，其中市级示范合作社 46 家，县级示范合作社 91 家，为各自领域的农业生产作出了突出贡献。例如，2010 年 3 月以绿笋芦笋专业合作社为核心，联合 8 个同类产品专业合作社筹建崇明芦笋种植专业合作社联社，到目前为止，该合作社联社种植面积达 3500 亩，占全县芦笋种植面积 65%。合作联社注册商标为“白狗”牌，具体运作坚持“七个分”，即分户投资、承包、种植、管理、采收、整理、核算；强化“十个统”，即统一供应农资、技术指导、防病治虫、合作章程、农业保险、收购销售、包装商标、标准价格、验收运输、财务核算的管理模式，年销售额突破2000万元。由此可见，合作社的成立不仅有利于崇明农业生产的“抱团”推进，还有利于农业部门对农产品的有效监管，从而保证“崇明”品牌的优良品质。专栏13.1介绍了崇明岛打造“放心菜园”的绿色防控技术。

专栏13.1 崇明绿色防控技术打造“放心菜园”

所谓绿色防控技术，是按照“绿色植保”理念，采用农业防治、物理防治、生物防治、生态调控以及科学、合理、安全使用农药的技术，达到有效控制农作物病虫害，减少化学农药用量，保障农业增产增收和农产品质量安全的目的。

2006年起，崇明县着手推广绿色防控技术应用。目前，崇明县所应用的绿色防控技术可简单概括为“三诱一覆盖”。“三诱”即灯诱（杀虫灯）、色诱（色板）、性诱（性诱剂），一覆盖指的是防虫网。崇明县多年应用绿色防控技术的结果证明，在蔬菜生产中合理运用杀虫灯、性诱剂、色板、防虫网，对病虫害的防治效果明显。如今，全县已建成面积超过500亩的绿色防控技术应用集成规模化示范区（使用多种防控技术）5个，建成面积超过200亩的单项规模化示范基地（使用单一防控技术）26个。位于中兴镇的健绿花菜专业合作社还获评全国绿色防控技术示范基地。芦笋、山药、鸡毛菜、青菜等10余个品种、约1.1万亩的蔬菜在“绿色防控”的庇护下茁壮成长，加之崇明县近年来大力推广使用高效低毒生物农药，崇明县“绿色蔬菜”之名自然名副其实，受到越来越多沪上市民的青睐。

资料来源：农民日报，2013年8月20日。

崇明岛以休闲农业和乡村旅游为龙头，立足生态资源优势，着力打造生态旅游集聚地，通过逐步打造旅游节庆体系形成崇明农业旅游品牌，“上海崇明森林旅游节”品牌效应逐渐显现，“崇明柑橘节”拟升格为市级层面的节庆活动，“崇明老毛蟹节”等一批具有本土特色的节庆活动吸引力不断增强。自2010年崇明提出创建生态岛的目标后，也吸引了国内外不少“知识农民”，崇明先后引入一亩田、多利农庄、中新泰生、海岛生态农业等企业，将现代农业与现代商业进行结合，推进以种植业、养殖业为基础的低碳农业示范、以设施农业为基调的生态观光旅游、以崇明优质农产品深加工的农业产业等，不仅为保护环境、善待自然效力，同时也为生态农业寻找到更大的增值空间。

13.3.2　水资源

一提起水资源，可能很多人都会认为这是环境要素，和绿色经济有什么关系？事实上，水是崇明岛绿色经济发展的关键自然资源。如果没有洁净的饮用水，就会引起一系列水生疾病，不仅会影响人们的正常生活和工作，还会产生高额的医疗花费，这样显然对经济会有负面影响。如果没有自来水，那么人们就会用大量的时间来运水，或者花大价钱去别的地方买水，儿童与妇女在这中间显然会有更多的活要做，这样就会对儿童的教育、妇女的工作产生影响。那么从政府的角度来看，当供水和卫生服务不足时，大量的财政收入要用于应对疾病造成的影响，而不能创造财富。当然，经过几十年的发展，这样的情况在我国已经很少见了，但随着工业化的快速发展，水污染事件时有发生，一旦发生就会引起一些社会问题，诸如抢购矿泉水等。

发展绿色经济，关键之一是要抓住机遇，对依靠和利用自然资源及生态服务的部门进行投资。同时，配套政策和管理也需逐步跟进，保证既不危害环境，也不需要其他额外代价，且对后代的利益得以认真考虑。在水方面，通过向供水和卫生服务进行投资，可获得客观的潜在利益。在缺水地区，认真审视及对待缺水问题，通过重新规划管理方法，细化财产权限，采取反映所有使用成本（包括对环境造成的不利影响的和改进相关规范的成本）的用水政策，可加速向绿色化目标迈进。总而言之，水资源利用要控制在可持续的范围内。在绿色经济中，水资源在维持生物多样性和生态系统功能，以及供水中的作用已得到认可、评价并得到了经济补偿。为了更有效地利用水资源，还要鼓励发展水循环及水回用技术。对水资源管理和投资通常是为了减少贫困以及推动经济发展。

作为一个岛，崇明的发展在很大程度上取决于能否通过多方面的水管理策略提供干净、可靠和充沛的用水。但是，随着经济发展和外来人口的涌入，崇明的用水需求不断激增，同时城镇化进程中连片的钢筋水泥筑就的不透水下垫面减少了透水量，使得地下水的供给不断减少。崇明岛已经显现出一定的用水危机，因此建立综合水资源管理系统对崇明的发展非常重要[①]。崇明大部分的

① Ni, K., Wu, Y., Wu, J., Lu, J., & Wilson, C. (2012). Scenario analysis for sustainable development of Chongming Island: Water resources sustainability. Elsevier.

淡水资源被用于农业灌溉，在关于水资源分配的整体考虑中，影响农业用水效率的因素一直都占据着重要地位。水资源管理者面临的最大挑战之一就是如何使灌溉农业的产量大幅提升，这样水资源就能被转为他用，也不会影响环境或食品安全。农业是崇明最重要的产业部门，因此，与农业密切相关的水资源对于崇明的发展也具有重要作用。

崇明岛四面环水，但仍属于水质型缺水区域，这和上海是一样的。什么是水质型缺水？传统意义上认为的缺水是一个区域没有水资源，而水质型缺水是一个区域本来有着丰沛的水资源，但因为大量的废污水排放造成淡水资源污染而短缺。崇明最主要的污染源是长江上游和太湖地区的污染，以及本土农业点源污染。崇明岛为什么要在改善水环境质量和提高水资源利用效率方面投入那么大的精力？正如前面提到的，一旦水资源恶化，巨大的水危机会对人们的日常生产生活产生巨大影响，对于这样一个岛屿，这样的危机有可能是毁灭性的。因此，崇明政府必须采取措施开展水环境生态建设，从而保障居民饮用水安全。

崇明目前所面对的主要挑战是不断提高水质和水资源利用率，崇明岛投入了大量资源来控制河道污染问题、改善环境质量，并完善环境风险控制体系。此外，还为应对可能频繁出现的极端天气加强自身的适应能力，并促进城市的水文生态系统可持续发展，如完善岛内水系格局、提高引排标准和输水能力、市政排水设施建设紧跟城市化地区扩大步伐等。为提高崇明岛的饮用水安全和供水的集约化管理，可靠的水源地工程及供水管网系统成为首要考虑的问题。东风西沙水库和青草沙水库的建设就是为了应对这一挑战。对于崇明岛而言，这样的水源地布局，极大地减少了原水的运输距离，降低了运输成本（见专栏 13.2）。

专栏 13.2　东风西沙水库与青草沙水库

东风西沙（左图）位于崇明岛西南部，水体流动性好、水质清澈优良，形成了天然的蓄淡避咸型水库。东风西沙水库规划为既是崇明岛的新水源地，同时也是上海市的备用水源地。东风西沙水库工程总投入 7.55 亿元。经过 5 年多的筹备，东风西沙水库已于 2011 年 11 月 29 日开工，由上海市水务局负责实施，2014 年 6 月，已正式实现原水切换。设计库容将近 1 000 万立方米，其中近期（2015 年）供水量 21.5 万立方米/天，远期（2020 年）供水量 40 万立方米/天。

青草沙水库（右图），位于长兴岛西北方冲积沙洲青草沙上。2006 年，上海市政府决定将青草沙建设成为上海的水源地，以改变上海 80% 以上自来水源取自黄浦江的格局。2011 年 6 月，青草沙水源地原水工程全面建成通水。其水质要求达到国家Ⅱ类标准，供水规模逾 719 万 m3/d，占上海原水供应总规模的 50% 以上。

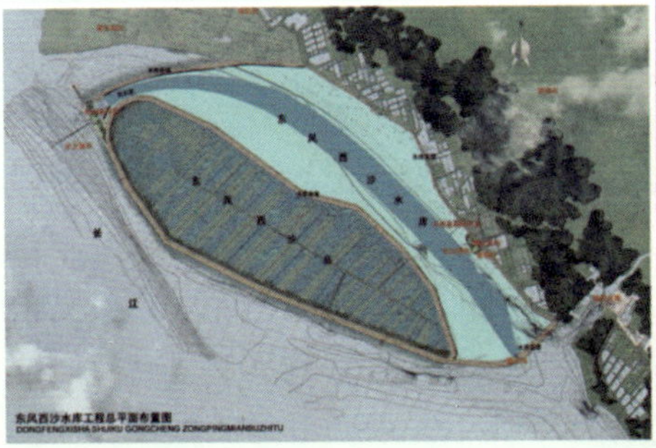

资料来源：东风西沙水库：http：//baike. baidu. com/view/4705860. htm。青草沙水库：http：//www. chinawater. com. cn/newscenter/slyw/201108/t20110801_ 182972. html。

另外，崇明岛结合自身实际，在污水处理方面采取集中处理与分散式处理相结合的方式，除了不断加强市政污水处理厂的建设外，还对农村地区采用分散的湿地处理系统，并花大力气进行骨干河道综合整治。同时，还十分注重环境保护的公众培训。这些措施使得崇明岛在水污染控制上成效显著。

全面提高生产和生活的水利用效率，可大大减缓水资源短缺的压力，是区域可持续发展的必然要求。崇明岛以建设成世界级生态岛为目标，如何结合自身岛屿优势，在取水、供水、用水和排水整个生命周期内实现水资源利用效率的最大化成为新的挑战。在节水方面，崇明岛做了些什么呢？主要有以下三个方面：首先，进一步推广崇明岛既有节水措施，如农业节水灌溉泵站建设；关闭小水厂，提高供水效率等。其次，逐步改善老化的供水管网，减少管网漏损率；对实施综合智能配水管网进行可行性研究，以进一步提高整个崇明岛的水资源利用率。最后，对已试点的节水措施进行评估并加以推广，以扩大科技示范引领效应。

目前，崇明在饮用水安全、水污染控制和节约用水方面做的诸多工作已初见成效。水污染得到了有效控制，崇明岛居民喝上了放心安全的饮用水。至

2013 年 6 月，崇明四大水厂已经建成投入使用，基本实现集约化供水，这一切都为崇明岛实现绿色经济奠定了基础。

13.3.3 低碳能源

近年来，在强有力的科技引领和支撑下，崇明绿色经济的发展步伐逐渐加快，以低碳能源体系为核心特征的低碳发展成效日益彰显。2010 年 3 月，国家科技部批准《崇明国家可持续发展实验区规划（2009～2014）》，明确实验区建设以“低碳”为主题。2011 年，崇明被列入上海市第一批低碳发展实践区试点。崇明“十二五”规划也围绕如何促进低碳建设这一核心和理念，从产业结构、低碳能源、绿色建筑、低碳交通、绿色农业、生态环境建设等领域对崇明岛的未来发展提出了相应的目标和要求。崇明岛的低碳能源发展不仅注重节约能源，同时也非常强调“绿化”能源（增加对可再生能源的大规模投资）。

目前，崇明在工业、建筑、交通等方面开展了一系列节能工作，有效促进了其低碳发展。2010 年上海世博会期间，崇明岛抓住机会，加快推进岛内产业结构调整，淘汰劣势企业，工业能耗从 2005 年的 61.4 万吨标准煤下降到 2010 年的 44 万吨标准煤，工业能耗占总能耗的比重相对 2005 年的 53.2% 下降了 10 个百分点（见图 13－4）。在建筑节能方面，新建的民用建筑项目严格按照节能 50% 标准进行设计建造，有效地提高了住房舒适度、促进了环境保护、减少温室气体排放，使建筑节能降耗持续加强。

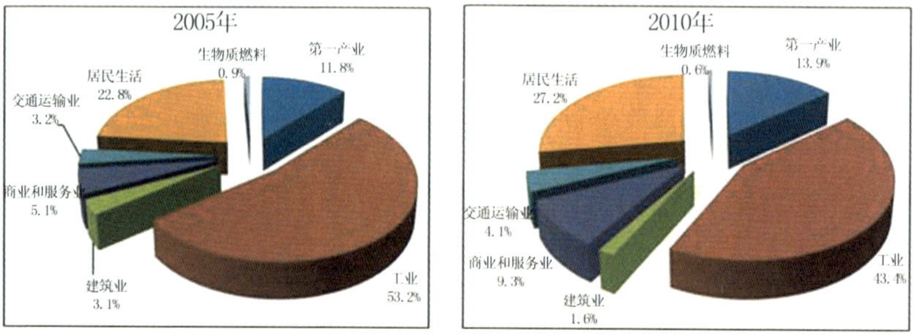

图 13－4　2005 年及 2010 年崇明岛各部门/行业能源消费所占比重

资料来源：UNEP. Chongming Eco－Island International Evaluation Report. 2014。http：//unep－iesd. tongji. edu. cn/index. php？classid＝933&action＝download&id＝539。

作为贯穿所有核心部门的绿色经济战略的一部分，大力发展可再生能源，不仅可以减少能源生产和使用过程中对健康和环境所产生的不利影响，而且也是确保经济长期增长的基础。崇明岛利用自身资源，积极增大可再生能源的供给规模，从而促进能源转型。截至 2011 年，崇明实现可再生能源发电装机容量 8.05 万千瓦。崇明岛内可再生能源虽然起步较晚，但发展迅速。由于崇明岛地处海岸线中心位置，这样的地理位置非常有利于发展风能。目前，崇明岛已经建成前卫风力发电厂和东滩风力发电厂，年供电 12370 万千瓦时。太阳能建设项目主要有陈家镇光伏发电站和前卫村太阳能发电厂示范工程。随着投资规模增大、技术成熟度提高，可再生能源行业将为崇明岛提供更多的就业机会。对于大多数的可再生能源技术，在制造、建造和安装阶段都会提供大量的绿色就业机会。

除了大力推广可再生能源，岛内正在全面推进公交优先、清洁能源汽车、建筑节能，以及各类资源的综合、高效、循环利用等综合策略，大量由点及面的低碳基础设施建设将为崇明低碳发展提供强大支撑。例如，崇明结合世博新能源汽车的后续利用，制定了适合“崇明示范区”交通需求的新能源汽车应用规划，以及相应的基础设施建设规划。2011 年，以城桥镇“城桥 1 路”超级电容车示范线为突破口，推动了新能源汽车在崇明县的应用。2013 年，陈家镇电动车充电站建成，可为陈家镇及毗邻区域的私家电动车和电动公共汽车服务，充电桩设置数量达到 800 个。

图 13－5　崇明超级电容新能源公交

资料来源：http：//www. shanghai. gov. cn/shanghai/node2314/node2315/node5827/u21ai571989. html。

13.3.4 生态人居

如果说良好的生态环境提供了宜居的前提，科学合理的空间布局则是实现生态人居的关键。2002年以来，崇明岛引入多方智力资源，完成了多轮发展布局规划研究。目前，崇明新城和向化镇、堡镇、新河镇、庙镇四个新市镇分布在崇明岛南部沿江地区的崇南分区，共同组成全岛最密集和最大的链状城镇集聚区；陈家镇以组合式结构特征布局在崇东分区，是中国沿海大通道上的节点城镇；规划中的明珠湖镇和北湖镇分别位于崇西和崇北分区，它们将构成一个东西绵延70公里的链状城镇群，成为崇明岛城镇化的主要空间载体。

崇明岛还结合新城镇建设，提出了“社区－邻里”体系的理念。例如，陈家镇立足于海岛花园镇的战略目标，以生态居住、知识研创、休闲运动、清洁生产四大功能为主导。在布局形态上形成了“四片穿插、Y型组合”的城镇与田园相交融的格局。邻里单元作为陈家镇“社区－邻里”体系的下一层次，则依据舒适步行5分钟的距离范围为半径进行确定，人口规模控制在5 000～10 000人。整个“社区－邻里”体系解决了村镇联系松散、建设规模有限、交通出行不便等问题，为陈家镇的公共设施配置与完善奠定了基础。

建筑绿色化是崇明岛发展生态人居的另一个重要方面。绿色建筑是对环境影响较小，外形美观，且结合生态服务，对于环境景观有着积极作用的建筑物。崇明在绿色建筑与设计方面已经积累了不少成功经验，编制完成了国内首个海岛“低碳建筑导则”——《崇明陈家镇低碳国际生态社区建设导则》，该导则集成了建筑节能、资源循环、智能化调控关键技术，实现了陈家镇生态示范楼综合节能75%、资源循环利用提高60%、可再生能利用率提高50%，形成了岛屿生态建筑的适宜技术体系。

结合传统崇明岛屿建筑风貌建筑设计，崇明岛还通过对传统民居建筑的生态改造来实现“地方人文风貌与生态技术的结合”。目前已对崇明岛瀛东村现有45栋双层住宅建筑进行低成本生态化改造，使其既达到建造综合节能率57%，又保持原有的海岛地域风格，有效地改善了村民的室内生活环境与心理环境感受。同时对瀛东村34幢新建建筑进行生态规划和设计，并形成了瀛东村绿色建筑集成技术体系，此类建筑亮点主要体现在被动式建筑设计、高效综合节能技术集成、装配式一体化保温隔热围护结构（木结构、装饰一体化保温等）、嵌入式光伏屋面、高效太阳能—空气源复合型热水系统、高效照明系统（LED室内照明、太阳能风光互补路灯）、高效节水器具、高效节能型空调系统（VRV、地源热泵系统）、能源监测与展示平台、资源回收利用（雨水收集、透水地面、淤泥保温砖）等方面。绿色建筑生态技术体系的运用不仅在瀛东村创造了节能舒适、健康宜人的居住环境，也使瀛东村成为“地方人文风貌与生态技术相结合”的农村建设典范。

思考题

1. 上海是中国的经济、金融中心，整体社会经济发展水平位于全国前列。崇明与上海市区隔江相望，长期以来社会经济发展水平较低。但上海长江隧桥的贯通，使崇明与市区的交通越来越便利。这一方面带动经济的增长，另一方面也带来了一定的生态影响。你如何看待这一过程中崇明面临的机遇和挑战？

2. 在崇明发展绿色经济的过程中，城乡居民收入水平持续提高。但与此同时，城乡收入差距也呈现出不断扩大的趋势。你认为该如何在持续发展的过程中逐步缩小城乡收入差距？

3. 农民专业合作社是发展现代农业的重要组织保障。近年来，崇明农民专业合作社发展十分迅速，在数量规模、带动农户、经济社会效益等方面取得了显著的成效，正日益成为引领农民参与市场竞争的现代农业经营组织。但目前崇明农民专业合作社发展情况参差不齐，规范化程度各有差异，你觉得应该如何解决这个问题？

参考文献

1. Asian Green City Index：Assessing the Environmental Performance of Asia's Major Cities：a Research Project. Siemens，2011.

2. Huang，B.，Ouyang，Z.，Zheng，H.，Zhang，H.，& Wang，X. Construction of an eco – island：A case study of Chongming Island，China. Ocean & Coastal Management，2008，51（8 – 9）.

3. UNEP. Chongming Eco – Island International Evaluation Report. 2014，3. http：//unep – iesd. tongji. edu. cn/index. php? classid = 933&action = download&id = 539.

4. 崇明县人民政府：“崇明县国民经济和社会发展第十二个五年规划纲要”，2011 年。

5. 崇明县统计局：《崇明统计年鉴》，2007 ~ 2013 年。

6. 崇宣：“崇明县绿色防控打造沪上‘放心菜园’”，《农民日报》，2013

年 8 月 20 日。http://szb.farmer.com.cn/nmrb/html/2013 - 08/20/nw.D110000nmrb_20130820_5 - 07.htm? div = -1.

7. 郭茹、杨海真:"崇明生态岛可再生能源产业发展路径分析",同济大学学报(自然科学版),2012 年 40 (8)。

8. 季学明、吴志冲:"崇明岛的优势及跨世纪开发的构想",《上海综合经济》,1997 年 8 月。

9. 联合国、国际展览局、中国 2010 年上海世博会执行委员会:《上海手册:21 世纪城市可持续发展指南》,格致出版社、上海人民出版社 2011 年版。

10. 马涛、陈家宽:"建设崇明世界级生态岛的新探索",《生态经济》,2011 年第 3 期。

11. 上海市人民政府:《崇明三岛总体规划(2005 ~ 2020)》,2005 年。http://www.shsz.org.cn/book/shownews.asp? num = szzz - 2006929154014。

12. 上海市发展和改革委员会:《崇明生态岛建设纲要(2010 ~ 2020 年)》,2010 年。http://www.shdrc.gov.cn/main? main_colid = 319&top_id = 312&main_artid = 16039S。

13. 曾刚:"我国生态文明建设的理论与方法探析——以上海崇明生态岛建设为例",《新疆师范大学学报》(哲学社会科学版),2014 年第 1 期。